Vinoba Bhave

Gespräche über die Gita

Vinoba Bhave

Gespräche über die Gita

Verlag Hinder + Deelmann
Gladenbach (Hessen)

Autorisierte Übertragung aus dem Hindi von Hema M. Anantharaman
unter Mitarbeit von Irene Köpfer und Rolf Hinder
Der Redaktion lag die indische Ausgabe der "Talks On The Gita",
Sarva Seva Sangh Prakashan, Varanasi 4. Auflage 1970 zugrunde
Den Schutzumschlag entwarf Adrian Arthur Senger
ISBN 3-87348-088-3

Verlag Hinder + Deelmann, Gladenbach (Hessen)
Druck: All India Press, Sri Aurobindo Ashram, Pondicherry – India
Printed in India

Vorwort

An 18 aufeinanderfolgenden Sonntagen, vom 21.Februar bis zum 19.Juni 1932, sprach Acharya Vinoba Bhave zu seinen Mitgefangenen im Gefängnis von Dhulia, West Kandesh, Bombay, über die Bhagavad Gita. Er hielt seine Ansprachen in Marathi, seiner Muttersprache, in der sie auch niedergeschrieben und erstmals veröffentlicht wurden. Später wurden sie, nach Überprüfung durch Vinoba, in die Sprachen Hindi, Bengali, Gujarati, Tamil, Telegu, Malayalam, Oriya, Sindhi, Urdu, Kannada, Konkani und Englisch übersetzt. Mehr als eine Million Exemplare davon wurden bisher verkauft. Die vorliegende deutsche Übersetzung basiert dem Wunsche des Verfassers gemäß auf der Hindi- und der englischen Ausgabe der "Talks On The Gita", wie sie in Indien erschienen sind. Die Sanskrit-Wörter und -Zitate wurden im allgemeinen unmittelbar im Text erläutert bzw. übersetzt. Mit den wenigen Ausnahmen derjenigen Begriffe und Ableitungen, die — wie z.B. Yoga, Guru usw. — im deutschen Sprachschatz heimisch geworden sind, wurden sie kursiv hervorgehoben.

Rolf Hinder

Inhalt

Einführung

Die Bhagavad Gita ist im Westen nicht unbekannt, so wenig wie Vinoba Bhave selber, der Autor dieser Gespräche über den "Gesang des Erhabenen". Vinobas Name gehört zu den wenigen Namen seit Gandhis Tod, die zwar kein Hoffnungsfeuer, wohl aber einen Hoffnungsschimmer entfachten in dieser von Angst gepeinigten Welt.

Zu Gandhis Zeiten war Vinobas Name auch in Indien noch wenig bekannt. Heute haben Namen wie Vinoba und Begriffe wie Bhoodan (Landschenkung) selbst im entferntesten Dorf Indiens einen vertrauten Klang. Auch außerhalb Indiens haben inzwischen wohlinformierte Kreise aufgehorcht und interessieren sich für den "Wander-Heiligen" und seine Landschenkungsbewegung. Viele Denker im Westen sehen in der Botschaft Vinobas einen Ausweg aus dem Widerstreit der Ideologien, der die Menschheit in einen Abgrund von Verzweiflung gestürzt hat.

Vinoba wurde im September 1895 in einer Brahmanen-Familie in Maharashtra (Bombay) geboren. Schon seit seiner Kindheit fehlte ihm in erstaunlichem Maße jedes Interesse an weltlichen Angelegenheiten. Obwohl er ein hervorragender Student war, kehrte er der Universität den Rücken, da sie ihm nicht das Wissen vermittelte, nach dem ihn verlangte. Es kam ihm niemals in den Sinn, seine Ausbildung auszunutzen, um damit Geld zu verdienen. Er ging also nach Benares (der heiligsten Stadt Indiens und anerkannten Hochburg der Sanskrit-Gelehrsamkeit), um Sanskrit und Philosophie zu studieren und ein Leben der Kontemplation und strengen Selbstdisziplin (*brahma-charya*) zu führen.

Obwohl er die Universität verließ, ist Vinoba sein ganzes Leben lang Student geblieben. Anders als Gandhi ist er außerordentlich gelehrt auf den Gebieten Sanskrit, Philosophie und religiöse Weltliteratur. Den Koran studierte er in der arabischen Sprache, die er nur erlernte, um dieses heilige Buch in seiner Originalsprache lesen zu können. In der Bibel und in der christlichen religiösen Literatur kennt er sich vermutlich so gut aus wie ein Doktor der Theologie.

Ich werde nie vergessen, wie Dr.Martin Luther King, der Führer der gewaltlosen Widerstandsbewegung gegen Rassendiskriminierung aus Montgomery, Alabama, zusammen mit seiner Frau Vinoba besuchte.

Wenn ich mich recht erinnere, war es Jim Bristol vom Quäker-Zentrum in Delhi, der Frau King vorstellte und dabei auch ihr musikalisches Talent erwähnte und vorschlug, sie möge doch für Vinoba eine Hymne oder ein Negro-Spiritual singen. Alle Anwesenden waren erfreut über diesen Vorschlag. Ich blickte hinüber zu Vinoba und fragte mich selbst halblaut, ob er wohl überhaupt wüßte, was Negro-Spirituals sind. Wir waren alle aufs höchste erstaunt, am meisten der Amerikaner, als Vinoba, wie als Antwort auf meine halblaut gestellte Frage, seine meistens gesenkten Augen auf Frau King richtete und mit sanfter Stimme anhub: "Were you there, were you there, when they crucified my Lord?" („Warst du da, warst du da, als sie meinen Herrn kreuzigten?"). Als dann Frau King dieses Spiritual sang, war es für uns von besonderer Eindringlichkeit. Vinoba ist ein Linguist. Außer Sanskrit, Pali und Arabisch beherrscht er Englisch, liest Französisch, lernte vor einiger Zeit Deutsch und spricht alle wichtigsten indischen Sprachen. Er liebt Mathematik. Sein Wissensdurst ist unersättlich. Doch geht es dabei nicht um Wissen im üblichen Sinne. Das meiste Wissen betrachtet er als oberflächlich. Er sucht nach der Erkenntnis der Grundwahrheiten des Lebens. Er hat eine unglaubliche Fähigkeit, die Spreu vom Weizen zu sondern und einer Frage auf den Grund zu gehen. Ich bin nie einem anderen Menschen begegnet mit einem so wachen und scharfen Verstand wie dem von Vinoba.

Das literarische Werk Vinobas, d.h. die Sammlung seiner Schriften und Vorträge, ist bereits von beträchtlichem Umfang und nimmt noch an Umfang zu. Es befaßt sich vornehmlich mit Philosophie und der Theorie und Praxis von Gewaltlosigkeit.

Ich muß hier noch einmal zurückblenden auf Vinobas Jugend. Von Anfang an gab es bei ihm zwei Impulse oder vielleicht zwei Arme eines einzigen Stromes, die ihn vorantrieben. Der eine entsprang seiner Identifikation mit seinen Mitmenschen und veranlaßte ihn selbstverständlich dazu, für die Freiheit seines Landes zu arbeiten. Auf Grund dieses Impulses faszinierte ihn der Mut, die Hingabe, die Aufrichtigkeit und der Geist der Selbstaufopferung der Revolutionäre von Bengalen (die von den Engländern ungerechter Weise "Terroristen" genannt wurden). Der andere Antrieb zog ihn zu den Himalayas — dem traditionellen Hort der Sucher geistiger Erkenntnis — und einem Leben der Meditation und geistigen Erfüllung. Hin- und hergerissen zwischen beiden Impulsen, deren grundsätzliche Einheit er noch nicht erkannt hatte, kam Vinoba in Berührung mit Gandhi, der diese beiden Impulse in seinem Leben auf wunderbare Weise zu vereinigen schien. Er stellte sich deshalb voll und ganz auf die Seite dieses Neulings aus Südafrika, der merkwürdige Dinge sagte und Dinge tat, die noch seltsamer waren. Das geschah im Jahr 1916. Vinoba war einer der ersten, die in den Sabarmati Ashram Gandhis in der Nähe der Textil-Stadt Ahmedabad eintraten. Von dort aus leitete Gandhi die Freiheitsbewegung bis zum Beginn des berühmten Salz-Satyagraha im Jahr 1930.

Seit diesem ersten Tag der Bekanntschaft blieb Vinoba unverrückbar in seiner Treue und Hingabe an den Meister, den er sich selbst erwählt hatte. Doch würde man ihm unrecht tun, wollte man ihn als einen Schüler im üblichen engeren Sinne betrachten. Alle diejenigen, die ihn schon zu Gandhis Lebzeiten kennenlernten, waren sich klar darüber, daß er einen Verstand und einen Charakter, eine Originalität und, vor allem, ein geistiges Niveau besaß, was ihn zweifellos über die Grenzen eines gewöhnlichen Anhängers — und sei er noch so überragend — hinausführen und selber zu einem Meister machen mußte. Jene, die Vinobas Arbeit und seine Gedanken aufmerksam verfolgten, wissen, welch hohen Rang seine eigenen "Experimente mit der Wahrheit" haben und wie bedeutsam sein Beitrag zum Gedankengut der Menschheit ist. Besonders wichtig ist seine Weiterentwicklung der Theorie und Praxis von "Satyagraha", wie sie Gandhi hinterlassen hat.

Als Gandhi Anfang 1948 ermordet wurde, war er gerade dabei, etwas noch Größeres zu unternehmen, als es der Kampf um die Freiheit für Indien gewesen war. Gandhi hatte seine eigene Vorstellung oder Vision vom künftigen Indien und wollte, wie er im Scherz zu sagen pflegte, 125 Jahre alt werden, um aus dieser Vision Wirklichkeit zu machen.

Es handelte sich bei dieser Vision um eine neue Gesellschaftsordnung, verschieden von der kapitalistischen, sozialistischen und kommunistischen, um eine gewaltlose Gesellschaftsordnung, gegründet auf Liebe und Menschenwürde, um eine dezentralisierte Gesellschaft, die sich selbst regiert und in der es keine Ausbeutung, sondern nur Zusammenarbeit gibt. Diese Gesellschaftsordnung nannte Gandhi "Sarvodaya" — wörtlich etwa "das Emporkommen aller", also eine Gesellschaftsordnung, die für alle von Vorteil ist.

Um diese großartige Gesellschaftsordnung herbeizuführen, hatte sich Gandhi ein Mittel ausgedacht, das von allen bisher in der Geschichte angewandten Methoden gänzlich verschieden war — die Methode der Liebe. Dasselbe Mittel hatte er in seinem Kampf gegen die Engländer angewandt. Aber es war Gandhi nicht vergönnt, seine Vorstellung in die Tat umzusetzen. Es gab nichts Natürlicheres, als daß diese Aufgabe Vinoba zufiel.

Es ist hier nicht der Ort, um über die Bhoodan- oder Landschenkungsbewegung zu schreiben. Doch muß wenigstens gesagt werden, daß es sich dabei um den ersten Versuch in der Geschichte handelt, eine gesellschaftliche Revolution und Erneuerung durch das Mittel der Liebe herbeizuführen. Vinoba ist hier auf der Suche nach einem völlig neuen Weg. Vielleicht werden die Ergebnisse seiner Experimente von weitreichender Bedeutung sein für eine Welt, die zerrissen ist durch Haß und erfüllt von Gewalttätigkeit.

Es muß noch ein abschließendes Wort über Vinoba gesagt werden, damit er recht verstanden werden kann. Vinoba ist weder Politiker, noch Gesellschaftsreformer oder Revolutionär. Er ist in erster Linie und vor allen Dingen ein Mann Gottes. Der Dienst am Nächsten ist für ihn nichts anderes als das Bemühen, mit Gott eins zu werden. Jede Sekunde ist er bestrebt, sich selber auszulöschen, vollkommen leer zu werden, damit Gott ihn erfülle und ihn zu seinem Werkzeug mache.

Die Vorträge eines solchen Menschen über eines der tiefgründigsten religiös-philosophischen Werke aller Zeiten sollte für jedermann, unabhängig von Rasse, Religion oder Nationalität, von unschätzbarem Wert sein.

Sarvodaya Ashram — Jayaprakash Narayan
Sokhodevara, Distrikt Gaya, Indien

1. KAPITEL

Einführung: Der Yoga der Verzagtheit

(1) IM BRENNPUNKT DES MAHABHARATA

Liebe Brüder, ab heute werde ich zu euch über die Srimad Bhagavadgita sprechen. Das tiefe Verhältnis, das mich mit der Bhagavadgita verbindet, übersteigt alle Verstandeswelt. Mein Herz und mein Geist haben weit mehr Nahrung aus der Gita erhalten als mein Körper aus meiner Mutter Milch. Wo das Herz berührt wird, gibt es keinen Raum für verstandesmäßige Argumente. Ich lasse alle Logik zurück und schwinge mich mit Hilfe der Zwillingsflügel des Glaubens und der praktischen Anwendung, so gut ich kann, empor in den Himmel der Gita. Fast immer bewege ich mich in ihrer Atmosphäre. Die Gita ist der Atem meines Lebens. Wenn ich zu anderen über die Gita spreche, schwimme ich auf dem Meer der Gita. Und wenn ich allein bin, tauche ich tief in diesen Ozean von Nektar ein und ruhe dort. Es wurde beschlossen, daß ich zu euch jeden Sonntag über diese Mutter Gita spreche.

Die Gita befindet sich im Mahabharata-Epos. Sie steht sozusagen wie eine erhöhte Lampe in der Mitte des Mahabharata und beleuchtet das ganze Epos. Zur einen Seite gibt es sechs Kapitel, zur anderen zwölf. So sind auch auf der einen Seite sieben Divisionen und auf der anderen elf, dazwischen wird die Lehre der Gita verkündet.

Mahabharata und Ramayana sind die klassischen Epen unseres Volkes. Die Charaktere, die in ihnen erscheinen, sind mit unserem Leben eins geworden. Seit Tausenden von Jahren stand das gesamte indische Leben gleichsam unter dem magischen Einfluß der Helden und Heldinnen des Ramayana und des Mahabharata, wie Rama, Sita, Dharmaraj, Draupadi, Bhishma und Hanuman. Die Gestalten keines anderen klassischen Werkes der Welt haben sich derart mit dem Leben des Volkes verwoben. So betrachtet, sind Mahabharata und Ramayana zweifellos großartige Werke. Ist das Ramayana eine bezaubernde ethische Dichtung, so das Mahabharata eine ausführliche Abhandlung über Gesellschaftskunde. In seinen hunderttausend Versen (Slokas) hat uns Vyasa in meisterhafter Weise unzählige Bilder, Menschen und Geschehnisse wahrheitsgetreu beschrieben. Das Mahabharata sagt uns klar, daß außer Gott niemand ganz frei ist von Schuld und daß kein Mensch das absolut Böse verkörpert. Einerseits werden sogar in Bhishma und Yudhishtira Mängel aufgezeigt, andererseits werden auch die guten Seiten von Karna und Duryodhana beleuchtet. Das Mahabharata beschreibt das Leben als ein Gewebe aus schwarzen und weißen Fäden. Selbst ganz losgelöst, breitet Bhagavan Vyasa das Bild der Welt — der ganzen Schöpfung — voll Schatten und Licht vor uns aus. Dank der vollkommenen Objektivität Vyasas und seines großen literarischen Talents wurde das Mahabharata zu einer unermeßlichen Fundgrube reinen Goldes. Wir wollen diese nun erforschen und uns von dem Gold so viel als möglich aneignen.

Vyasa hat jenes große Mahabharata-Epos niedergeschrieben. Hatte er uns aber nicht auch von sich aus etwas zu sagen? Findet sich irgendwo Vyasas geistiges Vermächtnis? Immer wieder gehen wir im Mahabharata durch ein fast undurchdringliches Dickicht von philosophischen Gedanken und Lehren. Doch hat Vyasa nicht auch irgendwo den tieferen Sinn all dessen, das zentrale Geheimnis dieses massiven Werkes aufgezeigt? Ja, das hat er getan. Vyasa hat gleichsam den Rahm des ganzen Mahabharata abgeschöpft und in die Gita gegeben. Die Gita bildet den wesentlichen Auszug aus der Lehre Vyasas, die Quintessenz seiner Gedanken. Dadurch erhält auch der Hinweis Krishnas auf seine göttliche Manifestation — "unter den Weisen bin ich Vyasa" — ihren erhabenen Sinn. Seit alten Zeiten wurde die Gita unter die Upanishaden eingereiht. Sie ist in der Tat die Upanishad unter den Upanishaden, denn Krishna sammelte sozusagen die Milch der ganzen Upanishaden in der Gita und gab sie der Welt, wobei er sich Arjunas nur als eines Vorwandes bediente. Fast jeden Gedanken, der für die volle Entfaltung eines Menschenlebens nötig ist, finden wir in der Gita. Darum haben erfahrene Menschen die Gita als wirkliche Schatzkammer geistiger Erkenntnis bezeichnet. Obwohl von bescheidenem Umfang, ist sie ein bedeutender Text des Hindu Dharma (Hinduismus).

Jedermann weiß, daß die Gita von Krishna gesprochen wurde. Arjuna, der Verehrende, der dieser großen Lehre lauschte, wurde damit so sehr eins, daß auch er schließlich Krishna genannt wurde. Vyasa, der versuchte, das innige Verhältnis zwischen Gott und seinem Jünger zum Ausdruck zu bringen, identifizierte sich so vollständig, daß auch er letztlich Krishna genannt wurde. Der Sprechende ist Krishna, der Hörende ist Krishna, der Erzählende ist Krishna. So sind alle drei zu einer Einheit geworden, und ein jeder findet in diesem Einssein höchste Erfüllung (*samadhi*). Wer die Gita studieren will, sollte sich mit ebensolcher Konzentration hineinversenken.

(2) ARJUNAS LAGE WIRD ERLÄUTERT

Manche Leute meinen, daß die Gita eigentlich erst vom zweiten Kapitel an beginnt. Wenn die eigentliche Botschaft offensichtlich erst mit dem elften Vers des zweiten Kapitels einsetzt, warum sollte man dann nicht dort anfangen? Jemand sagte mir sogar, Gott habe gesagt, er manifestiere sich in "अ" = a unter den Lauten. Hier beginnt der Vers *"asochyaan anvasochastvam"* spontan mit dem Laut "अ". Darum sollten wir das als Anfang betrachten. Von diesem Argument abgesehen, ist es auch aus mehreren anderen Gründen durchaus berechtigt, diese Stelle als Anfang zu betrachten. Doch hat auch der einführende Teil, der dem vorausgeht, seine Bedeutung. Ohne die einleitende Erzählung können wir nicht recht verstehen, in welcher Lage sich Arjuna befindet und was die Gita zu lehren beabsichtigt.
Einige sagen, die Gita wurde verkündet, um Arjunas Verzagtheit zu begegenen und ihn zur Teilnahme an der Schlacht zu bewegen. Ihrer Ansicht nach lehrt die Gita nicht nur Karma-Yoga, den Weg selbstlosen Handelns, sondern auch Yuddha-Yoga, den Weg des Kampfes. Doch ein wenig Nachdenken wird uns zeigen, wie brüchig dieses Argument ist. 18 Divisionen Krieger waren zur Schlacht bereit. Sollen wir denn annehmen, daß Krishna durch die Lehre der Gita Arjuna dieser Armee würdig machen wollte? Es was Arjuna, der erzitterte, nicht die Armee. War die Armee denn mehr wert als Arjuna? Das ist völlig undenkbar. Arjuna hat sich nicht aus Furcht von der Schlacht abgewandt. Er was ein großer Krieger, der seinen Mut in Hunderten von Kämpfen bewiesen hatte. Als Uttaras Vieh weggeführt wurde, hat er Bhishma, Drona und Karna ohne jede Hilfe in die Flucht geschlagen. Als der Unbesiegte, der wahre Mann unter Männern, war er berühmt. Heldenmut war in jedem Tropfen seines Blutes. Um Arjuna aufzurütteln und ihn zum Handeln anzustacheln, hat ihn Krishna selbst der Feigheit geziehen. Jedoch verfehlte dieser Pfeil sein Ziel, und so mußte Krishna seine Taktik ändern und zu ihm über wahres Wissen und echte Erkenntnis sprechen. Es steht daher außer Zweifel, daß es nicht einfach das Ziel der Gita war, Arjunas Verzagtheit zu beseitigen.
Wieder andere sagen, daß die Gita gelehrt wurde, um Arjuna von seinem Hang zur Gewaltlosigkeit zu heilen und ihn auf Kampf vorzubereiten.

Meiner Meinung nach ist auch diese Ansicht nicht richtig. Um dies gründlich prüfen zu können, müssen wir erst sehen, in welcher Situation sich Arjuna befand. Dazu verhilft uns das erste Kapitel und seine Fortsetzung im zweiten.

Arjuna stand entschlossen auf dem Schlachtfeld, von Pflichtbewußtsein erfüllt. Das Kämpfen, die Berufung der Kshatriyas, lag in seiner Natur. Man hatte sich aufs äußerste bemüht, den Krieg zu verhüten, doch ohne Erfolg. Man hatte die Forderungen möglichst niedrig gehalten, und Sri Krishna selbst hatte zu vermitteln versucht, doch beides vergebens. Unter diesen Umständen versammelt er die Könige vieler Länder um sich, macht Krishna zu seinem Wagenlenker und steht nun auf dem Schlachtfeld. Er sagt zu Krishna mit heldenhafter Begeisterung: "Fahre meinen Wagen zwischen die beiden Armeen, damit ich in die Gesichter der Menschen blicken kann, die hergekommen sind, um mit mir zu kämpfen." Krishna tut, wie ihm geheißen. Und was sieht Arjuna, als er seinen scharfen Blick in alle Richtungen wendet? Auf beiden Seiten sind in dichtem Gedränge seine eigenen Verwandten und engen Freunde versammelt. Er sieht, daß Großväter, Väter, Söhne und Enkel — vier Generationen seiner eigenen Freunde und Verwandten – zusammengekommen sind, entschlossen zu töten und getötet zu werden. Nicht, daß er das nicht erwartet hätte! Doch der tatsächliche Anblick wirkt auf das Gemüt mit besonderer Härte. Als er so seine eigenen Leute versammelt sieht, kommt sein Herz in Aufruhr. Er fühlt sich vollkommen niedergeschlagen. Bisher hatte er unzählige Krieger in vielen Schlachten erschlagen. Doch niemals hatte er sich dabei so elend gefühlt, niemals war sein Bogen Gandiva seinen Händen entglitten, noch hatte je sein Körper so gebebt, noch waren seine Augen je feucht geworden. Warum dann geschieht all dies jetzt mit ihm? Hatte ihn der Geist der Gewaltlosigkeit ergriffen, wie später den Ashoka? Nein, es war ganz einfach die Macht freundschaftlicher und verwandtschaftlicher Bindung. Wären die da vor ihm nicht seine Lehrer, Verwandten und Freunde gewesen, hätte er auch jetzt wieder ihre abgetrennten Köpfe wie Bälle fliegen lassen. Doch die Verblendung des Herzens überschattete seine Pflichttreue, und erst dann erinnerte er sich der Philosophie. Verfällt ein pflichtbewußter Mensch einer Illusion, kann er selbst dann die nackte Tatsache nicht ertragen, seine Pflicht versäumt zu haben, und verdeckt dies gewöhnlich mit Fragen nach Prinzipien. In eben dieser Lage befand sich nun Arjuna. Er erklärte großsprecherisch, Krieg sei in Wirklichkeit eine Sünde. Krieg zerstöre die Rasse, zersetze das *dharma* (das ewige Gesetz), ermutige willkürliches Verhalten. Unmoral werde sich ausbreiten, Hungersnot ausbrechen und viel anderes Unheil die menschliche Gesellschaft befallen. Mit solchen Argumenten versuchte er, selbst Krishna zu überzeugen.

Hierbei werde ich an die Geschichte eines Richters erinnert. Er hatte Hunderte von Schuldigen zum Tode verurteilt. Doch eines Tages wurde sein eigener Sohn, des Mordes angeklagt, vor ihn gebracht. Die Blutschuld des Sohnes war bewiesen. So war es Aufgabe des Richters, seinen eigenen Sohn zum Tode zu verurteilen. Aber nun zögerte er. Er rief seinen ganzen Scharfsinn zu Hilfe und begann folgendermaßen zu argumentieren: "Das Todesurteil ist ganz unmenschlich. Eine solche Strafe aufzuerlegen, ist des Menschen nicht würdig. Dem Schuldigen wird jede Möglichkeit genommen, sich zu bessern. Der Mörder tötete im Aufruhr der Gefühle, in der Erregung und weil man ihn reizte. Ihn dann, wenn seine Vernunft zurückkehrt, kühl und ruhig zur Hinrichtung zu führen und zu töten, ist eine Schande für die menschliche Gesellschaft, ein großes Verbrechen." Er erdachte sich viele solcher Argumente. Hätte nicht sein eigener Sohn so vor ihm gestanden, hätte der ehrwürdige Richter für den Rest seines Lebens unbarmherzig Menschen zum Tode verurteilt. Doch nun, aus Teilnahme an seinem eigenen Sohn, argumentierte er derart. Dies war nicht die Stimme seines innersten Selbsts, sie war aus seiner Bindung geboren. "Dies ist mein Sohn", dachte er, und dieser inneren Bindung entsprangen all seine hochtönenden Worte.

Arjuna benahm sich wie dieser Richter. Die von ihm vorgebrachten Argumente waren an sich nicht falsch. Alle Welt erlebte genau diese Konsequenzen nach dem letzten Weltkrieg. Doch sollten wir bedenken, daß dies nicht eine tiefe Erkenntnis, eine Vision Arjunas war sondern nur seine oberflächliche Überlegung. Krishna wußte das. Ohne auf Arjunas Worte zu achten, begann er deshalb sofort, ihm sein Unwissen zu beseitigen. Wäre Arjuna tatsächlich zur Gewaltlosigkeit bekehrt gewesen, dann hätte er nicht zufriedengestellt werden können, ohne eine Antwort zu erhalten auf dieses Hauptproblem, gleichgültig, wie viel man ihn auch immer über Weisheit und Erkenntnis belehrt hätte. Jedoch hat die Gita nirgendwo auf dieses Problem geantwortet, und trotzdem war Arjuna zufrieden. Aus all dem geht hervor, daß Arjuna nicht zur Gewaltlosigkeit neigte, sondern durchaus kampfbereit war. Ihm galt Kämpfen als klare, nüchterne, unausweichliche Pflicht. Doch er wollte dieser Pflicht entgehen, weil seine Vision durch Illusion verblendet war. Und eben gegen diese Verblendung richtet sich in erster Linie der Angriff der Gita.

(3) DER ZWECK DER GITA: DIE VERBLENDUNG, DIE SICH GEGEN DAS SVADHARMA (INNEWOHNENDE GESETZ) RICHTET, ZU BESEITIGEN

Arjuna sprach nicht nur von *ahimsa* (Gewaltlosigkeit) sondern auch von *sannyasa* (vollkommener Entsagung). Er sagte: "Sogar ein Leben der Entsagung ist besser als das blutrünstige *kshatriya dharma*, die Pflicht der Kriegerkaste." Doch war das Arjunas *svadharma*, sein eigenes Lebensgesetz? War dies seine natürliche Veranlagung? Arjuna hätte freudig das Gewand eines Mönchs anlegen können, doch wie hätte er sich die Natur eines Mönchs zu eigen gemacht? Wenn er im Namen völliger Entsagung in den Wald ginge, würde er anfangen, dort das Wild zu töten. Darum sagte ihm der göttliche Krishna ganz einfach: "Arjuna, deine gegenwärtige Abscheu vor dem Kämpfen ist Verblendung. Was dir durch viele Jahre zur Natur geworden ist, wird es dir nicht erlauben, dem Kampf den Rücken zu kehren.

Sein *svadharma* schien Arjuna unsinnig. Doch so unsinnig das eigene Lebensgesetz eines Menschen auch sein mag, kann er sich doch nur entwickeln, indem er daran festhält, denn nur dadurch ist Wachstum möglich. Hier kann von Stolz nicht die Rede sein. Es ist dies einfach das Gesetz des Wachstums. *Svadharma* ist nicht etwas, das man annimmt, weil man es für edel hält, oder aufgibt, weil es einem niedrig erscheint. Es ist weder groß noch klein. Es ist uns angemessen. Mit den Worten der Gita: *"sreyaan svadharmo vigunah"* (das eigene *dharma*, sei es auch niedrig, ist das beste). Hier bedeutet das Wort *dharma* nicht organisierte Religion wie Hindu-Dharma (Hinduismus) oder Moslem-Dharma (Islam) oder Christen-Dharma (Christentum). Jeder einzelne Mensch hat sein ihm bestimmtes *dharma*. Die 200 Menschen, die hier vor mir versammelt sind, haben 200 verschiedene *dharma*. Auch ist mein eigenes *dharma* von heute nicht das, was es vor zehn Jahren war, und wird nach zehn Jahren nicht mehr dasselbe sein wie heute. So wie sich unsere Neigungen durch Denken und Erfahrung ändern, so wird das alte *dharma* dauernd durch ein neues *dharma* ersetzt. Durch Eigensinn und Hartnäckigkeit wird überhaupt nichts erreicht.

Wieviel erhabener mir auch das *dharma* eines anderen erscheinen mag, es zu übernehmen, würde mir nicht nützen. Das Sonnenlicht ist mir teuer. Durch dieses Licht wachse ich. Auch ist die Sonne verehrungswürdig. Doch wenn ich deswegen nicht mehr auf der Erde leben wollte und zur Sonne ginge, würde ich zu Asche verbrennen. Im Gegenteil, ist auch das Leben auf der Erde noch so erbärmlich, ist auch die Erde im Vergleich zur Sonne vollkommen unscheinbar, hat sie auch nicht wie jene ihr eigenes Licht, — solange ich die Sonnenenergie nicht ertragen kann, muß ich mich von der Sonne fernhalten und auf Erden weiterwachsen. Wenn jemand zum Fisch sagte: "Milch ist wertvoller als Wasser. Komm und lebe in der Milch!", wäre er damit einverstanden? Fische können nur im Wasser leben, in Milch würden sie sterben.

Auch wenn das *dharma* eines anderen leichter scheint, sollte man nicht danach greifen. Sehr oft ist es nur scheinbar leichter. Wenn ein Familienvater seine Kinder nicht ordentlich versorgen kann und deshalb aus Verzweiflung der Welt entsagt, ist das Heuchelei und wird ihm letztlich zur Last. Bei der ersten Gelegenheit werden sich seine alten Gewohnheiten und Neigungen wieder durchsetzen. Wenn ein Mensch in die Wildnis geht, weil er des Lebens Last nicht ertragen konnte, so wird er sich dort als erstes eine Hütte bauen. Um sie zu schützen, wird er einen Zaun errichten. Wenn er so weiter macht, wird er schließlich auch dort einen großen Haushalt zu versorgen haben. Wenn ein Mensch wahrhaft zur Entsagung neigt, fällt ihm das Entsagen leicht. Sogar in den Smritis (heiligen Schriften) wird mehrfach erwähnt, daß das Entsagen leicht sein kann. Wichtig ist lediglich die innere Berufung. Das *dharma* eines jeden wird seinen tatsächlichen, natürlichen Anlagen gemäß verlaufen. Die Frage ist nicht, ob hoch oder niedrig, leicht oder schwer. Es muß echtes Wachstum, eine wirkliche Weiterentwicklung sein.

Doch einige phantasievolle Leute fragen nun: "Wenn *sannyasa*, der Weg der Entsagung, stets besser ist als *yuddha dharma*, der Weg des Kampfes, warum hat dann Krishna nicht Arjuna wirklich zum Sannyasin (Mönch) gemacht? War ihm das nicht möglich? Für ihn war doch nichts unmöglich. Doch wo blieben dann Sinn und Zweck von Arjunas Leben? Gott der Allmächtige hat uns die Freiheit gegeben. Und nun soll jeder Mensch seine eigenen Anstrengungen machen, denn darin liegt die Freude. Kleinen Kindern macht es Freude, selber Bilder zu zeichnen. Sie lieben es nicht, wenn jemand ihnen die Hand führt und das Bild für sie zeichnet.

Wenn der Lehrer sofort alle Fragen der Kinder beantwortet, wie kann sich da ihre Intelligenz entwickeln? Daher haben Eltern und Lehrer lediglich die Aufgabe, den Kindern Anregungen zu geben. Gott lenkt uns alle von innen her, weiter tut er nichts. Wenn Gott, einem Töpfer gleich, den Ton schlagen und kneten und jeden von uns wie ein Gefäß formen würde, was wäre Schönes daran? Wir sind doch keine Tontöpfe sondern lebendiges Bewußtsein.

Aus all diesen Ausführungen wird euch eines klar geworden sein, nämlich daß es Zweck der Gita ist, die Unwissenheit, die unser *svadharma* verdeckt, zu beseitigen. Arjuna war verwirrt über den Sinn seines *dharma*. Sein *svadharma* war ihm durch Verblendung unklar geworden. Sobald ihn Sri Krishna darauf hinweist, gibt er es auch selber zu. Es ist Hauptaufgabe der Gita, diese Verblendung, dieses "mein"-Gefühl, diese sentimentale Bindung zu beseitigen. Darum fragt Sri Krishna, nachdem er die Lehre der Gita beendet hatte: "Arjuna, du hast die Täuschung überwunden, nicht wahr?" Und Arjuna antwortet: "Ja, Herr, die Verblendung ist von mir gewichen, mein *svadharma* ist mir klar geworden." Wenn wir nun den Anfang und das Ende der Gita nebeneinander betrachten, so erkennen wir, daß es ihr eigentliches Ziel ist, Illusion zu zerstören. Dies ist nicht nur der Zweck der Gita, sondern Zweck des gesamten Mahabharata. Vyasa selbst sagte ganz am Anfang des Mahabharata: "Die Lampe dieses Epos zünde ich an, um den Schleier der Verblendung vom Menschenherzen zu entfernen.

(4) VOLLKOMMENE OFFENHEIT DES GEISTES

Die Einführung, die uns über Arjunas Einstellung berichtet, hat uns weitgehend geholfen, den Rest der Gita zu verstehen. Wir sollten dafür dankbar sein. Doch hilft sie uns auch auf andere Weise. Aus Arjunas Einstellung erkennen wir die vollkommene Aufrichtigkeit seines Herzens. Schon das Wort "Arjuna" bedeutet "Offenheit" oder "der von offener und einfacher Natur ist". Er öffnete sein Herz und legte dem Herrn alles dar, was er dachte und fühlte. Er hielt nichts zurück und übergab sich schließlich ganz Sri Krishna. Doch um die Wahrheit zu sagen, er hatte sich schon von Anfang an Sri Krishna ergeben. Als er Krishna zu seinem Wagenlenker machte und Seinen Händen die Zügel seiner Pferde anvertraute, war er schon dazu bereit, Ihm auch die Zügel seines Geistes und seines Herzens zu übergeben. Kommt, laßt auch uns so verfahren! Laßt uns nicht sagen: "Arjuna hatte Krishna. Wo sollen wir unseren Krishna finden?" Mit der Streitfrage, ob es jemals eine historische Person namens Krishna gab, wollen wir uns gar nicht befassen. Krishna leuchtet im Herzen eines jeden von uns als die innen führende Kraft. Er ist es, der uns allen am nächsten steht. So wollen wir alle Anfechtungen unseres Herzens vor ihn legen und sagen: "O Herr, ich nehme Zuflucht in dir. Du bist mein unumstrittener Meister, mein Guru. Zeige mir den rechten Weg! Ich gehe nur den Weg, den du mir zeigst." Wenn wir so handeln, wird Er, der Arjunas Wagen lenkte, auch unser Wagenlenker werden. Aus seinem göttlichen Mund werden wir die Gita hören, und er wird uns zum Sieg führen.

2. KAPITEL

Zusammenfassung der gesamten Lehre: Selbsterkenntnis und Gleichmut

(5) TERMINOLOGIE DER GITA

Liebe Brüder! Im letzten Kapitel hörten wir von Arjunas "Yoga der Verzagtheit". Wenn sie, wie bei Arjuna, von Unschuld und Gottergebenheit begleitet ist, wird selbst die Verzagtheit zum Yoga, zu einem Mittel, um mit Gott eins zu werden. Es ist dies ein Aufwühlen und Reinigen des Herzens. Anders als ihr Verfasser gab ich dieser Einleitung zur Gita nicht den besonderen Namen "Arjunas Verzagtheit", sondern nannte sie ganz allgemein "Yoga der Verzagtheit". Denn Arjuna ist für die Gita nur ein Vorwand. Wir sollten nicht annehmen, daß Pandurang in Pandharpur (Maharashtra) nur für Pundalik in menschlicher Gestalt erschien, denn wir sehen ja, wie er heute noch, nach Tausenden von Jahren, dasteht, um uns alle, dumme Geschöpfe, die wir sind, zu erretten und zu erlösen, und sich Pundaliks nur als eines Vorwands bediente. In gleicher Weise richtet sich das Mitleid der Gita wohl an Arjuna, ihn als Vorwand nehmend, gilt jedoch in Wirklichkeit uns allen. Deshalb ist für das erste Kapitel der Gita der allgemeine Titel "Yoga der Verzagtheit" am ehesten angebracht. Der Baum der Gita wächst von da aus immer weiter, bis er im letzten Kapitel die Frucht des "Yoga der göttlichen Gnade" hervorbringt. So Gott will, werden wir im Laufe unseres Gefängnisaufenthaltes auch bis dorthin gelangen.

Mit dem 2.Kapitel beginnt die Lehre der Gita. Schon ganz am Anfang lehrt der Herr die großen Wahrheiten des Lebens. Er tut dies in der Annahme, daß die weitere Arbeit leicht sein wird, wenn schon zu Beginn die wichtigsten Grundsätze des Lebens verstanden werden, auf denen sich das ganze Lebensgefüge aufbaut. Die Bedeutung des Ausdrucks *sankhya buddhi* im 2.Kapitel verstehe ich als "wichtigste Grundsätze des Lebens". Und nun wollen wir uns diese Grundsätze ansehen. Zuvor jedoch, da wir gerade den Sinn des Wortes *sankhya* besprechen, wird es gut sein, wenn wir uns die technischen Ausdrücke der Gita etwas klar machen.

Die Gita hat ihre Art und Weise, alten philosophischen Wörtern einen neuen Sinn zu geben. Den Sinn alter Wörter umzuwandeln, ist eine gewaltlose Methode geistiger Revolution. Vyasa ist ein Meister dieser Methode. Dadurch haben die Worte der Gita einen erweiterten Sinn bekommen und bleiben frisch und jung, so daß alle Denker darin ihrem Bedürfnis und ihrer Erfahrung entsprechend verschiedene Bedeutung finden können. Von ihren verschiedenen Gesichtspunkten aus gesehen, können all diese verschiedenen Auslegungen richtig sein, und ich bin der Ansicht, daß auch wir diese Worte ganz unabhängig auslegen können, ohne die Auslegung anderer widerlegen zu müssen.

Diesbezüglich gibt es in den Upanishaden eine nette Geschichte. Einmal kamen die Devas (lichte Geister), die Danavas (dunkle Geister) und die Menschen zu Prajapati, dem Schöpfer, um von ihm Rat zu holen. Prajapati sprach zu allen nur den einen Laut *da*. Da sagten die Devas: "Wir Devas sind voll Drang nach Sinnenlust. Der Hang nach weltlichen Genüssen hat von uns Besitz ergriffen. Durch die Silbe *da* lehrt uns deshalb Brahma, *damana* — Selbstkontrolle — zu üben." Die Danavas sagten: "Wir Danavas sind jetzt oft zornig und sehr grausam. Durch die Silbe *da* lehrt uns Prajapati, *daja* — Mitleid — zu üben." Die Menschen sagten: "Wir Menschen sind sehr habgierig geworden und der Anhäufung von Reichtum verfallen. Mit dem Laut *da* weist uns Prajapati an, *dana* — Freigiebigkeit — zu üben." Prajapati war mit all diesen Auslegungen einverstanden, da sie alle ihren jeweiligen Erfahrungen gemäß zur rechten Bedeutung gelangt waren. Wenn wir uns mit den technischen Ausdrücken der Gita befassen, sollten wir uns an diese Geschichte aus den Upanishaden erinnern.

(6) LEBENSZWECK: DEN KÖRPER IN DEN DIENST UNSERES *SVADHARMA* ZU STELLEN

Im 2.Kapitel werden drei große Wahrheiten offenbart: 1. die Unsterblichkeit und Unzertrennbarkeit der Seele, 2. die Vergänglichkeit des Leibes und 3. die Unumgänglichkeit des *svadharma*. Dabei geht es beim *svadharma* um die Ausübung einer Pflicht, bei den beiden anderen Wahrheiten um eine Erkenntnis. Im letzten Kapitel sagte ich etwas über das *svadharma*. Dieses *svadharma* fällt uns von selbst zu, wir brauchen nicht auszuziehen, um unser *svadharma* zu suchen. Es ist nicht so, als ob wir wie von ungefähr vom Himmel fielen, um uns dann auf dieser Erde einzurichten. Noch ehe wir geboren wurden, bestand die menschliche

Gesellschaft, lebten unsere Eltern, gab es die Nachbarn. In diesen Strom des Lebens werden wir hineingeboren. So ist es von Geburtswegen meine Pflicht, diesen Eltern, von denen ich stamme, zu dienen, und gleichermaßen ist es meine natürliche Pflicht, der Gesellschaft zu dienen, in die ich hineingeboren wurde. Tatsächlich wird bei unserer Geburt auch unser *svadharma* geboren, doch kann man auch sagen, daß es in Wirklichkeit schon vor unserer Geburt auf uns wartet. Denn es ist ja die Ursache unserer Geburt, und wir werden geboren, um es zu erfüllen. Manche vergleichen das *svadharma* mit der Ehefrau und sagen, daß ebenso wie der Ehebund als unauflöslich gilt, auch das Verhältnis eines Menschen zu seinem *svadharma* nicht gelöst werden kann. Doch scheint mir auch dieser Vergleich unzulänglich. Ich vergleiche das *svadharma* mit der Mutter. Es wurde nicht mir überlassen, mir für dieses Leben meine Mutter selbst auszuwählen. Das war schon vorher entschieden. Wie sie auch immer sein mag, sie kann nun einmal nicht beiseite geschoben werden. Ebenso ist es mit dem *svadharma*. Außer dem *svadharma* gibt es für uns in diesem Leben keine andere Zuflucht oder Stütze. Das *svadharma* zu enteignen, bedeutet so viel wie, sich selbst zu enteignen und Selbstmord zu begehen. Nur mit Hilfe des *svadharma* können wir uns weiterentwickeln. Deshalb sollte man niemals das eigene *svadharma* fahrenlassen. Diese grundsätzliche Wahrheit des Lebens ist eindeutig festgelegt.

Das *svadharma* fällt uns ganz von selbst zu, so daß wir mühelos daran festhalten sollten. Das ist aber unzähliger Illusionen wegen nicht der Fall. Oder, wenn wir tatsächlich danach handeln, fällt es uns sehr schwer und schleichen sich viele Fehler ein, so daß es verunreinigt wird. Zahllos sind die äußeren Formen der Illusion, die die Straße des *svadharma* mit Dornen bestreuen. Wenn wir ihnen jedoch auf den Grund gehen, sehen wir überall immer nur das eine — eine enge und oberflächliche Identifizierung mit dem Körper. Ich und jene, die mit mir blutsverwandt sind, bilden die Grenze meines (Interessen-) Bereichs. Die sich außerhalb dieses Kreises befinden, sind mir fremd oder gar feindlich. Diese Identifikation mit dem Körper baut einen solchen Grenzwall um mich auf, daß ich merkwürdigerweise immer nur den Körper meine, wenn ich von "ich" oder "mein" spreche. Indem wir in dieser doppelten Falle der Identifikation mit dem Körper eingefangen werden, bauen wir unzählige kleine Wälle auf. Fast alle Menschen sind in dieser Weise beschäftigt. Dabei ist die Umzäunung des einen größer und die des anderen kleiner, aber schließlich sind es doch alles Umzäunungen. Doch sie sind nicht dicker als die Haut. Der eine schließt sich ein hinter einem Wall von Familienbindungen, der andere macht sich die Pflicht gegenüber seinem Land zum Grenzwall. Eine Wand trennt die Brahmanen von den Nichtbrahmanen, eine weitere trennt die Hindus von den Moslems. Nicht nur ein oder zwei dieser Wälle, sondern unzählige davon wurden gebaut. Wo man auch hinsieht, überall gibt es nur Absperrungen. Selbst hier in unserem Gefängnis gibt es politische und gewöhnliche Gefangene, und wir sind dadurch getrennt, als ob wir ohne Trennungen nicht leben könnten. Was ist das Ergebnis? Wir werden überflutet von Krankheitskeimen, und unsere Gesundheit in Gestalt des *svadharma* wird zerstört.

(7) LEBENSZIEL: ERKENNTNIS DES ATMAN, DES HÖCHSTEN SELBSTS, DAS DEN KÖRPER TRANSZENDIERT

Unter diesen Umständen genügt es nicht, nur einfach dem *svadharma* zu folgen, sondern man muß noch zwei weitere Grundsätze vor Augen haben. Der erste lautet: "Ich bin nicht dieser sterbliche Körper, er ist nur die äußere Umhüllung." Der zweite Grundsatz lautet: "Ich bin unsterblicher, unzerstörbarer und alles durchdringender Geist." Hält man an diesen beiden Grundsätzen fest, erlangt man die Erkenntnis höchster Wahrheit. Die Gita mißt dieser Erkenntnis höchster Wahrheit solche Bedeutung bei, daß sie zuerst von dieser Wahrheitserkenntnis und erst danach vom *svadharma* spricht. Manche fragen, warum wohl diese Verse über die höchste Wahrheit gleich zu Beginn stehen. Mir will es jedoch scheinen, daß von allen Versen der Gita gerade diese unter keinen Umständen an anderer Stelle gebracht werden dürfen.

Wenn sich solche Wahrheitserkenntnis unserem Verstand einprägt, wird es uns danach nicht schwer fallen, unserem *svadharma* zu folgen. Ganz im Gegenteil wird uns all das schwierig erscheinen, was von unserem *svadharma* abweicht.

Die Unzerstörbarkeit des Geistes und die Vergänglichkeit des Körpers zu begreifen, ist nicht schwierig, denn beides ist reine Wahrheit. Doch müssen wir darüber nachdenken und sollten uns innerlich immer wieder daran erinnern. Man wird lernen müssen, der sterblichen Hülle immer weniger und dem Geist (*atman*) immer größere Bedeutung beizumessen. Dieser Körper verändert sich fortwährend. Wer kann dem Zyklus von Kindheit, Jugend und Alter entgehen? Die moderne Wissenschaft sagt uns, daß sich der Körper in sieben Jahren vollkommen erneuert und auch nicht ein einziger Tropfen des alten Blutes verbleibt. Unsere Vorfahren glaubten, daß der Körper alle zwölf Jahre stirbt, und setzten daher für Sühne (*prayashitta*), für geistige Übungen (*tapascharya*), für die Studienzeit und ähnliches jeweils zwölf Jahre fest. Man hat schon gehört, wie eine Mutter ihren Sohn nicht wiedererkannte, als er nach vielen Jahren aus der Fremde heimkehrte. Dieser sich fortwährend verändernde, fortwährend absterbende Körper, ist das deine wahre Form? Dieser Leib, dessen Müllabfuhr Tag und Nacht weitergeht und der trotz deines unermüdlichen Reinigungseifers seine Unsauberkeit nicht aufgibt, bist du das? Er ist unsauber, du reinigst ihn. Er ist krank, du pflegst ihn. Er füllt einen Raum von weniger als zwei Kubikmetern, du aber bewegst dich in allen drei Welten. Er verändert sich fortwährend, du beobachtest diese Veränderung. Er stirbt, und du bist Zeuge seines Sterbens. Warum denkst du so gering von dir, obwohl doch der Unterschied zwischen ihm und dir so klar zutage tritt? Warum meinst du, daß nur das, was mit dem Körper zusammenhängt, zu dir gehört? Und warum trauerst du so sehr um den Verlust dieses Körpers? Krishna fragt: "Wie kann das Sterben des Leibes Anlaß zu Kummer sein?"

Mit dem Körper ist es wie mit Kleidung. Wenn die alte abgetragen ist, beschafft man sich neue. Wenn ein und derselbe Leib der Seele endlos anhaften würde, befände sich diese wahrhaftig in einem traurigen Zustand. Sie könnte sich nicht weiter entfalten. Alle Freude und Glückseligkeit würden verschwinden, und das Licht der Erkenntnis würde in einem Dämmerzustand versinken. Deshalb ist der Zerfall des Körpers kein Anlaß zur Trauer. Ja, wenn die Seele zerstörbar wäre, müßte man wahrlich darüber trauern. Sie ist jedoch unzerstörbar und gleicht einem unaufhörlich weiterfließenden Strom. Zahllose Körper heften sich an sie und verschwinden dann wieder. Deshalb ist es ganz falsch, sich im Zyklus körperbedingter Verwandtschaften einfangen zu lassen und dann unter der Zersplitterung und Aufteilung in "mein" und "dein" zu leiden. Wäre dieses ganze Universum ein schön gewebter Schal, und ein kleiner Knabe zerschnitte denselben mit einer Schere in viele kleine Stücke, —ebenso närrisch und grausam wäre es, wollte man durch den Körper, wie mit einer Schere, die Weltenseele in Stücke zerschneiden.

Es ist in der Tat traurig, daß es hier in Indien, wo *brahma vidya*, die Wissenschaft der Ewigen Wahrheit, das Licht der Welt erblickte, unzählige große und kleine Parteien, Sekten und Kasten gibt, wohin man sich auch wendet. Und eine solche Angst vor dem Tode hat sich unserer bemächtigt, wie man es vielleicht nirgend sonst finden wird. Zweifellos ist dies das Ergebnis langer Unterwerfung, aber man darf nicht vergessen, daß es auch gleichzeitig eine Ursache dieser Unterwerfung war.

Selbst das Wort "Tod" ist uns unerträglich. Vom Tod zu sprechen, gilt uns als unheilvoll. Schreibt doch Jnandev tief betrübt:

Vom Tode mögen sie nicht sprechen hören.
Sie weinen, wenn jemand stirbt.

Welch ein Klagen und Wehgeschrei ertönt, wenn irgendwo der Tod einkehrt, als wäre das uns eine Pflicht! Es ist soweit gekommen, daß wir berufliche Klageweiber herbeiholen. Das Herannahen des Todes wollen wir dem Kranken nicht mitteilen. Wenn der Arzt gesagt hat, daß es für den Patienten keine Hoffnung mehr gibt, so lassen wir ihn selbst darüber im unklaren. Selbst der Arzt mag es nicht deutlich aussprechen. Bis zum letzten Atemzug füttert er den Kranken mit Flaschen voll Arznei. Welch großen Dienst würde er ihm erweisen, wenn er ihm stattdessen die Wahrheit sagte, ihm Trost und Mut zuspräche und seine Gedanken auf Gott lenkte. Man befürchtet, daß womöglich das "Gefäß" durch diesen Schock schon vorzeitig zerbrechen könnte. Aber wie könnte das Gefäß schon vor seiner Zeit zerbrechen? Und selbst wenn es zwei Stunden zu früh zerbrechen würde, was läge daran? Das soll nicht etwa heißen, daß wir hartherzig und lieblos werden sollen. Doch ist das Gebundensein an den Körper keine Liebe. Im Gegenteil, solange man sich nicht von den Fesseln des Gebundenseins an den Körper löst, kann es keine wahre Liebe geben.

Wenn das Gebundensein an den Körper verschwindet, tritt klar zutage, daß der Körper nichts weiter ist als ein Werkzeug des Dienens, und sein tatsächlicher Wert wird im rechten Licht erscheinen. Aber heutzutage haben wir uns die Verherrlichung des Körpers zum einzigen Lebenszweck erhoben. Wir haben vergessen, daß die Erfüllung des *svadharma*, des inneren Gesetzes, der wahre Sinn des Lebens ist. Der Körper muß versorgt und ernährt werden, einzig um dadurch die Erfüllung des *svadharma* zu ermöglichen. Es geht nicht darum, dem Gaumen zu schmeicheln. Den Löffel kümmert es nicht, ob man mit ihm eine Süßspeise oder einen Reiseintopf serviert. Mit unserem Gaumen sollte es sich ebenso verhalten, daß er wohl schmeckt, was er bekommt, sich aber weder Freude noch Abscheu daran knüpft. Bezahle dem Körper seine rechtmäßige Gebühr, aber nicht mehr. Das Spinnrad soll den Faden spinnen und muß deshalb geölt werden. Ebenso ist es mit dem Körper. Er soll

seine Funktion erfüllen und muß deshalb mit Brennstoff versorgt werden. Wenn wir uns des Körpers in dieser Weise bedienen, kann er trotz seiner eigentlichen Wertlosigkeit einen Sinn und an Bedeutung gewinnen.
Doch statt uns des Körpers gleich eines Werkzeugs zu bedienen, verlieren wir uns in ihm und lassen unsere Seele verkümmern. Auf diese Weise verliert der Körper, der ohnehin schon wertlos war, noch mehr an Bedeutung. Daher sagen die Heiligen mit großer Bestimmtheit: "Nur dem eigenen Körper und seinen Anverwandten zu dienen, ist verächtlich. Auch der Hund und das Schwein sind liebenswert. Komm, o Freund, denke nicht nur Tag und Nacht an deinen Körper und an diejenigen, die mit ihm verwandt sind, sondern lerne, auch deine Zugehörigkeit zu anderen zu erkennen." Auf diese Weise lehren uns die Heiligen geistiges Wachstum. Verschenken wir jemals etwas von uns selbst an andere als unsere engen und geliebten Freunde? Erkennen wir uns gegenseitig in unserem tiefsten Wesen und lassen Seele zu Seele sprechen? Erlauben wir jemals unserer Seele, diesem Käfig zu entfliehen und die Luft der Freiheit zu atmen? Kommt es dir jemals in den Sinn, über den vertrauten Freundeskreis hinaus neue Freunde zu gewinnen: "Wenn ich mir heute zehn neue Freunde, morgen 15 und übermorgen 50 gewinne und auf diese Weise immer mehr, werde ich es dann eines Tages erleben, daß ich mit der ganzen Welt in Freundschaft verbunden, mit der Welt eins bin?" Wir schreiben aus dem Gefängnis Briefe an unsere Verwandten. Was ist schon Großes dabei? Würden wir aber einem aus dem Gefängnis entlassenen neuen Freund, der kein politischer Gefangener sondern des Diebstahls schuldig war, einen Brief schreiben?
Unsere Seele, das Selbst, verzehrt sich in dem Verlangen, das All zu durchdringen. Sie möchte die ganze Schöpfung in sich aufnehmen. Wir aber schließen sie in eine enge Kammer ein. Wir halten sie gefangen. Kaum daß wir uns ihrer überhaupt erinnern. Von früh bis spät dienen wir dem Körper. Tag und Nacht sorgen wir uns darum, wie fett oder wie mager er geworden ist, als gäbe es in der ganzen Welt keine andere Freude. Auch Tiere kennen sinnliche Freuden. Wirst du nun auch die Freude des Verzichts und der Aufgabe sinnlicher Freuden kennenlernen? Welch erhabenes Glücksgefühl erfüllt den, der, obwohl selbst hungrig, einem Hungernden einen Teller voll Speisen reicht. Möge dir dieses Erlebnis beschieden sein! Wenn die Mutter ihrem Kind zuliebe Mühsal auf sich nimmt, erlebt sie etwas von diesem Glücksgefühl. Auch wenn der Mensch fortwährend einen engen Kreis um sich zieht und es sein

Eigentum nennt, so ist auch hier das unbewußte Ziel, das Wachstum des Selbsts zu erleben, denn auf diese Weise kommt die körpergebundene Seele ein wenig und auf kurze Zeit aus dem Körper hervor. Doch von welcher Art ist diese Befreiung? Ebenso wie wenn der Gefangene aus seiner Zelle zur Arbeit in den Gefängnishof kommt. Das genügt der Seele nicht. Sie verlangt nach der Glückseligkeit höchster Befreiung.

Schlußfolgerung: 1. Der Wahrheitssuchende (*sadhaka*) muß die krumme Straße des *adharma* (nicht dem eigenen Lebensgesetz entsprechend) und das *paradharma* (Lebensgesetz eines anderen) aufgeben und den natürlichen und leichten Weg des *svadharma*, des eigenen Lebensgesetzes, beschreiten. Er darf niemals das *svadharma* seinen Händen entgleiten lassen. 2. Der Körper ist vergänglich. Dies erkennend, möge ihn der Suchende einzig in den Dienst des *svadharma* stellen. Wenn nötig, sollte er nicht zögern, ihn im Dienste des *svadharma* zu opfern. 3. Möge er sich fortwährend dessen bewußt sein, daß die Seele (das Selbst) unzerstörbar und allgegenwärtig ist, und möge er aus seinem Herzen das Unterscheiden zwischen "mein" und "dein" verbannen. Gott selbst lehrt uns diese wichtigsten Grundsätze des Lebens. Wer sie getreulich befolgt, wird zweifellos eines Tages schon in seiner menschlichen Hülle das glückselige Erlebnis höchster Selbsterkenntnis—des *saccidananda*—erfahren.

(8) WIE MAN DIE SYNTHESE VON THEORIE UND PRAXIS ERREICHT: DURCH VERZICHT AUF LOHN

Zwar hat uns Gott die Lebensgrundsätze gelehrt, jedoch die Lehre allein ist nicht genug. Die in der Gita beschriebenen Prinzipien sind schon in den Upanishaden und Smritis vorhanden. Es ist nichts Außergewöhnliches daran, daß die Gita diese wiederholt. Ihre Bedeutung besteht darin, daß sie erklärt, wie diese Grundsätze in unserem Leben angewandt werden können. Die Lösung dieses Problems ist das große Verdienst der Bhagavadgita.

Die Kunst oder Methode, die Lebensprinzipien in die Wirklichkeit umzusetzen, nennt man "Yoga". Sankhya bedeutet Lebensweisheit oder Theorie, Yoga bedeutet die Kunst der Anwendung. Jnandev bezeugt es wie folgt: "Der Yogin beherrscht die Kunst des Lebens." Die Gita ist voll von beidem: Sankhya und Yoga—Wissenschaft und Anwendung. Wenn sich Wissenschaft und die Kunst praktischer Anwendung vereinen, erblüht das Leben in höchster Schönheit. Unangewandte Wissenschaft gleicht einem Luftschloß. Kennt man auch die gesamte theoretische

Musikwissenschaft, hat aber nicht die Kunst des Gesanges gemeistert, so wird uns *nadabrahman* (die Muse) nicht erscheinen. Aus diesem Grunde lehrte der Herr nicht nur die Prinzipien, sondern gleichzeitig auch die Kunst ihrer Anwendung. Worin besteht also diese Kunst? Wie ist es möglich, die Wertlosigkeit des Körpers zu erkennen, die Unsterblichkeit und Unzerstörbarkeit des Selbsts immer vor Augen zu halten und so unserem *svadharma* entsprechend leben zu lernen?

Hinter menschlichem Tun finden wir normalerweise zweierlei Grundhaltungen. Die eine lautet: "Selbstverständlich werde ich die Früchte meines Handelns ernten, denn ich habe ein Recht darauf." Dagegen lautet die andere Einstellung: "Darf ich schon nicht die Früchte meines Wirkens ernten, so werde ich gar nichts tun." Aus der Gita erfahren wir nun noch von einer dritten Möglichkeit: "Selbstverständlich sollst du tätig sein. Fordere jedoch nicht den Lohn als dein Recht!" Natürlich hat der Arbeitende ein Recht auf seinen Lohn. Du jedoch verzichte auf dieses Recht aus freiem Entschluß. *Rajas* sagt: "Wenn ich arbeite, dann will ich auch den Lohn!" *Tamas* sagt: "Soll ich auf den Lohn verzichten, dann werde ich auch nichts tun!" Diese beiden Einstellungen oder Lebenshaltungen sind Brüder. Du aber sollst beide überwinden und reines *sattva* erreichen, indem du zwar arbeitest, jedoch auf den Lohn verzichtest und trotz Verzicht doch tätig bist. Mache dir weder vor noch nach der Tat Hoffnung auf den Lohn!

"Hab kein Verlangen nach der Frucht!" sagt die Gita. Doch sie besteht auch darauf, daß die Arbeit unter Aufbietung besten Wissens und höchster Kraft geleistet wird. Die Leistung dessen, der nicht nach dem Lohn trachtet, sollte weit besser sein als die Leistungen desjenigen, der um des Lohnes willen tätig ist. Das ist leicht verständlich, denn letzterer wird nur durch das Verlangen nach Lohn zur Arbeit veranlaßt, und es ist unvermeidlich, daß ein Teil seiner Zeit und Kraft an Träumereien und Gedanken über den Lohn verschwendet wird. Dagegen wird sich derjenige, der kein Verlangen nach Lohn in sich trägt, jede Minute und mit ganzer Kraft auf die Ausübung seiner Tätigkeit konzentrieren. Der Fluß hat nie Urlaub, die Luft kann nicht ruhen, und die Sonne geht fortwährend ihren Lauf. In derselben Weise kennt auch der selbstlos Tätige nichts anderes als pausenloses Dienen. Wer könnte Vorzüglicheres leisten als derjenige, der solchermaßen sein ganzes Sein der Arbeit weiht? Auch ist ein ausgeglichenes Wesen eine hervorragende Qualität, und dieses ist ja gleichsam die Erbschaft des selbstlos Tätigen. Wenn eine Handarbeit außer mit handwerklicher Geschicklichkeit auch mit ausgeglichenem Wesen ausgeführt wird, so wird sie zweifellos noch viel schöner ausfallen. Wenn in der Arbeit dessen, der die Früchte fordert, und dessen, der nichts erwartet, noch weitere Unterschiede auftreten, so fallen sie zweifellos zugunsten des selbstlos Handelnden aus. Derjenige, der um des Lohnes willen arbeitet, beurteilt die Arbeit nach egoistischen Grundsätzen: "Ich tue die Arbeit, und mir gehört der Lohn." Wenn auf Grund dieser Einstellung seine Aufmerksamkeit ein klein wenig von der Arbeit abgelenkt wird, so sieht er darin keine moralische Schwäche. Bestenfalls beurteilt er es als ein Versehen. Derjenige jedoch, der sich keinen Lohn erhofft, fühlt sich einer Arbeit gegenüber in höchstem Maße moralisch verpflichtet. So achtet er sorgfältig darauf, daß sich bei seiner Arbeit keinerlei Mängel einschleichen. Sein Werk wird daher auch makelloser sein. Gleichgültig, von welchem Gesichtspunkt aus man es beurteilt, bleibt doch immer der Verzicht auf die Früchte des Handelns die beste und erfolgreichste Lebensphilosophie. Man sollte deshalb den Lohnverzicht "Yoga" oder die "Kunst des Lebens" nennen.

Auch wenn wir einmal die Frage selbstloser Tätigkeit beiseite lassen, so müssen wir doch zugeben, daß in der Arbeit, im Tun, eine Freude steckt, wie sie in dem Resultat oder in dem Lohn der Arbeit nicht zu finden ist. Die Art und Weise, in der man von der Arbeit in Anspruch genommen wird, ist in sich selbst schon eine Quelle der Freude. Sage einem Künstler: "Male keine Bilder, ich gebe dir dafür Geld, soviel du verlangst", so wird dieser nicht auf dich hören. Sage zu einem Bauern: "Gehe nicht aufs Feld, führe deine Kühe nicht auf die Weide, schöpfe kein Wasser aus dem Brunnen, so werden wir dir Getreide geben, soviel du willst." Ist er ein rechter Bauer, wird er an diesem Handel keinen Gefallen finden. Der Bauer geht frühmorgens aufs Feld. Dort grüßt ihn der Sonnengott. Die Vögel singen für ihn. Die Rinder drängen sich um ihn. Er streicht ihnen liebevoll übers Fell. Liebevoll schaut er Bäume und Büsche an, die er gepflanzt hat. In all diesem Tun liegt eine reine Freude, *sattvik anand*. Und diese Freude ist der höchste und wirkliche Lohn dieser Arbeit. Demgegenüber ist der rein äußerliche Lohn gänzlich unbedeutend.

Indem die Gita den Menschen von der Frucht des Handelns ablenkt, steigert sie seine Konzentration hundertfach. Die Konzentration des selbstlos Tätigen auf seine Arbeit gleicht dem *samadhi* (einer Erfahrung des Einsseins). Deshalb ist auch seine Freude hundertmal größer als die der anderen.

Wenn wir es in diesem Licht betrachten, wird uns sofort klar, daß uneigennützige Tätigkeit schon an sich eine herrliche Belohnung darstellt. Jnandev fragte ganz richtig: "Wenn der Baum Früchte trägt, wie können dann die Früchte noch weitere Früchte hervorbringen?" Wenn dieser menschliche Körper einem Baume gleich die herrliche Frucht selbstloser Verwirklichung des *svadharma* hervorbringt, was erwartet man dann noch weitere Früchte? Warum säte der Bauer Weizen auf seinen Acker, um ihn dann zu verkaufen und stattdessen Hirsebrot zu essen? Warum züchtet man wohlschmeckende Bananen, nur um diese zu verkaufen und an ihrer Stelle Chillies (spanischen Pfeffer) zu essen? Iß, was du gepflanzt hast, mein Bruder! Aber das wird vom Volk nicht akzeptiert. Obwohl die Menschen von Bananen leben könnten, stürzen sie sich lieber auf Chillies.

Die Gita sagt: "Du sollst nicht solchermaßen tun! Iß dein eigenes Tun (*karma*), trink dein eigenes Tun und verdaue auch dein eigenes Tun!" Im Handeln, dem *karma*, erfüllt sich alles. Das Kind spielt aus Freude am Spiel. Ganz von selbst hat es dabei die körperliche Bewegung. Aber es achtet nicht auf diesen Vorteil. Nur im Spiel sieht es seine ganze Freude.

(9) VERZICHT AUF DIE FRÜCHTE. ZWEI BEISPIELE

Die Heiligen haben uns in ihrem Leben diesen Verzicht deutlich gezeigt. Shivaji, der König, hatte große Ehrfurcht vor Tukaram, als er dessen Frömmigkeit sah. Einmal schickte er zum Hause Tukarams eine Sänfte und bereitete sich vor, ihn würdig zu empfangen. Als aber Tukaram diese Vorbereitungen sah, wurde er sehr traurig. Er dachte bei sich: "Ist dies der Lohn meiner Frömmigkeit? Habe ich darum der Gottheit gedient?" Es schien ihm, daß ihn Gott von sich weise, indem er ihm diese große Ehre zukommen ließ. Er sprach:

"Du kennst mein Innerstes. Willst du mich loswerden?
Dies ist ein böser Streich von dir, o Pandurang."

"Mein Herr, dein Vorhaben ist nicht gut. Mit einem silbernen Glöckchen willst du mich zufriedenstellen. Vielleicht meinst du, auf diese Weise ein Übel loszuwerden. Aber ich bin nicht so unerfahren. An deine Füße werde ich mich klammern und niemals loslassen. Frömmigkeit (*bhakti*) ist das *svadharma*, das Lebensgesetz, des Frommen, und es ist die Aufgabe seines Lebens, dafür zu sorgen, daß seiner Frömmigkeit keine anderen Früchte entsprießen."

Im Leben Pundaliks wird uns ein noch tiefgründigeres Ideal der Entsagung vor Augen geführt. Pundalik sorgte für seine Eltern und diente ihnen. Über solchen Liebesdienst hocherfreut, kam Gott Pandurang, eilends ihn zu grüßen. Jedoch weigerte sich Pundalik, sich von Pandurang verwirren zu lassen und von seinem Dienst der Nächstenliebe abzulassen. Für ihn war der Dienst an seinen Eltern gleichbedeutend mit Gottesdienst oder *bhakti.* Wenn ein Jüngling seinen Eltern dient, indem er andere beraubt, oder wenn ein Patriot anderen Ländern schadet, um den Fortschritt des eigenen Landes zu fördern, so wird man weder in dem einen noch in dem anderen Falle von *bhakti* sprechen können. Es handelt sich dabei lediglich um eine sentimentale Bindung. Pundalik war nicht in solche Bindung verstrickt. Er dachte bei sich: "Die Form, in der sich der Allmächtige Gott vor mir hier zeigt, ist er nur das? War die Schöpfung nur ein Leichnam, ehe er sich in dieser Form mir zeigte?" Er sagte zu Gott: "O mein Herr, du bist extra gekommen, um dich mir zu offenbaren, das verstehe ich sehr wohl. Aber ich halte mich an die Philosophie des Sowohl-als-auch. Ich glaube nicht, daß nur du allein der Allmächtige Gott bist. In meinen Augen offenbart sich das Göttliche sowohl in dir als auch in diesen meinen Eltern. Da ich damit beschäftigt bin, für sie zu sorgen, kann ich dir nicht meine Aufmerksamkeit schenken, und ich bitte dich deshalb um Entschuldigung." Nach diesen Worten schob Pundalik für Gott einen Ziegelstein hin, um darauf zu stehen, und widmete sich erneut der Pflege seiner Eltern. Auf dieses Beispiel Bezug nehmend, spricht Tukaram mit Begeisterung und Humor:

"Welcher verrückte Liebende läßt Vitthal stehend warten?
Welch unglaublicher Mut, Ihm einen Ziegelstein hinzuschieben!"

Dieser Grundsatz des Sowohl-als-auch, wie ihn Pundalik anwandte, ist ein Aspekt des Verzichts auf die Früchte des Handelns. In dem Maße, wie sich der Mensch, der auf die Frucht seines Tuns verzichtet, ganz in seine Arbeit vertieft (*karma-samadhi*), so wird auch seine Einstellung zum Leben (*vritti*) großzügig, allumfassend und ausgeglichen sein. Aus diesem Grunde verliert er sich nie in dem Gewirr verschiedener Philosophien und trennt sich nie von seiner eigenen Lebensphilosophie. *"Naanyadastiitti vaadinah"*, "dies ist wahr, jedoch nicht das andere", in solche Kontroversen läßt er sich nicht ein. "Das ist richtig, und das andere ist auch richtig", das ist seine bescheidene aber bestimmte Auffassung. Einmal begab sich ein Familienvater zu einem Sadhu (Heiligen) und fragte ihn: "Ist es nötig, Haus und Familie zu verlassen, um Befreiung (*moksha*) zu erlangen?"—worauf ihm der Sadhu antwortete: "Aber nein! Wie du siehst, konnten Leute wie König Janaka in Palästen leben und *moksha* erlangen. Warum sollte es dann für dich notwendig sein, Haus und Familie zu verlassen?" Danach kam ein anderer Mann und fragte den Sadhu: "Swamiji, kann man *moksha* erlangen, ohne Haus und Familie zu verlassen?" Woraufhin ihm der Sadhu erwiderte: "Wer hat dir das gesagt? Könnte man zu Hause und umsonst *moksha* erlangen, dann wären Leute wie Suka, die deswegen Haus und Familie verließen, Idioten gewesen." Als sich später diese beiden Männer trafen, entstand ein großer Streit zwischen ihnen. Der eine sprach: "Der Sadhu sagte, man müsse Haus und Familie verlassen." Doch der andere widersprach: "Der Sadhu sagte, daß es nicht nötig sei, Haus und Familie zu verlassen." Und scließlich kamen sie beide zu dem Sadhu, der ihnen antwortete: "Ihr habt beide richtig gesprochen. Der Weg richtet sich nach der inneren Haltung, und die Antwort ergibt sich aus der Frage. Es ist nötig, Haus und Familie zu verlassen, entspricht der Wahrheit. Man braucht Haus und Familie nicht zu verlassen, ist ebenso wahr." Das ist die Philosophie des Sowohl-als-auch.

Aus dem Beispiel des Pundalik ist ersichtlich, wie weit uns der Verzicht auf die Früchte führen kann. Das Geschenk, mit dem Gott Pundalik verlocken wollte, war weit wertvoller als jenes, das er Tukaram reichte. Doch selbst dadurch ließ er sich nicht verleiten. Hätte er sich dadurch locken lassen, so wäre es um ihn geschehen gewesen. Daraus ergibt sich, daß man den Weg, den man eingeschlagen hat, bis zu Ende gehen und sich auch dann nicht davon abbringen lassen soll, wenn sich eine göttliche Erscheinung uns als Hindernis in den Weg stellt. Der Körper ist nur ein Werkzeug. Und die Schau des Göttlichen bleibt uns immer greifbar. Wohin sollte sie uns denn entschwinden?

> "Wer kann mir das Gefühl des Einsseins mit dem All entwinden,
> wenn mein ganzes Herz erfüllt ist mit Liebe zu dir?"

Um solche hingebende Liebe (*bhakti*) zu empfinden, sind wir geboren. Wenn uns die Gita sagt: *"maate sango astu akarmani"*, "hänge dich nicht an das Nichtstun!"—so will sie damit sagen, du sollst dich selbstlos betätigen und dabei frei sein von dem Verlangen (*vasana*) nach der Befreiung vom Tun und letztlich frei vom Verlangen nach *moksha* (Befreiung des Selbsts). Das Freisein von diesem Verlangen ist an sich schon *moksha*. Denn was hat *moksha* schon mit *vasana* zu tun? Wenn der Lohnverzicht auf diese Ebene geführt worden ist, erstrahlt dem Vollmond gleich die Kunst des Lebens in höchster Vollendung.

(10) DER IDEALE LEHRER

Wissenschaft wie ausführende Kunst sind nun erklärt worden. Doch entsteht noch kein klares Bild vor unseren Augen. Wissenschaft ist attributlos (*nirguna*), Kunst hat Eigenschaften (*saguna*). Aber selbst eine Eigenschaft wird erst sichtbar, wenn sie Form annimmt. Bleibt sie dem Attributlosen gleich in der Luft hängen, dann bleibt sie wie dieses in formlosem Zustand. Ein Ausweg besteht darin, daß man einen Menschen erblickt, in dem die Eigenschaft Gestalt angenommen hat. Deshalb sagt Arjuna: "O Herr, du hast mich die wichtigsten Lebenswahrheiten gelehrt und auch die Kunst, wie diese verwirklicht werden können, und doch ersteht vor mir kein klares Bild derselben. Deshalb führe sie mir jetzt bildhaft klar vor Augen. Sage mir die Merkmale eines Menschen, der sich diese Lebensweisheit ganz zu eigen gemacht hat und dem der Yoga des Verzichts in Fleisch und Blut übergegangen ist. Beschreibe mir einen Sthitaprajna, einen Im-Geist-Gefestigten, der uns ein Beispiel absoluten Verzichts sein kann, der sich ganz in seine Arbeit versenkt (*karma-samadhi*), dessen Entschlußkraft stark ist wie ein Felsen. Wie spricht ein solcher, wie sitzt er und wie bewegt er sich? Wie sieht er aus, und wie kann man ihn erkennen? Über all dies sprich zu mir, o Herr!" Als Antwort darauf gab Krishna am Ende des 2.Kapitels in 18 Versen (*slokas*) die tiefgründige und großzügige Beschreibung eines Im-Geist-Gefestigten (*sthitaprajna*). In diesen 18 *slokas* gab er uns die Quintessenz aller 18 Kapitel der Gita. Der *sthitaprajna* ist die Idealfigur der Gita. Selbst das Wort *sthitaprajna* entstand erst in der Gita. Danach haben wir im 5.Kapitel die Beschreibung des *jivan-mukta* (des Erlösten, Befreiten), im 12.Kapitel eine Beschreibung des *bhakta* (des Anbetenden, Frommen), im 14.Kapitel die eines *gunatita* (der alle Differenzen überwunden hat), und schließlich im 18.Kapitel die Beschreibung eines *jnananishta* (eines, der das höchste Wissen pflegt). Doch die Beschreibung des *sthitaprajna* ist ausführlicher und klarer als die der anderen. Wir erfahren hier gleichzeitig die Merkmale des *siddha* (des Vollkommenen) und des *sadhak* (des nach Vollkommenheit Strebenden). Tausende von Wahrheitssuchern, Männern und Frauen, sprechen diese Verse alltäglich in ihrer Abendandacht. Könnten diese Worte jedes Dorf und jedes Haus erreichen, so hätten wir Anlaß zu großer Freude. Doch tragen wir sie nur erst treu in unserem eigenen Herzen, werden sie ganz von selbst immer weiter ausstrahlen. Wird aber unsere Rezitation ein mechanisches Herunterleiern, dann wird ihr tieferer Sinn ausgelöscht, statt sich unserem Gemüt einzuprägen. Schuld daran trägt jedoch nicht die regelmäßige Wiederholung, sondern die Tatsache, daß wir nichts dabei denken. Regelmäßige Wiederholung, regelmäßiges Nachdenken und regelmäßige Prüfung unseres Selbst müssen Hand in Hand gehen.

Der Im-Geist-Gefestigte ist ein Mensch unverrückbarer Intelligenz. Schon sein Name bringt dies zum Ausdruck. Aber wie ist unanfechtbare Intelligenz möglich ohne Selbstbeherrschung? Deshalb nennt man den Im-Geist-Gefestigten auch personifizierte Selbstbeherrschung. Den Intellekt im Selbst (*atman*) verankert und die inneren und äußeren Sinne durch Intelligenz gelenkt — das ist Selbstbeherrschung. Der Im-Geist-Gefestigte zügelt seine Sinne und spannt sie ein für den Yoga des Handelns (*karma-yoga*). Wie ein paar Ochsen spannt er die Sinne ein, um mit ihnen das Feld des *svadharma* — des eigenen Lebensgesetzes — aufs beste zu bestellen. Ein jeder seiner Atemzüge dient nur dem Streben nach diesem höchsten Ziel.

Diese Beherrschung der Sinne (*indriya*) ist nicht leicht. Es mag leichter sein, die Sinne überhaupt nicht zu gebrauchen. Schweigen und Fasten sind gar nicht so schwer. Andererseits fällt es niemand schwer, seinen Sinnen freien Lauf zu lassen. Aber gleich der Schildkröte zu handeln, die ihre Glieder an gefährlichen Orten einzieht und versteckt und sich ihrer nur an sicherem Orte bedient, also die Sinne von Sinnenfreuden abzuhalten und sie zur Erringung des höchsten Zieles folgerichtig einzusetzen, diese Art der Beherrschung ist schwierig. Man muß sich ernstlich darum bemühen und braucht außerdem großes Wissen. Doch selbst wenn all diese Voraussetzungen erfüllt sind, stellt sich nicht immer und selbstverständlich der Erfolg ein. Sollen wir dann in Hoffnungslosigkeit versinken? Nein, der Wahrheitssucher (*sadhaka*) darf nie die Hoffnung aufgeben. Wenn er alle ihm zur Verfügung stehenden Mittel angewandt hat und trotzdem nicht das Ziel erreicht, muß er im Glauben Zuflucht nehmen. Diesen wertvollen Rat erteilte Gott im Verlauf seiner Beschreibung des im Geiste gefestigten Menschen. Jawohl, er erteilte ihn in wenigen ausgesuchten Worten. Aber diese sind viel wertvoller als die ausführlichsten Erklärungen, denn wo es des Glaubens am meisten bedurfte, wurde von ihm gesprochen. Wir werden an dieser Stelle keine ausführliche Beschreibung der Eigenschaften eines im Geist gefestigten Menschen geben. Aber ich wollte darauf hinweisen, daß wir nicht etwa vergessen, welch große Bedeutung dem Glauben in unserem *sadhana* zukommt. Welcher Mensch in dieser Welt ein wahrhaft Im-Geist-Gefestigter ist, das weiß allein Gott. Doch steht mir immer die Gestalt des Pundalik vor Augen als des *sthitaprajna*, der sich ganz dem Dienst am Nächsten widmet, und dieses Bild habe ich euch vor Augen geführt. Damit schließen wir die Beschreibung des Im-Geist-Gefestigten ab, und auch das 2. Kapitel ist zu Ende.

(*nirguna*) *sankhya buddhi*	+	(*saguna*) *yoga buddhi*	+	(*sakar*) *sthitaprajna*
(formlos) theoretische Erkenntnis		(sichtbarer Ausdruck) angewandte Erkenntnis		(Personifikation) der Im-Geist-Gefestigte

ergeben zusammen eine vollständige Wissenschaft des Lebens Welch andere Frucht als die des *brahma-nirvana*, der Erlösung, kann daraus entstehen?

3. KAPITEL

Karma-Yoga — Yoga des Handelns

(11) VERZICHT AUF LOHN BRINGT UNERMESSLICHEN GEWINN

Brüder, im 2.Kapitel verschafften wir uns einen Überblick über die gesamte Philosophie des Lebens. Jetzt, im 3.Kapitel, wollen wir diese Philosophie näher erläutern. Zuerst befaßten wir uns mit den Grundsätzen, während wir jetzt mehr ins einzelne gehen wollen.

Im letzten Kapitel untersuchten wir den Sinn von Karma-Yoga (Weg des Handelns). Das Große an Karma-Yoga ist der Verzicht auf die Früchte des Tuns. Doch obwohl man im Karma-Yoga den Lohn dahingibt, erhebt sich die Frage, ob sich trotzdem der Gewinn einstellt oder nicht. So erklärt uns das 3.Kapitel, daß dem Karma-Yogin durch den Verzicht auf die Früchte der Arbeit diese nicht verlorengehen, sondern, im Gegenteil, ein Vielfaches an Gewinn zuteil wird.

Hier fällt mir die Geschichte von Lakshmi, der Göttin des Wohlstands, ein. Sie sollte sich einen Mann wählen. Alle Götter und Dämonen hatten sich hoffnungsvoll versammelt. Lakshmi hatte vorher nichts von ihrem Gelübde gesagt. Als sie in die Versammlungshalle kam, sprach sie: "Ich werde die Girlande um dessen Hals schlingen, der kein Verlangen nach mir hegt." Die Versammelten jedoch waren alle voll Verlangen. Lakshmi machte sich auf die Suche nach dem Wunschlosen. Da erschien ihr Vishnu in Gestalt des höchsten Gottes, wie er friedlich auf der Weltenschlange Sesha ruhte. Sie legte die Girlande um seinen Hals und sitzt bis zum heutigen Tag zu seinen Füßen, die sie ihm massiert. "Ramaa (Göttin der Schönheit) wird zur Dienerin desjenigen, der sie nicht begehrte." Das ist das Große daran.

Der gewöhnliche Mensch errichtet um seine Früchte eine Dornenhecke. Doch dadurch verscherzt er unendlichen Gewinn, der ihm bestimmt war. Der weltliche Mensch erhält geringen Lohn nach endloser Mühe. Der Karma-Yogin hingegen erhält unendlichen Gewinn, auch wenn er nur wenig tut. Dieser Unterschied entsteht nur durch eine gewisse innere Einstellung (*bhavana*). Tolstoi sagt irgendwo: "Die Menschen preisen in vielen Worten das Opfer Jesus Christi. Doch niemand weiß, wie sehr sich der weltliche Mensch täglich abhetzt und innerlich verbraucht. Er trägt auf seinem Rücken die Last zweier Esel und müht sich ab, immer um und um. Um wieviel schwieriger und größer ist das Leiden des weltlichen Menschen als das Leiden Jesu? Wenn er nur die Hälfte dieser Mühe Gott opferte, so wäre er wahrhaftig größer als Jesus."

Auch der weltliche Mensch bringt große Opfer, jedoch zur Erlangung niedriger Früchte. Die Frucht richtet sich nach dem Verlangen. Die Welt wird uns keinen höheren Preis für unsere Waren bezahlen, als wir dafür verlangen. Sudama ging zu Krishna mit einer Handvoll Reisflocken. Der Kaufwert der Reisflocken war sicher gering, doch in den Augen Sudamas hatten sie unschätzbaren Wert, denn èr hatte seine ganze anbetende Haltung in sie hineingelegt. Es war verzauberter Reis. Jede Reisflocke war voll von seiner Liebe. Ganz gleich, wie niedrig der Wert eines Dinges auch sein mag, durch das Zauberwort der Liebe nimmt es zu an Wert und Bedeutung. Welchen Materialwert hat denn ein Geldschein? Verbrennt man ihn, kann er vielleicht einen Tropfen Wasser erhitzen. Doch er trägt einen Aufdruck. Der gibt ihm seinen Wert.

Das ist auch das Schöne am Karma-Yoga. Vergleichen wir das Handeln mit dem Geldschein! Der Aufdruck des dahinterstehenden Gedankens und Gefühls (*bhavana*) bestimmt seinen Wert, nicht das äußere Tun, der Fetzen Papier. In gewisser Hinsicht spreche ich hier vom Geheimnis der Bilder-Verehrung. Die Verehrung eines Idols ist eigentlich etwas sehr Schönes. Wer kann dieses Bild zerschlagen? Anfänglich war es nur ein Stück Gestein. Ich habe ihm Leben eingehaucht und es mit meinen innersten Gefühlen belebt. Wer könnte mein *bhavana*, meine innersten Gefühle zerschlagen? Nur der Stein kann zerschlagen werden, die Gefühle aber nicht. Wenn ich mein *bhavana* dem Stein entziehe, bleibt nichts übrig als ein gewöhnlicher Stein, der von jedem in Stücke zerschlagen werden kann.

Karma, das Tun, entspricht also dem Stein oder dem Fetzen Papier. Meine Mutter schrieb mir wenige Zeilen auf ein Stück Papier, und jemand anderes schickte mir einen 50 Seiten langen Brief. Welches wiegt schwerer? Doch das Gefühl der Mutter in jenen vier Zeilen läßt sich nicht abwägen, es ist heilig. Damit kann sich der andere Brief nicht messen. Das Handeln (*karma*) muß getränkt sein mit Liebe und mit Gefühl. Wir stufen die Arbeit des Arbeiters nach ihrem Geldwert ein und bezahlen sie entsprechend. Bei einer Opfergabe (*dakshina*) ist es anders. Sie wird vor dem Weggeben mit Weihwasser besprengt. Bei einer Opfergabe wird nicht gefragt, wieviel gegeben wurde. Wichtig ist, ob die Gabe durch geweihtes Wasser besprengt wurde oder nicht.

Im Manu-Smriti (Gesetzbuch des Manu) finden wir einen aufschlußreichen Hinweis: Ein Schüler hatte zwölf Jahre lang im Hause eines Lehrers gewohnt und sich von einem Tier zum Menschen entwickelt. Was sollte er dafür dem Meister bezahlen? In alter Zeit wurde das Schulgeld nicht im voraus bezahlt. Nachdem man zwölf Jahre bei ihm gelernt hatte, zahlte man dem Meister, was man ihm schuldig war. Manu sagte: "Man gebe dem Meister ein oder zwei Blätter und Blüten, einen Fächer oder ein paar Sandalen oder einen Wasserbehälter!" Denkt bitte nicht, dies sei nur Spaß. Denn was man gibt, sollte man als Symbol des Vertrauens geben. Was ist schon das Gewicht einer Blüte? Doch erfüllt vom Geist der Verehrung, wiegt sie so schwer wie das ganze Weltall.

"Mit einem einzigen Tulsi-Blatt
Wog Rukmini den göttlichen Giridhara" (den, der den Berg emporhob).

Das schwere Geschmeide Satyambhamas war nutzlos. Als aber Mutter Rukmini ein einziges Tulsi-Blatt voll liebender Anbetung auf die Waagschale legte, war es genug. Das Tulsi-Blatt war verzaubert. Es war kein gewöhnliches Blatt mehr. Dasselbe gilt für das Tun des Karma-Yogin. Nehmen wir an, zwei Männer wollen im Ganges ein Bad nehmen. Einer von ihnen sagt: "Was reden die Leute so viel vom Ganges? Man bringe zwei Teile Wasserstoff und einen Teil Sauerstoff zusammen, und schon entsteht aus den zwei Gasen der Ganges. Was ist denn sonst noch dabei?" Der andere sagt: "Aus den Lotosfüßen Vishnus ist der Ganges entsprungen. Er verweilte in den verfilzten Haaren Shivas. Tausende von Sehern, königlicher wie brahmanischer Herkunft, haben sich an seinen Ufern um höchste Vollendung (*tapasya*) bemüht. Unzählige gute Werke wurden an seinen Ufern vollbracht. — Das ist meine heilige Mutter Ganges!" Von diesem Gefühl ganz erfüllt, badet er im Wasser des Flusses. Auch der vom Gedanken an Wasserstoff und Sauerstoff erfüllte badet darin. Beiden wird der Segen körperlicher Reinigung zuteil. Aber dem Frommen wird noch zusätzlich Reinigung seines Gemüts (*chit*) zuteil. Auch ein Rind wird äußerlich sauber, wenn es im Ganges badet, der am Körper haftende Schmutz löst sich. Doch wie kann man das Gemüt reinigen? Dem einen wurde unbedeutende körperliche Sauberkeit zuteil. Der andere aber erwarb sich zusätzlich innere Reinigung von unschätzbarem Wert.

Wer nach dem Bad das gymnastische Sonnengebet "Suryanamaskar" ausführt, wird selbstverständlich dadurch seiner Gesundheit dienen. Aber er macht diese Übung nicht der Gesundheit wegen sondern als Gebet. Zwar dient er dadurch seiner Gesundheit. Er schärft jedoch gleichzeitig seinen Intellekt. Zusammen mit besserer Gesundheit schenkt ihm der Sonnengott (Suryanarayan) Inspiration und geistige Schärfe.

Die Handlung ist dieselbe, in der inneren Einstellung dazu liegt der Unterschied. Das Tun des religiösen Menschen befreit und erweitert seine Seele. Ist der Karma-Yogin ein Bauer, so bebaut er das Land, weil er es als sein *svadharma*, seine höhere Pflicht betrachtet. Sicher kann er sich damit ernähren. Aber er erfüllt nicht seine Aufgabe, um sich zu ernähren, sondern er betrachtet die Nahrung als ein Mittel, um seinen Körper für die Feldarbeit kräftig zu erhalten. Das *svadharma*, die Erfüllung seiner Aufgabe, ist sein Ziel, die Nahrung ist sein Werkzeug. Für einen anderen Bauer jedoch ist die Nahrung das Ziel, sein *svadharma*, die Feldarbeit das Mittel, es zu erringen. Wir haben es hier also mit zwei gegensätzlichen Einstellungen zu tun.

In der Beschreibung des Im-Geist-Gefestigten (*sthitaprajna*) im 2.Kapitel ist dieser Unterschied in hervorragender Weise aufgezeigt: Wenn andere Menschen wachen, schläft der Karma-Yogin, wenn andere schlafen, dann wacht er. Wie wir auf unsere Ernährung große Sorgfalt anwenden, so ist der Karma-Yogin stets darauf bedacht, daß auch nicht ein Augenblick ohne Tätigkeit verstreicht. Auch er wird essen, doch nur aus Notwendigkeit. Er tut etwas in seinen Magen, weil es sein muß. Der weltliche Mensch hat Freude am Essen. Dem Yogin ist es eine Bürde. Deshalb ißt er nicht, indem er jeden Bissen kostet. Er ißt mit Zurückhaltung. Was für den einen Nacht, ist für den anderen Tag, und was für den einen Tag, ist für den anderen Nacht. Mit anderen Worten: Was für den einen Freude, ist für den anderen Leid, und was für den einen Leid, ist für den anderen Freude. Zwar gleichen sich die Tätigkeit des weltlichen Menschen und diejenige des Yogin, doch unterscheidet sich der Karma-Yogin dadurch, daß er kein Verlangen nach der Frucht der Tat hat und das Tun allein ihm Freude bereitet. Ebenso wie der weltliche Mensch ißt, trinkt und schläft der Yogin, doch seine Einstellung dazu ist anders. Deshalb wurde der Im-Geist-Gefestigte, die personifizierte Selbstkontrolle, schon hier am Anfang vor uns hingestellt, obwohl uns noch 16 Kapitel der Gita verbleiben.

Ähnlichkeit und Verschiedenheit im Tun des weltlichen Menschen und des Karma-Yogin sind sofort ersichtlich. Nehmen wir an, daß sich der Karma-Yogin mit dem Versorgen von Kühen befaßt. Was wird dabei seine Einstellung sein? Er wird es tun in der Überzeugung, daß durch sein Versorgen der Kühe die Gesellschaft genug Milch erhalten wird und daß er sich durch die Kuh mit der niederen Kreatur liebend verbindet. Der Zweck seines Tuns ist nicht der Verdienst. Natürlich wird es an Verdienst nicht fehlen, doch die wirkliche Freude und das wahre Glück findet er in seiner hochherzigen inneren Einstellung.

Durch seine Tätigkeit verbindet sich der Karma-Yogin mit der ganzen Schöpfung. Wenn wir nicht essen, ohne vorher den Tulsi-Busch gegossen zu haben, so verbinden wir uns dadurch liebend mit dem Reich der Pflanzen. Wie kann ich essen, solange der Tulsi-Busch durstig ist? Wie wir uns auf diese Weise allmählich mit Kuh und Pflanze verbinden, so müssen wir mit der ganzen Schöpfung eins werden. Im Krieg des Mahabharata-Epos verlassen am Abend alle das Schlachtfeld, um ihr Abendgebet zu verrichten. Der göttliche Krishna jedoch spannt die Pferde der Kampfwagen aus, tränkt sie, reibt sie ab und entfernt die Pfeile aus ihrem Leib. Wie glücklich fühlt sich der Göttliche bei diesem Bemühen! Der Dichter ist unermüdlich bei der Beschreibung dieser Begebenheit. Stellt euch vor, wie der göttliche Parthasarathi (Arjunas Wagenlenker) in seinem gelben Seidentuch den Pferden Hafer bringt und sie füttert, und erlebt in der Vorstellung die Glückseligkeit des Karma-Yogin! Jede Arbeit kann man als eine vergeistigte, erhabene und seligmachende Tat betrachten. Man denke z.B. an Khadi (handgewebtes Tuch). Wird der Händler, der mit seinem Packen Khadi auf dem Rücken Handel treibt, nie müde? Nein, weil er erfüllt ist von dem Gedanken, daß er den Millionen nackten, hungernden Brüdern und Schwestern seines Volkes ihr tägliches Brot verschaffen muß. Indem er einen Meter handgesponnenen Khadi-Stoff verkauft, wird er eins mit Daridranarayan, mit Gott in der Person der Armen.

(12) VIELFÄLTIGER GEWINN DURCH KARMA-YOGA

Im Karma-Yoga, dem Yoga selbstlosen Handelns, verbirgt sich Zauberkraft. Aus solchem Tun erwächst sowohl dem Einzelnen wie auch der Gesellschaft reicher Segen. Das Erdenleben dessen, der sein *svadharma* befolgt, nimmt seinen Lauf. Doch weil er allzeit von Tätigkeit voll in Anspruch genommen ist, bleibt sein Leib stets rein und gesund. Und durch diese seine Tätigkeit gedeiht auch die Gesellschaft, in der er lebt. Der Bauer als Karma-Yogin wird nicht Opium und Tabak anbauen, nur weil sie ihm mehr Geld einbringen. Für ihn steht seine Arbeit in einem unmittelbaren Verhältnis zum Wohlergehen der Gesellschaft. Arbeit im Geiste des *svadharma* ist stets zum Vorteil der Gesellschaft. Ein Händler, der davon überzeugt ist, daß er sein Geschäft im Interesse der Gesellschaft betreibt, wird niemals mit ausländischen Waren handeln. Seine Geschäfte dienen der Wohlfahrt der Gesellschaft. Sich selbst vergessend, identifiziert sich der Karma-Yogin mit der ihn umgebenden Gesellschaft. Wo solche Karma-Yogins geboren werden, herrschen Ordnung, Wohlstand und Zufriedenheit.

Das Leben eines Karma-Yogin verläuft nach eigenem Gesetz, sein Leib und seine Seele erstrahlen in Reinheit, und auch die Gesellschaft gedeiht. Außerdem wird ihm *chittashudhi*, strahlende Vernunft und Reinheit des Herzens, als herrlicher Lohn zuteil. "Reinheit durch Arbeit" — so steht es geschrieben. Arbeit ist ein Weg zur Erlangung der Reinheit der Vernunft und des Herzens. Aber nicht jede beliebige Arbeit, allein die zielbewußte Tätigkeit des Karma-Yogin führt zur inneren Klarheit.

Im Mahabharata-Epos finden wir die Erzählung vom Händler Tuladhar. Zu ihm kommt ein Brahmane namens Japali, auf der Suche nach Erkenntnis. Tuladhar sagt zu ihm: "Bruder, dieser Waagebalken muß stets waagrecht gehalten werden!" Indem er sich äußerlich auf diese Weise bestätigte, war auch sein Innenleben in ein feines Gleichgewicht gebracht. Gleichgültig, ob ein Kind zu ihm in den Laden kam oder ein Erwachsener, immer hielt sich der Waagebalken im Gleichgewicht, sich weder nach der einen, noch nach der anderen Seite neigend. Die äußere Handlung wirkt sich aus auf das Innere des Menschen. Die Tätigkeit des Karma-Yogin kann als eine Art von Gebet (*japa*) verstanden werden. *Chitta* (Herz und Vernunft) wird ihm dadurch gereinigt, und im gereinigten *chitta* spiegelt sich ein Abbild höchster Erkenntnis (*jnana*). Durch die verschiedensten Tätigkeiten erringt sich der Karma-Yogin letzten Endes diese Erkenntnis. Mit Hilfe des Waagebalkens erwarb sich Tuladhar sein inneres Gleichgewicht. Sena, der Friseur, schnitt den Leuten die Haare. Indem er bei anderen die Köpfe in Ordnung brachte, wurde ihm höchstes Wissen zuteil. "Auf den Köpfen anderer Menschen schaffe ich Ordnung. Aber habe ich jemals auf dem eigenen Kopf und in dessen Inneren (*buddhi*, Intellekt) Ordnung geschaffen?" Durch seine Arbeit erlernte er die Sprache des Geistes. Während er auf seinem Feld Unkraut jätet, kommt dem Karma-Yogin die Idee, sein Herz vom Unkraut der Leidenschaften und unschöner Gewohnheiten zu befreien. Gora, der Töpfer, knetet und formt den Ton und verkauft an seine Mitmenschen fertig gebrannte Gefäße. Dies führt ihn zu der Erkenntnis, daß er auch sein eigenes Leben wie ein Gefäß formen und brennen muß. So wie er durch Beklopfen eines Gefäßes mit dem Finger feststellen kann, ob ein Gefäß fertig gebrannt ist oder nicht, so lernt er unterscheiden zwischen dem wirklichen Heiligen und dem Scheinheiligen. Es wird dadurch ersichtlich, daß der Karma-Yogin durch seinen Beruf oder seine Arbeit wahre Erkenntnis erwirbt. Was war ihre Arbeit anderes als eine Schule des Geistes? Ihr Tun war voll der Andacht, voll dienender Hingabe. Nach außen erschien ihre Beschäftigung weltlicher Art, doch war sie in Wirklichkeit geistiger Natur.

Aus der Tätigkeit des Karma-Yogin erwächst der Gesellschaft ein noch größerer Vorteil: Sie erhält in ihr ein Vorbild (oder Ideal). Naturgemäß wird in der menschlichen Gesellschaft der eine früher, der andere später geboren. Es ist die Aufgabe des früher Geborenen, für die nach ihm Geborenen ein gutes Beispiel zu sein. Der ältere Bruder ist dem jüngeren Bruder, die Eltern sind den Kindern, der Anführer ist seinen Anhängern, der Lehrer seinen Schülern ein Vorbild im Handeln. Und wer könnte ein besseres Vorbild sein als der Karma-Yogin?

Der Karma-Yogin widmet sich stets vollständig seiner Arbeit, denn nur dabei fühlt er sich glücklich. So wird in der Gesellschaft falscher Stolz (Heuchelei) unmöglich. Obwohl der Karma-Yogin völlig wunschlos ist, kann er doch das Handeln nicht unterlassen. Der Dichter Tukaram spricht: "In meinen Liedern habe ich Gott gefunden. Soll ich nun deshalb aufhören zu singen? Ist mir doch das Singen zur eigensten Natur geworden."

"Indem er den Umgang mit Heiligen suchte,
wurde aus Tukaram Pandurang (Gott).
Warum soll der Lobgesang unterbrochen,
warum die eigene Natur verleugnet werden?"

Der Karma-Yogin hat auf der Leiter des Handelns den Gipfel erreicht. Doch wird er auch dann nicht den Fuß von der Sprosse tun. Er kann ihn gar nicht herunternehmen, denn das Handeln ist seinen Sinnen zur eigenen Natur geworden. Auf diese Weise fährt er fort, seinen Mitmenschen vor Augen zu führen, welch große Bedeutung den Stufen, nämlich dem Handeln nach innerstem, eigenem Gesetz zukommt. Die menschliche Gesellschaft von Falschheit zu befreien, ist etwas sehr Bedeutsames. Heuchelei und Betrug zerrütten die Gesellschaft. Wollte der Erleuchtete in Schweigen und Nichtstun verharren, würden auch andere, seinem Beispiel folgend, die Hände in den Schoß legen und nichts mehr tun. Der Weise enthält sich allen Handelns, weil er vollkommen wunschlos ist und bis ins Innerste erfüllt von Glückseligkeit. Die anderen jedoch werden untätig, obwohl ihr Innerstes voll des Weinens und Wehklagens ist. Der eine versinkt aus innerer Glückseligkeit in einen absoluten Ruhezustand. Auch der andere versinkt in einen Ruhezustand, obwohl es in seinem Inneren kocht. Letzteres ist ein erschreckender Zustand und führt zu Selbsttäuschung und Heuchelei. Deshalb haben alle Heiligen auch nach Erlangung höchster Erkenntnis mit gutem Grund an ihrem *sadhana*, dem Weg zur Erkenntnis, festgehalten und haben bis zu ihrem Tod getreulich ihr *karma* erfüllt.

Die Mutter freut sich am Puppenspiel ihrer Kinder. Obwohl sie weiß, daß es nur ein Spiel der Phantasie ist, macht sie mit und erweckt dadurch in den Kindern Interesse am Spiel. Beteiligte sich die Mutter nicht an diesen Spielen, so hätten auch die Kinder keine Freude daran. Ließe der Karma-Yogin ab vom Handeln, weil er innerlich befriedigt ist, hörten auch andere zu arbeiten auf, die noch unbefriedigt sind, und ihr Herz bliebe hungrig und freudlos.

Deshalb fährt der Karma-Yogin in seinem Tun fort wie jeder gewöhnliche Mensch. Er bildet sich nicht ein, ein besonderer Mensch zu sein. Er strengt sich weit mehr an als andere. Es ist nicht nötig, irgendeine Tätigkeit besonders als "geistige Tätigkeit" zu kennzeichnen. Nützliche Arbeit braucht keine Reklame. Bist du ein echter Wahrheitssucher (*brahmachari*), so erfülle deine Aufgaben mit hundertfach größerer Begeisterung als andere. Arbeite ein Vielfaches, auch wenn du weniger zu essen hast, und diene der Gesellschaft von ganzem Herzen. In deinem Verhalten und Handeln soll dein *brahmacharya* sichtbar werden, so wie sich der Duft des Sandelholzes nach allen Richtungen verbreitet.

Wesentlich ist, daß dem Karma-Yogin durch Aufgabe des Verlangens nach der Frucht unendlich wertvoller Lohn zuteil wird. Ungestört verläuft sein Leben, und Leib und Intellekt sind rein und klar. Die Gesellschaft, in der er lebt, ist glücklich und zufrieden. Er erwirbt sich nicht nur innere Reinheit, sondern auch höchste Weisheit (*jnana*). Indem er die menschliche Gesellschaft von Heuchelei und Selbstbetrug befreit, wird für ihn das Ideal eines heiligen Lebens erreichbar. Hierauf beruht erfahrungsgemäß die wahre Größe von Karma-Yoga.

(13) HINDERNISSE AUF DEM WEG DES KARMA-YOGA

Der Karma-Yogin erfüllt seine Pflicht viel besser als alle anderen, denn für ihn bedeutet Arbeit Gebet, Opferhandlung, Ritual. Ich opferte der Gottheit und erhielt als Segensgabe (*prasad*) die während der Opferhandlung geopferte Speise. Ist also diese geweihte Speise der Lohn der Opferhandlung? Wer nur der Segensgabe wegen opferte, erhält freilich gleich einen Teil des *prasad*. Ein Karma-Yogin opfert jedoch, um dafür das Antlitz Gottes zu schauen. Ihm erscheint der Wert seiner Handlung nicht so gering, so daß als Gegengabe schon ein wenig geweihte Speise (*prasad*) genügte. Er ist nicht bereit, sein Tun so niedrig einzuschätzen. Er mißt es nicht mit so grobem Maßstab. Einem Menschen mit beschränktem Verständnis wird auch beschränkter Lohn zuteil. Es gibt eine Bauernweisheit: "Die Saat muß tief sein, aber auch feucht!" Es genügt nicht, tief zu säen. Im Boden muß auch Feuchtigkeit vorhanden sein. Wenn bei der Saat sowohl auf Tiefe als auch auf Feuchtigkeit geachtet wird, wird auch das Korn stark und groß. Das heißt, die Arbeit (*karma*) soll "tief", also von höchster Qualität sein. Auch soll sie durchdrungen sein von Frömmigkeit und Hingabe. Der Karma-Yogin leistet beste Arbeit und weiht sie seinem Gott.

Wir haben uns einige merkwürdige Vorstellungen über das Geistige angewöhnt. Man denkt, daß es ein vom Geist der Erkenntnis durchdrungener Mensch nicht mehr nötig hat, Hände und Füße zu rühren und zu arbeiten. Man sagt: "Was ist das für ein Erleuchteter, der noch Ackerbau betreibt oder den Webstuhl bedient?" Niemand jedoch fragt: "Was ist das für ein Erleuchteter, der noch ißt und trinkt?" Der Gott des Karma-Yogin (Krishna) bürstet die Pferde. Beim Rajasuya-Opfer trägt er nach dem Essen die schmutzigen Teller hinaus. Er führt die Kühe zum Grasen auf die Weide. Käme der Gott von Dwarka wieder einmal nach Gokul, so würde er wieder die Kühe hüten und dabei auf seiner Flöte spielen. So haben die Heiligen einen Karma-Yogin-Gott dargestellt, der die Pferde abbürstet, die Kühe auf die Weide führt, die Teller wegräumt und den Boden aufwischt. Auch haben die Heiligen selber als Schneider, als Töpfer oder als Weber, als Gärtner, als Händler, als Friseur oder als Schuhmacher gearbeitet und dadurch Befreiung ihres Selbsts von irdischen Bindungen erlangt.

Es gibt zweierlei Gründe, warum der Mensch immer wieder vom göttlichen Pfad des Karma-Yoga abkommt. In diesem Zusammenhang müssen wir uns die Eigenart unserer Sinne vor Augen halten. Unsere Sinne werden dauernd von Gegensätzen (Dualitäten), wie Verlangen und Ablehnung, hin und hergerissen. Für alles, was wir nicht wollen, entstehen in uns Ablehnung und Abscheu. So bohren sich Liebe und Haß, Verlangen und Abscheu (*kama—krodha*) in den Menschen hinein und verschlingen ihn schließlich. Wie vornehm, wie schön, wie unendlich belohnend ist doch Karma-Yoga! Aber Verlangen und Abscheu hängen sich uns mit ihrem ewigen Refrain "nimm das und laß jenes" um den Hals und verfolgen uns Tag und Nacht. Deshalb läutet der göttliche Krishna am Ende dieses Kapitels die Warnglocke, daß wir uns von ihnen losreißen und in Sicherheit bringen. Der Karma-Yogin sollte wie der Im-Geist-Gefestigte (*sthitaprajna*) eine Verkörperung der Selbstüberwindung (*samyam*) werden.

4. KAPITEL

Vikarma—die Ergänzung zu Karma

(14) KARMA UND VIKARMA GEHEN HAND IN HAND

Im letzten Kapitel besprachen wir den Yoga wunschlosen Handelns. Wenn wir von unserem *svadharma*, dem eigenen Lebensgesetz, ablassen und uns das *dharma* eines anderen aneignen, wird für uns das Ziel der Wunschlosigkeit gänzlich unerreichbar. Das *svadharma* des Händlers besteht darin, nützliche Waren zu verkaufen. Wenn er jedoch von seinem *svadharma* abweicht und ausländische Luxusartikel aus aller Herren Länder anpreist, tut er es um des höheren Gewinnes willen. Wie kann solche Arbeit frei sein von Verlangen? Um das Handeln vom Verlangen zu befreien, ist deshalb unerläßlich, daß man an seinem *svadharma* unverrückbar festhält. Aber selbst das Festhalten am *svadharma* kann noch voll der Begierde sein. Wir wollen uns als Beispiel *ahimsa* (Gewaltlosigkeit) vornehmen. Für den Anhänger von *ahimsa* ist Gewaltanwendung einfach undenkbar. Es ist aber durchaus möglich, daß jemand zwar nach außen gewaltlos erscheint, innerlich jedoch voller Gewalttätigkeit ist, denn Gewaltlosigkeit ist ein Gemütszustand. Es ist nicht so, als ob das Gemüt einfach schon dadurch gewaltlos würde, daß man nach außen keine Gewalt anwendet. Wenn man das Schwert in die Hand nimmt, wird die gewalttätige Einstellung offenbar. Doch wird der Mensch nicht dadurch automatisch gewaltlos, daß er das Schwert aus der Hand gibt. Genauso ist es mit der Ausübung des *svadharma*. Zur Erlangung der Wunschlosigkeit muß fremdes *svadharma* vermieden werden. Aber dies ist erst der Anfang. Dadurch allein haben wir das Ziel noch nicht erreicht.

Auch Wunschlosigkeit ist ein Zustand des Gemüts. Um ihn zu erringen, genügt es nicht, den Weg des *svadharma* zu beschreiten. Man muß noch andere Mittel zu Hilfe nehmen. Nur mit Öl und Docht brennt die Lampe nicht, auch die Flamme ist notwendig. Wenn die Lampe brennt, wird die Dunkelheit verdrängt. Wie können wir die Lampe anzünden? Dafür müssen Verstand und Gemüt (*manas*) gereinigt werden. Durch Prüfung des Selbsts muß das innere Wesen (*chitta*) von Unreinheiten, Schmutz und Abfall befreit werden. Am Ende des 3.Kapitels sprach Gott Krishna über diese wichtige Angelegenheit. Daraus entspringt das 4.Kapitel. In der Gita wird das Wort *karma* im Sinne von *svadharma* gebraucht. Essen, Trinken, Schlafen sind alles Tätigkeiten, doch das Wort *karma* in der Gita bezieht sich nicht auf diese Handlungen. In der Gita bedeutet *karma* die Ausübung des *svadharma*. Aber zur Erlangung von Wunschlosigkeit ist außer der Ausübung des *svadharma* noch etwas notwendig, nämlich die Überwindung von *kama* und *krodha*, Begierde und Zorn. Solange das innere Wesen (*chitta*) nicht ebenso rein und ruhig ist wie die Wasser des Ganges, solange ist Wunschlosigkeit unmöglich. Deshalb nennt die Gita die Bemühungen um Reinigung des inneren Wesens, von Verstand und Gemüt (*chitta*), *vikarma*. Die drei Worte *karma*, *vikarma* und *akarma* sind in diesem 4.Kapitel von großer Bedeutung. Unter *karma* versteht man die als *svadharma* ausgeübte äußere konkrete Handlung. Wenn sich in diese äußere Tätigkeit Verstand und Gemüt (*chitta*) einschalten, so nennt man es *vikarma*. Wenn wir jemanden grüßen und unseren Kopf verneigen, uns aber nicht auch im Geiste verneigen, ist die äußerliche Geste sinnlos. Das Innere und das Äußere, beide müssen eins werden. Äußerlich bringe ich dem Shiva-Lingam meine Verehrung dar, indem ich ihn ununterbrochen mit Wasser begieße (*abhisheka*). Wenn aber nicht auch gleichzeitig der innere Strom meiner Meditation ununterbrochen fließt, was ist dann schon diese äußere Waschung wert? Dann ist der Shiva-Lingam nichts als ein Stein, und auch ich bin ein Stein. Es bedeutet dann nichts weiter, als daß ein Stein vor einem anderen Stein sitzt. Der Yoga wunschlosen Handelns wird erst dann Wirklichkeit, wenn sich mit unserer äußeren Handlung die innere Bemühung um Reinigung von Verstand und Gemüt verbindet.

Im Sprachgebrauch des Ausdrucks "wunschloses Handeln" kommt dem Wort "wunschlos" größere Bedeutung zu als dem Wort "Handeln", ebenso wie bei dem Ausdruck "gewaltloser Widerstand" das Eigenschaftswort "gewaltlos" von größerer Bedeutung ist als das Wort "Widerstand". Lassen wir "gewaltlos" weg und halten nur an Widerstand fest, so kann daraus etwas Schreckliches entstehen. In derselben Weise muß eine in Erfüllung des *svadharma* ausgeführte Handlung als Schwindel betrachtet werden, wenn sie nicht durchdrungen ist vom *vikarma* des Gemüts.

Wer heutzutage Sozialfürsorge betreibt, tut nichts weiter als sein *svadharma* zu erfüllen, Menschen zu helfen, die arm, hilflos, unglücklich und in Schwierigkeit sind, und sie glücklich zu machen, ist selbstverständliche

Pflicht. Aber daraus darf man nicht schließen, daß alle diejenigen, die soziale Arbeit leisten, zu Karma-Yogins geworden sind. Wenn bei der Sozialarbeit die innere Einstellung (*bhavana*) nicht von absoluter Lauterkeit ist, so kann daraus etwas sehr Schlimmes werden. All der Egoismus (*ahankar*), Haß und Neid, all die Selbstsucht und ähnliche Abartigkeiten, wie wir sie im Interesse unserer eigenen Familie entwickeln, bringen wir dann auch mit herein in die Sozialarbeit. Ein deutliches Bild davon bieten uns die Konflikte der gegenwärtigen Sozialfürsorge-Organisationen.

(15) KARMA + VIKARMA = AKARMA

Verstand und Gemüt müssen mit dem äußeren Handeln zusammenwirken. Dieses Mitwirken von Verstand und Gemüt bezeichnet die Gita als *vikarma*. Wir haben also die gewöhnliche äußere Erfüllung des *svadharma* sowie dieses besondere innere Bemühen. Diese besondere innere Tätigkeit kann ganz verschieden sein und richtet sich jeweils nach dem inneren Bedürfnis. Im 4.Kapitel werden verschiedene Arten von *vikarma* mit typischen Beispielen aufgezählt. Eine ausführliche Beschreibung finden wir vom 6.Kapitel an. Erst wenn wir uns um diese innere Tätigkeit, um diesen inneren Erkenntnisweg bemühen, kann das Licht der Wunschlosigkeit darin aufleuchten. Wenn sich mit dem *karma*, dem äußeren Tun, das *vikarma*, die innere Bemühung, verbindet, wächst in uns nach und nach die Wunschlosigkeit. Solange Leib und Gemüt voneinander getrennt sind, werden sie auch einen getrennten Weg beschreiten. Wenn die beiden zusammenwirken, wird uns das Ziel erreichbar. Damit sich nicht der Körper in der einen Richtung und Verstand und Gemüt in der anderen Richtung bewegen, haben die großen Lehrer einen zweifachen Weg gewiesen: Auf dem Weg des Bhakti-Yoga (dem Weg der anbetenden Hingabe) wird äußerlich zu *tapasya* (Bußübung) und innerlich zu *japa* (Konzentrationsübung) geraten. Wenn nicht gleichzeitig mit Fasten und ähnlichen äußeren Bußübungen die innere Konzentration (*japa*) vorhanden ist, erweisen sich sämtliche Bußübungen als wertlos. Zusammen mit meinen Bußübungen muß mein *bhavana*, die Flamme meines inneren Bemühens, ununterbrochen brennen und leuchten. Das Wort *upa-vasa* (Fasten) bedeutet an sich schon "bei Gott sitzen". Damit *chitta* (unser inneres Wesen) in der Nähe Gottes verweilen kann, ist es nötig, den Zugang für äußere Sinneseindrücke zu verschließen. Aber wenn wir uns nun gegen die weltlichen Sinneseindrücke abschirmen, innerlich aber nicht auf Gott konzentrieren, welchen Wert hat dann dieses äußerliche Fasten? Wenn wir, anstatt an Gott zu denken, an verschiedene Speisen und Getränke dächten, so würde daraus eine schreckliche Mahlzeit. Es gibt nichts Schlimmeres als das Schlemmen in der Einbildung, als dieses Erleben weltlicher Genüsse in der Vorstellung. *Tantra* muß von *mantra* begleitet sein, äußere Praxis von innerer Gedankenkraft. Das äußere Bemühen allein ist ohne Wert, wertlos auch die innere Gedächtnisübung ohne äußere Auswirkung. Wenn wir mit Herz und Händen gleichermaßen dienen, dann erst werden wir wahrhaftig dienen.

Wäre nicht die äußere Tätigkeit vom Tau des Herzens durchdrungen, so müßte das *svadharma* vertrocknen. Es bliebe dann ohne die Blüte und Frucht der Wunschlosigkeit. Nehmen wir an, wir pflegen einen kranken Menschen. Wenn nicht bei solchem Bemühen das Gemüt voll Mitgefühl ist, wird uns die Krankenpflege sehr bald uninteressant und zur seelischen Pein. Solche Pflege wird uns zur Last und dem Patienten zur Qual. Sind nicht Herz und Gemüt mit dabei, so fördert solcher Dienst am Nächsten gar den Egoismus. "Heute bin ich ihm zu Hilfe gekommen. Eines Tages muß er mir behilflich sein." "Er sollte mich loben, und die Leute sollten mich ehren!" Solche und ähnliche Erwartungen kommen uns in den Sinn. Oder aber wir werden ungehalten und sagen: "Wir tun so viel für ihn, aber er schimpft immer nur." Kranke Menschen sind meist mürrisch und reizbar. Wenn nun diejenigen, die sie pflegen, nicht vom rechten Geist der Nächstenliebe erfüllt sind, werden sie darüber aufgebracht sein.

Wenn das innere Fühlen die äußere Handlung durchdringt, verwandelt sich letztere zu etwas von ganz besonderem Wert. Wenn die Flamme sich mit Docht und Öl verbindet, wird Licht geboren. Wenn sich *vikarma* mit *karma* verbindet, entsteht Wunschlosigkeit. Fällt ein Funken in das Schießpulver, so erfolgt die Explosion. In dem Schießpulver wird eine Kraft geboren. *Karma*, die äußere Handlung, ist wie das Schießpulver. Es wird aktiv, wenn der Funke von *vikarma* (innere Beteiligung) hineinfällt. Solange sich nicht *vikarma* ihm zugesellt, ist *karma* nutzlos. Es hat kein Leben. Fällt aber der Funken von *vikarma* hinein, so entwickelt *karma* unglaubliche Fähigkeiten. Jede Menge Schießpulver kann man ohne Gefahr in der Tasche tragen oder in den Händen hin und her werfen. Wenn jedoch ein Funken hineinfällt, löscht es alles Leben aus. Auch die grenzenlose Kraft von erfülltem *svadharma* bleibt gleichermaßen verborgen. Wird es jedoch von *vikarma* berührt, so seht nur, welche Macht es entwickelt. Die resultierende Explosion beseitigt Egoismus, Begierde und Zorn und ermöglicht die Erlangung höchster Erkenntnis.

Karma ist der Docht in der Lampe der Erkenntnis. Irgendwo liegt ein großer Holzklotz. Zünden wir ihn an, so wird er zu einer glühenden Masse. Welch Unterschied zwischen dem Holz und der Glut! Und doch ist die Glut aus dem Holz entstanden. Verbinde *vikarma* mit *karma*, so gewinnt *karma* himmlichen Glanz. Die Mutter streicht über den Rücken des Kindes. Eine Hand bewegt sich auf einem Rücken hin und her. Doch wer könnte die Gefühle beschreiben, die durch diese einfache Handlung in Mutter und Kind hervorgerufen werden? Wollte jemand eine Gleichung aufstellen, indem er sagt: wenn sich über einen Rücken von einer gewissen Breite und Länge eine weiche Hand von einer gewissen Schwere hin und her bewegt, ergibt sich daraus folgendes Ausmaß an Glücksgefühl, — so wäre das ein alberner Witz. Die eigentliche Bewegung der Hand ist ganz unbedeutend, aber die Mutter hat ihr innerstes Gefühl hineingelegt, sie hat *vikarma* dazugetan. Nur dadurch entstand das Gefühl der Beglückung. Im Ramayana-Epos von Tulsidas haben wir die Beschreibung der folgenden Begebenheit: Die Affen kommen zurück vom Kampf mit den Rakshasas (Dämonen) und sind voll blutender Wunden. Aber ihre Schmerzen verschwinden, als der göttliche Ramachandra sie liebevoll anblickt. Wenn nun jemand zu jenem Zeitpunkt die Augen und den Blick von Ramachandra photographiert hätte und jetzt auf jemand schaute, indem er in derselben Weise die Augen öffnete, hätte es dann dieselbe Wirkung? Ein solcher Versuch wäre einfach lächerlich.

Wenn sich *vikarma* mit *karma* verbindet, so wird eine Kraft frei, aus ihr entsteht *akarma* (Nichthandeln). Durch das Verbrennen des Holzes entsteht Asche. Der große Holzklotz zerfällt zu einer Handvoll einfacher Asche, mit der wir uns von Kopf bis Fuß einreiben können. In derselben Weise verwandelt die Flamme von *vikarma* zuletzt das *karma* in *akarma* (Nichthandeln). In welchem Verhältnis zueinander stehen Holz und Asche? In ihren Eigenschaften sind sie sich gänzlich unähnlich. Und doch steht außer Zweifel, daß die Asche aus dem Holz entstanden ist.

Durch die Verbindung von *vikarma* mit *karma* entsteht *akarma*. Was wollen wir damit sagen? Es besagt, daß man sich dessen nicht bewußt wird, eine Handlung vollbracht zu haben. Man spürt nicht die Last des Tuns. Obwohl man handelt, bleibt man frei vom Tun (*akarma*). In der

Gita heißt es: "Tötest du auch, so tötest du doch nicht!" Die Mutter schlägt ihr Kind. Wolltest du jedoch ein gleiches versuchen, so würdest du sehen, daß sich das Kind deine Schläge nicht gefallen läßt. Aber obwohl die Mutter ihr Kind schlägt, kommt es doch zu ihr und versteckt sein Gesichtchen in ihrem Rock, denn ihre äußere Handlung ist durchdrungen von *chitta-suddhi*, der Lauterkeit des Herzens. Sie gab die Schläge in uneigennütziger, selbstloser Weise. Durch *vikarma*, durch Reinheit des Herzens, hört die Handlung auf, als *karma* zu wirken. Jener Blick Ramas wurde durch sein inneres *vikarma* zur mächtigen Flut heilender Liebe, und doch hat er Rama keinerlei Mühe gekostet. Wurde sie aus der Reinheit des Herzens vollbracht, hängt sich die Tat nicht an uns. Sie hinterläßt weder Sünde noch Verdienst, weder *papa* noch *punya*. Welch schwere Last vollbrachter Handlungen müßte uns sonst Geist und Gemüt bedrücken.

Wenn heute um zwei Uhr bekannt würde, daß morgen sämtliche politischen Gefangenen entlassen werden, so würden aus allen Richtungen unzählige Menschen zusammenströmen, und es entstünde ein heilloses Durcheinander. Stets lassen wir uns dadurch verwirren, ob wohl eine Handlung gut oder schlecht sei. Von allen Seiten drängt *karma* auf uns ein, ja es erstickt uns gar Haus und Hof. So wie die Brandung des Meeres mit Wucht ans Land schlägt und Buchten und Kanäle hineinnagt, so dringen die Wogen des Handelns ein in unser Gemüt und verursachen dort Unruhe und Aufregung. Die Zwillingsbrüder Freude und Leid werden geboren. Aller Friede ist dahin. Die Handlung wird vollbracht und ist erledigt, doch ihre Auswirkung bleibt zurück. Das Handeln verwirrt das Gemüt und zerstört den Schlaf.

Verbinden wir jedoch *vikarma* mit *karma*, so können wir arbeiten, soviel wir wollen, ohne es als Anstrengung zu empfinden. Verstand und Gemüt werden ruhig, unverrückbar und leuchtend wie *dhruva*, der Polarstern. Durch die Verbindung mit *vikarma* wird *karma* zu *akarma*, was etwa bedeutet, daß die geschehene Handlung gleichsam wieder weggewischt ist.

(16) ÜBER DIE KUNST DES AKARMA WOLLEN WIR DIE HEILIGEN BEFRAGEN

Wie wird *karma* zu *akarma*? Von wem können wir diese Kunst erlernen? Natürlich von den Heiligen! Am Ende dieses Kapitels spricht Bhagvan, der Göttliche: "Sitzt zu Füßen der Heiligen und lernt von ihnen!" Die

Sprache reicht nicht aus, um zu beschreiben, wie *karma* zu *akarma* wird. Um es richtig zu verstehen, müssen wir uns zu Füßen der Heiligen niederlassen. Gott der Allmächtige wird beschrieben als *"shantakaram bhujagashajanam"*. Voll erhabener Ruhe schläft der Göttliche auf der tausendköpfigen Schlange. In gleicher Weise lassen die Heiligen auch nicht die kleinste Unruhe oder Bewegung entstehen in dem stillen Wasser ihres Gemüts, selbst wenn sie tausendfach tätig sind. Dieses Wunder kann man nicht verstehen, wenn man es nicht selbst bei einem Heiligen erlebt hat.

Heutzutage sind Bücher sehr billig zu haben. Für je ein oder zwei Anna (zehn oder 20 Pfennig) kann man sich Bücher wie die Gita oder "Manache Slok" (ein Buch in Marathi von Samarth Ramdas) kaufen. Auch an Gurus (geistigen Lehrern) fehlt es nicht. Schulbildung ist wohlfeil und im Überfluß zu haben. Universitäten liefern Wissensstoff sauber verpackt. Doch niemand fühlt sich gesättigt nach einer Mahlzeit solchen Wissens-Nektars. Beim Anblick dieses Bücherberges wird es einem von Tag zu Tag klarer, wie notwendig es ist, den Heiligen zu dienen. Das Wissen kann durch den dicken Leinen-Einband des Buches nicht nach außen dringen. In diesem Zusammenhang kommt mir immer ein Marathi-Spruch in den Sinn:

> Vor mir erhebt sich das Gebirge der Begierde und des Zorns,
> Dahinter befindet sich die Unendlichkeit.

Hinter den Bergen der Begierde und des Zorns hat Gott Narayana seinen Wohnsitz. In derselben Weise hält sich der König des Wissens hinter dieser Ansammlung von Büchern verborgen. Obwohl der Mensch auf allen Seiten von Lesestuben und Büchereien umgeben ist, gleicht er doch allerorts einem Affen ohne Bildung und Wissen. In Baroda gibt es eine große Bücherei. Dort suchte sich einmal ein Herr ein großes Buch heraus und wollte es mitnehmen. In dem Buch gab es viele Bilder. Der Herr hielt es für ein englisches Buch. Ich fragte ihn, welches Buch er da habe. Er reichte mir das Buch herüber, und ich sagte ihm, das sei doch ein französisches Buch. Er fragte mich daraufhin nur: "So, Sie können auch Französisch?" Heilige römische Schrift, schöne Bilder und schmucker Einband — wie kann es da an Wissen mangeln!

In englischer Sprache erscheinen jedes Jahr Zehntausende von Büchern. Dasselbe gilt wohl auch für andere Sprachen. Wie konnte der Verstand des Menschen bis heute hohl und leer bleiben, wenn doch das Wissen so weite Verbreitung findet? Der eine sagt, die Gedächtniskräfte haben nachgelassen. Ein anderer meint, die Konzentrationsfähigkeit fehle. Ein dritter stellt fest, alles, was er lese, komme ihm gleichermaßen richtig vor. Und ein vierter meint gar, er habe zum Nachdenken einfach keine Zeit. Sri Krishna sagt: O Arjuna, du hast auf vielerlei Meinungen gehört, dein Verstand ist verwirrt. Solange dein Verstand nicht gefestigt ist, wirst du deinen Yoga, deinen Weg nicht erkennen. Verzichte nun darauf, zu hören und zu lesen und nimm stattdessen Zuflucht bei den Heiligen. Bei ihnen kannst du im Buch des Lebens lesen. Wenn du ihre „Lehre ohne Worte" vernimmst, wirst du von allen Zweifeln befreit werden. Wenn du dorthin gehst, wirst du verstehen, wie es möglich ist, daß Verstand und Gemüt in erhabener Ruhe verharren, während man sich äußerlich unausgesetzt dem Dienst widmet. Du wirst verstehen, wie trotz des Andrangs der Geschäftigkeit im Herzen unausgesetzt göttliche Musik erklingen kann.

5. KAPITEL

Die zwei Aspekte von Akarma: Yoga und Sannyasa

(17) DAS ÄUSSERE TUN — EIN SPIEGELBILD DES GEMÜTS

Furchterregend ist *samsara*, das Leben in der Welt. Oft wird es mit dem Meer verglichen. Wohin man schaut, sieht man im offenen Meer nur Wasser. So ist auch *samsara*, das Leben. Es umgibt dich auf allen Seiten. Wenn man Herd und Heim aufgibt und sich ganz dem Dienst am Nächsten widmet, findet man, daß auch hier *samsara* sich im Gemüt festsetzt und sich dort behauptet. Wenn sich einer in eine Höhle zurückzieht, so ist doch sein kleines Lendentuch durchwirkt von *samsara*, den Verstrickungen des Lebens. Das Lendentuch wird ihm zum Symbol allen Besitzes. So wie ein kleiner Geldschein 1000 Rupien wert ist, so ist dieses kleine Lendentuch der Träger endloser Bindungen. Durch das Verlassen der Familie und der Einschränkung des Wirkungsbereiches allein wird *samsara* nicht schwächer. Ob man sagt zehn Fünfundzwanzigstel oder zwei Fünftel — es ist dasselbe. Ob wir daheim oder in der Wildnis leben, gleichwohl ist weltliche Bindung unser steter Begleiter. *Samsara*, die Fesseln des Lebens, werden keineswegs schwächer. Gingen zwei Yogins zu den Höhlen der Himalayas, um dort zu leben, und einer hörte von des anderen Ruf, würde er vor Eifersucht brennen. Auch auf dem Gebiet sozialer Tätigkeit sieht man dasselbe.

Das Universum des *samsara* verfolgt uns derart, daß es uns niemals losläßt, auch wenn wir innerhalb der Grenzen von *svadharma* leben. Hat man auch alles zerstreuende Tun und alle Komplikationen aufgegeben und verringert man auch das Ausmaß der Verstrickungen des *samsara*, so bleibt man doch vom Besitzdenken, *mamatva*, erfüllt. Wie ein Dämon kann auch *samsara* einmal eine größere, das andere Mal eine kleinere Gestalt annehmen. Doch ob groß oder klein, ein Dämon bleibt ein Dämon. Das Unentrinnbare bleibt sich überall gleich, ob du in einem Palast oder in einer Hütte lebst. Bändigst du auch *samsara*, das weltliche Leben, durch *svadharma* und bringst es dadurch ins Gleichgewicht, werden doch unzählige Verwirrungen daraus hervorgehen und so deiner Seele endloser Verdruß entstehen. Auch wirst du mit Personen und Institutionen verwickelt werden und erschrocken ausrufen: "Wie bin ich in dieses Durcheinander geraten?" Doch nur so wird dein Wesen auf dem Probierstein geprüft. Befreiung erlangt man nicht durch einfaches Festhalten an *svadharma*. Den Aktivitätsbereich verringern bedeutet nicht, ungebunden zu sein.

Wie können wir uns loslösen? Indem wir uns von ganzem Herzen darum bemühen. Ohne Mitwirkung von Verstand und Gemüt kann nichts gelingen. Ein Junge wird von seinen Eltern in eine Internatsschule geschickt, wo er früh am Morgen aufsteht, Surjanamaskar (Morgengymnastik) macht und auf das Teetrinken verzichtet. Aber als er heimkehrt, wendet er sich binnen weniger Tage von diesen guten Gewohnheiten ab. Immer wieder ereignen sich ähnliche Fälle. Ein Mensch ist kein Lehmklumpen. Wenn wir seinem Verstand und Gemüt eine gewisse Struktur geben wollen, müssen Verstand und Gemüt zuerst diese Form annehmen. Wenn Verstand und Gemüt sich dieser Form nicht anpassen, müssen wir zugeben, daß alle Erziehung nutzlos war. Darum ist im Wachstumsprozeß (*sadhana*) das Mitwirken von Verstand und Gemüt absolut notwendig.

Als Werkzeuge des Wachstums sind sowohl die äußere Erfüllung des *svadharma* als auch das innere Mitwirken von Verstand und Gemüt, *vikarma*, nötig. Das äußere Handeln ist selbstverständlich ebenfalls notwendig. Ohne zu handeln, werden Verstand und Gemüt nicht geprüft. In der Stille des frühen Morgens scheint unser Gemüt völlig ruhig. Doch sobald ein Kind schreit, erkennen wir, was unsere Gemütsruhe wirklich wert ist. Darum erreichen wir nichts durch Verzicht auf Handeln. Äußeres Handeln enthüllt die wahre Qualität unseres Verstandes und Gemüts. Die Oberfläche des Wassers ist klar. Doch werfe einen Stein hinein, und sofort steigt der Schlamm auf. Genauso steht es mit unserem Gemüt. Auf dem Grunde des stillen Sees ist knietiefer Schlamm. Nur wenn ein Gegenstand von außen ihn berührt, wird er sichtbar. Wir sagen: "Den Mann hat Ärger überfallen." Kam dieser Ärger denn von außen? Nein, er war innen. Wäre er nicht im Gemüt verankert, wäre er gar nicht zum Vorschein gekommen. Die Leute sagen: "Wir wollen kein weißes Khadi (handgewebten Baumwollstoff), denn es wird schmutzig!" Doch wird auch das farbige Khadi schmutzig, nur sieht man das nicht. Auf dem weißen Stoff sieht man den Schmutz, und er spricht zu uns: "Ich bin schmutzig, wasche mich!" Die Leute mögen kein Khadi, das so spricht. Unser *karma* (Handeln) spricht auch. Es proklamiert, daß wir leicht erzürnbar, egoistisch oder sonst etwas sind. *Karma* ist der Spiegel, der uns unsere wahre Form zeigt. Würden wir einen Spiegel zertrümmern, weil er uns ein schmutziges, häßliches Gesicht zeigt? Im Gegenteil, wir werden ihm dankbar sein und gehen, um unser Gesicht zu waschen, und uns dann erneut im Spiegel betrachten. Wenn nun auf ähnliche Weise durch unser Handeln die Mängel und Schwächen unseres Gemüts zutage treten, werden wir dann diesem Handeln entfliehen? Wird denn unser Gemüt gereinigt, indem wir vor unserer Aufgabe (*karma*) fliehen? Darum wollen wir weiter handeln und uns unablässig darum bemühen, Gemüt und Verstand zu läutern.

Ein Mensch geht und läßt sich in einer Höhle nieder, von menschlichem Kontakt völlig abgeschnitten. Er fängt an zu glauben, er habe vollkommene Gemütsruhe erlangt. Doch laßt ihn aus seiner Höhle hervorkommen und draußen um Essen betteln! Ein verspielter Junge klappert mit dem Türriegel und hat sich mit ganzer Seele in das Wesen des Geräusches vertieft. Doch der Yogin kann es nicht ertragen, wie das unschuldige Kind dem Riegel Musik entlockt. Er ruft aus: "Welchen Lärm veranstaltet dieses Kind!" Als Höhlenbewohner hat er sein Gemüt so verweichlicht, daß er nicht den geringsten Laut ausstehen kann. Ein kleines Klappergeräusch zerstört seinen inneren Frieden. Es ist nicht gut, daß sich unser Gemüt in einem so schwachen Zustand befindet.

Daran sieht man, daß Arbeit sehr nützlich ist, da sie uns hilft, die Beschaffenheit unseres Gemüts zu verstehen. Wenn Mängel auftreten, können wir sie beseitigen. Solange wir von den Mängeln nichts wissen, gibt es keinen Fortschritt, und das Wachstum hört auf. Während wir handeln, kommen die Mängel zum Vorschein. Um sie zu entfernen, ist es nötig, *vikarma* anzuwenden. Wenn Tag und Nacht dieses innere Bemühen von *vikarma* weitergeht, werden wir mit der Zeit verstehen lernen, wie wir ungebunden bleiben, uns über Begierde und Ärger, *kama* und *krodha*, und Gier und Täuschung, *lobha* und *moha*, erheben können, auch während wir unser *svadharma* ausüben. Wenn wir uns ständig bemühen, unser Tun völlig rein zu halten, wird schließlich wie von selbst makelloses Handeln erfolgen. Sind unsere Handlungen selbstlos und erfolgen sie ganz natürlich, eine nach der anderen, dann bemerken wir plötzlich gar nicht mehr, daß sie überhaupt erfolgt sind. Wenn *karma*, die Handlung, ganz natürlich erfolgt, wird sie zu *akarma*. Wie wir im 4.Kapitel gesehen haben, nennt man dieses natürliche, spontane *karma* ganz einfach *akarma*. Wie nun das Handeln (*karma*) in Nichthandeln (*akarma*) verwandelt wird und wie wir diese Kunst zu Füßen der Heiligen lernen können, hat uns der Herr ebenfalls am Ende des 4.Kapitels gelehrt.

Worte können diesen Zustand von *akarma* (Nichthandeln) nicht beschreiben.

(18) DER ZUSTAND VON AKARMA

Damit wir die Natürlichkeit des Tuns verstehen, wollen wir ein bekanntes Beispiel nehmen. Wenn ein Kind laufen lernt, — wieviel Mühe muß es darauf verwenden! Doch uns ist es ein Vergnügen, das Spiel zu beobachten. Wir sagen: "Schau, unser Kind fängt an zu gehen!" Doch später wird ihm das Gehen ganz natürlich. Es kann gehen und auch sprechen. Es denkt sich nichts mehr beim Gehen. Ebenso ist es mit dem Essen. Wir feiern *"annaprasan"* (eine Zeremonie, die stattfindet, wenn das Kind die erste feste Nahrung erhält), als ob Essen eine große Leistung sei. Im Lauf der Zeit wird das Essen zu einer ganz natürlichen Tätigkeit. Wie schwer fällt es uns, schwimmen zu lernen! Zuerst kämpfen wir um Atem. Doch später ist es umgekehrt, und wenn wir durch eine andere Anstrengung ermüdet sind, gehen wir schwimmen, um dadurch die Müdigkeit zu vertreiben. Jetzt empfinden wir das Schwimmen nicht mehr als Anstrengung, und unser Körper schwimmt mühelos und natürlich auf dem Wasser. Müdigkeit ist ein Gemütszustand. Wenn sich das Gemüt bewußt an einer Handlung beteiligt, ermüdet es. Doch wenn das Tun zur natürlichen Gewohnheit wird, beschwert es uns nicht mehr. *Karma* ist zu *akarma* geworden, Tun zum Nichttun. Das Handeln wird zur reinen Freude.

Unser Ideal ist, *karma* in *akarma* zu verwandeln. Zu diesem Zweck sollten wir *karma* in Übereinstimmung mit unserem *svadharma* ausführen. Dabei treten unsere Schwächen zutage. Um diese zu entfernen, müssen wir an *vikarma* festhalten. Durch solche fortdauernde Übung wird unser Gemüt einen Zustand erreichen, in dem es nicht die geringste Mühe oder Verdruß im Handeln erfährt. Obwohl unsere Hände Tausende von Handlungen ausführen, bleibt das Gemüt klar und ruhig. Wenn du aufschaust und den Himmel fragst: "Bruder Himmel, wirst du nicht von der Sonne verbrannt und vom Regen ganz naß, zitterst du nicht in der Kälte?" — welche Antwort erwartest du da? Er wird sagen: "Du magst entscheiden, was mit mir geschieht. Ich weiß von nichts."

> "Ob ein Verrückter nackt ist oder bekleidet,
> interessiert nur die anderen. Der Verrückte ist sich dessen nicht bewußt."

Damit will man zum Ausdruck bringen, daß uns das unserem *svadharma* entsprechende *karma* oder Tun zur eigenen Natur wird, indem wir uns seine fehlerlose Ausübung mit Hilfe von *vikarma* (der inneren Beteiligung) zur steten Gewohnheit machen. Auch die schwierigsten Situationen erscheinen uns dann nicht mehr als solche. Das ist der Schlüssel zu Karma-Yoga. Versuchst du, ohne Schlüssel ein Schloß aufzubrechen, wirst du dir nur die Hände verletzen. Hast du den Schlüssel zur Hand, kannst du sofort alles öffnen. Diesen Schlüssel des Karma-Yoga, der alle Mühe und Kummer tilgt, erlangt man durch Bezähmen des Gemüts. Deshalb soll man unaufhörlich trachten, Kontrolle über das Gemüt auszuüben. Mängel, die im Verlauf des Handelns im Gemüt auftreten, muß man wegwaschen. Dann wird das äußere Tun keine Unruhe mehr verursachen. Selbst der Eindruck "ich bin der Handelnde" wird vergehen. *Kama* und *krodha*, Begierde und Zorn, werden ihre Macht verlieren, ohne daß es Mühe kostet. Nicht einmal das Bewußtsein des Tuns wird bleiben.

Einst schrieb mir ein guter Mann: "Wir müssen den Namen des göttlichen Ram viele Male rezitieren. Bitte beteilige auch du dich daran und laß mich wissen, wie oft du den göttlichen Namen täglich sprechen wirst." Der arme Mann hat nach bestem Wissen und Erkennen gehandelt. Ich will ihn nicht kritisieren. Doch ist *ramanama*, das Rezitieren des göttlichen Namens, nicht etwas, das man messen oder zählen kann. Die Mutter versorgt das Kind. Wird sie etwa darüber einen Bericht veröffentlichen? Wenn sie einen Bericht veröffentlichte, würden wir "danke" sagen und somit unsere Schuld begleichen. Doch sie schreibt keinen Bericht und sagt nur: "Was habe ich denn getan? Ich habe überhaupt nichts getan. Ist es mir etwa eine Mühe?" Wenn der Mensch mit Hilfe von *vikarma* mit höchster Konzentration und von ganzem Herzen handelt, hört dieses Handeln auf, *karma* zu sein, und wird zu *akarma*. Bei solchem Tun gibt es keine Mühe, keine Unordnung oder Schwierigkeit.

Es ist unmöglich, diesen Zustand zu beschreiben. Wir können nur eine vage Vorstellung davon haben. Wenn die Sonne aufgeht, kommt es ihr nicht in den Sinn zu sagen: "Ich werde die Dunkelheit verdrängen. Ich werde die Vögel fliegen lassen und die Menschen zur Arbeit veranlassen." Die Sonne bleibt da stehen, wo sie aufgeht. Doch die nackte Tatsache ihres Seins setzt die Welt in Bewegung. Aber die Sonne ist sich dessen nicht bewußt. Wenn du zur Sonne sagtest: "O Sonnengott, deine Hilfe ist unendlich. Wieviel Dunkelheit hast du vertrieben!" — es wäre ihr egal, und sie würde sagen: "Bring mir etwas Dunkelheit und zeige sie mir. Wenn ich sie zerstreuen kann, werde ich mich als Handelnden erkennen." Kann man Dunkelheit zur Sonne tragen? Weil die Sonne existiert, hält die Dunkelheit sich fern. Im Licht der Sonne mag der eine ein gutes Buch lesen, ein anderer ein obszönes. Der eine mag irgendwo Feuer legen, ein anderer einem Mitmenschen helfen. Doch die Sonne ist weder für das Gute noch für das Schlechte dieser Handlungen verantwortlich. Die Sonne sagt: "Licht ist meine wahre Natur. Was könnte denn in mir sein außer Licht? Ich bin mir des Lichtspendens nicht einmal bewußt. Zu existieren ist für mich dasselbe wie leuchten. Das Lichtspenden strengt mich nicht an. Ich bin mir meines Tuns nicht bewußt. Das Lichtspenden (*prakash-dan*) ist der Sonne ganz natürlich. In einer ähnlichen Lage befinden sich auch die Heiligen. Ihr Leben ist reines Lichtspenden. Wenn du zu einem Weisen (*jnani*) sagst: "Wenn ich nicht der Wahrheit folge, was soll ich dann tun? Was ist denn besonderes an meinem Tun?" Es gibt keinen Raum für Unwahrheit in einem Weisen. So zu sein, ist die Grundlage von *akarma*. Diese Handlungen werden so sehr Teil des Wesens und der inneren Natur, daß man sich ihrer nicht bewußt wird. Die Sinne gewöhnen sich daran. Ein Zustand wird erreicht, in dem selbst das alltägliche Gespräch höchste Wahrheit enthält. In diesem Zustand wird *karma* in *akarma* verwandelt. Der Weise vollbringt gute Taten so natürlich, wie der Vogel singt. Wie das Kind instinktiv an seine Mutter denkt, so selbstverständlich denkt der Heilige an Gott. Jeden Morgen kräht der Hahn, dies ist seine natürliche Funktion. Panini, der alte Sanskrit-Grammatiker, nahm den Hahn als ein Beispiel, als er seine Schüler die Laute lehrte. Seit den Tagen Paninis bis heute kräht der Hahn jeden Morgen. Doch niemand dachte je daran, dem Hahn dafür Dank und Anerkennung zu zollen. Es ist die natürliche Lebensaufgabe des Hahns. Ebenso ist es die natürliche Pflicht des guten Menschen, die Wahrheit zu reden, alle Geschöpfe zu lieben, die Fehler anderer zu übersehen und gegen jedermann hilfreich zu sein. Er kann nicht leben, ohne so zu denken und zu handeln. Ehren wir einen Menschen, weil er ißt? Dienst am Nächsten ist für den Weisen ebenso natürlich wie für den weltlichen Menschen Essen, Trinken und Schlafen. Das Helfen wird ihm zur eigenen Natur. Es ist ihm unmöglich zu sagen: "Ich werde nicht helfen!" Daraus können wir ersehen, daß das *karma* eines solchen weisen Menschen zu *akarma* geworden ist. Diesem Zustand ist der geheiligte Status von *sannyasa* gegeben worden. *Sannyasa* ist nichts anderes als der glückselige Zustand von *akarma*. Derselbe Zustand sollte auch Karma-Yoga genannt werden. Da der Weise fortfährt, zu handeln, ist es *yoga*. Doch da er, obwohl handelnd, nicht daran denkt, ist es *sannyasa*. Da er im Handeln eine Technik (*yukti*) gebraucht, die es verhütet, daß er davon berührt wird, ist es *yoga*. Und weil er, wirkend, doch nichts wirkt, ist es *sannyasa*, absolute Entsagung.

(19) EIN ASPEKT VON AKARMA: YOGA

Was bedeutet also *sannyasa*? Einige Handlungen aufgeben und andere ausführen? Nein, im Grunde bedeutet es: alles Handeln aufgeben. Von allem Tun frei sein, gar nicht handeln,—das ist *sannyasa*. Doch was heißt "gar nicht handeln"? Das Handeln ist eine merkwürdige Angelegenheit. Wie kann man von allem Handeln frei sein? Tun umgibt uns hinten und vorn, links und rechts und breitet sich nach allen Richtungen aus. Ja, selbst wenn wir uns hinsetzen, ist es eine Handlung. "Sitzen" ist nicht nur ein Zeitwort in der Grammatik sondern auch eine physische Handlung. Und wenn wir lange Zeit stillsitzen, beginnen unsere Beine zu schmerzen. So ist sogar das Stillsitzen eine Anstrengung. Wenn sich selbst das Nichtstun als Tun erweist, wie kann man je von Tun frei sein? Der Herr enthüllte Arjuna seine Universale Gestalt. Als Arjuna deren Unermeßlichkeit sah, bekam er Angst und schloß die Augen. Doch dann erschien ihm bei geschlossenen Augen dieselbe Gestalt im Innern. Wenn wir etwas sogar mit geschlossenen Augen sehen, wie können wir demselben entrinnen? Und wie können wir Tun verhindern, das sogar im Nichtstun weitergeht?

Ein gewisser Herr hatte große Mengen wertvollen Goldschmucks. Er wollte ihn gern sicher verschlossen in einer großen Kassette aufbewahren. Sein Diener ließ dafür eine starke Eisenkassette machen. Der Herr sah sie an und sagte: "Du Idiot! Hast du denn keinen Sinn für Schönheit? Würde jemand diesen unbezahlbaren Schmuck in dieser häßlichen Kassette aufbewahren? Geh und hole mir eine gute Goldkassette!" Der Diener tat, wie ihm befohlen. "Jetzt bringe auch ein goldenes Schloß, denn eine Goldkassette bedarf eines goldenen Schlosses," sagte der Meister. Er hatte die Absicht, den Schmuck zu verstecken und sicher zu verwahren und hat es schließlich zur Schau gestellt. Der Dieb brauchte nicht erst nach dem Gold zu suchen, er brauchte nur den Kasten wegzutragen. In ähnlicher Weise wird das Nichthandeln zu einer Art des Handelns. Wie kann man sich vom Tun befreien, das so alldurchdringend ist?

Und doch gibt es einen Weg, sich vom Tun zu befreien, und zwar durch Entwickeln einer Methode, durch die all unser vielseitiges Tun schmilzt und von uns hinwegfließt. Erst wenn dies möglich wird, können wir sagen, *sannyasa* ist erreicht worden. Wie kann man *karma* ausüben und es dann zum Schmelzen bringen? Schaut die Sonne an! Sie wirkt Tag und Nacht. Ja, auch nachts wirkt sie und beleuchtet die andere Seite der Erde. Obwohl sie die ganze Zeit wirksam ist, kann man doch sagen, daß sie nie etwas arbeitet. Darum sagt der Herr im 4.Kapitel: "Diesen Yoga lehrte ich zuerst Surya, den Sonnengott. Von diesem lernte ihn Manu, der Sucher und Denker." Obwohl die Sonne alle 24 Stunden des Tages wirkt, handelt sie doch nicht. Zweifellos ist dies ein wunderbarer Zustand.

(20) DER ANDERE ASPEKT VON AKARMA: SANNYASA

Dies ist jedoch nur die eine Seite von *sannyasa*. Das Nichthandeln im Handeln ist nur ein Aspekt dieses Zustands. Sein anderer Aspekt ist die weltbewegende Wirkung des Nichthandelns. Darin liegt eine unermeßliche Antriebskraft. Dies ist das Herrliche an *akarma*: es wohnt ihm die Kraft zu unendlichem Handeln inne. Es ist wie beim Dampf, der zusammengepreßt riesige Leistungen vollbringt. Eingeschlossener Dampf gewinnt unermeßliche Kraft und bewegt Riesenschiffe und lange Züge. So auch die Sonne, die anscheinend gar nichts tut und doch 24 Stunden des Tages ununterbrochen wirkt. Befragt, würde die Sonne sagen: "Ich tue gar nichts." Der eine Aspekt der Sonne ist, daß sie Tag und Nacht wirkt und doch nichts tut, der andere, daß sie im Nichtstun ständig tätig ist. Dies sind die beiden wunderbaren Aspekte von *sannyasa*. Sie sind beide bemerkenswert. Im ersten Aspekt ist das Handeln (*karma*) offenbar und der Zustand des Nichthandelns verborgen. Im anderen Fall ist der Zustand des Nichthandelns (*akarma*) offenbar, aber durch ihn wird unaufhörliche Tätigkeit verursacht. In diesem Zustand ist *akarma* zum Überfiießen mit Handlungen angefüllt, und so werden mächtige Taten vollbracht. Ein großer Unterschied besteht zwischen einem Menschen in diesem Zustand und einem Müßiggänger. Der Faule wird müde und überdrüssig. Doch der *sannyasin*, der nichts tut, konserviert seine Kraft. Er arbeitet nicht im geringsten, das heißt, er arbeitet nicht mit seinen Gliedmaßen oder mit seinen Sinnen. Doch während er nichts tut, leistet er Unendliches.

Nehmen wir an, jemand, den wir beleidigt haben, ist erzürnt. Wenn wir zu ihm gehen, spricht er nicht mit uns und schweigt. Wie groß ist die Wirkung seines Schweigens, seines Verzichts auf das gesprochene Wort! Ein anderer in der gleichen Lage sprudelt seine Entrüstung heraus. Beide sind erzürnt. Doch während der eine seinen Mund nicht öffnet, bricht es aus dem anderen hervor. Beide sind Beispiele von Zorn. Nicht zu sprechen, ist auch nur ein Ausdruck des Zorns, und es erfüllt seinen Zweck. Wie schrecklich ist es für ein Kind, wenn Vater oder Mutter nicht mehr mit ihm sprechen! Nicht sprechen, Tun unterlassen ist weit wirkungsvoller als jede Art positiven Handelns. Schweigen kann vollbringen, was Rede nicht vollbringen kann. Derart ist der Zustand des *jnani*. Sein Nichthandeln, sein Schweigen, sein Stillsitzen vollbringt viel und und gibt große Tatkraft frei. Was das Handeln nicht erreicht, vollbringen diese Menschen im Nichthandeln. Das ist die andere Seite von *sannyasa*. In solchem *sannyasa* kommen die volle Initiative und alles Bemühen zusammen und ruhen an einem Ort.

Die Bewegung des Tuns hat aufgehört,
und der Herr hat mich wie ein Bündel fest verschnürt.
Alles Sorgen ist vorbei, und Zuversicht ist mir geworden.
Ich wohne nicht mehr im Leib
und lebe nicht aus meiner eigenen Kraft.
Der Herr hat mich meines Stolzes beraubt.
Ṭuka sagt: "Ich lebe aus der Kraft des Einen.
Ich selbst bin leer und hohl."

Tukaram sagt: "Ich bin nun leer wie ein Sack. Alles Handeln ist zu Ende". Doch in dem leeren Sack ist eine mächtige Energie versteckt. Die Sonne fordert niemanden auf. Doch wenn sie scheint, fliegen die Vögel, springen die Lämmer, weiden die Kühe im Wald, öffnen Kaufleute ihre Läden, gehen die Bauern auf die Felder, — die ganze Welt wird geschäftig. Es ist genug, daß die Sonne da ist. Daraus entstehen endlose Handlungen. Der Zustand von *akarma* ist von der Kraft erfüllt, zu unendlichem Tun anzutreiben. Er ist bis zum Rand mit unendlicher Kraft angefüllt. Das ist der andere wunderbare Aspekt von *sannyasa*.

(21) WER KANN DIE BEIDEN VERGLEICHEN?

Im 5.Kapitel werden die beiden Arten von *sannyasa* verglichen. In der einen tut man nichts trotz 24stündiger Arbeit pro Tag, während man in der anderen alles bewirkt und doch keinen Augenblick etwas tut. Die

erste ist Schweigen im Reden und die andere Reden durch Schweigen. Wir wollen diese beiden göttlichen Zustände betrachten, sie erwägen und darüber meditieren, — darin liegt eine seltene Freude.
Tatsächlich ist diese ganze Angelegenheit einmalig und erhebend. Wahrlich ist diese Idee von *sannyasa* heilig und wunderbar. Wir können demjenigen nie genug danken, der zuerst auf diese wunderbare Idee oder Vostellung kam. Man kann sagen, diese Idee von *sannyasa* ist der höchste Punkt, der je von menschlichem Intellekt, von menschlicher Gedankenkraft erreicht wurde. Darüber hinaus hat sich bis heute keines Menschen Denken erhoben. Versuche zu höheren Flügen gibt es zweifellos, doch hat meiner Meinung nach nie ein Mensch, weder in der Vorstellung noch in der Erfahrung, diesen Punkt überstiegen. Man erlebt eine seltene Freude in der bloßen Kontemplatiom dieses *sannyasa* mit seinen zwei Aspekten. Doch wenn wir zur Welt der Sprache und Handlung kommen, vermindert sich die Freude. Uns ist, als ob wir sinken. Schon immer sprach ich darüber zu meinen Freunden. Seit vielen Jahren schon mache ich mir Gedanken über diese göttliche Idee, doch scheint die Sprache unzulänglich. Diese Vorstellung läßt sich nicht in Worten ausdrücken. Im Nichthandeln alles tun und im Handeln gar nichts tun—welch großzügige, köstliche, poetische Vorstellung! Oder ist dies etwa kein Gedicht? Die berühmten Meisterstücke der Poesie sind daneben farblos. Kein Gedicht enthält so wie dieser Gedankengang Freude, Begeisterung, Tatkraft und göttliche Bedeutung. Darum wurde dem 5.Kapitel eine sehr hohe Bedeutung zugeschrieben. Bis zum 4.Kapitel wurden *karma* und *vikarma* beschrieben. Nun werden wir zu höherem Flug mitgenommen. Hier werden vor uns die zwei Aspekte des Zustands von *akarma* verglichen. Worte stolpern hier. Ist der Karma-Yogin oder ist der Karma-Sannyasin besser? Wer leistet wirklich mehr? Es ist unmöglich, diese Fragen zu beantworten. Im Handeln nichts tun und im Nichthandeln alles bewirken, beides ist gleicherweise Yoga. Doch um des Vergleiches willen wird das eine *yoga*, das andere *sannyasa* genannt.

(22) BEISPIELE AUS GEOMETRIE UND MIMAMSA (PHILOSOPHISCHES SYSTEM DER VEDEN)

Wie können wir die beiden vergleichen? Nur durch Beispiele ist dies möglich. Doch wenn wir mit Beispielen beginnen, haben wir das Gefühl, von einer Höhe herunterzufallen. Aber das Herunterfallen ist notwendig. In Wirklichkeit kann absolutes *karma-sannyasa* oder absolutes *karma-*

yoga in keinem irdischen Leib völlig verwirklicht werden. Sie würden den menschlichen Körper zerstören. Wir können als Beispiele nur die Heiligen (großen Weisen) anführen, die dem Ideal nahegekommen sind. Beispiele sind niemals vollkommen, doch einstweilen müssen wir sie als solche hinnehemen.

In der Geometrie sagen wir: "ABC ist ein Dreieck." Doch warum es postulieren? Weil die Linien des Dreiecks nicht wirkliche Linien sind! Die Definition einer Linie besagt, daß sie Länge hat, aber keine Breite. Doch wie soll man auf der Tafel diese Länge ohne Breite zeigen? Jede Linie, die wir zeichnen, besitzt auch ein wenig Breite. Deshalb können wir in der Geometrie nicht ohne Postulate auskommen. Ist es nicht dasselbe bei *bhakti-shastra* (Wissenschaft gläubiger Hingabe)? Auch da sagt der Gläubige: "Wir wollen annehmen, der Herr des Weltalls sei in diesem kleinen runden Stein, genannt *saligram.*" Wenn da jemand ausruft: "O wie verrückt!" könntest du ihn fragen: "Ist deine Geometrie nicht ebenso verrückt? Wenn ich ganz klar eine dicke fette Linie sehe, bittest du mich, zuzubilligen, sie habe keine Breite. Ist das nicht verrückt? Wenn du sie durch ein Mikroskop anschaust, ist sie 1 cm dick. Und so, wie uns die Geometrie etwas zu postulieren veranlaßt, möchte uns *bhakti* die Gegenwart Gottes im *saligram* postulieren. Wenn jemand sagt: "Gott wird nicht zerbrechen, aber dein *saligram* geht in Stücke, wenn ich ihm einen Schlag versetze," so ist das nicht klug gesprochen. Wenn du in Geometrie postulieren kannst, warum dann nicht in *bhakti*? Stell dir einen Punkt vor, sagen wir und zeichnen auf der Tafel einen sichtbaren Punkt. Mit der Definition eines Punktes ist es ähnlich wie mit der Definition von *brahman*, dem Absoluten. Ein Punkt hat weder Länge, noch Breite, noch Tiefe — tatsächlich nichts. Obwohl wir ihn so definieren, stellen wir ihn doch klar auf der Tafel dar. Obwohl er existiert, hat er keine Substanz. Tatsächlich existieren das wahre Dreieck und der wahre Punkt nur in der Definition. Doch wir müssen auf der Annahme aufbauen, daß sie wirklich existieren. Auch in *bhakti*, im Glauben, müssen wir die Existenz des unzerstörbaren, alldurchdringenden Gottes im *saligram* postulieren. Wir wollen nun auch mit Hilfe von postulierten Beispielen Vergleiche anstellen.

Die Mimamsakas (Interpreten des philosophischen Systems der Veden) haben etwas Herrliches getan. In ihrer Suche nach Gott haben sie eine sehr schöne Antwort gefunden. Wenn man über die Götter nachdenkt, die in den Veden erscheinen — wie Indra, Agni und Varuna — steigen folgende Fragen auf: "Wie ist eigentlich dieser Indra? Was ist seine Gestalt? Wo wohnt er?" Und der Mimamsaka antwortet: "Das Wort Indra ist die Gestalt von Indra. Er wohnt in dem Worte Indra. Die Laute In-dra konstituieren sein Wesen. Dies ist seine Gestalt, dies ist seine Substanz." Ebenso steht es mit Varuna. "Va-ru-na", das ist eine Form. Genauso können wir Agni und andere Götter verstehen. Die Gestalt aller Götter ist in Lauten enthalten. Diese Vorstellung, dieser Begriff ist entzückend. Eine Vorstellung von Gott, die Wirklichkeit Gottes, kann nicht in einer Form enthalten sein. Um sich von ihm eine Vorstellung zu machen, sind die Laute gute Symbole. Auf die Frage: "Wie sieht Gott aus?" antworten wir: "G-o-t-t." Schließlich erschien als Krönung die Silbe "Om". "Om" selbst ist zu Gott geworden. Es ist zum Symbol von Gott geworden. Es ist nötig, solche Symbole zu erfinden, denn diese unermeßlichen Begriffe können nicht in Bildern und Formen enthalten sein. Doch des Menschen Verlangen ist zwingend. Er besteht auf der Verkörperung solcher Ideen.

(23) DER SANNYASIN UND DER YOGIN SIND EINS. DAS BEISPIEL VON SUKA UND JANAKA

Sannyasa und Yoga sind beides so hohe und erhabene Begriffe, daß sie in ihrer absoluten Form nicht in einem menschlichen Wesen verkörpert sein können. Doch obwohl sie nicht im Körper verwirklicht sein können, sind sie doch als Idee vorstellbar. Der vollkommene Yogin und der vollkommene Sannyasin können immer nur in der Vorstellung existieren. Sie werden stets nur unerreichbares Ideal sein, doch sollten wir uns jene, die dem Ideal nahegekommen sind, zum Vorbild nehmen. Dann sollten wir sie (wie in der Geometrie) als vollkommene Yogins und Sannyasins akzeptieren. Als Beispiele für *sannyasa* werden Suka und Yajnavalkya angeführt. Als Karma-Yogins erwähnt die Gita selbst Janaka und Sri Krishna. Lokmanya Tilak führt im Gita-Rahasya eine Namensliste an—"Janaka, Sri Krishna und andere folgten diesem Pfad. Suka, Yajnavalkya und andere folgten jenem Pfad." Doch mit ein wenig Nachdenken erkennt man, daß sich die Unterscheidung auflöst als ob mit Wasser geschrieben. Yajnavalkya war ein Sannyasin, Janaka war ein Karma-Yogin. Janaka, der Karma-Yogin, war ein Schüler von Yajnavalkya, dem Sannyasin. Doch Suka, der Sannyasin, war der Schüler desselben Janaka. Yajnavalkyas Schüler war Janaka, und Janakas Schüler war Suka. Erst der Sannyasin, dann der Karma-Yogin und dann

wieder der Sannyasin, so wird die Girlande gewunden. Auf diese Weise folgen *yoga* und *sannyasa* einander in der gleichen Tradition.
Vyasa sagte zu Suka: "Suka, mein Sohn, du hast zweifellos Weisheit erlangt, doch hat dir noch kein Guru das Siegel aufgedrückt. Gehe darum zu Janaka!" Suka deva ging. Janaka saß im dritten Stock seines großen Palastes. Suka war ein Waldbewohner. Er sah die Sehenswürdigkeiten der Stadt, als er so entlang ging. Janaka fragte ihn: "Warum bist du hierher gekommen?" Suka erwiderte: "Um Erkenntnis zu erlangen!" — "Wer schickte dich?" — "Vyasadeva." — "Wo kommst du her?" — "Aus dem Ashram." — "Was hast du unterwegs auf dem Markt gesehen?" — "Ich sah auf allen Seiten schön geschmückte Zuckerwaren." — "Und was hast du sonst noch gesehen?" — "Ich sah Zuckerpuppen gehen und sprechen." — "Und was sonst noch?" — "Um hierher zu kommen, gab es feste Zuckerstufen." — "Was hast du noch gefunden?" — "Auch hier sehe ich überall Zuckerbilder." — "Was siehst du jetzt?" — "Wie eine Zuckerpuppe zur anderen spricht." Da sagte Janaka: "Du kannst gehen, du hast alle Weisheit erlangt."
Suka erhielt, was er gewünscht hatte: ein unterschriebenes Zeugnis von Janaka. Das Bedeutsame ist, daß der Karma-Yogin Janaka den Sannyasin Suka als Schüler angenommen und für reif erklärt hat. Suka war ohne Zweifel ein Sannyasin, aber wie ergötzlich ist doch diese Situation!
Parikshit stand unter einem Fluch. Er sollte in sieben Tagen sterben. So mußte er sich auf den Tod vorbereiten. Er benötigte einen Guru, der ihn das Sterben lehren konnte. Er sandte nach Sukacharya, der kam und mit gekreuzten Beinen 24 mal sieben Stunden = 168 Stunden lang dasaß und die Bhagavata rezitierte. Er veränderte seine Positur nicht ein einziges Mal und fuhr mit seiner Rezitation ununterbrochen fort. Was ist denn da besonderes daran? Das Wunderbare ist dies: daß er sieben Tage lang schwer arbeitete und doch nichts davon verspürte. Obwohl er unausgesetzt arbeitete, war es, als ob er gar nichts tue. Er hatte nicht einmal das Gefühl, daß er arbeite. Daraus ergibt sich, daß Sannyasa und Karma-Yoga gar nicht zwei voneinander verschiedene Dinge sind. Darum sagt der Erhabene:

"ekam sankhyam cha yogam cha yah pasyati sa pasyati."

"Der sieht recht, der Sankhya und Yoga als eines sieht."

Wer erkennt, daß Sannyasa und Karma-Yoga eins sind, von dem kann man sagen, er habe das wahre Geheimnis verstanden. Der eine handelt, während er nichts tut, und der andere tut nichts, obwohl er tätig ist.

Könnten wir einen wahren Sannyasin, einen, der sich in beständigem *samadhi* befindet und von allen Leidenschaften frei ist, für zehn Tage bei uns haben, wieviel Licht, wieviel Inspiration würden wir von ihm erhalten! Was nicht durch wiederholtes, jahrelanges Bemühen vollbracht werden konnte, fällt jetzt leicht, weil wir auf ihn schauen. Wenn das Gemüt durch einen Blick auf ein Foto gereinigt wird, wenn sich das Herz mit Hingabe, mit Liebe und Weihe füllt beim Blick auf Bilder von Toten, — wieviel Inspiration würden wir empfangen beim Anblick eines lebenden Sannyasin!

Beide, der Sannyasin und der Yogin, fördern die Harmonie der Welt. Scheint es auch bei dem einen nach außen hin, als habe er auf alles Tun verzichtet, so ist doch sein Verzicht auf Tätigkeit randvoll mit Tun angefüllt. Er ist voll unermeßlicher schöpferischer Kraft. Beide, der Sannyasin und der Yogin, sind Weise und sitzen beide auf demselben Thron. Wenn auch die Namen verschieden sind, die Substanz ist dieselbe. Es sind zwei Formen derselben Wirklichkeit. Ein sich schnell drehendes Rad scheint stillzustehen. Der Zustand des Sannyasin ist ähnlich. Aus seinem Frieden und seiner Stetigkeit entspringt unendliche Kraft, endlose Inspiration. Mahavira, Buddha und Nivrittinath waren solche erleuchteten Seelen. Obwohl alles Bemühen des Sannyasin geendet hat und zur Ruhe gekommen ist, vollbringt er mächtige Taten. In Wirklichkeit ist der Yogin ein Sannyasin und der Sannyasin ein Yogin. Es besteht kein Unterschied zwischen diesen beiden. Die Worte sind verschieden, doch ihr Sinn ist derselbe. Wie Stein Fels und Fels Stein bedeutet, so bedeutet "Sannyasin" "Karma-Yogin" und "Karma-Yogin" "Sannyasin".

(24) UND DOCH GILT KARMA-YOGA ALS DEM SANNYASA ÜBERLEGEN

Obwohl das alles stimmt, fügt der Herr eine Qualifikation hinzu. Er sagt: Karma-Yoga sei besser als Sannyasa. Wenn aber die beiden identisch sind, warum spricht dann der Herr solchermaßen? Ist das ein Scherz? Wenn der Herr sagt, Karma-Yoga sei besser, tut er das aus der Sicht des Wahrheitssuchenden (*sadhaka*). Nichts zu tun und doch alles zu tun, ist dem *siddha* möglich, dem Vollendeten, nicht aber dem *sadhaka*, dem Suchenden. Doch sogar er kann in gewissem Ausmaß die Methode befolgen, zu handeln und doch nichts zu tun. Die eine Methode ist dem Suchenden unmöglich, sie ist nur dem Vollendeten möglich. Doch die andere ist sogar für den Suchenden in gewissem Maße anwendbar.

Handeln durch Nichthandeln wird dem Suchenden ein Rätsel bleiben, das sein Verstehen übersteigt. Karma-Yoga ist sowohl der Weg als auch das Ziel. Sannyasa ist nur das Ziel. Aus diesem Grunde ist für den Suchenden Karma-Yoga besser als Sannyasa.

Nach demselben Prinzip betont der Erhabene im 12.Kapitel *saguna* (Gott mit Form) mehr als *nirguna* (Gott ohne Form). Bei *saguna* werden sämtliche Sinne beschäftigt, nicht so bei *nirguna. Nirguna* hat keine Verwendung für Hände, Füße und Augen. Sämtliche Sinne bleiben untätig. Für den *sadhaka* ist dies einfach unmöglich. Doch bei *saguna* ist es anders, und der Suchende kann mit den Augen des Herrn Form sehen, er kann mit den Ohren Seinen Lobpreis hören, und mit den Händen kann er ihm opfern und den Menschen dienen, mit den Füßen kann er auf Pilgerfahrt gehen. So ist es bei *saguna* möglich, daß man auf diese Weise allen Sinneswerkzeugen Aufgaben zuweist und sie beschäftigt, wodurch sie allmählich ganz vom Göttlichen durchdrungen werden. Bei *nirguna* aber bleibt all dies verschlossen. Der Mund ist verschlossen, die Ohren sind zu, Hände und Füße sind gefesselt. Wenn der arme Wahrheitssucher (*sadhaka*) all diese Fesseln sieht, bekommt er es mit der Angst zu tun. Wie könnte *nirguna* in seinem Herzen Einlaß finden? Wenn er schweigend sitzen würde, wäre sein Sinn bald mit einer Reihe zusammenhangloser Gedanken erfüllt. Es liegt einfach in der Natur der Sinne, daß sie unweigerlich das tun, was man ihnen verboten hat. Geschieht es nicht genauso bei der Reklame? Wenn darüber steht: "Bitte nicht lesen!" nimmt sich der Lesende sofort vor, genau das zuerst zu lesen. Durch die Überschrift "Bitte nicht lesen!" wird sichergestellt, daß es zweifellos jedermann liest, und zwar mit größter Aufmerksamkeit. In *nirguna* wird man fortwährend abgelenkt. Nicht aber in *saguna-bhakti*. Hier gibt es *arati* und *puja* (ritueller Gottesdienst), Nächstenliebe und Dienst an den Mitmenschen. Hier gibt es Arbeit für die Sinne. Hast du erst deine Sinne beschäftigt, kannst du ruhig zu deinem Herzen sagen: "Nun magst du gehen, wohin du willst!" Doch wird dein Herz nirgendwo hingehen. Es bleibt dann gern, wo es ist. Unbewußt hat es sich auf einen Punkt konzentriert. Doch wolltest du bewußt versuchen, es an einen Ort zu binden, so würde es weglaufen und entwischen. Beschäftige deine Sinne mit edlen und schönen Aufgaben und gib dann deinem Herzen die Freiheit zu wandern, es würde vorziehen zu bleiben. Öffne ihm weit die Tür, so wird es sagen: "Ich werde bleiben, wo ich bin." Doch wenn du ihm befiehlst, still zu halten, so wird es sagen: "Ich gehe fort von hier."

Weil der Mensch einen Körper hat, ist *saguna* leichter und besser für ihn als *nirguna*. Die Kunst, zu handeln und davon frei zu bleiben, ist dem Handeln durch Nichthandeln vorzuziehen, weil es leichter ist. Bei Karma-Yoga ist es möglich, sich zu bemühen und zu üben. Durch Karma-Yoga kann man lernen, die Sinne zu beherrschen und nach und nach Geist und Gemüt von allem Tun loszulösen. Und wenn diese Methode heute keinen Erfolg hat, so muß sie doch eines Tages Erfolg zeigen. Leichtigkeit in der Ausübung unterscheidet Karma-Yoga von Sannyasa, doch im Zustand der Vollkommenheit sind beide gleich. Vollkommenes Sannyasa und vollkommener Karma-Yoga sind sich beide gleich. Obwohl verschieden im Namen und als zwei erscheinend, sind sie doch im Grunde dasselbe. Bei dem einen tanzt äußerlich der Dämon der Geschäftigkeit, während innen Friede herrscht. In dem anderen gibt es Kraft, die drei Welten zu erschüttern, — obwohl nichts getan wird. In beiden Fällen trügt der Anschein. Vollkommener Karma-Yoga ist Sannyasa. Vollkommenes Sannyasa ist Karma-Yoga. Es gibt keinen Unterschied, doch für den Suchenden ist Karma-Yoga leichter. In vollkommenem Zustand sind beide eins.

Changadev sandte an Jnanadev einen Brief. Es war nur ein Stück leeres Papier. Jnanadev war jünger als Changadev, darum konnte er nicht respektvoll mit *"pujya..."* beginnen. Er konnte auch nicht mit dem Segen *"chiranjivi..."* anfangen, weil Jnanadev an Weisheit überlegen war. Er konnte sich nicht entscheiden, wie er den Brief beginnen sollte. Darum schickte Changadev einfach das leere Papier ab. Es gelangte zuerst in Nivrittinaths Hände. Er las es und gab es an Jnanadev weiter. Auch Jnanadev las es und gab es Muktabai. Muktabai las es und sagte: "Changadev ist so groß geworden, doch er ist noch immer *kora*, leer und hohl." Nivrittinath las eine andere Bedeutung darin. Er sagte: "Changadev ist *kora*, rein. Er ist makellos und ohne Schuld und verdient es, belehrt zu werden." Er bat Jnanadev, diesen Brief zu beantworten. Jnanadev sandte ihm einen Brief von 65 ovis (Marathi Strophen). Er ist noch immer als "Changadev 65" bekannt. Das ist die entzückende Geschichte dieses Briefes. Es ist leicht zu lesen, was geschrieben steht, doch sehr schwer zu lesen, was nicht geschrieben steht, denn man wird nie fertig mit Lesen. Gleicherwieise ist der Sannyasin, obwohl er hohl und leer erscheint, doch voll grenzenlosen Tuns.

In ihrem vollkommenen Zustand sind Sannyasa und Karma-Yoga gleichwertig. Aber der praktische Wert von Karma-Yoga ist größer.

Eine Banknote über 50 Rupien und eine 50-Rupien-Goldmünze sind gleichviel wert. Sie sind gleichwertig, solange die Regierung stabil ist, gibt es aber eine neue Regierung, so ist die Banknote praktisch nichts mehr wert, doch kannst du sicher etwas für den Wert der Goldmünze erhalten, denn sie ist schließlich aus Gold. Zuguterletzt sind der Verzicht auf Handeln und der Yoga des Handelns gleichwertig, weil in beiden dieselbe Erkenntnis enthalten ist, und ihr Wert ist unendlich. Es ist gleichgültig, was du der Unendlichkeit hinzufügst, der Wert bleibt doch unendlich. Dies ist eine grundsätzliche Regel der Mathematik. Wenn der Yoga des Handelns (Karma-Yoga) und der Verzicht auf das Handeln (*karma-tyaga*) der vollkommenen und unendlichen Erkenntnis (*jnana*) hinzugefügt werden, werden sie gleichwertig. Doch wenn du auf beiden Seiten *jnana*, Erkenntnis, wegnimmst, ist Karma-Yoga dem *sadhaka*, dem Suchenden, wertvoller als *karma-tyaga*, Verzicht auf das Handeln. Nur wenn wir solides, reines *jnana* beiden hinzufügen, werden beide gleichwertig. Wenn das Ziel erreicht worden ist, sind *jnana* + *karma* = *jnana* + *akarma*. Wie man durch Nichtstun handelt, kann der *sadhaka* (Suchende) überhaupt nicht verstehen. Doch Nichthandeln im Handeln ist ihm verständlich. Karma-Yoga findet man sowohl auf dem Weg als auch am Ziel, während Sannyasa nur am Ziel und nicht auf dem Weg zu finden ist. In der Terminologie der Heiligen Schriften ist Karma-Yoga sowohl der Weg als auch das Ziel, *sadhana* und *nishtha*. Sannyasa ist nur das Ziel (*nishtha*), und *nishtha* bedeutet: der Endzustand.

6. KAPITEL

Auslöschen der Impulse des Wahrnehmungs- und Denkvermögens (*chitta*)

(25) DAS VERLANGEN NACH SELBSTENTFALTUNG

Im 5.Kapitel konnten wir mit Hilfe der Phantasie und durch ernstes Forschen erfahren, wie hoch der Mensch sich erheben kann. Durch das Zusammenwirken von *karma*, *vikarma* und *akarma* entsteht das vollkommene *sadhana*, der vollkommene Pfad. *Karma*, das Handeln, ist stofflich. In all unserem als *svadharma* ausgeführten Handeln bedarf es der Mitwirkung der Gemütskräfte. Das Bemühen um die Veredlung des Gemüts ist *vikarma*, ein besonderes und verfeinertes *karma*. *Karma* und *vikarma* sind beide nötig, und indem wir beide unausgesetzt ausüben, bereiten wir den Weg für *akarma*. Im letzten Kapitel sahen wir, wie in diesem Stadium *karma* und *sannyasa* einander gleich werden. Jetzt, am Anfang des 6.Kapitels, sagt der Herr erneut, daß sich Karma-Yoga und Sannyasa tatsächlich gleich sind, obwohl sie an ihrem Ausgangspunkt verschieden erscheinen. Der Unterschied besteht nur in der Betrachtungsweise. Es ist das Ziel der späteren Kapitel, den Pfad zu entdecken, auf dem der im 5.Kapitel beschriebene Zustand erreicht werden kann.

Viele Menschen stellen sich irrtümlich vor, geistige Erkenntnis und Bücher wie die Gita seien nur für Asketen da. Wenn jemand sagt: "Ich bin kein Asket", will er damit sagen, daß Asketen eine besondere Gattung bilden wie Pferde, Löwen, Bären und Kühe, zu der er selber nicht gehört, und daß die Suche nach geistiger Erkenntnis nur für jene Gattung gedacht ist. Es ist, als ob all diejenigen, die in der normalen alltäglichen Welt leben, zu einer anderen Gattung gehören mit anderen Gedanken und anderen Gewohnheiten. Diese Auffassung hat die Menschheit in zwei Arten von Wesen geteilt, in Asketen und weltliche Menschen. Lokamanya Tilak hat uns in seinem Buch "Gita-Rahasya" ("Geheimnis der Gita") darauf aufmerksam gemacht. Ich teile seine Ansicht von ganzem Herzen, daß die Gita eine Schrift ist, die für gewöhnliche weltliche Menschen gedacht ist. Die Bhagavad Gita ist für die ganze Welt bestimmt. Alle geistigen Übungen sind für jedermann in der Welt. *Paramartha*, die höhere Erkenntnis, lehrt uns, wie man inneres Gleichgewicht und seelischen Frieden erlangt, indem man ein reines Leben lebt. Die Gita ist dazu da, uns zu lehren, wie wir unser Leben rein halten können. Sie hilft dir überall, wo du auch immer tätig bist. Doch sie ist damit nicht zufrieden. Sie nimmt dich bei der Hand und führt dich bis zum Ziel. Kennen wir da nicht das berühmte Sprichwort: "Wenn der Berg nicht zu Mohammed kommt, geht Mohammed zum Berg"? Mohammed wünschte, daß seine Botschaft sogar die leblosen Berge erreiche. Weil der Berg leblos ist, erwartet Mohammed nicht, daß er zu ihm komme. Dasselbe trifft auf die Gita zu. Sie geht auch zum niedrigsten, schwächsten, primitivsten Menschen. Aber nicht, um ihn dort zu lassen, wo er ist, sondern um ihn bei der Hand zu nehmen und ihn voranzubringen, um ihn aufwärts zu führen. Die Gita möchte, daß der Mensch sein Handeln reinigt und so den höchsten Zustand erreicht. Zu diesem Zweck wurde die Gita geboren.

Errichte deshalb keinen Zaun um dich, indem du sagst: "Ich bin dumm, ich bin ein gewöhnlicher Mensch, ein weltlicher Mensch." Sage nicht: "Was kann ich denn tun? Mein ganzes Wesen ist in diesem Körper von 1,80 m Länge enthalten." Umgebt euch nicht mit Mauern und Gittern, um dann wie ein Tier zu leben! Seid kühn genug! Habt doch den Mut, vorwärts zu gehen und aufwärts zu steigen!

"Uddharet atmanaatmanam naatmaananavasaadayet."

"Der Mensch soll das Selbst durch das Selbst erhöhen. Er soll sich nicht erniedrigen."

Hab den Mut zu sagen: "Ich werde zweifellos emporsteigen!" Ertöte nicht die Kraft deines Wesens, indem du denkst: "Ich bin ein wertloses weltliches Geschöpf." Beschneide nicht die Flügel deiner Vorstellungskraft. Entfalte deine Phantasiekräfte ins Unendliche. Nimm dir den Chandul zum Vorbild! Wenn er die aufgehende Sonne sieht, sagt er: Ich will bis zur Sonne fliegen. So sollten auch wir sein. Wie kann der arme Chandul jemals die Sonne erreichen, wenn er mit seinen schwachen Flügeln auch noch so hoch fliegt? Doch mit seinen Phantasiekräften kann er sie gewiß erreichen. Wir benehmen uns genau umgekehrt. Wir steigen nicht einmal so hoch auf, wie wir können, sondern verkrampfen unsere Vorstellung und Phantasie und sinken noch tiefer als zuvor. Auch die Kraft, die wir besitzen, verlieren wir durch unsere Verzagtheit. Wenn die Vorstellungskraft verkrüppelt ist, gibt es nichts anderes als zu sinken. Die Vorstellungskraft muß immer aufwärts gerichetet sein. Da der Mensch mit Hilfe der Vorstellungskräfte voranschreitet, dürfen sie nicht eingeengt werden. Jammere nicht: "Bruder, verlasse nicht den ausgetretenen Pfad! Bleibe an deinem Platz in dieser Welt und wandere nicht vergebens umher!" Erniedrige deine Seele nicht! Der Suchende kann nur stetig sein, wenn er weitgespannte Vorstellungskraft und Selbstvertrauen hat. Nur dadurch kann er Befreiung erlangen. Gib die Vorstellung auf, *dharma* (Religion) sei nur für Sadhus und Sannyasins, und gehe nicht zu Mönchen und Einsiedlern, nur um eine Bescheinigung von ihnen zu holen, daß du deiner Lage entsprechend das Bestmögliche tust. Lege dir nicht Fesseln an, indem du solche selbstzersetzenden Gedanken hegst. Ohne hochgreifende Erwartungen kannst du nicht einen Schritt vorwärtskommen.

Wenn diese Vision, diese Erwartung, dieses edle Vertrauen vorhanden sind, ist es nötig, die Mittel zu ändern und anzupassen, sonst fällt alles in sich zusammen. Um das äußere Bemühen zu unterstützen, wurde das innere Bemühen, *vikarma*, genannt. Um das *karma* zu unterstützen, ist ununterbrochenes *vikarma* vonnöten. Im 5.Kapitel sahen wir, wie mit Hilfe dieser beiden der göttliche Zustand von *akarma* und seine Variationen erreicht wurden. Vom 6.Kapitel an werden die verschiedenen Formen von *vikarma* beschrieben. Das Mittel inneren Wachstums (*sadhana*) wird erklärt. Doch vor dem Erläutern dieses inneren *sadhana* sagt die Gita: "Bruder Seele, du kannst selbst Gott gleich werden. Halte an dieser göttlichen Hoffnung fest! Befreie Verstand und Gemüt und stärke ihre Flügel!" Es :ibt viele verschiedene Arten von *sadhana* und *vikarma*, so Bhakti-Yoga (Yoga der Hingabe), *dhyana* (Meditation), *jnana-vijnana* (Erkenntnis und Wissen), *guna-vikasa* (Entwicklung der Persönlichkeit) und *atma-anatma* (Unterscheiden zwischen Selbst und Nichtselbst) und andere.

Im 6.Kapitel wird das *sadhana* des Dhyana-Yoga (Weg der Meditation) beschrieben.

(26) VOLLE KONZENTRATION DES WAHRNEHMUNGS- UND DENKVERMÖGENS (CHITTA)

Im Dhyana-Yoga (dem Weg der Meditation) gibt es drei wichtige Aspekte: 1. volle Konzentration des Wahrnehmungsvermögens. 2. die zur Erlangung dieser Konzentration von *chitta* notwendige Mäßigung im Leben. 3. den Zustand der Ausgeglichenheit oder das Ebenmaß der Vision. Ohne diese drei Aspekte gibt es kein wirkliches *sadhana*. Konzentration des Wahrnehmungsvermögens (*chitta*) bedeutet Bändigen der Bewegungen in *chitta*. Mäßigung im Leben bedeutet Handeln nach reiflicher Überlegung. Ebenmaß der Vision bedeutet, den Adel universalen Denkens zu haben. Aus diesen drei zusammen entsteht Dhyana-Yoga. Um diese drei zu erlangen, braucht man die Hilfe von *abhyasa* (Übung) und *vairagya* (Entsagung). Wir wollen nun diese fünf betrachten.

Zuerst wollen wir die Konzentration des Wahrnehmungsvermögens (*chitta*) vornehmen. Bei allem, was man tut, ist die Konzentration von *chitta* notwendig. Auch in weltlichen Dingen ist solche Konzentration erforderlich. Die Eigenschaften (*guna*), die man in weltlichen Geschäften braucht, sind nicht verschieden von denjenigen, die auf geistigem Gebiet erforderlich sind. Das Bemühen, weltliche Tätigkeit zu reinigen, ist schon geistiges Bemühen. Wo man auch tätig ist, in Handwerk, Handel, Forschung, Politik oder Diplomatie, hängen Erfolg oder Mißerfolg von der darauf verwendeten Konzentration ab. Man sagt von Napoleon, daß er sich mitten auf dem Schlachtfeld, sobald er die Schlachtordnung organisiert hatte, mit mathematischen Problemen befaßte. Mitten im Kugelregen, zwischen sterbenden Soldaten versenkte sich Napoleon ganz in seine Mathematik. Ich will damit nicht sagen, daß Napoleons Konzentration besonders groß war. Man könnte Beispiele höherer Konzèntration anführen, doch wollte ich euch seine Konzentration zeigen. Auch vom Kalifen Omar erzählt man sich eine ähnliche Geschichte. Mitten in der Schlacht, wenn es Zeit war für *namaz*, sammelte er seine Gedanken und begann, auf dem Schlachtfeld kniend zu beten. Seine Konzentration war so stark, daß er nicht einmal wußte, wessen Männer niedergemäht wurden. Nur durch eine solche Hingabe an Gott, durch eine derartige Konzentration der frühen Moslems, konnte sich die Religion des Islam ausbreiten.

Neulich hörte ich folgende Geschichte: Einem Fakir drang ein Pfeil in den Körper. Der Schmerz war unerträglich, doch bei jedem Versuch, den Pfeil herauszuziehen, wurde der Schmerz noch schlimmer. Damals kannte man noch kein Chloroform oder andere Betäubungsmittel. Es war eine schwierige Situation. Einige Menschen, die ihn kannten, traten vor und sagten: "Versucht jetzt nicht, ihm den Pfeil herauszuziehen. Wenn er sich setzt, um das Gebet zu sprechen, werden wir den Pfeil herausziehen." Es wurde Zeit für das Abendgebet. Der Fakir begann mit der Rezitation des *namaz*. Binnen kurzem war sein *chitta* derart konzentriert, daß er gar nicht merkte, wie der Pfeil herausgezogen wurde. Da seht ihr die Kraft der Konzentration!

Damit soll gesagt werden: ob in weltlichen oder geistigen Dingen, Erfolg ist schwerlich zu erringen ohne Konzentration von *chitta*. Wenn wir *chitta* konzentrieren, wird es uns nie an Fähigkeit mangeln. Auch wenn du ein 60 Jahre alter Mann bist, wirst du die Begeisterung und Energie eines Jugendlichen haben. Mit dem Älterwerden sollte eigentlich der Verstand klarer werden. Schaut euch eine Frucht an! Zuerst ist sie grün, dann reift sie, verfault und verwest schließlich gänzlich, doch der Same in ihrem Innern wird immer stärker. Der äußere Körper wird dahinwelken und herabfallen, doch ist er nicht der wesentliche Teil der Frucht. Ihr wichtiger Teil, ihre Seele, ist der Same. So ist es auch mit unserem Körper. Es macht nichts, wenn der Körper älter wird, doch sollte die Gedächtniskraft zunehmen und der Verstand immer klarer werden. Aber das trifft nicht zu. Der Mensch sagt: "Mein Gedächtnis hat nachgelassen." Warum? "Ich werde älter." Deine Weisheit, dein Wissen und Gedächtnis sind dein Same. So wie der Körper mit dem Alter gebrechlicher wird, so sollte die Seele entsprechend stärker werden. Doch dafür ist Konzentration erforderlich.

(27) WIE ERLANGT MAN KONZENTRATION?

Konzentration ist natürlich nötig, aber wie kommt man zu ihr? Was sollte man tun, um sie zu erlangen? Der Göttliche sagt: Man solle Verstand und Gemüt im Selbst verankern und "an nichts anderes denken" (*na kinchidapi chintayet*).

Aber wie ist das möglich? Verstand und Gemüt vollkommen zur Ruhe zu bringen, ist eine große Aufgabe. Solange man nicht mit Gewalt das sich drehende Rad der Gedanken anhält, kann man keine Konzentration erlangen. Auch wenn das äußere Rad irgendwie zum Stehen gebracht wird, wird sich das innere immer weiter drehen. Je mehr äußere Mittel wir anwenden, um *chitta* zu konzentrieren, umso schneller dreht sich das innere Rad. Du magst deine Beine überkreuzen, aufrecht sitzen und deinen Blick auf einem Punkt ruhen lassen, so führt dies doch nicht zur Konzentration deines Bewußtseins. Das wichtigste ist, ein Mittel zum Anhalten der Räder des Bewußtseins zu finden.

Tatsächlich ist Konzentration unmöglich, solange wir nicht das grenzenlose *samsara* (die sichtbare Welt), das unser Bewußtsein überflutet, in Grenzen halten. Wir sollten nicht, wie wir es jetzt tun, die unbegrenzte Erkenntniskraft der Seele für triviale äußere Objekte einsetzen. So wie der Mensch, der nicht durch Berauben anderer, sondern durch schwere

Arbeit zu Wohlstand kam, sein Geld nicht verschleudern würde, so sollten auch wir unsere Erkenntniskraft nicht in Gedanken an triviale Dinge verschwenden. Diese Erkenntniskraft ist ein unbezahlbarer Schatz, und doch verschwenden wir sie für gemeine, nichtige Dinge. "Dieses Gemüse ist nicht gar gekocht, es braucht mehr Salz." Was liegt daran, wenn ihm eine Prise Salz fehlt, Bruder? Über eine so geringfügige Sache wird soviel Erkenntniskraft verschleudert! Wir unterrichten die Kinder in den vier Wänden des Klassenzimmers, weil wir meinen, daß sie draußen, unter den Bäumen, durch die Krähen und Spatzen zu sehr abgelenkt würden und sich nicht auf den Stoff konzentrieren könnten. Es sind ja noch Kinder. Solange sie die Vögel nicht sehen, können sie sich konzentrieren. Wir aber sind groß geworden wie Pferde und haben sogar Hörner bekommen. Darum ist für uns absolute Konzentration unmöglich, selbst wenn wir in einer Stadt mit sieben Mauern eingeschlossen wären, denn wir fahren fort, all die trivialen kleinen Angelegenheiten der Welt zu besprechen. Wir sind damit zufrieden, die Gedankenkraft, die uns zu Gott führen könnte, in Gesprächen über den Geschmack des Gemüses zu verschleudern.

Dieses gefürchtete *samsara* wütet Tag und Nacht um uns her, innen und außen. Sogar wenn wir beten und singen, tun wir es zum äußeren Nutzen. Wir sind nicht gewillt, *samsara* auch nur für einen Augenblick zu vergessen, um uns in Gott zu versenken. Selbst das Gebet ist ein äußerliches Gehabe. In diesem Zustand sind Positur und geschlossene Augen umsonst. Weil sich seine Aufmerksamkeit dauernd nach außen richtet, ist des Menschen Stärke dahin. In ihm ist keinerlei Disziplin oder Selbstkontrolle. Wir sehen es auf Schritt und Tritt in unserem Land. In Wirklichkeit ist Indien ein Hort geistiger Erkenntnis. Schon immer glaubte man von unserem Volk, daß es fähig sei, in die höheren Regionen aufzusteigen. Doch was ist dein und mein Zustand in einem solchen Land? Es ist schmerzlich zu sehen, mit wieviel Anteilnahme all die kleinen Angelegenheiten besprochen und immer erneut diskutiert werden. Unser Wahrnehmungsvermögen (*chitta*) ertrinkt in lauter Bagatellen.

"Heilige Geschichten schläfern uns ein,
Sorge hält uns im Bett wach,
Dunkel ist der Weg des Karmas.
Was nützt es zu weinen?"

Wenn wir die Erzählung heiliger Geschichten anhören wollen, befällt uns der Schlaf, und wenn wir uns schlafen legen, befallen uns Sorgen, und das Rad der Gedanken setzt sich in Bewegung. Auf der einen Seite haben wir Leere, auf der anderen Seite Zerstreuung. Nirgends sehen wir wahre Konzentration. So sehr ist der Mensch ein Sklave seiner Sinne! Einst fragte jemand: "Warum heißt es, die Augen sollen halb geöffnet sein?" Ich erwiderte: "Die Antwort ist leicht. Wenn du die Augen ganz zumachst, schläfst du ein. Wenn du sie ganz offen hast, wendet sich der Blick in alle Richtungen und verhindert so die Konzentration. Der Schlaf, der über die geschlossenen Augen kommt, ist *tamas*. Das Umherschweifen der geöffneten Augen ist *rajas*. Darum wird der Zwischenzustand verschrieben."

Es bedeutet, daß keine Konzentration möglich ist, bis sich unser Gemütszustand geändert hat. Der Zustand von Verstand und Gemüt muß rein sein, und das kann nicht allein durch aufrechte Haltung erreicht werden. Dafür muß unser gesamtes Handeln rein sein. Zur Reinigung des Handelns müssen die Motive transformiert werden. Handeln sollte nicht zum persönlichen Vorteil, noch zur Befriedigung von Instinkten oder um äußerer Objekte willen durchgeführt werden.

Den ganzen Tag sind wir tätig. Was ist der Zweck dieses Schaffens?

> "Es ist Zweck all meiner Mühen,
> meinen letzten Tag schön zu machen."

Alles Herumlaufen, dieses endlose Mühen und Plagen,—dient es nicht dazu, unseren letzten Lebenstag glücklich zu machen? Wofür kämpfen wir uns durch all die bitteren Leiden unseres Lebens? Um den letzten Augenblick, den Augenblick des Todes zu heiligen. Der Abend kommt am Ende des Tages. Wenn wir alle Tagesarbeit mit reinem Herzen getan haben, so wird das Abendgebet süß sein. Wenn der letzte Augenblick des Tages süß ist, hat das Tagewerk seinen Lohn gefunden. Dann wird für Verstand und Gemüt die Konzentration möglich sein.

Zur Konzentration ist solche Reinheit des Lebens erforderlich. Gedanken an äußere Objekte müssen vermieden werden. Das Menschenleben ist nicht lang, doch ist es möglich, sogar in dieser kurzen Spanne die Seligkeit Gottes zu erfahren. Zwei Menschen scheinen in der gleichen Form gegossen—zwei Augen, dazwischen eine Nase mit zwei Nasenlöchern. Auf diese Weise sind sich die beiden Menschen ähnlich, und doch ist der eine wie ein Gott und der andere wie ein Tier. Und warum? Beide sind Kinder desselben Gottes—alles Töpfe aus demselben Ton.

Warum dann dieser Unterschied? Man kann kaum glauben, daß sie zur selben Art gehören. Während der eine ein Gott in Menschengestalt ist, ist der andere ein Affe.

Es gab schon immer Menschen und gibt sie auch unter uns, die uns zeigen können, zu welchen Höhen sich der Mensch erheben kann. Es ist dies Übungssache. Schon zu allen Zeiten gab es Heilige, die uns zeigten, welche Kraft im menschlichen Körper verborgen ist. Wenn Menschen, solange sie im Körper leben, solche Wunder vollbringen können, warum kann ich das nicht auch? Warum sollte ich meine Vorstellungskraft begrenzen? Ich habe denselben menschlichen Körper, mit dem andere zu Helden der Menschheit wurden. Warum befinde ich mich dann in dieser mißlichen Lage? Ich mache irgendetwas falsch. Mein Wahrnehmungsvermögen (*chitta*) irrt stets umher. Es ist eifrig dabei, die guten und schlechten Eigenschaften anderer zu begutachten. Warum muß ich mich um die guten und schlechten Eigenschaften anderer kümmern?

"Warum auf das Gute und Böse in anderen schauen?
Habe ich etwa selbst weniger Fehler?"

Wenn ich dauernd damit beschäftigt bin, die winzig kleinen Dinge in anderen zu sehen, wie kann ich dann Konzentration meines Wahrnehmungsvermögens erlangen? Unter diesen Umständen gibt es für mich nur zwei Möglichkeiten: ich befinde mich in einem Zustand der Leere, d.h. im Schlafzustand oder in einem Zustand der Zerstreuung. Ich bin in *tamas* oder *rajas* gefangen. Gott gab uns keine Anweisungen, wie wir sitzen, wie wir die Augen schließen und welche Haltung wir einnehmen müssen, um die volle Konzentration unseres Wahrnehmungsvermögens zu erlangen. Doch all das wird uns von Nutzen sein, wenn wir erst einmal überzeugt sind von der Notwendigkeit dieser Konzentration von *chitta*. Wenn der Mensch erst einmal von der Notwendigkeit der Konzentration überzeugt ist, wird er selbst die Mittel und den Weg (*sadhana* und *marg*) zu deren Erlangung suchen.

(28) MÄSSIGUNG IM LEBEN

Eine weitere Hilfe zur Konzentration ist Mäßigung im Leben. All unsere Handlungen sollten sorgfältig abgewogen sein. Genauigkeit, das Geheimnis der Mathematik, sollte in all unserem Handeln angetroffen werden. So wie wir jede Dosis Medizin abmessen, bevor wir sie einnehmen, so sollten auch Schlaf und Essen bemessen werden. In allen Dingen sollte man Maß halten. All unsere Sinne sollten streng bewacht werden. Man sollte ununterbrochen und sorgfältig überwachen, daß man nicht zu lange schläft oder zu viel ißt oder gar nach zu vielen Dingen ausschaut. Ein Mann sagte einmal von einem anderen: "Wenn er einen Raum betritt, merkt er sich in einer einzigen Minute sofort, was darin steht und wo." Ich sagte bei mir: "O mein Gott, möge ich nie diese Fähigkeit haben!" Bin ich denn sein Sekretär, daß ich mir eine Liste von 50 oder mehr Gegenständen Inventar seines Besitzes merken soll? Oder will ich auf Diebstahl gehen? Was geht es mich an, wo er seine Uhr und seine Seife aufbewahrt? Was nützt mich diese Kenntnis? Wir müssen aufhören, unsere Augen solchermaßen sinnlos umherschweifen zu lassen. Auch unsere Ohren sollten wir bewachen. Manche Leute meinen, es wäre herrlich, Ohren wie ein Hund zu haben, dann könnte man sie flink nach jeder gewünschten Richtung bewegen. Gott gab dem Menschen Ohren mit diesem Defekt. Denn wir brauchen nicht diese unnütze Beweglichkeit. Das Wahrnehmungsvermögen ist sowieso viel zu beschäftigt. Das leiseste Geräusch und die geringste Störung erregen unsere Aufmerksamkeit. Darum sage ich, bringt Ordnung und Mäßigung in euer Leben. Wir wollen nicht nach Schlechtem schauen und keine schlechten Bücher lesen. Wir wollen dem Lob oder der Verleumdung anderer nicht lauschen. Wir wollen uns vom Schlechten abwenden, doch auch den unschuldigen Dingen nicht unmäßig frönen. Gier jeder Art sollte vermieden werden. Selbstverständlich sollte man auf Wein, Pakoras oder Rasagullas (Backwerk und Süßigkeiten) verzichten. Aber auch Bananen oder Orangen sollte man nicht zu viel essen. Obst ist ja gesunde, reine Nahrung, aber auch damit sollte man sich nicht vollstopfen. Der Meister im Innern sollte Unmäßigkeit der Zunge nicht dulden. Die Sinne sollten erkennen, daß das innere Wesen sie gewiß bestrafen wird, wenn sie sich undiszipliniert aufführen. Unter diszipliniertem Verhalten versteht man Mäßigung im Leben.

(29) FRÖHLICHES WESEN

Das Dritte ist Ausgeglichenheit, was soviel heißt wie fröhliches Wesen. Ohne dieses kann sich *chitta* nicht konzentrieren. Der Löwe ist ein mächtiger König des Urwalds, und doch macht er keine vier Schritte vorwärts, ohne sich umzuschauen. Wie wäre dem Löwen, der von Gewalt lebt, jemals Konzentration möglich? Die Augen des Löwen, des Raben und der Katze schweifen beständig umher. Ihr Blick ist voll von Furcht und Mißtrauen. So geht es allen gewalttätigen Wesen. Man muß Ausgeglichenheit entwickeln. Die ganze Schöpfung sollte uns glückverheißend erscheinen. Ich sollte allen Geschöpfen vertrauen, so wie ich mir selbst vertraue. Was gibt es da zu fürchten? Alles ist rein, alles ist heilig.

Visuam tat bhadram yadavanti devaah.

Diese Welt ist voll Glückseligkeit, weil Gott sie behütet.

Wie Browning sagt:

"Gott ist im Himmel,
Die Welt ist in Ordnung!"

Nichts ist verkehrt in dieser Welt. Wenn aber etwas verkehrt ist, dann nur in meiner Einstellung, in meinem Wesen. So wie meine Einstellung ist, so ist auch die Welt. Wenn ich eine rote Brille trage, erscheint auch die ganze Welt rot und so, als stände sie in Flammen.

Als Ramdas sein Ramayana schrieb, las er es seinen Schülern vor. Unbemerkt war auch Hanuman gekommen und saß unter ihnen, um zuzuhören. Samarth Ramdas hatte geschrieben: "Hanuman kam zu der Ashoka-Höhle und sah dort die weißen Blumen." Als Hanuman das hörte, machte er sich plötzlich sichtbar und sagte: "Ich sah keine weißen Blumen. Die Blumen, die ich sah, waren rot. Was du da geschrieben hast, ist falsch. Berichtige es!" Samarth antwortete: "Ich habe es richtig geschrieben. Die Blumen, die du sahst, waren weiß." Hanuman erwiderte: "Ich war es doch, der dahin ging. Würde ich lügen?" Der Disput wurde schließlich vor Sri Ramachandra gebracht. "Die Blumen waren natürlich weiß", sagte er, "doch Hanumans Augen waren rot vor Zorn, und so sah für ihn das reine Weiß der Blumen rot aus." Der Kern dieser charmanten Geschichte ist, daß das, was die Welt für uns zu sein scheint, von der Art und Weise abhängt, wie wir sie betrachten.

Solange wir nicht davon überzeugt sind, daß die ganze Schöpfung voller Freude ist, können wir unser Wahrnehmungs- und Denkvermögen (*chitta*) nicht konzentrieren. Solange ich meine, es sei etwas verkehrt mit der Welt, betrachte ich alles mit Furcht und Argwohn. Dichter singen von der glücklichen Freiheit der Vögel. Man sollte sie auffordern, doch einmal ein Weilchen ein Vogel zu sein, dann wüßten sie, was die Freiheit eines Vogels wirklich wert ist. Der Hals des Vogels tanzt unentwegt vor und zurück. Fortwährend fürchtet er sich vor anderen Lebewesen. Wenn du deinen Vogel auf den Meditationsteppich setzest,—wird er sich da konzentrieren können? Wenn wir uns ihm nur ein wenig nähern, fliegt er sofort weg aus Angst, wir kämen, um ihn zu töten. Wie können jene, deren Gehirn von der schrecklichen Vorstellung erfüllt ist, alle Welt zerstöre und verschlinge, von Frieden wissen? Solange die Idee, daß ich selbst mein einziger Schutz und alle anderen Angreifer sind, nicht aus meinem Gehirn entweicht, ist Konzentration nicht möglich. Das Bemühen um innere Ausgeglichenheit ist hierfür der beste Weg. Wenn du erst anfängst, überall Glück und Freude zu sehen, wirst du ganz von selbst inneren Frieden erlangen.

Nimm einen Unglücklichen mit an das Ufer eines ruhig fließenden Stromes. Beim Anblick des reinen, friedlich dahinfließenden Wassers wird seine Ruhelosigkeit nachlassen, und er wird sein Leid vergessen. Woher nimmt das fließende Wasser — der Strom — solche Macht? Die gütige Kraft Gottes hat sich darin offenbart. In den Veden finden sich sehr schöne Beschreibungen von Strömen —

"atishthantiinaam anivesanaanaam".

Derart sind diese Flüsse. Der Strom fließt pausenlos. Er hat keinen Ruheplatz, kein Heim. Er ist ein Sannyasin. Solch ein reiner Strom schenkt mir augenblicklich inneren Frieden (Konzentration). Entquillt nicht meinem Herzen beim Anblick eines solchen herrlichen Flusses ein Strom der Liebe und der Erkenntnis?

Wenn schon dieses leblose Wasser da draußen meinem Gemüt solche Ruhe vermitteln kann, um wieviel tiefer wäre der Friede, wenn im Tal meines inneren Wesens der lebendige Strom der Hingabe und der Erkenntnis zu fließen begänne.

Einst wanderte einer meiner Freunde in den Himalayas in Kashmir. Er schickte mir von dort Beschreibungen der heiligen Berge und schönen Flüsse. Ich schrieb ihm in meiner Antwort: "Diese Bäche und Ströme, die heiligen Berge und die herrliche Luft, die dich so erfreuen, kann ich allesamt in meinem Herzen erleben. Ich sehe diese schönen Ansichten beständig in meiner inneren Welt. Darum werde ich diese herrlichen, göttlichen Himalayas in meinem Herzen nicht verlassen und zu dir kommen, obwohl du mich einlädst."

"sthaavaraanaam himaalayah."

"Unter den Bergen bin ich der Himalaya" (sprach der Göttliche).

Hätte ich beim Anhören der Beschreibung der Himalayas, die man als Symbol des Unwandelbaren verehrt, um selbst unwandelbar zu werden, meine Pflichten verlassen, welchen Nutzen hätte man davon?

Damit soll gesagt sein, daß ihr euer *chitta* ein wenig beruhigen sollt. Wenn man die Welt mit freundlichen Augen betrachtet, wird ein immerwährender Strom im Herzen aufbrechen, und göttliche Sterne werden am inneren Firmament des Herzens aufleuchten. Wenn *chitta* durch das Betrachten geheiligter Gegenstände, die aus Stein und Ton gemacht sind, Frieden erlangt, warum sollte dann nicht auch dasselbe beim Betrachten der inneren Welt der Fall sein? Einmal saß ich in Trivandrum am Meeresstrand. Die endlose See, ihr majestätisches Rauschen in den Abendstunden überwältigten mich, und ich saß regungslos da. Mein Freund sandte mir Früchte und ähnliches, um sie dort am Strand zu essen. Doch zu der Stunde schien mir selbst diese reine (*satvik*) Nahrung wie Gift. Das Rauschen "Om, Om" der See erinnerte mich an den Satz aus der Gita: *"maamanusmara yuddhya cha"*, "Gedenke meiner und kämpfe weiter!" Das Meer gedachte unaufhörlich des Herrn und verrichtete zur selben Zeit sein Werk. Eine Welle kam und ging zurück, dann kam eine andere. Die See ruhte sich keinen Augenblick aus. Bei diesem Anblick waren mir Hunger und Durst vergangen. Was hatte es eigentlich auf sich mit dem Meer? Wenn mir der Anblick des Auf- und Niedergehens der salzigen Wogen das Herz höher schlagen ließ, wie würde ich erst vor Freude tanzen, wenn der unergründliche Ozean meines Herzens Wellen der Weisheit und Liebe schlüge! Im Herzen der vedischen Seher gab es solche Meereswogen.

"antah samudre bridi antaraayushi
ghritasya dhaaraa abhichaakasiimi
samudraa uurmir madhumaan udaarat."

Die Kommentatoren kamen in Schwierigkeiten, als sie diese göttliche Sprache erklären wollten. Was sind das für Ströme aus Butter und Honig? Das Meer meines Herzens schlägt Wellen von Milch, von Honig und von Butter.

(30) DAS KIND ALS LEHRER

Lerne dieses Meer des Herzens sehen! Schaue auf zum wolkenlosen blauen Himmel draußen und mache auch das Herz klar und rein! Um die Wahrheit zu sagen: Konzentration des Wahrnehmungsvermögens (*chitta*) ist ein Kinderspiel, etwas sehr Einfaches. Es ist die Zerstreuung von *chitta*, die unnatürlich und künstlich ist. Schaue stetig in die Augen eines kleinen Kindes. Während es dich unverwandt anschaut, hast du ein Dutzend mal geblinkt. Das Kind konzentriert sich leicht. Zeige einem kleinen Kind von vier bis fünf Monaten das satte Grün der Natur draußen. Es wird unverwandt darauf schauen. Die Frauen glauben sogar, wenn das Kind auf all das Grüne draußen schaut, werde selbst sein Stuhlgang grün. Es ist, als ob es all seine Sinne zu Augen mache und damit hinausschaue. Jedes kleine Geschehen macht einen gewaltigen Eindruck auf das Gemüt des Kindes. Erzieher halten die ersten drei bis vier Jahre in der Erziehung des Kindes für den wichtigsten Teil der Erziehung. Gleichgültig, wie viele Universitäten, Oberschulen oder Kulturzentren du errichtest, die Erziehung der ersten Jahre kann man später niemals nachholen. Ich habe selbst mit Erziehung zu tun, und täglich wächst in mir die Überzeugung, daß die Wirkung dieser formalen Erziehung gleich Null ist. Die frühen Eindrücke werden hart wie eine Mauer. Spätere Erziehung ist wie ein äußerlicher Farbanstrich, ein oberflächlicher Überzug. Mit Wasser und Seife kann man den Schmutz vom Körper abwaschen, doch kann man die schwarze Hautfarbe wegwaschen? Ebenso schwierig ist es, die ersten Eindrücke zu entfernen.

Wie kommt es, daß die ersten Eindrücke so stark sind und die späteren schwach? Weil in der Kindheit die Konzentration ganz natürlich ist. Auf Grund dieser starken Konzentration sind die empfangenen Eindrücke unauslöschlich. Von solch großer Bedeutung ist wahre Konzentration. Nichts ist denen unmöglich, die sie erlangt haben.

Heutzutage ist unser ganzes Leben hohl und leer. Unser kindliches Wesen ist uns verloren gegangen. Es gibt keine Fülle, keine wahre Freude mehr im Leben, alles ist ausgetrocknet. Unser Leben verläuft unordentlich und sinnlos. Nicht Darwin sondern wir selbst beweisen es durch unser Handeln, daß der Mensch vom Affen abstammt.

Das kleine Kind ist voll Vertrauen. Die Worte seiner Mutter sind ihm lautere Wahrheit. Es kommt ihm nie in den Sinn, an den Geschichten, die es von der Mutter hört, zu zweifeln. “Die Krähe sagte”, “der Vogel sprach”, — das alles klingt dem Kind wirklich. Auf Grund dieser freundlichen Einstellung kann sich das Kind leicht konzentrieren.

(31) ÜBUNG, ENTSAGUNG UND GLAUBEN (ABHYASA, VAIRAGYA, SHRADDHA)

Daraus ersehen wir, daß für Dhyana-Yoga (Weg der Meditation) Konzentration des Wahrnehmungsvermögens, Ausgeglichenheit des Lebens und eine freundliche, positive Einstellung nötig sind. Außerdem werden noch zwei weitere Mittel erwähnt: Entsagung und Übung. Die erste ist

eine negative, zerstörende Methode, die zweite eine positive und aufbauende. Das Unkraut auf dem Feld ausreißen und wegwerfen ist eine zerstörende Arbeit, — das nennt man *vairagya* (Entsagen). Samen auf den Acker sähen ist aufbauendes Tun. Immer und immer wieder gute Gedanken denken ist *abhyasa*, Übung. *Vairagya* ist negative und *abhyasa* positive Handlung. Wie kann man *vairagya* erlangen? Wir sagen, die Mangofrucht sei süß. Doch ist diese Süße nur in der Frucht? Nein, sie ist nicht allein in der Frucht. Wir gießen die Süßigkeit unseres Selbstes (unserer Seele) in die Gegenstände, und dann schmecken diese süß. Lernt darum, die innere Süßigkeit zu schmecken. Die Süßigkeit äußerer Dinge liegt nicht nur in diesen selbst, sondern die Süßigkeit alles Süßen, *"rasaanaam rasathamah"*, das Meer des Süßen ist das Selbst in mir, aus dem alle süßen Dinge ihren süßen Geschmack erhalten. Wenn man sich diese Vorstellung immer vor Augen hält, dann füllt sich das ganze Wesen mit *vairagya*. Mutter Sita schenkte Hanuman ein Perlenhalsband als Belohung. Hanuman zerbiß die Perlen, untersuchte sie und warf sie weg. In keiner von ihnen konnte er Rama finden. Rama war in seinem Herzen. Für diese selben Perlen geben die Leute Tausende von Rupien aus.
Mit der Beschreibung des Dhyana-Yoga hat uns der Herr gleich am Anfang eine bedeutende Lehre erteilt, daß nämlich der Mensch den festen Entschluß fassen soll: "Ich muß mich selbst erretten. Ich werde vorwärts kommen. Ich werde weit emporsteigen. Ich werde nicht hilflos in diesem menschlichen Körper liegen bleiben. Ich habe den Mut, mich Gott zu nähern, und werde mich entsprechend anstrengen."
Arjuna kamen Zweifel, als er diesen Worten lauschte. Er sagte: "Meine Tage sind gezählt, o Göttlicher Herr. Was nützt all dies *sadhana*, diese Bemühung, wenn ich in wenigen Tagen sterbe? Der Göttliche antwortete: "Der Tod ist nur ein langer Schlaf. Täglich nach getaner Arbeit schlafen wir sieben oder acht Stunden. Fürchtet sich denn jemand vor diesem Schlaf? Wir sind nur beunruhigt, wenn wir nicht schlafen können. So wie der Schlaf ist auch der Tod notwendig. So wie wir vom Schlaf erwachen und mit unserer Arbeit weitermachen, wird uns auch unser früheres *sadhana* nach dem Tode nützlich sein.
Jnanadev schrieb in seinem Jnanesvari einige Verse in diesem Zusammenhang, die den Zustand seiner Seele zu beschreiben scheinen. "In der Kindheit war er für alle Erkenntnis auserkoren, alles Wissen erklang von selbst aus seinem Munde." Diese Zeilen zeigen uns, wie uns das *abhyasa* (Übung) der früheren Geburt vorwärts zieht. Einige Menschen werden

überhaupt nicht von Sinnesobjekten angezogen. Sie wissen gar nicht, was *moha*, Verblendung, ist. Denn sie haben in ihrem früheren Leben ihr *sadhana*, ihre Vorbereitung, vollendet. “Wer die gesegnete Straße beschreitet, von dessen Mühen wird keine vergebens sein.” Dieser Glaube wird uns am Ende dieses Kapitels vermittelt. Was unvollkommen ist, soll vollendet werden. Nimm diese Lehre des Herrn freudig an und mache dein Leben fruchtbar!

7. KAPITEL

Prapatti (höchste Hingabe) oder Zuflucht bei Gott

(32) DIE HERRLICHE VISION VON BHAKTI (ANBETENDER HINGABE)

Brüder, als Arjuna dem Problem der Erhaltung seines *svadharma* gegenüberstand, entstand in seinem Gemüt die Illusion von "mein" und "nicht mein", und er versuchte, seinem *svadharma* zu entrinnen. Diese seine sinnlose Illusion wurde im 1.Kapitel gezeigt. Das 2.Kapitel machte es sich zur Aufgabe, diese Illusion zu entfernen. Folgende drei Prinzipien wurden dort aufgeführt: 1. die Seele ist unzerstörbar und alldurchdringend. 2. der Körper ist vergänglich, und 3. man soll niemals das *svadharma* aufgeben. Auch wurde die Technik zur Verwirklichung dieser Prinzipien gelehrt, die Technik des Verzichts auf die Früchte des Handelns. Beim Beschreiben dieses Karma-Yoga ergaben sich drei Dinge: *karma*, *vikarma* und *akarma*. Im 5.Kapitel sahen wir die zwei Arten von *akarma*, die durch das Zusammenwirken von *karma* und *vikarma* entstehen. Im 6.Kapitel begann die Beschreibung verschiedener Arten von *vikarma*. Im 6.Kapitel wurde die Bedeutung wahrer Konzentration für das *sadhana* erklärt.

Heute behandeln wir das 7.Kapitel. In diesem Kapitel öffnet sich uns ein schönes neues Haus von *vikarma*. Wenn man die Gita liest, gewinnt man den Eindruck, im Tempel der Natur zu sein, durch einen großen Wald zu gehen und viele schöne Aussichten zu haben. Im 6.Kapitel sahen wir das Haus der Konzentration. Nun werden wir ein weiteres Haus betreten.

Bevor wir die Türen dieses Hauses öffnen, erklärt uns der Herr das Geheimnis der inneren Natur dieser bestrickenden Welt. Auf dem gleichen Papier und mit demselben Pinsel malt der Künstler vielerlei Bilder. Aus sieben Noten macht ein Sitar-Spieler viele verschiedene *ragas* (Melodien). Mit wenigen Buchstaben des Alphabets drücken wir eine Vielzahl von Gedanken und Gefühlen aus. So ist es auch mit dieser Schöpfung. Es gibt darin unzählige Gegenstände und vielerlei Arten des Seins. Und doch besteht die gesamte innere und äußere Schöpfung aus nur zwei Dingen: dem unteilbaren *atman* und der achtfachen Form der Natur.

Der Zorn des Zornigen, die Liebe des Liebenden, das Stöhnen des Leidenden, die Freude des Glücklichen, die Müdigkeit und Schlaffheit des Müßigen, der Fleiß und die Tatkraft des Arbeitenden, — sie alle sind das Spiel derselben *chaitanya*-Kraft (höchsten Intelligenz). An der Wurzel all dieser sich widersprechenden Eigenschaften ist dieselbe Intelligenz, *chaitanya*. So wie die innere Intelligenz eins ist, so ist auch der äußere Schleier in seiner Natur eins. Aus dem bewußten Geist (*chaitanya atman*) und aus der leblosen Natur (*prakriti*) — aus diesen beiden ist die ganze Schöpfung geboren, so sagt uns der Göttliche zu Beginn.

Wenn überall Geist und Körper, das Geistige und das Stoffliche eins sind, warum ist dann der Mensch in Täuschung gefangen? Warum sieht er Unterschiede? Während uns das Gesicht des Liebenden angenehm erscheint, erfüllt uns der Anblick eines anderen mit Abneigung. Warum werden wir von dem einen angezogen und von dem anderen abgestoßen? Derselbe Bleistift, dasselbe Papier, derselbe Künstler, — und doch enthüllen die verschiedenen Bilder verschiedene Empfindungen. Darin liegt ja gerade das Talent des Künstlers. In den Fingern des Malers und des Sitar-Spielers liegt eine Begabung, zum Lachen und Weinen zu bringen. Die Fähigkeit liegt in ihren Fingern.

Der eine Mensch steht mir nahe, der andere steht mir fern; dies gehört mir, jenes einem anderen. Gedanken dieser Art, die dem Menschen in den Sinn kommen und ihn bei Gelegenheit von seiner Pflicht ablenken, werden durch Täuschung verursacht. Wenn wir dieser Täuschung entgehen wollen, müssen wir das Geheimnis der Zauberkraft verstehen lernen, die in den Fingern des Schöpfers verborgen ist. In der Brihadaaranyaka Upanishad wird die Trommel als Beispiel angeführt. Dieselbe Trommel gibt vielerlei Töne von sich. Einige erschrecken mich, andere veranlassen mich zu tanzen. Wenn ich all diese Empfindungen beherrschen will, muß ich den Trommler fassen. Wenn er erst in unseren Händen ist, sind auch alle Töne in unserer Gewalt. In wenigen Worten sagt der Herr: "Jene, die das Wasser der *maya* überqueren wollen, mögen sich mir anvertrauen."

"Nur die mit ganzer Seele meinen Namen lobpreisen,
werden dem Spiel der *maya* entrinnen. Für sie vertrocknen
die Wasser der *maya* am diesseitigen Ufer."

Was ist denn diese *maya*? Die Kraft Gottes, seine Kunst, die Geschicklichkeit seiner Hände — das nennen wir *maya*. *Maya* ist die Kraft oder Kunst des Schöpfers, der aus *atman* und *prakriti* (Geist und Natur) oder, in der Jain-Terminologie, aus *jiva* und *adjiva* (dem Lebenden und dem Leblosen) diese vielfarbige Welt erschuf. So wie man im Gefängnis aus denselben Körnern Brot backt oder jene Linsensuppe von undefinierbarem Geschmack kocht, so ist auch der unteilbare Geist und der achtgliedrige Leib zu verstehen. Aus diesen erschafft der Herr eine endlose Vielfalt von Dingen, bei deren Betrachtung viele widersprüchliche, gute und schlechte Empfindungen in uns aufsteigen. Wenn wir diese überwinden und wahren Frieden erlangen wollen, müssen wir den Schöpfer all dieser Dinge erfassen und kennenlernen. Erst wenn wir mit ihm vertraut werden, können wir der Täuschung (*moha*), die Unterschiede und Bindungen verursacht, entrinnen.

Im 7.Kapitel wurde uns der Tempel liebender Hingabe (*bhakti*) eröffnet, um uns eine hervorragende Methode, ein vorzügliches *vikarma* zu zeigen, mit dessen Hilfe wir Gott erkennen können. Zur Reinigung des Wahrnehmungsvermögens (*chitta*) werden viele *vikarma* angegeben, wie *yajna* und *dana* (Opfer und Gaben), *japa* und *tapa* (Gebet und Buß), *dhyana* und *dharana* (Meditation und Konzentration). Aber ich würde diese Mittel mit Waschpulver und Seife vergleichen, demgegenüber würde ich *bhakti* als das Wasser bezeichnen. Waschpulver und Seife können zwar reinigen, doch ohne Wasser können sie ihre Funktion nicht erfüllen. Welchen Wert haben sie ohne Wasser? Auch wenn kein Waschpulver und keine Seife da wären sondern nur Wasser, so könnte dieses doch allein reinigen. Wenn wir zusätzlich zum Wasser auch diese Dinge hätten, könnte man sagen

"adhikasya adhikam phalam"

"Mehr als nötig ist das Ergebnis."

Es ist, als ob Zucker in die Milch gekommen wäre. Wenn bei *yajna*, *yaga*, *dhyana* und *tapa* das Herz nicht beteiligt ist, wie kann dann *chitta* gereinigt werden? *Bhakti* ist ganz einfach die Beteiligung des Herzens. *Bhakti* ist bei jeder Art von *sadhana* notwendig. *Bhakti* ist ein Universalmittel. Wenn jemand mit der Ausbildung eines Krankenpflegers ginge, um die Kranken zu pflegen, aber nicht die innere Einstellung (*bhavana*) zum Dienen hätte, — sagt mir, wie könnte dieser wirklich dienen? Wenn auch ein Ochse groß und stark ist, aber den Wagen nicht ziehen will, wird er mit seinem Kopf schütteln, sich hinlegen oder gar den Wagen in einen Graben werfen. Eine Arbeit ohne innere Beteiligung ist kraft- und freudlos.

(33) REINE FREUDE DURCH BHAKTI, HINGABE

Wenn wir von Hingabe erfüllt sind, können wir die Kunst des großen Künstlers, den Pinsel in seiner Hand, erkennen. Haben wir einmal an einer Quelle getrunken und ihre herrliche Frische erfahren, werden uns alle anderen Freuden seicht und fad erscheinen. Jemand, der echte Bananen versucht hat, wird eine bemalte Holzbanane in die Hand nehmen und sagen, sie sei sehr schön. Dann wird er sie wieder weglegen. Nachdem er echte Bananen versucht hat, hat er keine Freude mehr an den künstlichen Bananen. Ebenso wird jemand, der die Süße eines Bergbaches geschmeckt hat, sich nichts mehr aus Rosensirup machen.

Einst sagten die Leute zu einem Weisen: "In der Stadt ist heute großes Lampenfest. Wir wollen hingehen und zuschauen." Der erwiderte: "Was ist denn schon dieses Lichterfest? Eine Lampe, eine zweite, dann eine dritte und so weiter, hunderttausend, eine Million, zehn Millionen, so viele ihr wollt, — und das ist euer Fest!" In einer arithmetischen Reihe wie $1+2+3$ und so fort bis ins Unendliche ist es nicht nötig, die ganze Folge aufzuschreiben, wenn wir den Abstand kennen, der zwischen den verschiedenen Zahlen bestehen soll. So sind auch diese Lampen eine nach der anderen aufgestellt. Was sollte daran so Aufregendes sein? Aber der Mensch liebt diese Art von Vergnügen. Er bringt eine Zitrone, er bringt Zucker und vermischt beides mit Wasser. Dann trinkt er davon und ruft aus: "Was für ein köstliches Getränk!" Was hat die Zunge sonst zu tun, als zu schmecken? Wir mischen alle möglichen Dinge, und das ganze Vergnügen liegt darin, es zu schmecken. Als Junge ging ich einmal ins Kino. Ich nahm mir für den Fall, daß ich müde würde und schlafen wollte, ein Stück Sackleinen mit. Auf der Leinwand sah ich feurige Bilder, die in wenigen Minuten meine Augen ermüdeten. Ich schlief auf meinem Sackleinen ein und bat vorher meinen Nachbarn, mich aufzuwecken, wenn das Stück zu Ende sei. Warum drängen sich die Menschen in den Theatern, um den Tanz dieser feurigen Figuren zu sehen, anstatt abends hinauszugehen an die frische Luft und zum Mond und den Sternen am Himmel aufzuschauen und sich am Frieden der Natur zu erfreuen? Ich konnte das nie verstehen.

Warum ist der Mensch so freudlos? Der arme Kerl hat doch ein wenig Freude beim Ansehen dieser leblosen Figuren. Wenn das Leben ohne Freude ist, suchen sich die Menschen solche künstlichen Freuden. Einst hörte ich Trommelschlag in der Nachbarschaft. Ich fragte, was das zu bedeuten habe, und man sagte mir, ein Knabe sei geboren worden. Ist

es etwas so Besonderes, einen Sohn zu haben, daß du es durch Trommelschlag der Welt verkünden mußt? Ist es nicht kindisch, die Geburt eines Sohnes mit Tanzen, Springen und Singen zu feiern? Es ist, als ob die Welt an Freude Hunger leide. Wie in einer Hungersnot die Menschen beim Anblick von Getreidekörnern fast verrückt werden, so machen die nach Freude hungernden und dürstenden Menschen ein großes Getue, wenn ein Kind geboren ist oder ein Kino oder Zirkus kommt.
Ist das wahre Freude? Musikwellen dringen in die Ohren ein und versetzen dem Gehirn einen Stoß. Formen dringen in die Augen ein und rütteln an dem Gehirn. Für diese armen Leute besteht die Freude aus solchen Stößen. Während der eine Tabakpulver in die Nase stopft, rollt es ein anderer zu einer Zigarre und nimmt es in den Mund. Wenn sie dann die Wirkung des Schnupftabaks oder des Rauchs spüren, ist ihnen, als hätten sie eine Wagenladung voll Freude. Ihre Freude kennt keine Grenze, wenn sie einen Zigarettenrest finden. Tolstoi schreibt: "Unter dem Einfluß von Zigaretten kann jemand sogar einen Mord begehen." Es ist eine Art von Berauschung.
Warum verliert sich der Mensch in solchen Vergnügungen? Weil er nicht weiß, was wahre Freude ist. Der Mensch wird durch Schatten betört. Nur durch die fünf Sinne schafft er sich Freuden. Wenn er den Gesichtssinn nicht hätte, würde er meinen, die Welt biete nur vier Arten von Sinnenfreuden. Wenn morgen ein Marsmensch mit sechs Sinnen auftauchte, wären die armen Erdbewohner mit nur fünf Sinnen unglücklich und würden kummervoll ausrufen: "Wie armselig sind wir, verglichen mit ihm!"
Wie kann die volle Bedeutung der Schöpfung durch diese fünf Sinne erfaßt werden? Selbst unter diesen fünf Arten von Sinnenfreuden wählt sich der Mensch nur einige aus und verliert sich darin. Wenn des Esels Schrei das Ohr des Menschen erreicht, sagt er: "Woher kam dieses unangenehme Geräusch?" Doch ist dein Anblick dem Esel nicht auch unangenehm? Angenommen, der Schrei des Esels ist tatsächlich unangenehm und tut dir weh, — bist du selbst niemals anderen ein Ärgernis? Wenn es dich schmerzt, tust du niemals anderen weh? Als ich am College von Baroda studierte, besuchten einige berühmte europäische Sänger die Universität. Sie waren hervorragende Sänger und sangen zweifellos herrlich, ich aber überlegte, wie ich von dort entfliehen könnte, da ich an diese Art von Gesang nicht gewöhnt war. Bei mir waren sie durchgefallen. Und wenn unsere Sänger ins Ausland gingen, würden sie viel-

leicht dort ebenso durchfallen. Der eine hat Freude an Musik, der andere nicht. Das bedeutet, daß es keine wirkliche, sondern eine vermeintliche Freude ist. Solange wir nicht wahre Freude kennen, werden wir auf diesen trügerischen Freuden hin und her schaukeln. Solange Asvatthama keine echte Milch erhalten hatte, trank er ein Gemisch aus Wasser und Mehl und meinte, es sei Milch. Ebenso wird euch alles andere langweilig sein, wenn ihr erst die echte Wirklichkeit erkannt und ihre Freude geschmeckt habt.

Der beste Weg, diese Freude zu entdecken, ist *bhakti* (Hingabe). Wenn man diesen Pfad geht, wird einem die Kunstfertigkeit des Herrn offenbar. Wenn wir dieses göttliche Bild erreichen, verschwinden alle anderen Bilder von selbst. Dann wird es keine unnützen Vergnügungen mehr geben. Dann wird offenbar sein, daß die ganze Welt voll reiner Freude ist. Obwohl es Hunderte von Süßwaren-Läden gibt, sind sie doch alle mit den gleichen Zuckerwaren gefüllt. Solange nicht die echte Ware in unsere Hände gelangt, futtern wir wie ruhelose Vögel ein wenig hier, ein wenig dort. Ich las eines Morgens im Tulasi-Ramayana. Unzählige Motten umflogen die Lampe, und plötzlich erschien eine Eidechse. Sie hatte kein Interesse an meinem Ramayana, aber der Anblick der Motten bereitete ihr reine Freude. Als sie sich eben über die Insekten hermachen wollte, bewegte ich meine Hand, und sie rannte davon. Doch ihre Aufmerksamkeit war einzig auf die Motten gerichtet. Ich dachte bei mir: Würdest du diese Insekten essen? Läuft dir bei ihrem Anblick das Wasser im Munde zusammen? Nein, mich gelüstete nicht nach ihnen. Wie konnte die arme Eidechse von der Freude wissen, die ich mir eroberte? Sie konnte die Süße des Ramayana nicht kosten. Unser Zustand ist ähnlich dem der Eidechse. Wir sind von mannigfachen Vergnügen berauscht. Doch fänden wir wahre Freude, — wie glücklich würde sie uns machen. Gott zeigt uns in *bhakti* einen Weg, auf dem wir diese wahre Freude erlangen und kosten können.

(34) AUCH DIE MIT WÜNSCHEN VERBUNDENE GLÄUBIGE HINGABE (*SAKAMA BHAKTI*) HAT IHREN WERT

Der Göttliche spricht von drei Arten von Gläubigen (*bhakta*), 1. dem *sakama bhakta*, dessen Anbetung voller Wünsche ist, 2. dem *nishkama bhakta*, dessen Anbetung wunschlos aber unvollkommen ist, und 3. dem *jnani* oder Erleuchteten, dessen Anbetung vollkommen ist. Vom *nishkama bhakta*, dessen Anbetung frei von Wünschen aber unvollkommen ist, gibt es drei Arten: 1. den Leidenden, 2. den nach Erkenntnis Suchenden und 3. den nach Sinn und Zweck Suchenden. Dies sind die Äste und Zweige des Baumes von *bhakti*.

Was ist ein *sakama bhakta*? Es ist ein Gläubiger, der mit einem Wunsch im Herzen vor Gott hintritt. Ich verachte solche Anbetung nicht als eine niedere Form von *bhakti*. Viele Leute helfen den Bedürftigen um des Namens und des Ruhmes willen. Was ist Schlechtes daran? Gebt ihnen alle Ehre! Indem wir sie ehren, schaden wir niemandem. Durch die Ehre fühlen sie sich bestätigt und zu weiterem Dienst ermuntert. Und schließlich werden sie gar an dieser Arbeit Freude haben. Was bedeutet letztlich dieses Verlangen nach Anerkennung? Nichts weiter, als daß uns diese Anerkennung das Vertrauen gibt, daß unsere Bemühungen gut sind. Jemand, der keine inneren Mittel hat, um zu entscheiden, ob sein Dienst gut oder schlecht ist, nimmt diese äußeren Mittel zu Hilfe. Wenn die Mutter das Kind auf dem Rücken streichelt und sagt: "Recht so, mein Kind!", entsteht in dem Kind der Wunsch, noch mehr zu helfen. So ist es auch mit dem *sakama bhakta*. Er wird sich direkt an Gott wenden und sagen: "Gib mir!" Die Gewohnheit, sich alles von Gott zu erbitten, ist nichts Kleinliches. Es ist etwas Außerordentliches.

Jnanadev fragte Namadev: "Sollen wir zusammen auf Wallfahrt gehen?" Namadev fragte: "Wozu denn?" Darauf erwiderte Jnanadev: "Wir werden heilige und gute Menschen treffen." Namadev meinte: "So will ich gehen und den Herrn fragen." Namadev ging zum Tempel und stand vor dem Herrn. Tränen flossen aus seinen Augen, die auf die Füße seines Gottes gerichtet waren. Schließlich fragte er schluchzend: "Herr, soll ich gehen?" Jnanadev stand neben ihm. Würdest du Namadev für verrückt halten? Es gibt viele Männer, die jammern, weil ihre Frau fort ist. Doch der *bhakta*, der vor Gott tritt und weint, sei es auch nur, weil er etwas will, ist außergewöhnlich. Daß er nicht erbittet, was es wert wäre, erbeten zu werden, muß man seiner Unwissenheit zuschreiben. Doch können wir nicht deshalb einfach sein *sakama bhakti*, seinen hoffnungsvollen Glauben, als wertlos erachten.

Wenn die Frauen morgens aufstehen, erfüllen sie eine Anzahl von Gelübden, sie zünden Lampen an, gehen um die Tulsipflanze herum und so weiter. Wozu? Damit ihnen nach dem Tode die Gnade Gottes zuteil werde. Dieser Glaube mag einfältig sein, doch um seinetwillen beten und fasten sie und beachten viele andere Gelübde. Unter solchen gottesfürchtigen Menschen werden große Seelen geboren. Ramatirtha wurde im Geschlecht des Tulasidas geboren. Er war Gelehrter der persischen Sprache. Einmal sagte jemand zu ihm: "Du bist im Geschlecht des Tulasidas geboren und kannst kein Sanskrit?" Ramatirtha nahm sich dies sehr zu Herzen. Welch große Wirkung hatte die Erinnerung an seine Vorfahren! Dadurch angestachelt, begann er Sanskrit zu studieren. Wir sollten über die Frömmigkeit der Frauen nicht scherzen. Wo sich diese kleinen Tropfen der Frömmigkeit sammeln, werden hochbegabte Kinder geboren. Darum sagt der göttliche Krishna: "Selbst der Hingabe jenes Gläubigen, der sich mir mit Wünschen naht, werde ich Stärke verleihen. Ich werde ihn nicht verwirren. Wenn er mich aus tiefstem Herzen darum bittet, daß ich seine Krankheit von ihm nehme, werde ich seinen Wunsch nach Gesundheit anerkennen und ihn von seiner Krankheit heilen. Ganz gleich, aus welchem Anlaß er zu mir kommt, ich werde ihn liebevoll begrüßen." Denkt an Dhruva! Als man ihm einen Platz auf seines Vaters Schoß verweigerte, sagte ihm seine Mutter: "Bitte Gott um einen Platz!" Dhruva versenkte sich ins Gebet, und Gott gab ihm einen festen Platz als Polarstern. Auch wenn das Gemüt nicht wunschlos ist, was macht das aus! Wichtig ist nur, an wen der Mensch sich wendet und worum er bittet. Es liegt Größe darin, von Gott zu erbitten anstatt von der Welt.

Aus welchem Grund auch immer, tritt ein in den Tempel von *bhakti*! Betrittst du ihn auch anfänglich mit einem Wunsch, so wirst du doch später von Wünschen frei werden. Die Leiter von Khadi-Ausstellungen fordern die Leute auf: "Kommt doch herein und schaut euch um! Seht nur die guten handgewebten Stoffe, ihre schönen kräftigen Farben, das feine Gewebe!" Wenn die Leute nur erst kommen, werden sie auch beeindruckt. So ist es auch mit *bhakti*. Tretet nur erst ein in den Tempel von *bhakti*, so werdet ihr ganz von selbst seine Schönheit und Kraft entdecken.

Als Dharmaraj zum Paradies emporstieg, war zuletzt nur noch ein Hund bei ihm. Bhima, Arjuna und die anderen waren am Wege niedergefallen. Am Himmelstor wurde ihm gesagt: "Du darfst hereinkommen, aber dein Hund darf nicht mit herein. Darauf erwiderte Dharmaraj: "Wenn mein Hund nicht hinein kann, kann auch ich nicht kommen." Einer, der hingebend dient, und sei er nur ein Hund, ist denen, die immer nur an sich denken, überlegen. Der Hund erwies sich als überlegen, sogar gegenüber Bhima und Arjuna. Selbst ein Wurm, der sich zu Gott hinbewegt, ist größer als die Größten der Menschen, die sich ihm nicht zuwenden. Im Tempel gibt es Bilder von der Schildkröte und dem Stier "Nandi", und jedermann verneigt sich vor dem Stier. Denn er ist kein gewöhnlicher Stier. Er steht vor dem Herrn. Wenn er auch ein Stier ist, darf man doch nicht vergessen, daß er ein Stier Gottes ist. Er ist größer als der intelligenteste Mensch. Selbst die kleinste Kreatur, die des Schöpfers gedenkt, verdient die Ehrerbietung des Weltalls. Einmal reiste ich im Zug. Als der Zug über die Jamuna-Brücke fuhr, warf ein Mitreisender neben mir mit großer Begeisterung eine Münze in den Fluß. In der Nähe saß ein Rationalist, der bemerkte: "Das Land ist ohnehin verarmt, und da gibt es Leute, die Münzen aus dem Fenster werfen." "Du hast nicht verstanden, warum er das tut", sagte ich. "Das *bhavana*, das Gefühl, mit dem er die Münze hinauswarf, ist es nicht mindestens zwei oder drei solcher Münzen wert? Wäre das Geld für ein anderes gutes Werk gegeben worden, so wäre ein solches Geschenk zweifellos noch besser gewesen. Doch darüber wollen wir später nachdenken. Unser gefühlvoller Freund wurde durch das Empfinden, daß dies kein gewöhnlicher Fluß sondern der Strom göttlicher Barmherzigkeit sei, zu seinem Opfer veranlaßt. Gibt es in deiner Volkswirtschaft Raum für dieses Gefühl? Als er einen der Flüsse seines Landes sah, da schmolz sein Herz. Wenn du den Wert dieses Gefühls in Geld ausdrücken kannst, dann werde ich deinen Patriotismus zu schätzen wissen." Bedeutet Liebe zum Heimatland nichts weiter als Brot? Wenn beim Anblick eines der großen Flüsse des Landes im Innern der Drang erwacht, allen Reichtum dahinein zu versenken und ihm zu opfern, — wie groß muß die Liebe zum Heimatland sein! Alle Schätze, all die weißen, roten und gelben Steine, die aus den Ausscheidungen der Auster gefertigten Perlen, die Korallen, — all dieser Reichtum ist tatsächlich wert, ins Wasser geworfen zu werden. Betrachte sie als Staub zu den Füßen des Herrn. Ihr werdet fragen: Welcher Zusammenhang besteht zwischen dem Fluß und den Füßen Gottes? Steht denn der Herr in irgendeinem Zusammenhang mit eurer Welt? Der Fluß besteht aus Wasserstoff und Sauerstoff. Die Sonne ist eine Art großer Gaslampe. Warum sollte man sich vor dieser verneigen? Man müßte sich eigentlich nur vor dem Brot verneigen. Doch was ist eigentlich so besonderes an diesem Brot? Auch das Brot ist letztlich nichts weiter als weiße Erde. Warum zieht sich dir bei ihrem Anblick das Wasser im Munde zusammen? Hier ist die große leuchtende Sonne aufgegangen, hier fließt der schöne Fluß vorbei. Wenn du Gott nicht in ihnen siehst, wo kannst du ihn dann sehen?

Wordsworth spricht mit großer Trauer:

"Der Regenbogen kommt und geht,
Und hübsch ist die Rose.
Der Sonnenschein ist eine herrliche Geburt.
Und doch weiß ich, woimmer ich wandle,
Daß ein Glanz von der Erde hinweggegangen ist."

Er sagt tieftraurig: "Ich tanzte sonst, wenn ich den Regenbogen am Himmel sah, und mein Herz hüpfte. Warum tanze ich heute nicht mehr? Habe ich denn die frühere Süße des Lebens verloren und bin zu Stein geworden?"

Die Wahrheit ist, daß das von Wünschen erfüllte *bhakti*, die Anbetung des einfältigen Menschen, von hohem Wert ist. Schließlich entspringt daraus große Kraft. Es ist gleich, welcher Art Person man ist; sobald man sich in die Gegenwart Gottes begibt, wird man ein besserer Mensch. Gleichgültig, welches Holz ins Feuer geworfen wird, — es wird schon brennen. Gläubige Hingabe an Gott, *bhakti*, ist ein unvergleichliches *sadhana* (Weg zur Erkenntnis). Gott freut sich auch über *sakama bhakti*, die Hingabe, die von Wünschen begleitet ist. Allmählich wird solches *bhakti* immer mehr wunschlos und vollkommen werden.

(35) NISHKAMA BHAKTI (WUNSCHLOSE HINGABE), IHRE VIELFALT UND VOLLKOMMENHEIT

Wir haben den *sakama bhakta* gesehen. Jetzt wollen wir uns dem *nishkama bhakta*, dem wunschlos Frommen, zuwenden. Auch davon gibt es zwei Arten, den einseitigen und den vollkommenen *bhakta*. Von dem einseitigen gibt es drei Arten: Der erste ist der Leidende. Er erfleht die Barmherzigkeit des Herrn, er schluchzt, weint und schreit nach Ihm so wie Namadev. Er ist begierig, ungeduldig, verzweifelt und erregt durch den Gedanken: "Wann werde ich den Nektar der Liebe Gottes trinken? Wann werde ich Ihn umarmen und den Zweck meines Lebens erfüllen? Wann kann ich mich zu Seinen Füßen werfen, um einer der Gesegneten zu sein? In all ihrem Tun legen sie Wert auf Wahrhaftigkeit, Ernsthaftigkeit, Sehnsucht und Liebe.

Der zweite ist der nach Erkenntnis Suchende. Davon gibt es in unserem Land heute nicht viele. Ein solcher Jünger der Erkenntnis wird immer wieder versuchen, einen Gipfel wie den Gaurisankar zu besteigen, und dabei umkommen. Ein anderer wird ausziehen, um den Nordpol zu suchen, wird seine Forschungsergebnisse auf ein Stück Papier schreiben, wird es in einer Flasche versiegelt dem Wasser übergeben und dann sterben, oder er wird in den Krater eines Vulkans hinabsteigen. Doch heutzutage fürchten sich die Inder schrecklich vor dem Tod. Sie haben im Leben kein höheres Ziel, als ihre Familien zu versorgen. In dem Jünger der Erkenntnis ist ein ununterdrückbarer Hunger nach Wissen. Er sucht die Natur und die Eigenschaften aller Dinge. So wie man schließlich zum Meer kommt, wenn man dem Fluß folgt, so wird der nach Erkenntnis Suchende letzten Endes den Herrn erreichen.

Der dritte sucht in allem Sinn und Zweck (*artha*). *Artha* bedeutet hier nicht Geld sondern Wohlfahrt und Glück. Jede Angelegenheit wird er daraufhin prüfen, inwieweit sie zum Wohle der Gesellschft beitragen wird. Bei allem, was er spricht, schreibt oder tut, wird er sich versichern, ob es für die Welt gut ist oder nicht. Er wird niemals einer Sache zustimmen, die nutzlos oder schädlich ist. Welch Mahatma, welch große Seele ist jener, der immer an die Wohlfahrt der Welt denkt! Sein ganzes Glück liegt in der Wohlfahrt der Welt.

Der Leidende schaut die Welt mit den Augen der Liebe an, der nach Erkenntnis Suchende betrachtet alles im Hinblick auf Erkenntnis, der nach Sinn und Zweck Suchende sieht alles in Bezug auf Wohlfahrt und Wohlbefinden der Welt.

Zwar sind diese drei Arten von *bhakta* alle wunschlos, aber sie sind einseitig. Der eine erreicht Gott durch Liebe, der zweite durch Erkenntnis, der dritte durch Handeln (*karma*). Nun fehlt noch der vollkommene *bhakta*, den man einen Erleuchteten bhakta nennen sollte. Dieser Gläubige sieht in allem die Gestalt Gottes. Im Häßlichen wie im Schönen, im König wie im Bettler, in der Frau und im Mann, in den Tieren, in den Vögeln, in allem sieht er die heilige Gestalt Gottes. Tukaram betet: "O Herr, mache meinen Geist so, daß er in allem, in Männern, Frauen und Kindern, nur Narayana (Gott) sieht." Im Hinduismus haben wir so verrückte Riten wie die Verehrung der Schlange, die Verehrung des elefantenköpfigen Gottes, die Verehrung der Bäume und andere. Doch noch viel verrückter ist der Erleuchtete Gläubige. In allem, was er sieht, von der Ameise bis zu Sonne und Mond, überall sieht er nur den einen Gott, und sein Herz quillt über vor Freude. "Es wird ihm unendliche Freude zuteil. Das Meer seines Herzens schlägt hohe Wellen vor Freude." Du magst diese göttliche und schöne Vision eine Illusion nennen. Doch ist diese Illusion eine Quelle des Trostes, eine Fundgrube der Freude. In der majestätischen See sieht er die Erhabenheit des Herrn, in der

Mutter Kuh erscheint ihm die innige Liebe Gottes, in der Erde sieht er Seine Nachsicht, im klaren Himmel Seine Reinheit, in Sonne, Mond und Sternen Seine Leuchtkraft und Größe. In der Blume sieht er Seine Zartheit und in bösen Menschen den Herrn, der uns prüft und wägt. Auf diese Weise übt sich der *jnani-bhakta* darin, in allen Dingen das Spiel des einen göttlichen Geistes zu sehen, und in diesem Bemühen wird er eines Tages eins werden mit Gott.

8. KAPITEL

Der Weg zum Ziel — Der Yoga der Ausdauer

(36) GUTE SAMSKARA SAMMELN

Das Menschenleben ist voll von *samskara*, jener Neigungen, die sich durch wiederholtes Handeln entwickeln. Immerfort werden von uns unzählige Handlungen ausgeführt. Wenn wir sie zählen wollten, kämen wir nie ans Ende. Auch wenn wir nur die Handlungen im Verlauf von 24 Stunden betrachten, erhalten wir eine riesige Zahl. Essen, Trinken, Sitzen, Schlafen, Gehen, Wandern, Arbeiten, Schreiben, Reden, Lesen, außerdem vielerlei Träume, Anziehung und Abneigung, Ehre und Schande, Leid und Freude — diese und andere in endloser Vielfalt würden wir sehen. Und sie alle hinterlassen *samskara* (Neigungen und Eindrücke) in unserem Gemüt. Wenn mich darum jemand fragt, was ist Leben, würde ich es als die Summe der *samskara* bezeichnen.

Samskara können sowohl gut wie schlecht sein. Sie haben beide ihre Wirkung auf das Menschenleben. Wir können uns noch nicht einmal der Handlungen unserer Kindheit erinnern. Die ganze Kindheit wird ausgelöscht, als wäre sie auf eine Schiefertafel geschrieben und wieder weggewischt worden. Die *samskara* von früheren Geburten werden so gründlich ausgelöscht, daß man gar daran zweifelt, ob es überhaupt je eine frühere Geburt gab oder nicht. Wenn wir uns nicht einmal unserer Kindheit in diesem Leben erinnern, warum dann von vergangenen Geburten sprechen? Doch lassen wir die früheren Leben beiseite, und befassen wir uns mit dem jetzigen Leben! Es ist nicht so, als ob nur die Handlungen, deren wir uns erinnern, stattgefunden haben. Vieles wird getan, und vieles wird erkannt, doch all dies Tun und Wissen wird ausgelöscht und läßt nur eine Spur von *samskara* zurück. Wollten wir uns am Abend beim Schlafengehen all der Handlungen des Tages erinnern, so könnten wir das nicht. An welche Handlungen werden wir uns erinnern? Nur jene Handlungen treten vor unser inneres Auge, die bedeutsam und deutlich waren. Wenn wir mit jemandem einen großen Streit hatten, so werden wir uns daran erinnern, denn es war die wichtigste Beschäftigung des Tages. Wichtige und deutliche Handlungen hinterlassen einen tiefen Eindruck (*samskara*) im Gemüt. Bedeutende Handlungen bleiben im Gedächtnis, alle anderen verblassen. Wenn wir ein Tagebuch schreiben, erwähnen wir nur zwei oder drei hervorstechende Ereignisse. Wollten wir solchermaßen von den täglichen Eindrücken (*samskara*) einen wöchentlichen Bericht machen, würden davon noch viele ausscheiden, und nur die bedeutendsten Geschehnisse würden übrig bleiben. Wollten wir vom vorhergegangenen Monat einen Bericht anfertigen, würden uns nur solche Begebenheiten in den Sinn kommen, die in jenem Monat von Bedeutung waren. Gleicherweise bleiben nach sechs Monaten, nach einem Jahr oder nach fünf Jahren nur sehr wenige außerordentliche Ereignisse im Gedächtnis, und aus diesen entstehen dann unsere *samskara*. Obwohl unzählige Handlungen stattfinden und endloses Wissen erworben wird, bleibt am Ende nur sehr wenig von all dem im Innern haften. All die verschiedenen Handlungen und Erfahrungen kamen, erledigten ihre Aufgabe und verschwanden dann. Von all diesen Handlungen bleiben nur wenige unumstößliche *samskara* haften. Und eben diese *samskara* bilden unser Kapital. Wir erledigen die Geschäfte des Lebens und häufen den Gewinn in Form von *samskara* an. Wie der Händler täglich, wöchentlich, monatlich und jährlich Buch führt über Einnahmen und Ausgaben und schließlich eine einzige Zahl von Verlust oder Gewinn herausbekommt, genauso verhält es sich mit dem Leben. Im Verlauf unseres Lebens tragen wir auf der Habenseite vielerlei *samskara* ein, doch am Schluß bleibt nur eine einzige, außerordentlich klare und kleine Zahl im Guthaben stehen. Wenn der letzte Augenblick des Lebens gekommen ist, erinnert sich die Seele an diese endgültige Abrechnung des Lebens. Indem sie zurückschaut auf alles im Leben Vollbrachte, zeigt es sich, daß nur zwei oder drei Dinge als Gewinn zu verzeichnen sind. Das soll nicht heißen, daß all jene Handlungen und alle Erfahrungen umsonst waren. Sie haben ihre Aufgabe erfüllt. Nach Tausenden von Geschäften hat der Geschäftsmann als Endergebnis einen Verlust von 5000 Rupien oder einen Gewinn von 10 000 Rupien in der Hand. Bei Verlust sinkt ihm das Herz, bei Gewinn hüpft es vor Freude.

Wir sind in der gleichen Lage. Wenn man in der Sterbestunde nach Essen Verlangen hat, so beweist das, daß man sich das ganze Leben lang nur darin geübt hat, den Gaumen zu ergötzen. Eine Vorliebe (*vasana*) für Essen oder Gaumengenuß ist dann das Ergebnis eines ganzen Lebens. Wenn eine Mutter im Sterben an ihr Kind denkt, dürfen wir annehmen, daß ihr stärkstes *samskara* die Liebe zu ihrem Kind ist. All ihre anderen unzähligen Handlungen sind zweitrangig. In der Mathematik gibt es

Aufgaben mit echten Brüchen. Wie groß auch die Zahlen sein mögen, wenn wir sie immer wieder kürzen, liegt das Endergebnis zwischen Eins und Null. So scheiden auch im Leben unzählige *samskara* aus, bis schließlich als Endergebnis ein einziges, kräftiges *samskara* übrig bleibt. Dies ist die Antwort auf die Rechenaufgabe des Lebens. Der im Sterben aufsteigende Gedanke ist die Frucht des Lebensganzen.
Alles Bemühen des Lebens sollte darauf ausgerichtet sein, dieser endgültigen Lebensfrucht Süße zu verleihen, den Augenblick des Sterbens glücklich zu machen. Wenn das Ende süß, ist alles süß. Beim Lösen aller Lebensprobleme sollten wir stets dieses Endresultat im Sinn behalten. Plane dein ganzes Leben mit dieser Vorstellung vor Augen. Wenn beim Rechnen ein spezielles Problem gestellt worden ist, muß man es bei der Beantwortung stets im Auge behalten. Immer sollte man nach dieser Methode handeln. Man muß den Lauf des Lebens in Übereinstimmung mit demjenigen *samskara* lenken, das man für den Zeitpunkt des Sterbens festigen will. Tag und Nacht muß die ganze Aufmerksamkeit darauf gerichtet sein.

(37) GEDENKE STETS DES TODES

In diesem 8.Kapitel wird die Theorie aufgestellt, daß der im Sterben vorherrschende Gedanke in der nachfolgenden Geburt bestimmend sein wird. Mit dieser Wegzehrung macht sich die Seele auf ihren Weg. Mit dem Verdienst des heutigen Tages legen wir uns schlafen und beginnen dann damit den morgigen Tag. Ebenso nehmen wir die Wegzehrung aus diesem Leben mit uns und beginnen dann nach dem tiefen Schlaf des Todes erneut unsere Reise. Das Ende des jetzigen Lebens ist der Anfang des nächsten Lebens. Gedenkt deshalb stets des Todes auf euerm Weg! Stets des Todes zu gedenken, ist auch deshalb nötig, damit wir die Furcht vor dem Tode besiegen können und so die Straße frei machen. Man erzählt sich über Eknath folgende Geschichte: Jemand fragt ihn: "Maharaj, wie einfach und rein ist dein Leben, wie vollkommen frei von Sünde! Warum ist unser Leben nicht ebenso? Niemals bist du mit jemandem ärgerlich, du streitest mit niemandem, du hassest niemanden. Wie friedvoll, wie liebevoll, wie rein bist du!" Eknath erwiderte: "Kümmere dich jetzt nicht um mich! Ich habe aber etwas über dich erfahren. Innerhalb von sieben Tagen wirst du sterben." Wer würde an Eknaths Worten zweifeln? In sieben Tagen tot? Nur noch 168 Stunden leben? O Gott, welch ein Unglück! Dieser Mensch rannte eilends heim. Er war ganz verwirrt. Er sprach davon, all seine Angelegenheiten in Ordnung zu bringen und sich aufs Ende vorzubereiten. Dann wurde er krank. Er legte sich auf sein Bett. Sechs Tage vergingen. Am siebten Tag kam Eknath ihn besuchen. Der Kranke grüßte ihn. Eknath erkundigte sich, wie es ihm gehe. Er sagte: "Alles ist vorbei. Ich gehe jetzt." Eknath fragte weiter: "Wieviele Sünden hast du in diesen sechs Tagen begangen? Wieviele sündhafte Gedanken kamen dir in den Sinn?" Der den Tod erwartende Mann sagte: "Herr, ich hatte keine Zeit für sündige Gedanken. Der Tod stand mir immer vor Augen." Eknath erwiderte: "Jetzt weißt du, warum mein Leben so frei von Sünde ist, nicht wahr?" Wenn der Tod, wie ein Löwe, immer vor uns steht, —wie könnten da schlechte Gedanken aufkommen? Um zu sündigen, bedarf es der Sorglosigkeit. Der unaufhörliche Gedanke an den Tod ist ein Mittel, um sich von Sünde frei zu halten. Wenn ihm der Tod immer ins Gesicht starrt, woher nähme der Mensch die Kraft zu sündigen?

Aber der Mensch vermeidet den Gedanken an den Tod. Es gibt einen französischen Philosophen namens Pascal. Von ihm gibt es ein Buch mit dem Titel "Pensées". "Pensées" heißt "Gedanken". In diesem Buch hat Pascal viele klare Gedanken aufgezeichnet. Er schreibt darin an einer Stelle: "Der Tod steht immer hinter uns, doch der Mensch ist dauernd darum bemüht, ihn zu vergessen. Er schaut nicht der Möglichkeit ins Auge, wie er mit dem Tod weiterleben könnte." Der Mensch kann nicht einmal das Wort "Tod" ertragen. Wenn es jemand während des Essens ausgesprochen hat, sagen wir: "Was sagst du Unheilvolles!" Trotz alledem bringt uns jeder Schritt dem Tod näher. Wenn du dir eine Fahrkarte nach Bombay gekauft hast und dich erst einmal in den Zug gesetzt hast, magst du ruhig sitzen bleiben. Der Zug wird dich zweifellos nach Bombay bringen und dich dort absetzen. Schon bei der Geburt haben wir uns eine Fahrkarte nach der Station "Tod" genommen. Ob wir stillsitzen oder herumlaufen, der Tod kommt gewiß. Ob ihr an den Tod denkt oder nicht, er wird nicht ausbleiben. Der Tod ist uns sicher, so ungewiß auch andere Dinge sein mögen. Wenn die Sonne hinter den westlichen Hügeln untergegangen ist, hat sie ein Stück unseres Lebens verschlungen. Dauernd verringern sich unsere Tage, das Leben wird immer kürzer, und Tropfen um Tropfen wird geleert. Doch all dies beachtet der Mensch nicht. Jnaneswar sagt: "Wie seltsam!" Er wundert sich, wie der Mensch so gedankenlos sein kann. Der Mensch fürchtet sich so sehr vor dem Tod, daß er nicht einmal den Gedanken daran ertragen kann. Immer schiebt er diesen Gedanken von sich. Er setzt sich mit verbundenen Augen hin. Soldaten, die in den Kampf ziehen, spielen, tanzen, singen und rauchen, um nicht an den Tod zu denken. Pascal schreibt: "Obwohl er überall und unmittelbar den Tod sieht, vergnügt sich der Soldat mit Essen und Trinken, mit Sang und Klang, nur um ihn zu vergessen."

Wir sind wie dieser Soldat. Wir bemühen uns, ein rundes, lachendes Gesicht zu behalten. Wenn es vertrocknet, wenden wir Puder und Salbe an. Wenn unser Haar grau geworden ist, färben wir es. Solcherart bemüht sich der Mensch. Der Tod tanzt uns auf der Brust, und trotzdem versuchen wir unaufhörlich, ihn zu vergessen. Wir sind bereit, über alles andere zu sprechen, nur nicht über den Tod. Wenn du einen Jungen fragst, der eben sein Abitur gemacht hat, was er nun für Pläne habe, erwidert er: "Fragt mich jetzt noch nicht, jetzt bin ich im ersten Semester." Wenn wir ihn im nächsten Jahr wieder fragten, würde er sagen: "Laßt mich meine Zwischenprüfung beenden, dann werden wir weitersehen." Und so geht es immer weiter. Sollte man nicht im voraus an die Zukunft denken? Man sollte im voraus den nächsten Schritt überlegen, sonst könnte man in den Graben stürzen. Doch der Student schiebt dies alles von sich. Das Studium des armen Kerls ist so sehr in Dunkelheit befangen, daß er dadurch seinen Weg in die Zukunft nicht erkennen kann. So drückt er sich vor der Frage, was er weiter zu tun hat, da er sich auf allen vier Seiten von Dunkelheit umgeben sieht. Aber man kann die Zukunft nicht hinwegschieben. Sie wird uns überrumpeln und beherrschen wie der Reiter das Pferd.

An der Universität lehrt der Professor Logik: "Der Mensch ist sterblich. Sokrates ist ein Mensch. Also ist Sokrates sterblich." Das ist die Theorie, die er lehrt. Er gibt das Beispiel des Sokrates. Warum nimmt er nicht sich selbst als Beispiel? Auch der Professor ist sterblich. Warum lehrt er nicht: "Alle Menschen sind sterblich. Darum bin ich, der Professor, und seid ihr, die Studenten, auch sterblich." Er reicht das Sterben an Sokrates weiter, denn Sokrates ist bereits tot. Er ist nicht da, um zu protestieren. So überlassen Lehrer und Schüler die Sterblichkeit dem Sokrates und einigen sich, über sich selbst zu schweigen. Sie bilden sich ein, so in bester Sicherheit zu sein.

So bemühen sich die Menschen fortwährend, Tag und Nacht und von ganzem Herzen, den Tod zu vergessen. Kann man dadurch jemals den Tod loswerden? Gestern starb meine Mutter, und so war mir der Tod vor Augen. Der Mensch hat nicht einmal den Mut, einen Ausweg zu suchen, indem er furchtlos an den Tod denkt. Ein Löwe verfolgt ein Reh. Das Reh flüchtet in schnellem Lauf, doch seine Kraft läßt nach, und schließlich ermüdet es. Der Löwe, Sendbote des Todes, kommt hinter ihm hergerannt. Was ist jetzt der Zustand des Rehs? Es wagt nicht einmal, den Löwen anzusehen. Es hält an und vergräbt Geweih und Gesicht in der Erde, als sage es zum Löwen in seiner Hilflosigkeit: Komm jetzt und verschlinge mich! Auch wir wagen nicht, dem Tod ins Angesicht zu sehen. Um ihm zu entgehen, wenden wir zahllose Tricks an. Doch seine Macht ist so groß, daß er uns schließlich am Genick packt.

Erst wenn der Tod kommt, überprüft der Mensch die Gewinn- und Verlustrechnung seines Lebens. Der dumme und faule Prüfungskandidat taucht seine Feder in das Tintenfaß, nimmt sie heraus, bringt aber nicht den Mut auf, das weiße Papier zu beschreiben. Ach, mein Lieber, wirst du etwas schreiben oder nicht? Saraswati (die Göttin der Weisheit) wird dir wohl kaum die Antwort schreiben. Drei Stunden gehen zu Ende. Er gibt das leere Papier ab oder kritzelt darauf am Schluß nur wenige Zeilen. Es kommt ihm nicht einmal in den Sinn, daß er die Fragen verstehen und beantworten sollte. Er schaut hierhin und dorthin. So ist auch unser Zustand. Eingedenk der Tatsache, daß der Tod die Krone des Lebens ist, ist es deshalb notwendig, uns ständig darin zu üben, unseren letzten Augenblick heilig, vollkommen, rein und angnenehm zu machen. Ab heute sollten wir uns dauernd überlegen, wie wir unserem innersten Wesen die edelsten *samskara* vermitteln können. Doch wer kümmert sich schon um den Erwerb guter *samskara*? Stattdessen übt man sich auf Schritt und Tritt in schlechten Gewohnheiten. Wir lehren Zunge, Augen und Ohren, gierig zu sein. Wir sollten *chitta*, Geist und Gemüt, eine ganz andere Schulung geben. Wir sollten *chitta* auf gute Dinge lenken und darin färben und eintauchen. Sobald wir einen Fehler an uns entdecken, sollten wir darangehen, ihn zu beseitigen. Oder wollen wir den Fehler auch weiterhin begehen, nachdem wir ihn als solchen erkannt haben? In dem Augenblick, da wir einen Fehler erkennen, sind wir neu geboren. Wir können dies als eine neue Kindheit, als ein neues Morgenrot in unserem Leben betrachten. Jetzt erst bist du wahrhaft wach. Von jetzt ab solltest du dein Leben Tag und Nacht prüfen und immer wachsam sein. Andernfalls wirst du ausgleiten und erneut in üble Gewohnheiten zurückfallen.

Vor vielen Jahren besuchte ich meine Großmutter. Sie war schon sehr alt. Sie sagte zu mir: "Vinya, ich kann mir nichts mehr merken. Ich gehe, um den Buttertopf zu holen, und komme leer zurück." Doch erzählte sie mir von einer Angelegenheit mit einem Schmuckstück, die sich vor 50 Jahren zugetragen hatte. Sie konnte sich an das, was sich vor fünf Minuten ereignet hatte, nicht erinnern, doch das 50 Jahre alte kräftige *samskara* bleibt frisch bis zum Ende. Was ist der Grund dafür? Sie hat wohl diese Juwelenangelegenheit jedem erzählt, hat sie immer wieder beschrieben, und darum ist sie zu einem Teil ihres Lebens geworden. Ich sagte im stillen: "O Gott, hilf, daß meiner Großmutter nicht im Sterben dieses Schmuckstück in den Sinn kommt!"

(38) SEID STETS DARIN EINGETAUCHT

Was wir Tag und Nacht üben, warum sollte es nicht an uns haften bleiben? Wir wollen uns nicht durch die Geschichte von Ajamila täuschen lassen. Er war äußerlich ein Sünder, doch aus der Tiefe seines Seins sprudelte ein Quell höchster Tugend. Diese Tugend erwachte im Augenblick des Sterbens. Verharre nicht in dem Irrglauben, du würdest dich am Lebensende zweifellos auf Ram (Gott) besinnen, nachdem du fortwährend gesündigt hast! Von Kindheit an mußt du dich ernsthaft üben. Sei ständig darauf bedacht, daß sich nur gute *samskara* ansammeln. Sage nicht: "Was macht es schon aus, ob man es so oder so macht? Warum schon um vier Uhr aufstehen? Was schadet es, wenn man um sieben Uhr aufsteht?" Solches Reden ist sinnlos. Wenn du deinem Denken solche Freiheit gibst, bist du am Ende in der Falle gefangen. So kannst du dir keine guten *samskara* erwerben. Wir müssen Reichtum Pfennig um Pfennig ansammeln. Wir müssen Weisheit einheimsen, ohne einen Augenblick zu verschwenden. Wache darüber, daß immer nur gute *samskara* in dir Wurzel schlagen! Mit jedem schlechten Wort veranlagen wir üble *samskara*. Jede Tat wird zum Meisel, der den Marmor unseres Lebens gestalten hilft. Ist auch der Tag gut vorübergegangen, so tauchen dann in unseren Träumen schlimme Gedanken auf. Es ist nicht so, daß nur die Erlebnisse der letzten fünf oder zehn Tage in den Träumen erscheinen. So viele *samskara* liegen hinter dem Schleier des Vergessens versteckt in unserem Gemüt. Man kann nicht sagen, wann sie erwachen werden. Deshalb muß man auch in den kleinsten Dingen wachsam sein. Ein Ertrinkender findet sogar noch an einem Strohhalm Halt. Wir ertrinken im Meer des weltlichen Lebens (*samsara*). Wenn wir nur ab und zu etwas Gutes sprächen, so erwüchsen uns daraus sogar Halt und Stütze. Eine gute Tat ist nie vergeudet, sie wird dir zum Rettungsring. Es sollte nicht die leiseste Spur eines schlechten *samskara* geben. Mache es dir zur steten Gewohnheit, die Augen rein zu halten, mit den Ohren nichts Schlechtes zu hören und mit dem Mund nur Gutes zu reden. Wenn du in dieser Weise vorsichtig bist, wirst du zum Zeitpunkt des Sterbens Glück haben. Du wirst zum Meister über Leben und Tod werden.

Um reine *samskara* zu schaffen, müssen edle Gedanken durch deinen Sinn ziehen. Die Hände müssen dauernd mit guten Taten beschäftigt sein. Im Innern Gottes gedenken und äußerlich das *svadharma* erfüllen, mit den Händen das *karma* des Dienens, im Innern *vikarma* (innere Beteiligung), — darin sollte man sich beständig üben. Schaut euch Gandhi an. Täglich sitzt er am Spinnrad und spinnt. Er legt großen Wert auf tägliches Spinnen. Warum jeden Tag spinnen? Genügt es nicht, wenn wir hin und wieder spinnen für unsere Kleidung? Dann wäre es jedoch nur eine äußerliche Handlung. Tägliches Spinnen hat eine geistige Qualität. Es ist der innere Wunsch, etwas für unser Land zu tun. Der Faden, den wir spinnen, verbindet uns Tag für Tag mit Daridranarayan (Gott in Gestalt der Armen). Es wird zu einem unumstößlichen *samskara* werden.

Der Arzt hat uns angewiesen, täglich eine Arznei einzunehmen. Was geschähe, wenn wir die gesamte Arznei auf einmal leer trinken würden? Es wäre verrückt, und die Arznei würde ihren Zweck nicht erfüllen. Durch die tagtägliche gute Wirkung (*samskara*) einer Medizin sollen die Fehler der Natur beseitigt werden. Ebenso ist es mit dem Leben. Abhisheka (das zeremonielle Bad von Shiva) muß ganz langsam erfolgen. Ich liebe dieses Beispiel. Als Kind sah ich diese Handlung. Insgesamt verbraucht man dabei in 14 Stunden vielleicht zwei Eimer voll Wasser. Warum dann nicht die zwei Eimer Wasser auf einmal über Shivas Kopf ausgießen? Die Antwort darauf fand ich schon als Kind. Wenn wir den Eimer in einem Zug ausgießen, kann das *karma* keine Früchte tragen. Das tropfenweise Fließen des Wassers ist Gottesdienst. Ebenso gleichmäßig und ununterbrochen sollte das Rinnsal unserer *samskara* fließen. Dasselbe *samskara* am Morgen, am Mittag, am Abend, bei Tag und bei Nacht, gestern und heute, wie heute so auch morgen, dasselbe in diesem Jahr wie im nächsten Jahr, in diesem Leben und auch im nächsten Leben, im Leben und im Sterben, — so soll der göttliche Strom reiner *samskara* ununterbrochen fließen. Nur wenn dieser Strom ununterbrochen fließt, können wir letzten Endes siegreich sein. Dann können wir an der Endstation unsere Fahne hissen. Der Strom der *samskara* muß immer in derselben Richtung fließen. Sonst wäre er gleich dem Wasser, das auf den Felsen fällt und in zwölf Richtungen auseinanderläuft und so niemals zu einem Fluß werden kann. Das Gegenstück wäre, wenn sich das ganze Wasser in einer Richtung ergösse. So wird der Quell zum Bach, der Bach zum Fluß, der Fluß zum Strom und der Strom zum mächtigen Ganges und erreicht so schließlich das Meer. Das in einer Richtung fließende Wasser erreicht das Meer. Das Wasser, das in vielen Richtungen läuft, muß vertrocknen. Dasselbe gilt für die *samskara*. Welchen Nutzen bringen sie, wenn sie kommen und gehen? Nur wenn der reine Strom der *samskara* ununterbrochen durchs Leben fließt, wird der Tod höchste Glückseligkeit bringen. Wer könnte die Glückseligkeit des Wanderers ermessen, der sich unterwegs nicht aufhielt, der den Täuschungen und Versuchungen am Wege entrann, der Schritt um Schritt den steilen Berghang erklomm, der den Gipfel erreichte, dort oben die ganze Last von seinem Rücken abwirft und die frische Luft und den freien Blick genießt. Die Sonne wird nicht stillstehen für den Wanderer, der unterwegs verweilte.

(39) KÄMPFEN BEI TAG UND NACHT

All dies bedeutet, daß der Tod höchste Glückseligkeit schenken wird, wenn äußerlich unausgesetzt das *svadharma* erfüllt und innerlich zur Reinigung von *chitta* Gott stets im Gedächtnis behalten wird und wenn solchermaßen der Strom von *karma* draußen und von *vikarma* im Inneren dauernd fließt. Darum sagt der Herr:

"Gedenke mein zu allen Zeiten und kämpfe."

"tasmaat sarveshu kaaleshu maamanuswara yuddhya cha."

"Tauche immer in Ihn ein!" Sei immer eins mit Gott. Wenn dich innen und außen Liebe für den Herrn durchflutet und dein ganzes Leben erfüllt, nur dann wirst du immer Freude an heiligen Dingen haben. Dann werden üble Neigungen überhaupt nicht vor dir erscheinen. Schöne und edle Wünsche werden im Herzen sprießen. Ganz natürlich werden gute Taten getan.

Es stimmt wohl, daß ganz spontan gute Taten getan werden, wenn man immer des Herrn gedenkt. Doch lautet der Befehl des Herrn: "Kämpfe immerzu!" Tukaram sagt:

“Tag und Nacht befinden wir uns im Kriegszustand. Auf der einen Seite ist unser Gemüt und auf der anderen die innere und äußere Welt.”

Drinnen und draußen breitet sich eine grenzenlose Schöpfung aus. Mit dieser Schöpfung befindet sich unser Gemüt in dauerndem Kampf. Es ist nicht so, als ob wir in diesem Kampf jedesmal siegreich wären. Doch wer am Ende gewinnt, ist der wahre Sieger. Die Schlußentscheidung ist maßgebend. Wird einem auch oftmals Ehrung zuteil, so wird man doch ebenso oft geschmäht. Schmach ist kein Grund zur Hoffnungslosigkeit. Waren die ersten neunzehn Schläge umsonst, wenn der Stein erst beim zwanzigsten Schlag zerbricht? Sie haben den Erfolg des zwanzigsten Schlages vorbereitet.

Die Hoffnung verlieren heißt zum Atheisten werden. Habt das Vertrauen darauf, daß der Herr unser Beschützer ist. Um den Mut des Kindes zu stärken, erlaubt ihm die Mutter, hierhin und dorthin zu laufen. Aber sie läßt es nicht fallen. Ist es in Gefahr zu fallen, eilt sie hin und hilft ihm liebevoll. Auch Gott hält über dir Wacht. In seinen Händen hält er die Schnur vom Drachen deines Lebens. Manchmal zieht er die Schnur fest an, zuweilen läßt er sie locker. Du aber vertraue darauf, daß die Schnur immer in Seiner Hand ist. An den Ghats am Ganges lehrt man Schwimmen. Man befestigt ein Seil an einem Baum am Ufer. Dann legt man das andere Ende dem Schüler um den Leib und wirft ihn ins Wasser. Aber auch der Lehrer steht im Wasser. Der Neuling taucht einige Male unter, doch schließlich lernt er die Kunst des Schwimmens. Auf dieselbe Weise lehrt uns Gott die Kunst zu leben.

(40) DER HELLE UND DER DUNKLE PFAD

Wenn du darum im Vertrauen auf den Herrn Tag und Nacht in Gedanken, Worten und Taten kämpfst, wird die letzte Stunde wunderbar vollkommen sein. Alle göttlichen Kräfte werden dich dann begünstigen. Ebendies wird am Ende des 8.Kapitels in Form einer Metapher gelehrt. Diese Metapher sollt ihr richtig verstehen: Wenn zum Zeitpunkt des Sterbens das Feuer brennt, die Sonne scheint, der Mond im Zunehmen ist und die Sonne durch einen schönen und wolkenlosen Himmel nordwärts zieht, wird der Gestorbene einssein mit Brahman. Wenn sich aber Rauch auftürmt und es innen und außen dunkelt, wenn der Mond abnimmt und die Sonne durch einen trüben, bedeckten Himmel nach Süden zieht, wird die verstorbene Seele erneut im Strudel von Geburt und Tod gefangen. Viele Menschen werden beim Lesen dieser Metapher verwirrt. Wenn du möchtest, daß dein Tod selig sei, mußt du die Gnade des Feuers, der Sonne, des Mondes und des Himmels suchen. Feuer ist das Symbol für *karma* und *yajna*, Arbeit und Opfer. Auch am Ende sollten die Flammen der Opferhandlung weiterbrennen. Der Richter Ranade pflegte zu sagen: "Glücklich ist jener, der in Pflichterfüllung stirbt. Es wird mir Erfüllung sein, beim Lesen, Schreiben oder Arbeiten zu sterben." Das ist gemeint, wenn man vom "Brennen des Feuers" spricht. Wenn man noch im Sterben arbeitet, so ist das die Gnade des Feuers (*agni*). Es ist die Gnade der Sonne, wenn der Intellekt bis zum Ende hell und klar ist. Durch die Gnade des Mondes nehmen in der Sterbestunde reine *bhavana* (Gefühle und Neigungen) zu. Der Mond ist der Gott des Gemüts, der Gefühle. Wie der zunehmende Mond sollten sich Hingabe, Liebe, Tatkraft, Mildherzigkeit, Mitgefühl und ähnliche reine *bhavana* im Gemüt voll entfalten. Durch die Gnade des Himmels wird das Firmament des Geistes vollkommen frei sein von den Wolken des Verlangens. Gandhi sagte einmal: "Tag und Nacht ereifere ich mich für das *charkha* (Spinnrad). Ich betrachte das *charkha* als etwas Ehrwürdiges. Und doch sollte in der Sterbestunde auch dieses *vasana*, dieses Interesse, verschwinden. Der mich für das *charkha* begeisterte, ist zweifellos am besten in der Lage, sich um es zu kümmern. Das *charkha* ist nun von vielen anderen guten Menschen angenommen worden. Ich muß jetzt aufhören, mich um das *charkha* zu sorgen, und muß bereit sein, vor Gott hinzutreten." Mit der Reise gen Norden wird angedeutet, daß das Herz von den Wolken irdischer Bindungen frei sein muß.

Wenn die Hände bis zum letzten Atemzug dienend tätig sind, wenn sich die Gefühle voll und strahlend entfalten, wenn der Himmel des Gemüts vollkommen frei von irdischen Bindungen und der Verstand klar und scharf ist,—wer in diesem Zustand stirbt, wird zweifellos im göttlichen Urgrund aufgehen. Um ein glückverheißendes Ende herbeizuführen, muß man Tag und Nacht wachsam und bereit sein, unausgesetzt zu kämpfen. Auch nicht für einen Augenblick sollte man unheilvollen *samskara* im Gemüt Einlaß gewähren. Und hierfür die nötige Kraft zu erlangen, sollte man beständig zum Herrn beten. Immer und immer wieder sollte man Seines Namens und der absoluten Wahrheit gedenken.

9. KAPITEL

Die königliche Erkenntnis (*raja-vidya*) — der Dienst am Menschen: Yoga der Aufopferung

(41) ERKENNTNIS DURCH UNMITTELBARE ERFAHRUNG

Diese meine Gespräche haben nicht das Ziel, andere zu belehren. Diejenigen, die davon profitieren möchten, werden zweifellos einen Gewinn davontragen. Ich betrachte es jedoch als *ramanama*, Wiederholen des göttlichen Namens, wenn ich über die Gita spreche. Denn wenn ich das tue, ist es für mich dasselbe Erlebnis, wie wenn ich die Namen Gottes rezitiere.

Zwischen dem, was ich soeben sagte, und dem heutigen 9.Kapitel gibt es eine enge Beziehung. In diesem Kapitel wird die wunderbare Kraft des göttlichen Namens beschrieben. Dieses Kapitel befindet sich im Zentrum der Gita, wie sich die Gita selbst im Zentrum des Mahabharata befindet. Aus verschiedenen Gründen gilt dieses Kapitel als heilig. Man sagt, Jnanadev habe in seinem letzten *samadhi* dieses Kapitel gesprochen und dabei sein Leben ausgehaucht. Beim bloßen Gedanken an dieses Kapitel kommen mir Tränen in die Augen, und mein Herz ist voll. Welch große Wohltat hat uns Vyasdev hiermit erwiesen! Nicht nur Indien allein, sondern der ganzen Menschheit. Was der Herr Arjuna Wunderbares lehrte, konnte nicht in Worte gekleidet werden. Doch Vyasa, von Mitleid bewegt, hat es in der Sanskrit-Sprache ausgedrückt. Er hat diese verborgene Wahrheit in Worte gekleidet. Gleich am Anfang dieses Kapitels sagt Krishna:

> *"raajavidyaa raajaguhyam havitram idam uttanam."*
>
> "Dies ist die höchste Erkenntnis, das erhabenste Geheimnis, das Höchste und Heiligste."

Diese königliche Erkenntnis, dieses einzigartige Geheimnis ist etwas, das man unmittelbar erfahren muß. Krishna nennt es *pratyakshaavagama* (= Erkenntnis, die durch unmittelbare Erfahrung gewonnen werden muß). Eine Erkenntnis, die nicht in Worten erfaßbar, jedoch auf dem Prüfstein eigener Erfahrung erprobt ist, wurde in diesem Kapitel dargelegt. Dadurch ist dieses Kapitel so beglückend. Tulasidas sagte:

"Wer weiß, wer zu Yamas Wohnung und wer zu der höheren Welt, dem Heim der Götter geht?
Für Tulasi scheint es das beste, auf dieser Welt als Ramas Sklave zu leben."

Nach dem Tod wird uns das Paradies zuteil und ähnliche Geschichten,— was sollen wir damit? Wer kann sagen, wer wohl ins Paradies und wer in die Unterwelt kommt? Wenn ich auch nur vier Tage in dieser Welt leben muß, wird mein ganzes Glück darin bestehen, Ramas Sklave zu sein, so sagt es Tulsidas. Die Glückseligkeit, als Sklave von Rama zu leben, ist in diesem Kapitel enthalten. Es wird hier beschrieben, was unmittelbar in diesem Körper erlebt, was mit diesen Augen gesehen und was noch in diesem Leben erfahren werden kann. Wenn wir Zucker essen, wird uns sein süßer Geschmack ein unmittelbares Erlebnis. Und hier wird die Glückseligkeit eines Lebens als Ramas Sklave auf dieselbe unmittelbare Art erlebt. Das königliche Wissen (*raja-vidya*), das uns die Glückseligkeit dieses irdischen Lebens unmittelbar enthüllt, ist der Gegenstand dieses Kapitels. Obwohl diese Erkenntnis ein verborgenes Geheimnis ist, macht es der Herr offenbar und allen leicht zugänglich.

(42) DER LEICHTE WEG

Die Gita ist die Essenz des vedischen *dharma*. Unter vedischem *dharma* versteht man das Gesetz, das aus den Veden hervorgegangen ist. Die Veden werden für die frühesten aller uralten Schriften der Welt gehalten. Darum gelten sie den *bhaktas* (Gläubigen) als *anadi*, ohne Anfang. Deshalb wird den Veden besondere Verehrung zuteil. Auch wenn man sie vom historischen Standpunkt aus betrachtet, sind sie der älteste Ausdruck der frühesten *bhavanas* (Bestrebungen und Hoffnungen) unseres Volkes. Diese literarischen Dokumente sind weit wertvoller als Kupferplatten, Steininschriften, Münzen, Gefäße und Überreste von Tieren. Wenn es ein solches überhaupt gibt, sind zweifellos die Veden das früheste Zeugnis der Welt. Das *dharma*, das in den Veden nur als Same veranlagt war, entwickelte sich zum Baum und brachte zuletzt die göttlich-süße Frucht der Gita hervor. Was sonst können wir vom Baum essen als die Frucht? Und nur, wenn der Baum Früchte trägt, bekommen wir etwas zu essen. Die Gita ist die zweifach destillierte Essenz des vedischen *dharma*.

In diesem vedischen *dharma*, das seit Urzeiten gewachsen ist, werden verschiedene *yagas* und *yajnas*, Riten und Rituale, viele Bußübungen und unzählige *sadhanas* erwähnt. Obwohl all diese religiösen Riten nicht unnütz sind, verlangen sie doch eine gewisse Fähigkeit. Nicht jeder konnte diese Fähigkeit erlangen. Wer klettert auf die hohe Kokospalme und pflückt die Frucht? Wer entfernt die Hülle, und wer bricht sie auf? Wie hungrig ich auch sein mag,—wie soll ich mir die Frucht da oben im Baum beschaffen? Ich schaue von unten zur Kokosnuß hinauf, und sie schaut zu mir herunter. Wie kann sie das Feuer meines Hungers stillen? Solange sie nicht in meine Hände gelangt, ist alles umsonst. Diese verschiedenen Riten waren voll komplizierter Gedanken. Wie konnte das einfache Volk sie verstehen? Es gibt nicht *moksha* (Befreiung) außer durch den Pfad der Veden. Doch es fehlt die Fähigkeit zum Verständnis der Veden. Was soll dann mit den anderen geschehen? Darum ließen sich die Heiligen von Mitleid bewegen und sagten: "Kommt, wir wollen aus den Veden Saft auspressen. Wir wollen die Essenz der Veden in vereinfachter Form der Welt geben!" Deshalb singt Tukaram: "Unendliches wird in den Veden gelehrt, doch ihr eigentlicher Sinn ist nur dieses!"

Was ist dieser Sinn? Der Name des Herrn. Der Name des Herrn ist die Essenz der Veden. Es wird außer Zweifel gestellt, daß durch *ramanama*, die Wiederholung des Namens des göttlichen Ram, *moksha*, d.h. Befreiung des Selbsts, möglich ist. Für alle, für Frauen und Kinder, für Kastenlose und Kaufleute, für Bauern und Arme, für die Schwachen, Kranken und Lahmen, ja für jedermann ist *moksha* leicht erreichbar geworden. Der Herr hat *moksha*, das in den Veden wie in einem festen Schrank verschlossen lag, herausgebracht und auf die Königs-Allee gestellt. Wie unmittelbar und leicht ist der Zugang zu moksha! Kann man nicht sogar im einfachsten Leben, aus der Tätigkeit des *svadharma*, aus jedem Dienst am Mitmenschen ein *yajna*, ein Opfer machen? Was bedarf es dann noch anderer Opfer und Rituale? Betrachte dein tägliches Dienen als eine Opfer-Handlung und erfülle es als solches. Das ist die Königs-Allee, der königliche Pfad.

> *"Yan aasthaaya naro raajan na pramaadyeta karhichit*
> *dhaavan nimiilya vaa netre na skhalet na patet iha."*
> "Auf dem es, selbst bei geschlossenen Augen, keine
> Gefahr des Strauchelns oder Fallens gibt."

Der andere Pfad ist "wie eines Messers Schneide, scharf und schwierig zu begehen": *"kshurasya dharaa nishitaa duratyayaa"*. Der Weg der Veden ist so schwierig, daß selbst die Schneide eines Schwertes daneben stumpf erscheinen mag. Wieviel leichter ist dagegen der Weg des Dienens für Rama. Der Ingenieur läßt die Straße ganz allmählich ansteigen und führt uns auf den hohen Gipfel. Es kommt uns gar nicht recht zum Bewußtsein, wie hoch wir hinaufsteigen. Dies ist auch das Verdienst des königlichen Pfads. Woimmer der Mensch tätig ist, dort kann er durch seine normale Tätigkeit die höchste Wirklichkeit (das Selbst) erreichen. Von solcher Art ist dieser Pfad.

Verbirgt sich denn der Erhabene irgendwo? Ist er in irgendeiner Höhle oder einer Felsspalte, in einem Fluß oder im Paradies versteckt? Diamanten und Rubine, Gold und Silber liegen im Schoß der Erde verborgen, Perlen und Korallen in den Tiefen der See. Ist so auch der funkelnde Edelstein, unser Gott, irgendwo versteckt? Müssen wir ihn erst ausgraben? Nein, er steht immer und überall vor uns allen. Jeder hier hat eine Manifestation des Herrn. Er sagt: "Beleidige nicht das Bildnis (*murti*) des Herrn, wie er sich in menschlicher Gestalt offenbart, mein Bruder!" Es ist der Herr, der sich in allen Dingen, den beweglichen und den unbeweglichen, offenbart. Was bedarf es da künstlicher Hilfsmittel, um ihn zu suchen? Der Weg zu ihm ist gerade und leicht. Opfere dem Herrn all dein Dienen, das ist genug! Werde Ramas Sklave! Sicher werden wir auf dem schwierigen Pfad der Veden — durch *yajna*, *svadha*, *shraadha* und *tarpana* (vedische Rituale) — *moksha* (der Befreiung des Selbsts) näherkommen. Doch erhebt sich dabei die Frage, ob man dazu befähigt ist oder nicht. Wir brauchen dies gar nicht. Tut nur dieses: Was immer ihr tut, opfert es dem Herrn! All euer Tun sollt ihr ihm weihen. Das ist die Lehre des 9.Kapitels. Deshalb lieben es die *bhaktas*, die Gläubigen, ganz besonderes.

(43) HIER HANDELT ES SICH NICHT UM EIN VORRECHT (*ADHIKAR*)

Der entzückendste Teil von Krishnas Leben ist seine Kindheit. Es ist vor allem dieser Bala-Krishna, das Kind Krishna, den wir verehren und anbeten. Er führt zusammen mit anderen Hirtenjungen die Kühe zur Weide, er ißt und trinkt, lacht und spielt mit ihnen. Als die Hirtenjungen Indra anbeten wollten, sagt er zu ihnen: "Wer hat eigentlich Indra gesehen? Was hat er für uns getan? Dieser Govardhan-Berg aber steht hier vor unseren Augen. Unser Vieh grast an seinen Hängen. Aus ihm entspringen frische Quellen. Wir wollen deshalb ihn anbeten." Solches lehrte er sie. Den Hirtenknaben, mit denen er spielte, den Hirtenmädchen, mit denen er lachte und sich unterhielt, den Kühen und Kälbern, die er weidete, — ihnen allen öffnete er die Tür zu *moksha*. Der Erhabene Krishna zeigte uns durch sein eigenes Erleben diesen leichten Weg. In seiner Kindheit beschäftigte er sich mit Kühen und Kälbern, als Erwachsener mit Pferden. Die Kühe freuten sich, wenn sie den Klang seiner Flöte hörten. Die Pferde zitterten vor Freude, wenn er ihnen mit seiner Hand über den Leib rieb. Diese Kühe und Kälber und die Wagenpferde wurden ganz von Krishna durchdrungen. Auch diese angeblich sündig geborenen Geschöpfe erlangten *moksha*. Sri Krishna hat es klar gemacht, daß nicht nur Menschen, sondern auch Tiere und Vögel ein Recht auf *moksha* haben. Er bewies es durch die Erfahrungen seines eigenen Lebens. Vyasa machte dieselbe Erfahrung wie Krishna. Krishna und Vyasa sind in Wirklichkeit eins. Auch der Sinn des Lebens ist bei beiden identisch. *Moksha* hängt nicht vom erworbenen Wissen oder von der Vielzahl der Riten ab. Dafür genügt aufrichtiges und einfaches *bhakti*. Während Gelehrte, die stets "ich, ich" sagen, zurückbleiben, werden sie von einfältigen und frommen Frauen überholt. Wenn der Sinn lauter und das Herz voll unverfälschter Einfalt und rein ist, ist *moksha* nicht schwer zu erlangen Es gibt im Mahabharata ein Kapitel mit der Bezeichnung "Das Gespräch zwischen Janaka und Sulabha". Dort schafft Vyasa eine Situation, in der sich Janaka an eine Frau wandte, um höchste Erkenntnis zu erlangen. Ihr mögt ruhig weiter darüber diskutieren, ob Frauen das Recht haben, die Veden zu studieren. Hier aber lehrt Sulabha ganz offensichtlich den König Janaka göttliche Weisheit. Sie ist eine einfache Frau und Janaka ein großer Herrscher, dazu außerordentlich gelehrt. Doch der weise Janaka hatte noch nicht *moksha* erlangt. Deshalb veranlaßte ihn Vyasa, sich vor Sulabha in Demut zu verneigen. Die Geschichte des Händlers Tulaadhar ist ähnlich: Der Brahmane Jaapali geht zu ihm auf der Suche nach Erkenntnis (*jnana*). Tulaadhar sagt: "Meine ganze Weisheit besteht darin, die Waage gerade zu halten." Ähnlich ist auch die Geschichte von Vyadha. Er war ein Metzger, tötete Tiere und diente so der Gesellschaft. Ein arroganter asketischer Brahmane wurde von seinem Guru aufgefordert, zu diesem Vyadha zu gehen. Der Brahmane wunderte sich: welche Weisheit kann mich dieser Metzger lehren? Doch er ging zu Vyadha. Was machte Vyadha? Er zerschnitt das Fleisch, wusch es und machte es bereit zum Verkauf. Er sagte zu dem Brahmanen: "Schau, ich verrichte meine Arbeit so gut wie möglich nach dem Gesetz des *dharma*. Ich verrichte diese Arbeit mit ganzer Seele

und diene meinen Eltern." So hat der große Vyasa in Gestalt des Vyadha den idealen Menschen dargestellt.
Diese Geschichten im Mahabharata über eine Frau, einen Händler, einen Metzger und andere wurden erzählt, um es allen absolut klar zu machen, daß die Tore zu *moksha* allen offen stehen. Die Essenz dieser Erzählungen wird im 9.Kapitel dargelegt. Dieses Kapitel drückt jenen Erzählungen das Siegel auf. Die Freude, die einem zuteil wird, wenn man als Diener Gottes lebt, sehen wir im Leben des Vyadha. Der Heilige Tukaram war ein Anhänger von *ahimsa* (Gewaltlosigkeit), doch voll Begeisterung beschreibt er, wie Sajan, der Metzger, durch seine Metzger-Tätigkeit *moksha* fand. Tukaram fragt anderswo: "Herr, welche Rettung gibt es für jene, die Tiere schlachten?" Doch er schreibt die Strophe: "Mit dem Fleischer Sajan verkauft er Fleisch" und bringt dadurch zum Ausdruck, daß der Herr dem Metzger hilft. Der Herr, der Narsi Mehtas Scheck honorierte, der für Eknath Wasser trug, der für Damaji Schuhe macht, der Janabai — von allen in Maharashtra geliebt — dabei half, das Korn zu stampfen und zu mahlen, dieser selbe Gott hilft auch dem Metzger Sajan ebenso liebevoll, sagt Tukaram. Die Moral davon ist, wir sollten all unser Tun dem Herrn widmen. Wenn das Tun mit reinem Gefühl (*bhavana*) und dem Geiste des Dienens erfüllt ist, wird es selbst zum Opfer, *yajna*.

(44) WEIHE DEM HERRN DIE FRÜCHTE DES TUNS

Im 9.Kapitel finden wir diese besondere Beschreibung. In ihm finden wir die schöne Verbindung von Karma-Yoga und Bhakti-Yoga. Karma-Yoga bedeutet Handeln, aber auf die Früchte verzichten. Handle mit solchem Geschick, daß der Duft der Frucht, das Verlangen nach Belohnung, dein Bewußtsein (*chitta*) nicht berührt. Es ist wie beim Pflanzen eines Eßkastanienbaumes. Dieser Baum trägt erst nach 25 Jahren Früchte. Der ihn pflanzte, hat wenig Aussicht, zu seinen Lebzeiten von seinen Früchten zu essen. Und doch muß der Baum gepflanzt und liebevoll gegossen werden. Karma-Yoga bedeutet: den Baum pflanzen und keine Früchte erwarten. Und was ist Bhakti-Yoga? Es bedeutet, durch gläubige Hingabe mit dem Herrn eins zu werden. In Raja-Yoga sind Karma-Yoga und Bhakti-Yoga vereint. Raja-Yoga ist von verschiedenen Leuten verschieden beschrieben worden. Doch ich möchte Raja-Yoga als eine schöne Verbindung von Karma-Yoga und Bhakti-Yoga bezeichnen.

Man muß handeln und nicht die Früchte wegwerfen, sondern sie Gott weihen. Die Früchte wegwerfen bedeutet, sie abzulehnen. Sie weihen ist etwas anderes. Welch schöne Vereinbarung! Es ist etwas Faszinierendes. Auf die Früchte verzichten bedeutet nicht, daß niemand die Früchte bekommen wird. Irgendjemand wird gewiß die Früchte nehmen, der eine oder andere wird sie gewiß bekommen. Dann steigt vielleicht die Frage auf, ob der, der sie erhält, sie auch verdient. Wenn ein Bettler an unsere Tür kommt, sagen wir gleich: "Du bist stark und kräftig. Es ziemt sich nicht für dich zu betteln. Geh weg von hier!" Wir überlegen uns, ob ihm das Betteln zusteht oder nicht. Der arme Bettler schämt sich und geht fort. Es ist keine Spur von Mitgefühl in unserem Herzen. Wie können wir außerdem die Bedürftigkeit eines Bettlers feststellen? In meiner Kindheit äußerte ich einmal meiner Mutter gegenüber ähnliche Zweifel hinsichtlich eines Bettlers. Ihre Antwort klingt mir bis heute in den Ohren. Ich sagte zu ihr: "Dieser Bettler sieht gesund und munter aus. Wenn wir ihm Almosen geben, ermutigen wir nur Faulheit und üble Gewohnheit." Und ich sagte ihr auch folgenden Vers aus der Gita auf: *"deese kaale cha paatre cha"* (am rechten Ort, zur rechten Zeit, dem Bedürftigen). Sie antwortete mir: "Der da kam, um zu betteln, war niemand anders als Gott selbst. Du magst nun überlegen, ob er der Almosen würdig war oder nicht. Ist Gott etwa unwürdig? Welches Recht hast du und habe ich, zu überlegen, wer eines Almosens würdig ist? Ich sehe nicht, warum ich weiter fragen sollte. Für mich ist er einfach Gott." Bis zum heutigen Tage ist mir auf diese Antwort der Mutter keine geeignete Erwiderung eingefallen.
Ich überlege, ob er es verdient, wenn es um das Essen eines anderen geht. Doch wenn es Zeit ist, meinen eigenen Bauch zu füllen, kommt es mir nicht in den Sinn zu fragen, ob ich ein Recht darauf habe oder nicht. Warum betrachten wir den, der an unsere Tür klopft, als unglückseligen Bettler? Der, dem wir etwas geben, ist niemand anders als Gott, — warum können wir es nicht so ansehen? Im Raja-Yoga heißt es: Irgendjemand wird gewißlich die Früchte deines Handelns ernten, nicht wahr? Deshalb übergib sie dem Herrn, weihe sie Ihm! Raja-Yoga zeigt uns den würdigen Empfänger. Im Raja-Yoga gibt es überhaupt keine negative Handlung des Verzichts auf die Früchte, und alles wird dem Herrn geweiht. Deshalb erledigt sich auch die Frage, ob jemand der Gabe würdig ist oder nicht. Die dem Herrn geopferte Gabe ist immer rein. Auch wenn es Unreines in deinem Handeln gibt, wird es rein werden, sobald es in Seine Hände

gelangt. Wie sehr wir uns auch bemühen, Unzulänglichkeiten zu beseitigen, wird es doch immer Mängel geben. Dennoch wollen wir so gut wie möglich mit reinem Herzen handeln. Die Intelligenz ist eine Gabe Gottes. Es ist unsere Pflicht, sie so unverdorben wie möglich in unserem Handeln anzuwenden. Dies nicht zu tun, wäre ein Vergehen. Darum müssen wir wohl auch unterscheiden zwischen würdig und unwürdig. Doch fällt uns dies leicht, wenn wir Gott ergeben sind.

Um das Bewußtsein (*chitta*) zu reinigen, sollten wir die Früchte verschenken. Widme dem Herrn alles Tun, gerade so, wie es eben ist. Jedesmal, wenn ein Werk vollendet ist, ob gut oder schlecht, weihe es unverzüglich dem Herrn und gib dich zufrieden! Nicht auf die Früchte verzichten soll man, sondern sie dem Herrn opfern. Doch nicht nur das. Auch die *vasanas*, die Neigungen im Gemüt und Schwächen wie Gier und Zorn (*kama — krodha*) soll man dem Herrn weihen und dann frei sein.

"Meine Gier und meinen Zorn habe ich Gott geopfert."

So braucht man sich nicht im Feuer der Enthaltsamkeit zu quälen. Bringe alles unverzüglich als Opfer dar und sei frei! Kein Unterdrücken, kein Abtöten!

"Wenn die Krankheit mit Milch und Zucker geheilt werden kann, warum dann den bitteren Saft von *neem* trinken?"

Auch die Sinne sind Mittel zur Selbstverwirklichung (*sadhana*). Weihe sie dem Herrn! Die Leute sagen: "Meine Ohren wollen nicht hören." Soll man also die Ohren verschließen? O, nein, man soll sie selbstverständlich offen halten, jedoch nur, um über das Wirken Gottes zu hören. Es ist sehr schwierig, nichts zu hören. Doch ist es leichter, angenehmer und vorteilhafter, die Ohren dadurch zu beschäftigen, daß man ihnen von Gott erzählt. Schenke Rama die Aufmerksamkeit deiner Ohren! Sprich unausgesetzt Ramas Namen mit deinem Mund! Die Sinne sind keine Feinde. Sie sind gut. Ihre Fähigkeiten sind grenzenlos. Daher alle unsere Sinne gebrauchen mit Hilfe unserer Intelligenz, die wir Gott geweiht haben, das nennt man Raja-Yoga.

(45) BESONDERE TÄTIGKEIT IST NICHT NÖTIG

Wir sollten dem Herrn nicht nur besondere Handlungen widmen. All unser Tun sollten wir ihm weihen. Seht die Gabe der Sabari! Mit wieviel Liebe wurde sie von Rama angenommen! Man braucht nicht in einer Höhle zu sitzen, um Gott zu verehren. Was du auch tun und woimmer du es tun magst, weihe es dem Herrn. Die Mutter, die ihrem Kind dient,

dient Gott. Wenn sie ihr Kind badet, so ist dies *rudra-abisheka*, das rituelle Bad Gottes. Wenn die Mutter ihr Kind als eine Gabe Gottes betrachtet, möchte sie es auch mit frommer Hingabe pflegen. Mit wieviel Liebe versorgten Kausalya das Kind Rama und Yasoda das Kind Krishna. Suka, Valmiki und Tulasidas schätzen sich glücklich, dies beschreiben zu dürfen, und sie empfinden dabei unermeßliche Freude. Dieses hingebende Dienen der Mutter ist etwas Wunderbares. Welch größeres Glück könnte ihr zuteil werden, als ihrem Kind, dem Ebenbild Gottes, zu dienen? Wenn wir in unserem gegenseitigen Dienen nur auch diese Einstellung hätten, wie würde sich da unser ganzes Handeln verwandeln! Wir sollten uns die Einstellung zu eigen machen, daß jegliche Arbeit, die uns zufällt, Dienst an Gott selbst ist.

Der Bauer dient seinem Stier. Ist ein Stier etwas Wertloses, Verächtliches? Nein, der Stier, den Vamadeva in den Veden beschreibt als die das Weltall durchdringende Energie (*shakti*), ist auch im Stier des Bauern gegenwärtig.

"chatvaari shringaa trayo asya paadaa
dve shiirshe sapta hastaaso asya
tridhaa baddho vrishabho roraviiti
maho devo martyaam aavivesha."

"Der Stier, der vier Hörner, drei Beine, zwei Köpfe und sieben Hände hat, der dreifach angebunden ist, der in seiner Herrlichkeit alle vergänglichen Dinge durchdringt, diesen brüllenden und das ganze Weltall durchdringenden Stier verehrt der Bauer." Die Kommentatoren haben diesen einen Abschnitt sehr verschieden ausgelegt. Dieser Stier ist ja auch wunderbar. Der Stier, der am Himmel brüllt und den Regen herabschüttet, ist im Stier des Bauern gegenwärtig, der Dung und Urin spendet und die Felder fruchtbar macht. Wenn der Bauer seinem Vieh mit dieser edlen Haltung dient, wird selbst diese bescheidene Arbeit zum Gottesdienst.

Gleichermaßen, wenn die Hausfrau die Kochstelle bereitet, die Küche sauber und in Ordnung hält, das Feuer macht, gesundes und bekömmliches Essen bereitet, wenn sie all dieses tut mit dem Wunsch, durch ihre Kochkunst allen Menschen im Haus Kraft und Freude zu spenden, wird ihre ganze Arbeit zur Opferhandlung. Was sprechen wir von Herdfeuer, es ist ein kleines Opferfeuer, das die Mutter entzündet hat. Stellt euch vor, wie rein und bekömmlich das Essen sein wird, wenn es gekocht wird, um den Hunger Gottes zu stillen. Wenn unsere Grihalakshmi

(Göttin des Haushalts) von solchen edlen Gedanken (*bhavanas*) erfüllt ist, müssen wir sie den *rishipatnis* (Ehefrauen der *rishis*) gleichstellen, wie sie in der Bhagavata beschrieben werden. Wie viele Mütter mögen durch Dienen das andere Ufer erreicht haben, während ungezählte Studierte und Gelehrte, die immerzu nur an sich denken, in einem Winkel zurückbleiben.

(46) DAS GANZE LEBEN KANN VON GOTT ERFÜLLT SEIN

Die Augenblicke unseres täglichen Lebens mögen gewöhnlich erscheinen, doch sie sind es in Wirklichkeit nicht. Sie tragen enorme Bedeutung in sich. Das ganze Leben ist ein großes *yajna-karma*, eine fortdauernde Opferhandlung. Was ist Schlaf? Es ist eine Art von *samadhi* (Einswerden). Wenn wir all unsere Freude und Leid dem Herrn weihen, ehe wir einschlafen, was anders ist dann der Schlaf als *samadhi*? Es gibt bei uns einen Brauch, die Hymnen des Purushasukta beim Baden zu rezitieren. Welche Beziehung besteht zwischen Purushasukta und einem Bad? Wenn du sie sehen willst, wirst du sie gewiß erkennen. Welche Beziehung besteht zwischen *virat purusha*, dem kosmischen Menschen mit tausend Händen und tausend Augen, und diesem meinem Bad? Hier ist die Beziehung: In dem Krug mit Wasser, das du dir über deinen Kopf schüttest, gibt es Tausende von Tropfen. Diese Tropfen waschen deinen Kopf, sie waschen dich rein von Sünden. Es ist, als ob der Segen des Herrn auf deinen Kopf herabregnete. Von den tausend Händen des Herrn fließen tausend Rinnsale auf deinen Kopf herab. Es ist, als ob Gott selbst dir durch diese Tropfen den Unrat aus deinem Kopf entfernte. Wenn du solch göttliches *bhavana* in dein Bad gibst, so wird es mehr als ein Bad und von unermeßlicher Kraft erfüllt sein.
Jedes Handeln, das aus der Haltung heraus geschieht, daß es für Gott getan wird, und sei es auch noch so bescheiden, wird geheiligt, das hat die Erfahrung gelehrt. Wir wollen einmal annehmen, daß der Besucher in unserem Haus Gott selbst ist. Für gewöhnlich, wenn ein wichtiger Gast in unserem Haus erwartet wird, wie wird dann geputzt und welch herrliche Mahlzeit wird bereitet! Und wenn wir nun annehmen würden, daß Gott selbst zu Besuch käme, wie sehr würde sich dies auf unsere innere Haltung auswirken? Kabir war eifrig beim Weben. Ganz in dieser Arbeit versunken, sang er:

jhiini jhiini biini chadarya ("Ich webe ein feines, feines Tuch").

Er sang und schleuderte das Weber-Schiffchen hin und her in dem Glauben, daß er für Gott selbst den Umhang webe. Der Rishi des Rig Veda sagt:

vastreva bhadraa sukritaa supaanii.

Ich opfere meine Hymne Gott wie ein von zarter Hand kunstvoll gewebtes Gewand.

Der Dichter komponiert seine Lieder für Gott. Und auch wer da webt und Gewänder macht, tut es für Gott. Welch erhebender Gedanke! Wie reinigt uns diese Vorstellung den Sinn (*chitta*), wie begeistert sie unser Herz! Wenn erst einmal diese Vorstellung in unser Leben kommt, wie makellos wird dann unser Leben sein. Wenn ein Blitz in der Dunkelheit aufleuchtet, wird die Dunkelheit sofort zu Licht. Wird die Dunkelheit nur allmählich zu Licht? Nein, in einem Augenblick wird alles durch und durch verwandelt. Ebenso kommt augenblicklich eine wunderbar neue Kraft in unser Leben, sobald wir alles Tun Gott widmen. Jede Tat wird rein. Wir werden erfüllt von Begeisterung. Wo gibt es denn heute noch Begeisterung in unserem Leben? Wir leben, weil wir noch nicht tot sind. Auf allen Seiten herrscht Mangel an Begeisterung. Vollkommen schmuck- und freudlos schleppt sich unser Leben dahin. Doch sobald du innerlich, wenn auch zaghaft zu der Überzeugung kommst, daß all dein Tun Gott geweiht werden muß, wirst du erkennen, wie dein Leben an Schönheit und Wert gewinnt.

Ohne Zweifel bringt schon allein der Name Gottes eine plötzliche Wandlung zustande. Frage nicht, was denn das Sprechen des göttlichen Namens "Rama" bewirke. Sprich diesen Namen, dann wirst du schon sehen! Stell dir vor, wie am Abend, nach seinem Tagwerk der Bauer nach Hause geht. Unterwegs trifft er einen Wanderer und sagt zu ihm:

"Die Nacht bricht an, o Narayana. Komm mit mir heim nach Hause."

Sobald der Bauer sagt: "Bruder Wanderer, o Narayana, verweile ein wenig. Es ist Nacht geworden, Herr, kommt in mein Haus."—verwandeln seine Worte den Wanderer. Und wäre er ein Dieb oder ein Räuber, er würde geläutert werden. Diese Verwandlung wird durch das *bhavana*, die innere Einstellung, bewirkt. Alles wird durch diese innere Haltung vollbracht. *Bhavana* ist die Lebenssubstanz. Ein fremder junger Mann von 20 Jahren kommt ins Haus. Der Vater gibt ihm seine Tochter zur Frau. Der junge Mann ist nur 20 Jahre alt, aber der 50 Jahre alte Vater verneigt sich tief vor ihm. Wie ist das zu verstehen? Das Weggeben der Tochter ist eine außerordentlich heilige Handlung. Der die Gabe

empfängt, wird als Gott geehrt. Wir wollen dieses *bhavana*, das wir dem Schwiegersohn entgegenbringen, noch höher und weiter tragen.
Mancher wird einwenden: "Was nützen uns solche unwahren Vorstellungen?" Ich aber sage: "Beginnt nicht mit Reden von wahr oder unwahr. Erprobt es zuerst durch die Tat und macht selbst die Erfahrung, dann werdet ihr erkennen, was wirklich und was unwirklich ist." Wenn du es bei dieser Vermählung nicht nur in Worten sagst, sondern von ganzem Herzen empfindest, daß der Bräutigam Gott selbst ist, wirst du erkennen, wieviel dies ausmacht. Durch diese innere Einstellung wird sich die ursprüngliche Gestalt des Objekts so sehr von dessen späterer Gestalt unterscheiden wie der Himmel von der Erde. Der Unwürdige wird würdig und der Böse wird gut. Wurde nicht Balya (Valmiki), der Eingeborene (Bhil), auf diese Weise bekehrt? Dort im Wald tanzen die Finger des Weisen Narada auf den Saiten der Vina, und er singt den göttlichen Namen Narayanas. Da kommt der Räuber Balya gelaufen, um ihn zu töten. Selbst dann verweilt der Weise in ungestörtem Frieden und schaut ihn mit Augen voller Liebe an. Nie zuvor hatte Balya dergleichen gesehen. Er hatte bisher nur zwei Arten von Lebewesen gesehen: die eine Art, die beim Anblick seiner Axt entfloh, und die entgegengesetzte Art, die ihn angriff. Narada jedoch entfloh nicht und griff ihn nicht an, sondern verweilte einfach, das Wesen voller Frieden. Balyas Axt stand still. Narada zog weder seine Brauen hoch, noch bewegte er seine Augen. Er sang die schöne Hymne weiter wie zuvor. Dann fragte er den Räuber: "Warum steht deine Axt still?" Balya erwiderte: "Wegen des Anblicks deines Friedens." Narada hat Balya verwandelt. War diese Verwandlung wirklich oder unwirklich?
Wer soll in dieser Welt entscheiden, ob ein Mensch böse ist oder nicht? Selbst wenn du einem wirklich bösen Menschen begegnest, sei erfüllt von dem Gedanken, daß es Gott selber ist. Und wäre er ein Bösewicht, er würde zum Heiligen werden. Sollen wir uns also etwas Unwahres einreden? Doch ich sage: wer kann es denn wissen, ob dieser Mensch schlecht ist? Manche meinen: Weil gute Menschen selber gut sind, sieht für sie alles gut aus. Wenn nun dies nicht der Wirklichkeit entspricht, sollen wir dann annehmen, daß das, was du siehst, die Wirklichkeit ist? Sollen wir annehmen, daß nur die schlechten Menschen befähigt sind, die Welt wirklich zu verstehen? Warum können wir nicht sagen, daß die Schöpfung gut ist; du aber bist schlecht und deshalb erscheint auch sie dir schlecht? Schau, die Schöpfung ist nur ein Spiegel. Von dem, was du

selber bist, wirst du in deiner Umwelt das Spiegelbild sehen. Das Auge des Betrachtenden bestimmt die Gestalt der Welt. Wir wollen deshalb annehmen, daß die Schöpfung gut ist, daß sie rein ist. Bringt diese Vorstellung auch zu all euern gewöhnlichen Handlungen. Dann werdet ihr ein großes Wunder erleben. Ebendies möchte uns der Göttliche erklären, wenn er sagt:

"yatkaroshi yadeshnaasi yajjuhoshi dadaasi yat
yat tapasyasi kaunteya tat kurushva madarpanam."

"Was du auch tust, was du auch ißt, welche Rituale oder Bußübungen du auch ausführst, was du auch gibst, — tue es, o Sohn des Kunti, als Opfergabe an mich."

Was immer du tun magst, opfere, weihe es dem Herrn. In meiner Kindheit erzählte mir meine Mutter eine Geschichte. Es ist eine lustige Geschichte, doch sie hat einen tiefen Sinn. Es war einmal eine Frau. Sie beschloß, alles, was sie tat, dem göttlichen Kṛishna zu weihen. Nachdem sie die Kochstelle mit einer Mischung aus Ton und Kuhmist bestrichen hatte, formte sie aus dem Übriggebliebenen eine Kugel und warf sie aus dem Fenster mit den Worten: *"Krishnaarpanamastu"*, "möge Krishna es annehmen". Es geschah, daß die Kugel aus Kuhdung und Ton emporflog bis in den Tempel hinein und dort auf dem Gesicht der Statue von Krishna haften blieb. Nachdem der Priester, der arme, unzählige Male die Statue gereinigt hatte, wurde es ihm zuviel, doch wußte er sich nicht zu helfen. Schließlich entdeckte er, daß die Frau dieses Wunder bewirkte. Solange die Frau lebte, konnte die Statue niemals sauber gehalten werden. Eines Tages wurde die Frau krank. Ihre Sterbestunde war ganz nahe gerückt. Da brachte sie auch ihren Tod Krishna zum Opfer. Im selben Augenblick zerfiel im Tempel die Statue in Stücke. Da kam von oben das Himmelsgefährt, um die Frau abzuholen, doch auch dieses opferte sie Krishna. Da schlug das Gefährt gegen den Tempel und zerbrach in Stücke. Selbst der Himmel ist machtlos vor der Konzentration auf den Namen Krishnas.

Dies alles bedeutet, daß jede Tat, die wir tun, ob gut oder schlecht, von neuer Kraft durchdrungen wird, wenn wir sie Gott opfern. Die Maiskörner sind gelblich und rötlich, doch wenn sie geröstet werden, wie schön springen sie dann auf, wie weiße Blüten. Wenn du nun das strahlend weiße, schöne, vielgestaltige Gebilde neben die harten Maiskörner legst, siehst du einen großen Unterschied. Doch zweifellos ist das eine aus dem anderen entstanden, und allein das Feuer verursachte diese

Verwandlung. Gleicherweise kann man das harte Korn in der Mühle mahlen, dann wird es zu weichem Mehl. Durch die Berührung mit dem Feuer wurde es zur Blüte und durch das Mahlen in der Mühle zu weichem Mehl. So werden auch unsere einfachsten Handlungen veredelt, wenn wir sie Gott weihen. Durch *bhavana* steigt ihr Wert. Verachte nicht die kleine Blume, das bescheidene Blatt, den zarten Keim und den Grashalm —

"Tukaram sagt, was sich mit Gott verbindet, wird wohlschmeckend."

Weihe Gott jedes Ding und prüfe es von neuem. Wo ist eine Würze, die Rama gleicht? Füge diese göttliche Würze allen deinen Handlungen bei, so werden sie schön und wohlschmeckend werden.

Wenn um acht Uhr abends im Tempel geopfert wird, wenn der Weihrauch aufsteigt, wenn die Lampen angezündet werden und der brennende Kampfer vor der Statue bewegt wird, bemächtigt sich unser das Gefühl, daß Gott sich offenbart. Den ganzen Tag war Er wach, nun ist es Zeit für Ihn, schlafen zu gehen, so singt der Gläubige,

"schlafe wohl, mein Gopala, mein Süßer, schlafe."

Aber der Skeptiker fragt: "Schläft denn Gott auch?" Lieber Freund, was tut denn Gott nicht? Wenn Gott nicht wacht und schläft, ist es der Stein, der wacht und schläft? Mein Freund, der Herr selbst schläft und wacht, ißt und trinkt. In der Morgendämmerung weckt Tulasidas Bhagavan auf, indem er singt: "Wache auf, o Raghunatha, mein Kind, die Vögel singen in den Wäldern!"

In all seinen Brüdern und Schwestern, in allen Männern und Frauen sieht er Ramachandra und sagt: "Meine Ramachandras, erhebt euch!" Welch schöne Idee! Schaut euch dagegen ein Schüler-Wohnheim an, wo man die Jungen schon beim Aufwecken schilt: "Wollt ihr endlich aufstehen oder nicht?" Der Morgen ist eine seligmachende Zeit. Passen zu dieser Stunde rauhe, scheltende Worte? In Vishvamitras Ashram schläft Ramachandra. Vishvamitra weckt ihn auf. Gemäß dem Ramayana von Valmiki tut er es mit folgenden Worten:

"raama iti madhuraam vaaniim vismaamitro abhyabhaashata
uttishtha narashaarduula puurvaa sandhyaa pravartate."

Vishvamitra sagt mit sanfter Stimme: "Rama, mein Kind, der Himmel erstrahlt im Osten. Steh auf, o Tiger unter den Menschen!" Wie angenehm ist diese Art des Weckens, und wie lieblos geschieht das Wecken im heutigen Wohnheim! Der schlaftrunkene Bursche muß ja meinen, sein Erbfeind sei gekommen, ihn aufzuwecken. Rufe ihn zuerst leise, doch vermeide grobe und böse Worte. Wenn er nicht aufwacht, gehe nach zehn Minuten wieder zu ihm. Wenn er heute nicht zur rechten Zeit aufsteht, sei sicher, daß er es morgen tut. Um ihn zu wecken, singe ihm schöne Lieder, Morgenhymnen und Psalmen (*stotra*). Das Aufwecken eines Schläfers ist eine unscheinbare Beschäftigung, doch wie schön können wir sie gestalten mit Hilfe von Poesie und Herzenswärme. Es sollte sein, als ob wir Gott selbst aufwecken wollten. Das Ebenbild Gottes sollte man behutsam wecken. Jemanden richtig aus dem Schlaf zu wecken, ist auch eine Kunst.

Durchdringe all dein Handeln mit dieser Vorstellung. In der Erziehungskunst ist diese Grundhaltung ganz besonders wichtig. Wer sind denn die Kinder? Sie sind Gottes Ebenbild. Der Lehrer muß von dem Gedanken erfüllt sein, daß er diesen göttlichen Wesen dienen will. Dann wird er die Kinder niemals anknurren: "Geh sofort nach Hause! Bleibe eine Stunde stehen! Strecke deine Hand aus! Wie schmutzig sind deine Kleider! Geh und putze deine Nase!" Stattdessen würde er zart dem Kind die Nase putzen, würde ihm seine schmutzigen Kleider waschen und alles Zerrissene flicken. Wie wunderbar wird es sich auswirken, wenn der Lehrer so handelt! Können Schläge jemals etwas Gutes bewirken? Auch die Schüler sollten zu ihren Lehrern dieselbe innere Einstellung haben. Der Lehrer sollte in seinen Schülern und die Schüler sollten in ihrem Lehrer Gott sehen. Wenn sich beide gegenseitig in ihrem Verhalten von diesem *bhavana* leiten lassen, wird ihnen herrliches Wissen zuteil. Sowohl in den Schülern als auch in dem Lehrer offenbart sich Gott. Wenn die Schüler erfüllt sind von der Überzeugung "dies ist kein Schulmeister, sondern Lord Shiva selbst, der uns den Nektar des Wissens einschenkt; durch Dienst an ihm wird uns Erkenntnis zuteil", könnt ihr euch vorstellen, wie sie sich ihrem Lehrer gegenüber verhalten werden.

(47) KEINE FURCHT VOR SÜNDE

Wenn unser Wesen (*chitta*) von der Überzeugung durchdrungen ist, daß Gott in seinem Glanz allgegenwärtig ist, wird das Ethos unseres gegenseitigen Verhaltens von selbst aus unserem innersten Seinsgrund entspringen. Wir brauchen nicht in Büchern danach zu suchen. Alle Mängel werden verschwinden, die Sünde wird uns fliehen und das Dunkel des Bösen entschwinden. Tukaram hat gesagt:

> "Gehe jetzt! Ich mache dich frei. Mit jedem Atemzug wiederhole den Namen Gottes! Frei wirst du sein von Sünde, da Er bei dir ist, wenn du Ihn rufst."

Also gut, du magst ruhig sündigen. Ich will sehen, ob du zuerst der Sünde überdrüssig wirst oder ob zuerst der göttliche Name beim Vertreiben deiner Sünde erlahmt. Welche Sünde wäre stark und ausdauernd genug, sich vor dem Namen Gottes zu behaupten? "Sündige ruhig, soviel du magst!" Dir ist absolute Freiheit gegeben. Der göttliche Name und deine Sünden sollen es miteinander ausfechten. Der Name Gottes hat die Kraft, in einem Augenblick alle Sünden nicht nur des gegenwärtigen Lebens, sondern auch zahlloser vorheriger Leben zu Asche zu verwandeln. Und wäre eine Höhle von jahrtausendalter Dunkelheit erfüllt, die Dunkelheit müßte fliehen beim Entzünden eines einzigen Streichholzes. Dunkelheit wird zu Licht. Je älter die Sünde, umso schneller ist sie zerstört, denn sie ist zum Sterben bestimmt. Schnell verbrennt das alte Holz zu Asche. In der Nähe von *ramanama* kann keine Sünde verweilen. Sagen nicht sogar die Kinder, daß Gespenster entfliehen, wenn man den Namen Rams ausspricht? In meiner Kindheit gingen wir bei Nacht zum Verbrennungsplatz (Friedhof). Wir waren eine Wette eingegangen, dort einen Holzpflock in die Erde zu schlagen. Bei Nacht gab es dort Schlangen und Dornen, und ringsum herrschte tiefstes Dunkel, doch all das machte mir nichts aus. Nicht ein einziges Gespenst ist mir erschienen. Gespenster existieren nur in der Vorstellung. Wie sollte man sie also sehen? Woher nahm der zehnjährige Junge die Kraft, nachts allein zur Verbrennungsstätte zu gehen? *Ramanama*, das Sprechen des göttlichen Namens, gab ihm die Kraft. Diese Kraft ging hervor aus Gott, der lautere Wahrheit ist. Wenn ihn die Überzeugung erfüllt, daß Gott stets an seiner Seite ist, wird ein Diener Gottes niemals Furcht kennen, auch wenn sich die ganze Welt umkehrte. Welcher Dämon kann ihn verschlingen? Der Dämon vermag wohl den Körper zu verschlingen und zu verdauen, doch die Wahrheit kann er nicht antasten. Keine Macht der Welt kann Wahrheit zerstören. Vor dem Namen des Herrn kann Sünde überhaupt nicht bestehen. Wende darum dein Wesen Gott zu. Erlange seine Gnade. Weihe, opfere ihm alles Tun. Werde ganz Sein. Wenn du allmählich das *bhavana* immer vollkommener entfaltest, daß alles Handeln dem Herrn als Opfergabe dargebracht werden soll, wird das elende Leben göttlich, und das häßliche Leben wird schön werden.

(48) AUCH DAS WENIGE IST VOLL SÜSSIGKEIT

"Patram pushpam phalam toyam", ein Blatt, eine Blume, eine Frucht, ein wenig Wasser, was immer es sei, fromme Hingabe macht das Opfer vollständig. Die Frage ist nicht, wieviel du gibst, sondern mit welchem *bhavana.* Einmal unterhielt ich mich mit einem Professor. Dabei handelte es sich um Pädagogik. Wir wurden uns nicht einig. Schließlich sagte der Professor: "Mein Freund, ich arbeite seit 18 Jahren auf diesem Gebiet." Er hätte mich überzeugen sollen. Als er stattdessen davon sprach, daß er seit vielen Jahren in der Erziehung tätig ist, antwortete ich ihm scherzend: "Wenn ein Ochse 18 Jahre lang an einer Ölmühle im Kreise geht, wird er dadurch zum Ingenieur?" Ingenieur zu sein, ist etwas ganz anderes, als wie ein Ochse mit geschlossenen Augen im Kreise zu gehen. Erzieher zu sein, ist etwas ganz anderes, als die Last des Lehrberufs zu tragen. Die Erfahrung, die sich ein Wissenschaftler in sechs Monaten erwerben kann, wird ein Gepäckträger nicht einmal in 18 Jahren begreifen. Der Professor wies darauf hin, daß er in langjährigem Lehrdienst ergraut war. Doch ein grauer Bart ist kein Wahrheitsbeweis. In gleicher Weise ist es nicht von Bedeutung, wieviel man dem Herrn opfert. Es geht dabei nicht um Größe oder Form oder Preis, sondern nur um das *bhavana.* Nicht was oder wieviel geopfert wurde, ist von Bedeutung, sondern in welchem Geist es geschah. In der Gita gibt es nur 700 Verse (*slokas*). Es gibt andere Werke mit mehr als 10 000 Versen. Doch wir können nicht sagen, daß etwas nützlicher sei, weil es größer ist. Wir sollten vielmehr auf das Ausmaß von Kraft und Wirksamkeit achten. Die Anzahl der Handlungen im Leben ist nicht wichtig. Schon eine einzige Tat, im Geiste der Opferbereitschaft gegenüber Gott getan, wird uns die ganze Fülle der Erfahrung schenken. Manchmal wird uns in einem einzigen seligen Augenblick eine Erfahrung zuteil, die uns sonst über viele Jahre hin nicht zuteil wird.

Wenn wir Gott alles Tun, alle Handlungen weihen, wird das Leben kraftvoll, und *moksha* wird greifbar. Das ist der Sinn des Ganzen. Zu handeln, ohne auf Früchte zu verzichten, sondern sie Gott weihen, das ist Raja-Yoga. Dies führt uns einen Schritt weiter als Karma-Yoga. Karma-Yoga sagt: Handle und verzichte auf Früchte! Erwarte nicht die Früchte! Damit hört Karma-Yoga auf. Raja-Yoga sagt: "Gib die Früchte nicht auf, doch opfere Gott sämtliche Handlungen! Sie sind Blumen, sie sind die Mittel, die dich voranbringen. Opfere sie am Altar des Herrn! Verbinde Handeln (*karma*) mit Hingabe (*bhakti*) und gestalte so dein Leben immer schöner! Verzichte nicht auf die Früchte. Sie sollen nicht weggeworfen, sondern dem Herrn übereignet werden." Die Frucht, die im Karma-Yoga verworfen wird, bleibt im Raja-Yoga mit der Handlung vereint. Es besteht ein eindeutiger Unterschied zwischen säen und wegwerfen. Was man sät — und sei es noch so wenig —, wird sich vielfach vermehren. Was man wegwirft, geht verloren. Das dem Herrn geopferte Tun ist gleich einer Aussaat. Es erfüllt unser Leben mit unendlicher Freude und heiligt es.

10. KAPITEL

Kontemplation der göttlichen Herrlichkeit

(49) DIE ERSTE HÄLFTE DER GITA. EIN RÜCKBLICK

Freunde, wir haben nun die erste Hälfte der Gita beendet. Bevor wir an die zweite Hälfte gehen, wäre es gut, wenn wir uns noch einmal kurz den Inhalt des Besprochenen vor Augen führten. Im 1.Kapitel wurde uns klar gemacht, daß es das Ziel der Gita ist, Verblendung zu zerstreuen und Treue zum eigenen *svadharma* zu wecken. Im 2.Kapitel sahen wir die Grundwahrheiten des Lebens, den Weg des Handelns (Karma-Yoga) und das Bild des "Im-Geist-Gefestigten" (*sthitaprajna*). Im 3., 4. und 5.Kapitel wurden *karma*, *vikarma* und *akarma* erläutert. *Karma* bedeutet: am eigenen *svadharma* festhalten. *Vikarma* bedeutet: innere Beteiligung zur Unterstützung der äußeren Handlung in Erfüllung des *svadharma*. Wenn *karma* und *vikarma* eins werden und dadurch *chitta* (das Wahrnehmungsvermögen) geläutert ist und sämtliche Unreinheiten weggewaschen sind, wenn die erworbenen Begierden abgeschwächt sind, die Leidenschaften zur Ruhe kommen und Diskriminierung aufhört, dann wird der Zustand von *akarma* erreicht. Danach erfuhren wir, daß es zwei Formen von *akarma* gibt. Bei der einen Form scheint es, daß man gar nichts tut, obwohl man Tag und Nacht tätig ist. Bei der entgegengesetzten Form wirkt man unaufhörlich, obwohl man nichts tut. Solchermaßen erscheint *akarma* in zweierlei Form. Sie sind dem Anschein nach verschieden, in ihrer vollkommenen Form sind sie sich gleich. Man nennt sie mit den zwei Namen Karma-Yoga und Sannyasa, doch ihr innerer Wesensgehalt ist derselbe. Der Zustand von *akarma* ist das Endziel, die letzte Stufe. Diesen Zustand nennt man *moksha*. Derart wurde in den ersten fünf Kapiteln der Gita die ganze Philosophie des Lebens dargelegt.

Danach, vom 6.Kapitel an, werden aus der Vielzahl der verschiedenen Formen von *vikarma*, von den verschiedenen Methoden zur innerlichen Läuterung des Gemüts zwecks Erlangung des Endzustandes von *akarma* die bedeutendsten Formen beschrieben. Im 6.Kapitel wird zur Erlangung innerer Konzentration Dhyana-Yoga (Weg der Meditation) beschrieben und als Hilfsmittel *abhyasa* (Übung) und *vairagya* (Entsagung) empfohlen.

Im 7.Kapitel wird der große und erhabene Weg der Hingabe (*bhakti*) erläutert. Gehe zu Gott aus Liebe, gehe zu ihm auf der Suche nach Erkenntnis, gehe zu ihm zur Förderung des Guten in der Welt, gehe mit persönlichem Anliegen, gehe aus jedwedem Anlaß, doch versäume nicht, wenigstens einmal vor ihn zu treten! Diesem Kapitel gab ich die Bezeichnung Prapatti-Yoga, Yoga, der dich veranlaßt, bei Gott Zuflucht zu suchen. Nachdem im 7.Kapitel Prapatti-Yoga (Weg der Zuflucht bei Gott) erklärt worden ist, wird im 8.Kapitel "Satatya-Yoga", Yoga der Beständigkeit, erläutert. Diese von mir verwendeten Bezeichnungen werdet ihr im Buch nicht finden. Ich gebe hier Bezeichnungen, wie sie mir geeignet erschienen. Satatya-Yoga bedeutet, sein *sadhana* (seinen Weg) bis ans Ende des Lebens einzuhalten, auf der Straße, die man einmal eingeschlagen hat, unaufhörlich weiterzuschreiten. Es besteht keine Hoffnung, jemals ans Ziel zu gelangen, wenn wir mal gehen und dann wieder nicht. Wir sollten niemals verzagen oder aus Verzweiflung fragen: "Wie lange sollen wir noch mit diesem *sadhana* weitermachen?" Solange wir nicht die Frucht erlangt haben, muß das *sadhana* fortgesetzt werden. Nachdem uns der Erhabene mit Satatya-Yoga, dem Yoga der Beständigkeit, vertraut gemacht hat, lehrt er uns im 9.Kapitel etwas sehr Unscheinbares, das jedoch den gesamten Lebensgehalt umzuwandeln vermag, und das ist Raja-Yoga. Das 9.Kapitel fordert dazu auf, alles, was man jemals tut, Gott zu weihen. In dieser einen Forderung konzentrieren sich alle Wissenschaft und alle Methoden, alles *karma* und *vikarma*. Alle Methoden des Handelns (des Karma-Yoga) verschmelzen im Yoga der Aufopferung (Samarpan-Yoga). Dieser Yoga wird Raja-Yoga genannt. In ihn münden sämtliche Methoden (*sadhanas*). Das umfassende und allmächtige *sadhana* der Aufopferung an Gott erscheint leicht und einfach, ist jedoch in Wirklichkeit sehr schwierig. Dieses *sadhana* ist leicht, weil es jeder, vom Bauern bis zum Gelehrten, ohne sonderliche Anstrengung und im eigenen Haus durchführen kann. Doch obwohl es leicht ist, sind für dieses *sadhana* große Verdienste erforderlich.

"Indem ich mich in der Tugend übte, lernte ich, Vitthal zu lieben." Erst wenn sich die Verdienste vieler Leben anhäufen, fühlen wir uns hingezogen zu Gott. Beim kleinsten Anlaß vergießen wir ganze Ströme von Tränen, aber beim Aussprechen des Namens Gottes fließen noch nicht einmal zwei Tropfen. Was kann man da tun? Einesteils ist dieses *sadhana* nach Ansicht der Heiligen außerordentlich leicht. Andererseits ist es auch außerordentlich schwer, insbesondere in der heutigen Zeit.

Heutzutage sind unsere Augen verhängt mit dem Schleier des Materialismus. Wenn man heute überhaupt Ganeshas gedenkt, so nur mit der Frage, ob Gott eigentlich existiert. Und niemand glaubt recht daran. Das Leben ist voll von Leidenschaft und Genußsucht, voll von Haß und Neid. In unserer Zeit vermögen es selbst große Denker und Philosophen nicht, sich mit ihren Gedanken emporzuschwingen über das Problem, Nahrung für alle zu finden. Das ist nicht ihre Schuld, denn tatsächlich stehen die Dinge heute so, daß viele nicht einmal genügend zu essen haben. Das größte Gegenwartsproblem ist die Nahrungsbeschaffung. Unser ganzes Denken ist darauf gerichtet, es zu lösen. Sayanaacharya, der Kommentator der Veden, sagt:

"bubhukshamaanab rudraupena avatishibate"

"hungrig erscheint Er in Gestalt von Rudra".

Hungrige Menschen sind die Verkörperung von Rudra. Um ihren Hunger zu stillen, entstanden zahlreiche philosophische Theorien, Kontroversen und politische Systeme. In unseren Tagen haben wir gar keine Zeit, unseren Kopf über dieses Problem zu erheben. All unser eifriges Bemühen läuft heute darauf hinaus, wie die Menschen, ohne sich gegenseitig zu bekämpfen, glücklich und zufrieden ihren Magen füllen können. Wen soll es wundern, wenn in einer Epoche derartig sonderbarer gesellschaftlicher Struktur selbst etwas so Einfaches und Leichtes wie das Aufopfern an Gott außerordentlich schwierig wird? Wie kann man hier einen Ausweg finden? Wie man den Yoga der Aufopferung an Gott verwirklichen, wie man ihn leicht machen kann, das erfahren wir heute im 10. Kapitel.

(50) EIN LEICHTER WEG, GOTT ZU SCHAUEN

Dieselben Methoden, die wir anwenden, um kleine Kinder Lesen zu lehren, werden im 10.Kapitel genannt, um uns zu lehren, Gott überall zu sehen. Wir lehren Kinder das Alphabet auf zweierlei Weise. Die eine Methode ist, die Buchstaben zuerst durch große Schrift einzuführen und sie danach in kleiner Schrift zu erklären. Es ist dasselbe A und dasselbe B, nur waren die Buchstaben zuerst groß, und jetzt sind sie klein. Das ist das eine Verfahren. Bei der anderen Methode werden zuerst die leichten Buchstaben gelehrt, später die schwierigen. Auf eben diese Weise sollten wir lernen, Gott zu schauen. Zuerst sollten wir Gott in klaren großen Formen sehen. In herrlichen Offenbarungen wie dem Meer und den Bergen werden unsere Augen sofort Gott erkennen. Wenn wir erst gelernt haben, das *paramatman*, den Weltengeist, in dieser großartigen Form zu erkennen, werden wir auch erkennen, daß jeder Wassertropfen und jedes Sandkorn von demselben göttlichen Geist (paramatman) erfüllt ist. Zwischen dem groß geschriebenen A und dem kleingeschriebenen a gibt es keinen Unterschied. Und doch erscheint Gott dem Kind zuallererst in seiner höchsten Offenbarung, in Gestalt der Mutter. Was sich in der großartigen Form verkörpert, ist auch in der kleinen Form enthalten. Das ist der eine Weg. Bei dem anderen Weg betrachten wir zuerst die einfachen, leichten Formen und danach die komplizierten. Wenn sich Gott in seiner reinen Offenbarung, auf einfache Weise in einem Menschen manifestiert, kann man ihn sehr leicht erkennen, wie sich unserem Gemüt zum Beispiel ganz leicht die in Rama offenbarte göttliche Form einprägt. Rama ist ein "einfacher Buchstabe". Er ist Gott ohne Verhüllungen. Doch wie ist es bei Ravana? Er ist ein "zusammengesetzter Buchstabe", er besteht aus einer Mischung. Ravanas Buße und Verdienste sind groß, doch sind sie mit Grausamkeit vermischt. Erlernt zuerst den "einfachen Buchstaben" Rama. Den mitfühlenden, zärtlichen und liebevollen Rama kann man leicht als Gott erkennen und akzeptieren. Doch den Gott, der in Ravana wohnt, zu erkennen, wird länger dauern. Zuerst den einfachen, dann den komplizierten Buchstaben. Nachdem wir Gott zunächst in guten Menschen erkannt haben, müssen wir uns darin üben, ihn auch in bösen Menschen zu sehen. Der gewaltige Gott, der sich im Ozean offenbart, ist auch in jedem kleinen Wassertropfen gegenwärtig. Der Göttliche, der in Ramachandra wohnt, ist auch in Ravana. Was im Groben enthalten ist, befindet sich auch im Subtilen. Was sich im Einfachen findet, finden wir auch im Komplizierten. Mit Hilfe dieser beiden Methoden sollten wir lernen, das Buch des irdischen Lebens zu lesen.

Diese grenzenlose Schöpfung kann man als Buch des Allmächtigen betrachten. Weil ein dichter Schleier unsere Augen bedeckt, scheint es uns, als ob das Buch geschlossen sei. In diesem Buch der Schöpfung ist überall in schöner Schrift Gott abgebildet. Doch ist uns dies nicht sichtbar. Dem Erkennen Gottes steht ein großes Hindernis im Wege: In den unscheinbaren, einfachen, naheliegenden Formen erkennt der Mensch Gott nicht, und in den fernen, großartigen Formen ist er ihm unfaßbar. Wenn du ihm sagst: "Sieh Gott in deiner Mutter!" wird er antworten: "Ist Gott so unscheinbar und einfach?" Wenn aber der Allmächtige in seiner überwältigenden Form erscheint, — kannst du dann seinen Glanz ertragen? Kunti wünschte sich, daß ihr die ferne Sonne unmittelbar gegenüber trete. Doch als ihr die Sonne näher kam, fing sie an zu brennen. Sie konnte ihre Hitze nicht ertragen. Wenn Gott in der Fülle seiner Allmacht vor uns erscheint, können wir es nicht ertragen. Wenn er sich uns in der sanften Gestalt unserer Mutter zeigt, ist es uns nicht genug. Schwere Süßigkeiten sind unverdaulich, und einfache Milch schmeckt nicht. Dieses sind Merkmale von Unglück und Tod. Ein in dieser Weise erkranktes Gemüt hindert uns daran, den Herrn zu schauen. Diesen Gemütszustand müssen wir überwinden. Wir wollen zuerst Gott erkennen, wie er sich in unsere Nähe und in konkreter, einfacher Form offenbart, und danach das Göttliche in seinen subtilen und komplizierten Formen erforschen.

(51) GOTT IN MENSCHLICHER GESTALT

Die allererste Gestalt, in der Gott vor uns erscheint, ist die Gestalt unserer Mutter. Die Heiligen Schriften sagen: *"matri devo bhava"*, "deine Mutter sei dein Gott". Wen sieht das Neugeborene bei seiner Geburt außer der Mutter? So erscheint ihm das Göttliche in der Verkörperung der Zärtlichkeit. Diese göttliche Allgegenwart in der Mutter wollen wir erweitern bis hin zur Mutter Heimaṭ, wenn wir singen: *"vande mataram"*, und dann hin zur universalen Mutter Erde, indem wir sie alle verehren. Und doch erscheint Gott dem Kind zuallererst in seiner höchsten Offenbarung, in Gestalt der Mutter. Es ist durchaus möglich, durch Verehrung der Mutter *moksha* zu erlangen. Was ist Verehrung der Mutter anderes als Verehrung Gottes? Die Mutter ist nur Vorwand und Symbol. Der Herr erfüllt sie mit seiner zärtlichen Liebe und treibt sie an. Die arme Frau weiß nicht einmal, warum diese Leidenschaft und Liebe aus ihrem Inneren hervorquillt. Versorgt sie etwa ihr Kind mit dem Gedanken, daß ihr dies im Alter von Nutzen sein möge? Ganz und gar nicht. Sie hat das Kind geboren. Sie erlitt die Qual des Gebärens. Durch diese Schmerzen wurde sie ganz vernarrt in das Kind. Diese Schmerzen erfüllen sie mit zärtlicher Liebe. Sie kann nicht leben, ohne das Kind zu lieben. Sie ist dazu geradezu gezwungen. Die Mutter ist die Verkörperung grenzenlosen Dienens. Wenn es so etwas wie eine edelste Form der Gottesverehrung gibt, so ist es zweifellos die Verehrung der Mutter. Rufe Gott mit dem Namen der "Mutter". Wo gibt es ein Wort, das erhabener wäre als "Mutter"? Mutter ist der erste einfache Buchstabe. Lerne Gott in ihr zu sehen. Dann sieh ihn in Vater und Lehrer! Der Lehrer vermittelt uns Kenntnis, er wandelt uns vom Tier zum Menschen. Wie groß ist sein Verdienst! Zuerst die Mutter, dann der Vater, dann der Lehrer und dann die großherzigen Heiligen. Zuerst erkenne den Herrn, wie er in seiner einfachen Form vor dir steht. Wenn der Herr so nicht gesehen werden kann, wo dann sonst?

In Mutter, Vater, Lehrer, Heiligen erkenne den göttlichen Geist! Wie wunderbar ist es, wenn wir in derselben Weise das Göttliche in kleinen Kindern erkennen können! Dhruva, Prahlada, Nachiketa, Sanaka, Sanandana, Sanatkumara—sie alle waren kleine Kinder. Doch die Autoren der Puranas, Vyasa und die übrigen, wußten nicht, wie sie sie einordnen und was sie mit ihnen anfangen sollten. Shukadeva und Shankaracharya waren von Kindheit an frei von Verlangen. Bei Jnanadev war es nicht anders. Sie alle waren Kinder. Doch nirgendwo ist der Herr in so reiner Form offenbar wie in ihnen. Jesus liebte Kinder außerordentlich. Einmal fragten ihn seine Jünger: "Ihr sprecht so viel vom Königreich Gottes. Wer kann in dieses Königreich Gottes hineingelangen?" In der Nähe stand ein Kind. Jesus stellte es auf einen Tisch und sagte: "Die da werden wie dieses Kind, sie werden dort eingehen können." Was Jesus sagte, war die absolute Wahrheit. Swami Ramdasa spielte eines Tages mit Kindern. Einige Erwachsene und ältere Leute, die sahen, wie der Meister mit den Kindern spielte, waren überrascht, und einer fragte: "Was ist es, das du heute treibst?" Samartha antwortete:

"Jene, die klein blieben, wurden groß.
Jene, die groß wurden, wurden zu Schurken."

Mit dem Älterwerden wachsen einem Hörner. Wie kann man dann noch des allmächtigen Gottes gedenken? Die Herzen kleiner Kinder sind nicht übertüncht, ihr Verstand ist rein. Wir lehren ein Kind: "Du darfst nicht lügen!" Es fragt uns: "Was ist denn lügen?" Dann erklären wir ihm umständlich das Prinzip, daß man die Dinge so beschreiben muß, wie sie wirklich sind. Das Kind wird verwirrt und fragt sich: "Ist es möglich, etwas anders zu beschreiben, als es in Wirklichkeit ist?" Wie kann man etwas sagen, das nicht stimmt? Das ist, als ob man sagte: Bezeichne ein Viereck als Viereck und nicht als Kreis! Was sind Kinder? Sie sind das unverfälschte Abbild des Göttlichen. Die Erwachsenen unterrichten sie ganz falsch. Die Wahrheit ist dieses: Wenn wir Gott nicht in Mutter, Vater, Lehrer, Heiligen und Kindern sehen können, in welcher anderen Form können wir Ihn dann sehen? Es gibt keine edlere Offenbarung des

Göttlichen als diese. Erkenne zuerst diese einfachen, milden Formen Gottes. In ihnen ist Gott in klaren und großen Buchstaben abgebildet.

(52) GOTT IN DER SCHÖPFUNG. EINIGE BESONDERE BEISPIELE

Zuerst wollen wir lernen, Gott in milden und heiligen menschlichen Formen zu schauen. Ebenso wollen wir Ihn zuerst in den großartigen und schönen Aspekten der Natur erkennen. Denkt nur an den heraufziehenden Morgen, das göttliche Morgenrot vor dem Sonnenaufgang! Die Rishis, die der Göttin der Morgenröte Loblieder singen, werden ganz trunken und beginnen zu tanzen: "O Morgenröte (*usha*), du bist es, die uns Gottes Botschaft bringt. Du hast dich in Schnee und Eis gebadet. Du bist das Banner der Unsterblichkeit." In solch schönen und aus dem Herzen kommenden Worten schilderten die Rishis die Morgenröte. Ein vedischer Rishi sagt: "Du bist uns die Botin des Allmächtigen. Wenn ich Ihn in dir nicht sehe und erkenne, wer wird mir dann göttliche Erkenntnis geben?" In solche Schönheit gekleidet und geschmückt erscheint uns die Mörgenröte, doch haben wir denn Augen für sie?

Schau dir ebenso die Sonne an. Sie zu sehen, bedeutet Gott zu schauen. Sie malt unzählige farbenprächtige Bilder an den Himmel. Monatelang führt der Maler seinen Pinsel die Leinwand auf und ab und malt den Sonnenaufgang in vielen Farben. Doch stehe du frühmorgens auf und schaue dir Gottes Kunst an! Womit können wir diese göttliche Kunst, diese grenzenlose Schönheit vergleichen? Aber wer sieht sie schon? Draußen erscheint Gott in seiner Schönheit, und drinnen zieht sich der Mensch die Decke über den Kopf und schläft und schnarcht. Die Sonne sagt: "Du faules Geschöpf, du würdest immerzu schlafen, doch ich werde dich aufwecken." Mit diesen Worten schickt sie ihre lebenspendenden Strahlen durch das Fenster und weckt den Faulpelz auf.

"suurya aatmaa jagatah tasthushah cha."

"Die Sonne ist das Selbst, der Grund all dessen, was sich bewegt, und all dessen, was ruhig ist."

Der Rishi nennt sie *mitra*, Freund.

"mitro janaan yaatayati bruvaano
mitro daadhaara prithiviim uta dyaam."

"Dieser Freund ruft die Menschen und läßt sie tätig sein.
Auf ihm ruhen Himmel und Erde."

Die Sonne ist wahrlich das Fundament des Lebens. Erkenne in ihr das Göttliche! Und dann der heilige Ganges! Als ich in Kasi (Benares) lebte, saß ich oft an seinen Ufern. Ich ging und saß dort in der Einsamkeit der Nacht. Welche Schönheit, welcher Glanz in diesem Strom! Dieses liebliche und tiefe Wasser und die zahllosen Sterne des Himmels, die sich darin spiegeln! Ich saß sprachlos da. Grenzenloser Friede erfüllte mich beim Anblick des Ganges, der aus den verfilzten Locken Shivas, aus den Himalayas herabfließt, der Fluß, an dessen Ufern Könige, die ihrem Thorn entsagten, ihre Bußübungen durchführten. Wie soll ich diesen Frieden schildern? Dort ist dem Laut seine Grenze gesetzt. Ich begann zu verstehen, warum der Hindu sich wünscht, daß nach dem Tod wenigstens seine Gebeine dem Ganges anvertraut werden. Ihr mögt lachen, doch wird dies nichts an der Tatsache ändern. Mir erscheint dieses *bhavana*, dieser Wunsch heilig und nachahmenswert. Man gibt dem Sterbenden in seiner Todesstunde zwei Tropfen Gangeswasser in den Mund. Was sind diese beiden Tropfen? Mit ihnen geht Gott selbst in den Körper ein. Sieh das Göttliche im Ganges! Sein göttliches Mitgefühl (*karuna*) fließt in diesem Wasser. Diese Mutter Ganga wäscht dich rein von allem inneren und äußeren Unrat und trägt ihn fort in ihrem Lauf. Wenn sich Gott nicht durch Mutter Ganga offenbart, wo soll er sich dann offenbaren? Die Sonne, die Flüsse, der mächtige Ozean, der brausend seine Wogen aufschäumen läßt, sie alle sind Offenbarungen Gottes.

Und der Wind! Man weiß nicht, woher er kommt und wohin er geht. Er ist der Bote des Herrn. Bei uns in Indien bläst der Wind von den festgegründeten Himalayas herab und vom unermeßlichen Ozean her. Dieser geheiligte Wind berührt unser Herz. Er weckt uns auf. Er flüstert in unsere Ohren. Doch wer lauscht der Botschaft dieses Windes? Wenn uns der Gefängniswärter unseren vierzeiligen Brief nicht gibt, stöhnen wir. O du Unglückseliger, was war denn schon in diesem Brief enthalten! Fortwährend bringt dir der Wind Gottes Botschaft der Liebe. Höre sie!

In den Veden wird die Verehrung von *agni* beschrieben. *Agni* ist Gott. Wie leuchtet seine Gestalt! Durch das Aneinanderreiben von zwei Hölzchen wird er offenbar. Wer kann wissen, wo er zuvor verborgen war? Wie heiß und wie leuchtend! Die ersten Silben der Veden erklangen zur Verehrung des Feuers:

> *"agnimiile purobitam yajnasya devam ritvijam*
> *hotaaram ratnadhaatamam."*

Schau dir nur das Feuer an, mit dessen Verehrung die Veden beginnen. Wenn ich seine Flammen sehe, werde ich an das ungeduldige und aufgeregte Wesen unserer menschlichen Seele erinnert. O diese Flammen, diese Glut, sei es das Feuer im häuslichen Herd oder ein Waldbrand! Der Asket hat kein Heim. Woimmer diese Flammen auftauchen, bringen sie Aufregung mit sich. Sie befinden sich stets in einem Zustand der Erregung, immer streben sie ungeduldig nach oben. Wissenschaftler würden sagen, daß sie des Äthers oder des Luftzugs wegen flackern. Doch meine Auslegung ist ungefähr folgende: Unaufhörlich hüpfen und flackern die Flammen, um sich mit Gott hoch oben, mit dem Ozean von Licht, mit dem Sonnengott zu vereinen. Pausenlos, von der Geburt bis zum Tod, ist es in Bewegung. Die Sonne ist der Ursprung, die Flammen sind Teile davon. Das Teil ist ruhelos bemüht, sich mit seinem Ursprung zu vereinen. Erst wenn die Flammen ausgelöscht werden, endet ihre Aufregung, andernfalls nie. Der Gedanke: "Wir sind weit weg von der Sonne" kommt ihnen gar nicht in den Sinn. Sie kennen nur den einen Gedanken, sich nach bestem Vermögen von der Erde hinweg nach oben zu erheben. Ist dies denn nichts weiter als Feuer? Nein, in ihm nahm feurige Askese (*vairagya*) sichtbare Gestalt an. Darum ist das erste Wort in den Veden *"agnimiile"*.

(53) GOTT IN DER SCHÖPFUNG. EINIGE WEITERE BEISPIELE

Und unsere Haustiere! Unsere Mutter Kuh, wie ist sie voll Zärtlichkeit, so anhänglich und voll der Liebe! Wie flink laufen die Kühe zwei, drei Meilen weit zu ihren Kälbern nach Hause! Die Rishis der Veden werden durch den Anblick der schnell herabrauschenden Flüsse, die reines Wasser aus den Bergen bringen, an die Kühe erinnert, die mit schwerem Euter zu ihren Kälbern heimkehren. Der Rishi sagt zum Fluß: "O Göttin, die du heiliges, klares, süßes Wasser bringst, bist wie die Kuh, die ihrem Kalb Milch bringt. Wie die Kuh nicht im Wald bleiben kann, so kannst du nicht in den Bergen bleiben. Du kommst eiligst zu deinen durstigen Kindern gelaufen.

"vaashraa iva dhenavah syandamaanaah."

In Gestalt der liebevollen Kuh steht der Herr vor unserer Tür.

Und dann das Pferd! Wie schön, wie ehrlich, wie treu! Wie innig lieben die Araber ihre Pferde! Ihr kennt doch die Geschichte des Arabers? Dieser von Unglück heimgesuchte Araber will einem Händler sein Pferd verkaufen. Mit dem Beutel voll Golddukaten in der Hand betritt er den Stall. Aber als er die sanften und liebevollen Augen des Pferdes sieht, wirft er den Beutel hin und ruft aus: "Und müßte ich sterben, so würde ich doch mein Pferd nicht verkaufen. Möge mit mir geschehen, was geschehen muß, und wenn ich verhungern sollte! Gott wird mir helfen." Welch freudiges Zittern läuft durch seinen Leib, wenn wir das Pferd streicheln! Wie schön ist seine Mähne! Wahrhaftig, endlos sind die Verdienste des Pferdes. Was ist schon an einem Fahrrad? Striegle ein Pferd, und es ist bereit, sein Leben für dich hinzugeben. Es wird dein Freund sein und bei dir bleiben. Einer meiner Freunde lernte das Reiten. Das Pferd warf ihn immer ab. Er sagte zu mir: "Das Pferd läßt mich nicht einmal oben sitzen." Ich sagte zu ihm: "Gehst du nur zu dem Pferd, um es zu reiten, oder versorgst du es auch? Versorgt wird es von einem anderen, du aber willst auf seinem Rücken sitzen, wie reimt sich das? Reiche ihm selber Wasser und Futter, bürste ihm das Fell und besteige dann seinen Rücken!" Mein Freund befolgte meinen Rat. Nach einigen Tagen kam er und sagte zu mir, daß ihn das Pferd jetzt nicht mehr abwerfe. Das Pferd ist Gott. Würde Gott diejenigen von sich stoßen, die ihm dienen? Als es seine Hingabe sah, beugte sich das Pferd seinem Willen. Das Pferd möchte wissen, ob du ihm mit Hingabe dienst oder nicht. Der göttliche Krishna striegelte selbst sein Pferd und reichte ihm Futter aus seinem seidenen Gewand. Kommt man zu einem Hügel, zu einem Graben oder zu einer Schlammpfütze, so muß das Fahrrad anhalten, doch das Pferd springt darüber hinweg. Dieses schöne und warmherzige Pferd ist eine Verkörperung Gottes.

Und gar der Löwe! Als ich in Baroda wohnte, drang früh morgens der Klang seines majestätischen Gebrülls an mein Ohr. Seine Stimme war so eindrucksvoll und prächtig, daß mir davon das Herz erbebte. Dieses Brüllen, das aus seinem Innersten hervorbrach, war herrlich wie der Klang, der aus dem innersten Schrein des Tempels widerhallt. Seine majestätische, schöne und furchtlose Haltung, sein königliches Gebaren und sein herrlicher Anblick! Seine wallende Mähne ist das *chamara*, das Königszeichen, das dem König der Wildnis verliehen ist. Dieser Löwe befand sich in einem Tiergarten in Baroda. Er war nicht frei, er schritt immer rundherum in seinem Käfig. In seinen Augen war nicht die geringste Spur von Grausamkeit. Seine ganze Haltung und sein Blick waren voll Mitgefühl (*karuna*). Man könnte meinen, er habe keinen Gedanken für die Welt. Er schien ganz in seine eigene Meditation vertieft. Es tritt ganz klar zutage, daß der Löwe eine erhabene Manifestation Gottes ist. Als Kind las ich die Erzählung von "Androkles und dem Löwen". Was für eine wunderbare Geschichte! Der hungrige und durstige Löwe erinnert sich an die Hilfe, die er von Androkles vormals empfangen hatte, wird sein Freund und leckt ihm die Füße. Was bedeutet das? Androkles erkannte Gott, wie er sich in dem Löwen offenbart. In der Nähe von Gott Shiva finden wir immer einen Löwen. Er ist eine Offenbarung göttlicher Herrlichkeit.

Ist der Tiger weniger großartig? Die Kraft des Herrn ist in ihm offenbar. Es ist nicht unmöglich, Freundschaft mit ihm zu schließen. Meister Panini saß im Wald und unterwies seine Schüler. Da näherte sich ein Tiger. Die Jungen erschraken und schrien: *"vyaaghra, vyaaghra"* ("Tiger, Tiger!") Panini sagte: "Nun, was bedeutet *vyaaghra* (Tiger)? *Vyaajighrati iti vyaaghrah.* Der ist ein *vyaaghra*, dessen Geruchsinn ausgeprägt ist." Verständlicherweise fürchteten sich die Schüler vor dem Tiger, aber für Panini war er nur ein harmloses, köstliches Wort. Als er den Tiger sah, begann er die Etymologie dieses Wortes zu erklären. Der Tiger fraß Panini auf. Doch was macht es aus, daß er von ihm gefressen wurde? Dem Tiger stieg der süße Geruch seines Körpers in die Nase, und er zerriß und verschlang ihn. Aber Panini rannte nicht fort, denn er war ein Verehrer von *shabda-brahman* (Gott als Wort). Für ihn waren alle Dinge eins geworden. Auch im Tiger erkannte er das göttliche Wort. Um dieser Größe willen wird er in den Kommentaren, die seinen Namen bringen, ehrfürchtig "Meister Panini" genannt, und voller Ehrfurcht wird über ihn berichtet.

"ajnaanaadhasya lokasya jnaanaanjana shalaakayaa
chakshurunmiilitam yena tasmai paaninaya namah."

So erkennt Bhagavan Panini im Tiger die Offenbarung Gottes. Jnanadev:

"Möge der Himmel über unserm Haus zusammenfallen,
Möge uns der Tiger anfallen,
Wenn nur unsere innere Selbsterkenntnis ungestört bleibt!"

Solcherart war der Zustand von Maharishi Panini. Er hatte erkannt, daß der Tiger eine göttliche Manifestation ist.

So auch verhält es sich mit der Schlange. Die Menschen fürchten sie sehr. Doch die Schlange ist in ihrer strengen Vorliebe für Sauberkeit wie ein Brahmane. Wie reinlich, wie schön! Sie kann nicht den geringsten Schmutz ertragen. Es gibt unzählige schmutzige Brahmanen, doch hat man je eine schmutzige Schlange gesehen? Sie ist wie ein als Einsiedler lebender Rishi. Sie gleicht einer reinen, leuchtenden, herrlichen Girlande. Warum sollte man sie fürchten? Unsere Vorfahren entwickelten eine Form der Schlangen-Verehrung. Ihr mögt ruhig sagen, der Hinduismus sei voller Aberglauben, doch die Schlangen-Verehrung ist ein wesentlicher Bestandteil von ihm. Als Kind malte ich oft mit Kreide die Figur einer Schlange für meine Mutter. Ich sagte zu meiner Mutter: "Auf dem Markt gibt es schöne Bilder von Schlangen zu kaufen." Sie aber antwortete: "Die sind schlecht, und ich will sie nicht haben. Das Bild, das mein Kind gemalt hat, ist gut." Sie verehrte dieses Bild. Ist das nun verrückt? Denkt doch ein wenig nach: Im Monat des *shravan* (Regenzeit) kommt die Schlange als Gast in unser Haus. Durch den Regen ist das Haus der armen Kreatur voll Wasser. Was soll sie tun? Dieser Weise, der in der Einsamkeit seine Wohnstatt hat, kommt und verkriecht sich unter einem Dach zwischen den Holzbalken, um uns nicht zu belästigen. Die Schlange beansprucht möglichst wenig Platz, wir aber jagen sie mit einem Stock in der Hand. Wenn ein vom Unglück heimgesuchter Gast zu unserem Haus kommt, ist es dann richtig, ihn zu schlagen? Vom Heiligen Franziskus wird erzählt, er habe, wenn er einer Schlange im Wald begegnete, ihr zugerufen: "Komm, Bruder, komm!" Und die Schlange habe auf seinem Schoß gespielt und sei ihm auf dem ganzen Körper herumgekrochen. Bitte, haltet dies nicht für eine Lüge. In der Liebe verbirgt sich wirklich solche Kraft. Von der Schlange heißt es, sie sei giftig, doch sind die Menschen weniger giftig? Die Schlange beißt hin und wieder, doch ohne Anlaß tut sie es nie. Neunzig von hundert Schlangen sind nicht giftig. Die Schlange bewacht deine Felder und vertilgt unzähliges Ungeziefer und Getier, das deiner Ernte schädlich ist. Deshalb ist dieses hilfreiche, reinliche, edle Geschöpf, das die Einsamkeit liebt, ein Ebenbild Gottes. All unsere Gottheiten sind auf die eine oder andere Art mit Schlangen in Verbindung gebracht. Dem Ganesha haben wir eine Schlange als Gürtel umgelegt. Dem Shiva haben wir eine Schlange um den Hals geschlungen, und den Vishnu haben wir gar auf einer Schlange hingebettet. Wir sollten dessen verborgenen Sinn, das Reizvolle daran verstehen. Die tiefere Bedeutung des Ganzen ist, daß sich in der Schlange das Göttliche offenbart. Erkenne den Herrn, der in der Schlange wohnt! Wie viele solcher Beispiele soll ich geben? Ich gebrauche lediglich meine Vorstellungskraft. Die ganze Essenz des Ramayana ist auf dieser wunderbaren Vorstellungskraft gegründet. Die Liebe zwischen Vater und Sohn, zwischen Mutter und Kind, die Liebe unter Geschwistern, zwischen Frau und Mann, all dies finden wir im Ramayana. Doch nicht deswegen ist mir das Ramayana so teuer, sondern weil Rama mit den Affen Freundschaft schloß. Heute sagt man, daß es sich bei diesen Affen um Angehörige des Naga-Stammes handelte. Es ist Aufgabe der Historiker, die Vergangenheit zu erforschen. Ich habe nichts gegen ihre Bemühungen einzuwenden. Doch wenn sich nun Rama tatsächlich mit den Affen anfreundete, was ist so Unmögliches daran? Das Ramatva, die Eigenart Ramas, sein Zauber, besteht ganz speziell darin, daß er sich mit den Affen anfreundete. Genauso verhält es sich mit dem besonderen Verhältnis zwischen Krishna und den Kühen. Der ganze Kult der Krishna-Verehrung ist auf dieser Vorstellung gegründet. Schau dir irgendein Bild von Krishna an, und du wirst ihn stets rings von Kühen umgeben finden. Gopala Krishna, Krishna der Kuhhirte! Wenn man von Krishna die Kühe wegnimmt, was bleibt übrig? Wenn wir von Rama die Affen entfernen, was bleibt dann noch von Rama übrig? Rama erkannte das Göttliche auch in den Affen und schloß herzliche und enge Freundschaft mit ihnen. Dies ist der Schlüssel zum Ramayana. Wenn du diesen Schlüssel wegwirfst, geht dir die Eigenart des Ramayana verloren. Die Liebe zwischen Vater und Sohn, zwischen Mutter und Kind wirst du auch anderswo beschrieben finden, doch diese entzückende Freundschaft zwischen Mensch und Affen wirst du sonst nirgendwo finden außer im Ramayana. Die Vorstellung von Gott in der Gestalt des Affen ist eine Eigenart des Ramayana.

Der Anblick der Affen war für die Rishis ein großes Vergnügen. Vom Ramtek (Berg bei Nagpur) bis zum Ufer des Krishna-Flusses sprangen und bewegten sich diese Affen von Baum zu Baum und vergnügten sich dabei, ohne den Boden zu berühren. Beim Anblick der dichten Wälder und der Affen, die sich darin vergnügten, wurde im Herzen der sanftmütigen Rishis Dichtung geboren, und sie fühlten sich beglückt. In den Upanishaden werden die Augen von Gott Brahman, dem Erhalter, mit den Augen der Affen verglichen. Die Augen der Affen sind sehr ruhelos. Ihr Blick schweift dauernd nach allen Seiten. Die Augen von Brahman müssen ebenso sein. Es geht nicht, daß der Allmächtige seine Augen nur auf einem Punkt ruhen läßt. Für dich und für mich mag es angehen, daß wir uns in Meditation versenken. Wenn aber Gott in Meditation versänke, was geschähe dann mit der Welt? So sehen die Rishis in den Augen der Affen die Augen des Allmächtigen, der über allen Dingen wacht. Lerne Gott in den Affen erkennen!

Und dann der Pfau! In Maharashtra sind Pfauen selten, doch sehr häufig sind sie in Gujarat. Als ich in Gujarat lebte, pflegte ich täglich zehn, zwölf Meilen zu wandern. Dabei sah ich viele Pfauen. Wenn sich der Himmel mit Wolken bedeckt, bereitet sich der Pfau auf den Regen vor. Und wenn der Himmel tief schwarz geworden ist, dann beginnt der Pfau zu rufen. Erst wenn du einmal selbst den scharfen, aus der Tiefe des Herzens kommenden Schrei gehört hast, kannst du es verstehen. Unsere gesamte Musikwissenschaft ist auf diesem Schrei des Pfaus aufgebaut. Die Stimme des Pfaus ist der Grundton unserer Musik. Diesen ersten Ton erhielten wir vom Pfau und entwickelten daraus andere Töne. Wenn der Pfau seinen Blick zu den Wolken erhebt, wenn er seine Schwanzfedern ausbreitet wie einen Schirm, sobald sich sein durchdringender Schrei in das dunkle Grollen der Gewitterwolken mischt,—wie herrlich ist das! Was ist der Menschen ganzer Putz vor der Schönheit des Pfauenrads? Auch Könige und Kaiser schmücken sich, doch wie könnten sie sich mit der Schönheit eines Pfauenrades vergleichen! Wie unvergleichlich schön ist es! Die tausend Augen, die unzähligen Farben, der wunderbare Glanz, die zauberhaft schöne, weiche und liebliche Komposition, das prächtige Muster! Schau dir doch nur dieses Rad ein wenig an und erkenne auch in ihm die Gegenwart Gottes! Die ganze Schöpfung ist in dieser Weise geschmückt. Überall offenbart sich uns das Göttliche, doch wir Unglückseligen erkennen es nicht. Tukaram sagte:

"Für Gott herrscht überall Überfluß,
Für die Unglückseligen herrscht allerorts Hungersnot."

Die Heiligen finden überall Überfluß vor, aber wir Unglücklichen sehen allerorts nur Knappheit.

Wie könnte ich den Kuckuck vergessen? Wen ruft er denn? Im Sommer, wenn Flüsse und Tümpel ausgetrocknet sind, sprießen zarte junge Blätter an den Bäumen. Fragt er nicht vielleicht: "Wer verlieh den Bäumen diese Schönheit? Wo ist der Spender dieser Schönheit?" Wie unsäglich süß ist sein Ruf! In der Hindu-Tradition gibt es den Brauch des Kuckucks-Gelübdes (*vrata*). Die Frauen geloben, nichts zu essen, bis sie den Ruf des Kuckucks gehört heben. Dieses Gelübde lehrt uns, den Allmächtigen in seiner Offenbarung als Kuckuck zu erkennen. Der Kuckuck ruft so süß, als ob er eine Upanishad vorsänge. Sein Ruf dringt an unser Ohr, doch er zeigt sich uns nicht. Der englische Dichter Wordsworth ist vernarrt in den Kuckuck und sucht ihn in den Wäldern:

"O Kuckuck? Soll ich dich Vogel nennen,
Oder nur eine wandernde Stimme?...
Um dich zu suchen, bin ich oft
Durch Wälder und Wiesen gestreift.
Du warst immer nur eine Hoffnung, eine Liebe,
Stets ersehnt, doch nie geschaut."

Zwar sucht der große englische Dichter den Kuckuck, doch in Indien verzichten die einfachen Hausfrauen auf das Essen, solange sie ihn nicht hören. Dieses Kuckucks-Gelübde verleiht den indischen Frauen den Status eines Dichters. In dem süßen, einschmeichelnden Kuckucksruf zeigt sich uns Gott in seiner Schönheit.

Wenn der Kuckuck schön ist, ist dann der Rabe häßlich? Nein, auch der Rabe verdient unsere Achtung. Mir ist er sehr teuer mit seiner tiefschwarzen Farbe und seiner kräftigen Stimme. Ist seine Stimme häßlich? Nein, auch sie ist süß. Wenn der Rabe mit starkem Flügelschlag herbeikommt, wie schön sieht er dann aus! Er stiehlt sich in das Herz kleiner Kinder. Das kleine Kind weigert sich, drinnen im Haus zu essen. Man muß es zum Essen in den Hof hinaus nehmen und ihm das Essen in den Mund schieben, indem man ihm die Vögel und die Raben zeigt. Ist das Kind dumm, weil es den Raben so liebt? Nein, es ist nicht dumm, sondern voller Weisheit. Sofort wird das Kind eins mit Gott, der sich in Form des Raben offenbart. Die Mutter mag Milch oder Yoghurt oder gar Zucker auf den Reis geben, daran hat das Kind keine Freude. Es hat nur Freude daran, wie der Rabe mit den Flügeln schlägt und seinen Kopf hin und herreckt.

Alle Fabeln von Äsop gründen in dem lebhaften Interesse aller kleinen Kinder für die Schöpfung. In allem sah Äsop die Gegenwart Gottes. Unter meinen liebsten Büchern kämen Äsops Fabeln an erster Stelle, nie werde ich sie vergessen. In Äsops Reich gibt es nicht nur Menschen mit zwei Händen und zwei Füßen. Dort sprechen und lachen auch Füchse, Hunde, Raben, Rehe, Hasen, Schildkröten, Schlangen und Würmer. Ihr müßt es euch wie eine große Versammlung vorstellen. Die ganze Schöpfung spricht mit Äsop. Er hatte die göttliche Vision. Auch das Ramayana ist auf dieser Wahrheit, auf dieser Erkenntnis aufgebaut. Tulsidas beschreibt das kindliche Spiel des jungen Rama. Rama spielt im Hof. Da kommt ein Rabe herbei, und Rama möchte ihn vorsichtig fangen. Doch der Rabe hüpft ständig zurück. Schließlich wird Rama müde. Aber nun kommt ihm eine vernünftige Idee. Er nimmt ein Stück Zuckerwerk in die Hand und nähert sich dem Raben. Ram streckt das Zuckerwerk entgegen, und auch der Rabe kommt näher herbei. Tulsidas widmet dieser Beschreibung mehrere Zeilen, denn in der Gestalt des Raben erscheint uns Gott. Etwas von der göttlichen Gegenwart in Rama offenbart sich auch in dem Raben. Das Zusammenkommen von Rama und dem Raben ist in Wirklichkeit das Zusammentreffen von Gott mit dem Göttlichen.

(54) AUCH IN DEM BÖSEWICHT OFFENBART SICH GOTT

Die Wahrheit ist, daß Gott in der gesamten Schöpfung in vielfältiger Gestalt gegenwärtig ist: in den heiligen Strömen, in den mächtigen Bergen, im unermeßlichen Ozean, in der sanften Mutter Kuh, im edlen Pferd, im stolzen Löwen, im sanften Kuckuck, im prächtigen Pfau, in der reinlichen Schlange, die die Einsamkeit liebt, im flügelschlagenden Raben, in den rastlosen Flammen, in den schweigenden Sternen,—in all diesem ist Gott gegenwärtig. Man muß die Augen schulen, um das zu erkennen. Man muß zuerst große und einfache Buchstaben erlernen und danach kleine und komplizierte. Solange wir nicht die schwierigen Buchstaben erlernt haben, ist beim Lesen kein Fortschritt möglich. Mit jedem Schritt werden wir den schwierigen Buchstaben begegnen. Wir müssen auch lernen, Gott zu erkennen, wenn er in bösen Menschen lebt. Wir verstehen Rama, doch wir müssen auch Ravana verstehen. Wir akzeptieren Prahlada, doch wir müssen auch Hiranjasiku akzeptieren. In den Veden heißt es:

> *"namonamah stenaanaam pataya namah namah punjishthebhyo namo nishaadebhyah brahma daashaa brahmaa daasa bramaiva ime kitavaah."*
>
> "Wir grüßen den Räuberhauptmann! Wir grüßen den Grausamen, den Gewalttätigen! Diese Übeltäter, diese Diebe, diese Räuber,—sie alle sind Brahman. Sie alle grüßen wir!"

Was soll das bedeuten? Es bedeutet, daß wir inzwischen die leichten Buchstaben gemeistert haben und nun auch die schwierigen erlernen sollen. Carlyle hat ein Buch über "Heldenverehrung" geschrieben. Darin beschreibt er auch Napoleon als einen Helden, als göttliche Manifestation. Wir haben hier nicht das rein Göttliche, sondern eine Mischung. Doch auch diese Form des Göttlichen müssen wir verstehen. Deshalb bezeichnete Tulsidas Ravana als den Feind-Bhakta von Rama. Ja, das Wesen und Benehmen dieses Bhakta ist etwas sonderbar. Wenn der Fuß durch Feuer geht, schwillt er an. Aber eine Schwellung verschwindet, wenn man sie mit heißen Wickeln behandelt. Es ist beidesmal dieselbe Hitze, doch ihre Auswirkung ist zu verschieden. Obwohl sie sich in Rama und Ravana verschieden auswirkt, ist es doch die Offenbarung derselben göttlichen Allmacht.

Grob oder subtil, einfach oder komplex, leichte oder schwierige Buchstaben, lerne sie alle kennen und erkenne zuletzt, daß es kein Ding gibt, das nicht Gott selbst in sich beherbergt. In jedem Atom ist er anwesend. Überall, von der Ameise bis hin zum Weltall, ist Gott gegenwärtig. Der Barmherzige, der Allwissende, der Sanfte, der Mächtige, der Heilige und Leuchtende, der sich gleicherweise um alle kümmert, — dieser höchste Gott ist allgegenwärtig.

11. KAPITEL

Die Kosmische Schau

(55) ARJUNAS VERLANGEN NACH DER KOSMISCHEN SCHAU

Brüder, wir lernten beim letzten Mal, wie wir Gott in seinen unzähligen Offenbarungen im Weltall erkennen können und wie wir diesen unseren Augen sichtbaren, überwältigenden Anblick uns auch innerlich zu eigen machen können. Wie wir Gott zuerst im Groben, dann im Subtilen, zuerst im Einfachen, dann im Komplizierten und schließlich in allen Dingen erkennen, mit unseren Augen schauen können, wie wir auch durch unentwegtes Üben lernen können, das ganze Weltall als unser eigenes Selbst (*atman*) zu erkennen, all dies sahen wir im letzten Kapitel. Heute wollen wir uns mit dem 11.Kapitel befassen. Im 11.Kapitel zeigte sich Gott vor Arjuna in seiner sichtbaren Form und erwies ihm so seine höchste Gnade. Arjuna sprach zu Krishna: "Herr, ich möchte Deine vollkommene Gestalt sehen, in der sich Deine ganze unendliche Herrlichkeit offenbart. Diese Gestalt möchte ich mit diesen meinen eigenen Augen schauen." In Arjunas Bitte ging es ihm um *vishvarupa-darshana*, die Vision der kosmischen Form.

Wir gebrauchen Worte wie *vishva* und *jagat*, Universum und Welt. Diese Welt ist ein kleiner Teil des Universums, und nicht einmal diesen kleinen Teil können wir richtig verstehen. Wenn wir uns das ganze Weltall vorstellen, erscheint uns diese Welt, die so groß zu sein scheint, unsagbar unbedeutend. Wenn wir einmal ein wenig zum Nachthimmel aufschauen, sehen wir zahllose Himmelskörper. Kennt ihr die wahre Natur dieser Lichtgirlanden, dieser hübschen kleinen Blumen, dieser Millionen blinkender Sterne am Himmelsgewölbe? Diese kleinen Sterne sind ungeheuer groß. Sie könnten zahllose Sonnen enthalten. Sie sind Sphären aus flüssigen, leuchtenden, brennenden Elementen. Wer kann diese unzähligen Sphären zählen? Sie sind zahllos und ohne Ende. Selbst mit dem bloßen Auge sieht man Tausende davon. Wenn wir durch ein Fernrohr schauen, werden Millionen sichtbar. Mit einem stärkeren Fernrohr können doppelt soviel gesehen werden, und man kann sich nur schwer eine Vorstellung davon machen, wo und wie das schließlich endet. Von

dieser unendlichen Schöpfung, die sich oben und unten und zu allen Seiten ausbreitet, bezeichnen wir ein winziges Stückchen als unsere Welt. Und wie groß erscheint uns selbst noch diese Welt!
Diese gewaltige Schöpfung ist nur ein Aspekt der wirklichen Gestalt Gottes. Wir wollen uns nun einen anderen Aspekt anschauen, und zwar die Zeit. Wenn wir die Vergangenheit betrachten, so erlauben uns die Grenzen der Geschichtsschreibung höchstens einen Rückblick über 10 000 Jahre. Über die vor uns liegende Zeit, die Zukunft, können wir uns überhaupt keine Vorstellung machen. Die erfaßbare Geschichte erstreckt sich also über 10 000 Jahre, während die Spanne unseres eigenen Lebens bestenfalls 100 Jahre umfaßt. In Wahrheit ist die Zeit ohne Anfang und Ende. Es ist unmöglich, auszurechnen, vieviel Zeit schon vergangen ist. Auch kann man sich unmöglich eine Vorstellung davon machen, wieviel Zeit noch in der Zukunft liegt. Geradeso wie unsere Welt winzig klein ist, verglichen mit dem Universum, so sind auch die 10 000 Jahre Geschichte ein Nichts, verglichen mit der Unendlichkeit der Zeit. Die Vergangenheit ist ohne Anfang, und die Zukunft ist ohne Ende. Und die kurze Gegenwart wird schon, während wir jetzt sprechen, zu einem Teil der Vergangenheit. Noch während wir erklären, wo sich die Gegenwart befindet, hat sie sich schon in der Vergangenheit aufgelöst. Uns gehört nichts weiter als diese außerordentlich unbeständige Gegenwart. Ich spreche jetzt, doch sobald die Worte von meinem Munde gesprochen sind, haben sie sich der Vergangenheit verbunden. So fließt dieser große Strom der Zeit ununterbrochen fort. Wir kennen weder seinen Ursprung noch sein Ende. Nur dazwischen sehen wir eine kleine Strecke weit seinen Lauf.
Wenn wir die Schöpfung von diesen beiden Gesichtspunkten aus betrachten, einerseits als ungeheure Ausdehnung des Raumes und andererseits als mächtigen Zeitstrom, so werden wir verstehen, daß wir ihre Grenzen niemals ermessen können, wie sehr wir auch unsere Vorstellungskraft anstrengen mögen. In Arjunas Herz erwachte das Verlangen, den Allmächtigen Gott auf einmal und allumfassend so zu schauen, wie er gleichzeitig in den drei Dimensionen der Zeit und des Raumes — Vergangenheit, Zukunft, Gegenwart — sowie oben, unten und hier — überall und allzeit gegenwärtig ist. Die Schau dieser Gestalt Gottes wünschte er sich. Aus diesem Verlangen entstand das 11. Kapitel.
Gott Krishna liebte Arjuna sehr. Wie sehr liebte er ihn? So sehr, daß Krishna im 10. Kapitel, als er aufzählte, in welchen Formen man seiner

gedenken solle, sagte: "Unter den Pandavas denke an mich als Arjuna." Sri Krishna sagt: *"paandavaanaam dhananjayah."* Wo fände sich wohl größere Tollheit der Liebe? Dies ist ein Beispiel dafür, wie sehr Liebe betören kann. Krishnas Liebe zu Arjuna war grenzenlos. Das 11.Kapitel ist das Gnadengeschenk dieser Liebe. Arjunas Verlangen, die göttliche (kosmische) Gestalt zu sehen, erfüllte Krishna, indem er ihn mit göttlicher Vision begabte. Er gab Arjuna ein Gnadengeschenk (*prasad*) der Liebe.

(56) AUCH DAS KLEINE ABBILD ENTHÄLT DIE GESAMTE SCHAU

In diesem Kapitel findet sich eine schöne und zauberhafte Beschreibung dieser göttlichen Gestalt. Obwohl all dies wahr ist, bin ich nicht sonderlich begierig auf diese kosmische Schau (*vishvarupa*). Ich bin ganz zufrieden mit dem Abbild im kleinen. Ich habe gelernt, mich der Köstlichkeit der kleinen, einfachen und schönen Form, wie sie sich mir bietet, zu erfreuen. Gott ist nicht in kleine Teile zerlegt. Ich habe nicht den Eindruck, daß die uns sichtbare Form Gottes nur ein Teil seiner selbst ist, während der andere Teil von Gott weggelassen wurde. Andererseits sehe ich, daß das Göttliche, das im gesamten unermeßlichen Weltall gegenwärtig ist, in seiner ganzen Fülle auch im kleinen Bild, selbst in jedem kleinen Sandkorn gegenwärtig ist. Dieses ist keineswegs geringer. Die Köstlichkeit eines Ozeans von Nektar (*amrita*) findet sich auch in jedem Tropfen Nektar. Ich meine, wenn ich einen kleinen Tropfen *amrita* (Nektar der Unsterblichkeit) erhalten habe, werde ich die Köstlichkeit dieses einen Tropfens genießen. Ich wähle absichtlich *amrita* als Beispiel und nicht Milch oder Wasser. Eine Tasse Milch ist ebenso wohlschmeckend wie eine ganze Kanne voll Milch, aber obwohl der Geschmack derselbe ist, ist doch ihr Nährwert nicht gleich. Eine Tasse voll Milch hat einen höheren Nährwert als ein Tropfen Milch. Beim Beispiel des Nektars der Unsterblichkeit ist dies nicht der Fall. Beim Nektar ist der Wohlgeschmack des ganzen Ozeans auch im einzelnen Tropfen enthalten, und mit seinem Nährwert verhält es sich ebenso. Wenn du nur einen einzigen Tropfen Nektar getrunken hast, so wirst du dadurch der Unsterblichkeit teilhaftig.

Gleichermaßen offenbart sich die himmliche Schönheit und Reinheit, die der großartigen Gestalt Gottes eigen ist, auch im kleinsten Bild. Wenn mir jemand eine Handvoll Weizen gegeben hat und ich ihn nicht als Weizen erkenne, was nützt es dann, wenn man mir einen ganzen Sack voll davon hinstellt? Wenn ich Gott nicht in den kleinen Modellen vor mir erkennen kann, wie kann ich ihn dann erkennen, wenn er in seiner herrlichen Größe erscheint? Hat man die kleine Form erkannt, so erkennt man auch die große Form. Was ist schon der Unterschied zwischen groß und klein? Darum fühle ich kein Verlangen danach, daß sich Gott mir in seiner großartigen Gestalt offenbare. Auch bin ich nicht berechtigt, wie Arjuna um die Offenbarung der kosmischen Form zu bitten. Außerdem ist es nicht etwa so, daß das von mir Geschaute nur ein kleiner Teil der kosmischen Form wäre. Wenn uns jemand das Bruchstück eines Bildes brächte, könnten wir uns danach keine Vorstellung vom ganzen Bild machen. Doch Gott ist nicht solcherart aus Teilen zusammengesetzt. Das Göttliche ist nicht zerschnitten und in Fragmente aufgeteilt. Selbst im kleinsten Ebenbild ist der ewige Gott in seiner Ganzheit enthalten. Was ist der Unterschied zwischen einer kleinen und einer großen Fotografie? Alles, was auf der großen Fotografie abgebildet ist, findet sich auch auf dem kleinen Bild. Die kleine Fotografie ist nicht nur ein Bruchteil des großen Bildes. Wenn etwas in kleiner Schrift gedruckt ist, so bedeutet es doch dasselbe, als wenn es in großer Schrift gedruckt ist. Große Bedeutung für die große Schrift und kleine Bedeutung für die kleine Schrift, — so etwas gibt es nicht.

Dieser Gedankengang ist auch Grundlage der Bilderverehrung. Bisher haben stets viele Menschen die Bilderverehrung als Götzendienst angegriffen. Ausländische und sogar indische Denker haben den Götzendienst verurteilt. Doch je mehr ich darüber nachdenke, umso klarer erkenne ich ihre Schönheit. Was ist eigentlich der Sinn von Bilderanbetung? Sie ist die Kunst, in einem kleinen Gegenstand das gesamte Weltall zu erkennen. Ist es denn falsch, die Kunst zu erlernen, die uns befähigt, in einem kleinen Dorf das ganze Universum zu erkennen? Hier geht es nicht nur um eine Idee, sondern um direkte praktische Erfahrung. Was in der erhabenen Offenbarung enthalten ist, findet sich alles auch in einer kleinen Form, sogar in einem Sandkorn. In dieser Erdscholle ist alles enthalten, die Mangofrucht, die Banane, der Weizen, Gold, Kupfer und Silber. Die ganze Welt ist in jedem Atom enthalten. So wie in einer kleinen Schauspieltruppe dieselben Schauspieler in verschiedenen Rollen immer wieder auf der Bühne erscheinen, so können wir uns Gott im Weltall vorstellen. Wie ein Dramaturg, der seine eigenen Stücke schreibt und darin selbst alle Rollen spielt, so schreibt auch der

Schöpfer unzählige Dramen und erscheint selbst in zahllosen Rollen, die er auf der großen Weltenbühne darstellt. Wenn wir in diesem unendlichen Drama nur eine Rolle begreifen, so werden uns auch alle anderen Rollen begreiflich werden.

Bilderverehrung ist auf derselben Grundlage aufgebaut wie die Verwendung von Metaphern und Gleichnissen in der Dichtung. Der Anblick einer Kugel erfüllt uns mit Freude, denn darin offenbart sich ein harmonischer Aufbau. Harmonischer Aufbau ist die wahre Natur des Göttlichen. Die göttliche Schöpfung ist durch und durch schön. Sie besteht aus vollkommener Harmonie. Die Kugel verkörpert die göttliche Harmonie. Aber auch im knorrigen krummen Baum des Urwalds ist Gott offenbar. In ihm offenbart sich die Unabhängigkeit Gottes. Dieser Baum ist nirgends festgebunden. Wer könnte dem Allmächtigen Fesseln anlegen? Das über alle Bindungen erhabene Göttliche ist in jenem krummen, knorrigen Baum offenbar. Auch in einer einfachen geraden Säule erscheint uns Gott. Und in der verzierten Säule zeigt sich uns die göttliche Kraft, die den Himmel mit den herrlichen Sternen verziert. In einem gut gepflegten Garten sehen wir die Enthaltsamkeit Gottes, und in einem riesigen Urwald sehen wir seine Pracht und Unabhängigkeit. Wir finden Gefallen am Urwald ebenso wie am gepflegten Garten. Sind wir darum verrückt? Natürlich nicht, denn beide sind voll Schönheit, weil sich in beiden eine Eigenschaft Gottes offenbart. Die Kraft, die in dem glatten Shalagram (schwarzer Vishnu-Stein) enthalten ist, ruht auch in dem rauhen Kieselstein des Flusses Narmada (Shiva Lingam). Darum bin ich unbesorgt, auch wenn mir die kosmische Schau nicht zuteil wird. Weil Gott überall, in allen Dingen und durch seine vielen verschiedenen Eigenschaften gegenwärtig ist, sind sie uns Anlaß zur Freude, und wir fühlen uns mit ihnen verbunden. Diese Freude ist nicht ohne Ursache. Warum freuen wir uns? Wir fühlen uns irgendwie mit den Dingen verbunden und daher die Freude. Der Mutter hüpft das Herz in der Brust beim Anblick ihres Kindes, weil sie sich der Seelenverwandtschaft bewußt ist. In derselben Weise sollst du in jedem Ding den göttlichen Geist erkennen. Der göttliche Geist in mir ist auch in jenem Ding enthalten. Diese innere Verwandtschaft zu stärken, bedeutet Freude zu mehren. Es gibt keinen anderen Weg zur Freude. Versuche, allen Dingen mit Liebe zu begegnen, und beobachte dann, welche Wunder dadurch geschehen! Du wirst dann in jedem Korn und jedem Tropfen das Göttliche erkennen, das auch das grenzenlose Weltall durchdringt. Was brauchen wir noch mehr, wenn uns dafür der Blick geöffnet ist? Dazu ist jedoch Schulung und Disziplin der Sinne wesentlich. Wenn wir uns von unseren Begierden und Neigungen befreien und in uns die edlen Liebeskräfte erwacht sind, dann werden wir Gott in allen Dingen erkennen. In den Upanishaden finden wir diesbezüglich eine sehr schöne Illustration: Was ist die Farbe des atman? Wie können wir die Farbe des atman beschreiben? Der Rishi spricht voll Liebe:

"yathaa ayam indragopah."

Das *atman* gleicht diesem schachlachroten, seidenweichen Insekt, dem Indragopa oder Marienkäfer. Wie freut man sich beim bloßen Anblick des kleinen Käfers! Woran freuen wir uns? Weil wir in unserem inneren Wesen eins sind. Wenn zwischen uns keine innere Verwandtschaft bestünde, wie könnten wir uns aneinander freuen? Das leuchtende *atman*, der Geist in mir, ist auch im Indragopa gegenwärtig. Daher das Gleichnis. Warum gebrauchen wir Gleichnisse? Warum haben wir Freude daran? Wir gebrauchen sie, weil zwischen den Dingen eine Ähnlichkeit besteht und wir an der Ähnlichkeit Freude haben. Wenn die verglichenen Dinge ganz voneinander verschieden sind, finden wir keine Freude an dem Vergleich. Wollte jemand sagen, Salz sei wie Pfeffer, so würden wir ihn für verrückt halten. Doch wenn jemand sagt, Sterne seien wie Blumen, so freuen wir uns darüber, weil die Ähnlichkeit offensichtlich ist. Wenn man sagt, Salz sei wie Pfeffer, erkennen wir nicht die Ähnlichkeit, doch derjenige, dessen Blick so weit geschult ist, daß er im Salz wie im Pfeffer dasselbe göttliche Wesen erkennt, wird an der Parabel "Wem gleicht das Salz? Es gleicht dem Pfeffer!" viel Freude haben. Wichtig ist, daß alle Dinge vom göttlichen Geist durchdrungen sind. Daher bedarf es nicht der Vision der kosmischen Gestalt.

(57) DIE ÜBERWÄLTIGENDE KOSMISCHE FORM. WER KÖNNTE SIE ERTRAGEN!

Wie könnte ich überhaupt die kosmische Vision ertragen? Die Liebe, die Zugehörigkeit, die Glückseligkeit, die ich empfinde beim Anblick jeder kleinen, interessanten, schönen Form, sie wäre mir beim Schauen der kosmischen Form ganz unmöglich. Arjuna befand sich genau in derselben Lage. Er zittert und bebt und bittet schließlich: "O Krishna, erscheine mir wieder in Deiner vertrauten, bezaubernden Gestalt." Arjuna spricht aus eigener Erfahrung, wenn er sagt: "Begehre nicht, die kosmische Gestalt des Herrn zu sehen!" Es ist genug, daß sich Gott in den drei Dimensionen der Zeit und des Raumes offenbart. Wenn er dies alles zu Feuer verwandelte und als feuriger Ball vor mir erschiene, was wäre dann mein Zustand? Der Anblick dieser Sterne ist voller Friede. Sie scheinen aus dieser weiten Ferne zu mir zu sprechen. Doch wenn nun dieser Stern, der das Auge beruhigt, nahe herbei käme, was dann? Er ist in Wirklichkeit loderndes Feuer und würde mich zu Asche verwandeln. Laß alle Dinge, wie und wo sie sind. Wir wollen in dieser grenzenlosen Schöpfung des Herrn alles so lassen, wie es ist. Welchen Vorteil hätten wir davon, wenn wir das Universum in einem einzigen Raum zusammendrängen würden? Im Taubenhaus von Bombay befinden sich Tausende von Tauben. Wo ist ihre Bewegungsfreiheit? Es ist ein bedrückender Anblick. Das Schöne ist ja gerade, daß sich die Schöpfung auf die drei Ebenen hier, oben und unten verteilt. Und dasselbe trifft auch zu für die Dimensionen der Zeit. An die Vergangenheit können wir uns nicht erinnern, und die Zukunft können wir nicht voraussehen, das ist ein Glück für uns. Im heiligen Koran werden fünf Dinge erwähnt, über die nur Gott allein gebietet und über die der Mensch keine Macht hat. Eines davon ist die Kenntnis der Zukunft. Zwar versuchen wir, diese zu erraten, aber raten ist nicht dasselbe wie wissen. Es ist ein Glück für uns, daß wir die Zukunft nicht voraussehen können. Ebenso ist es eindeutig zu unserem Vorteil, daß wir uns der Vergangenheit nicht erinnern können. Wenn mir ein Mensch begegnet, der sich von einem schlechten zu einem guten Menschen gewandelt hat, so habe ich doch keine Achtung vor ihm, wenn ich seine Vergangenheit kenne. Gleichgültig, was er mir auch sagt, ich kann seine alten Sünden nicht plötzlich vergessen. Nur indem er stirbt und in anderer Gestalt wieder vor uns tritt, kann die Welt seine Sünden vergessen.

Erinnerung an die Vergangenheit verstärkt unsere Vorurteile und Neigungen (*vikara*). Wenn alles vergangene Wissen vergessen wird, dann findet alles seinen Abschluß. Es muß eine Möglichkeit geben, Sünden und Tugenden zu vergessen. Diese Möglichkeit ist durch den Tod gegeben. Wenn uns schon die Mühsal des gegenwärtigen Lebens unerträglich ist, warum wollen wir dann auch noch die Abfallhaufen vergangener Leben ausgraben? Gibt es nicht schon in der kurzen Spanne des jetzigen Lebens genügend Abfall? Schon aus unserer Kindheit gerät vieles in Vergessenheit. Es ist gut zu vergessen. Das einzige Mittel, das Hindu-Moslem-Einheit herbeiführen kann, ist das Vergessen der Vergangenheit. Aurangzeb war ein Tyrann, doch wie lange wollen wir uns diese Tatsache stets erneut ins Gedächtnis rufen? Es gibt ein Gujarati-Volkslied von Rang-Bai, das man hier häufig hört. Am Schluß heißt es darin: "Nur der Ruhm bleibt zurück auf dieser Welt, die Sünden werden vergessen." Die Zeit wirkt wie ein Sieb. Nur was gut in der Geschichte war, sollten wir uns behalten und das Schlechte von uns werfen. Wenn die Menschen alles Schlechte vergessen würden und sich nur alles Gute merkten, wie wunderbar wäre das? Aber so geschieht es nicht. Darum ist das Vergessen sehr notwendig. Zu diesem Zweck hat uns Gott den Tod gegeben.

In Wahrheit ist die Welt gerade so, wie sie ist, gut und schön. Es besteht keine Notwendigkeit, diese Welt von Zeit und Raum an einem Ort zu sammeln. Allzu große Vertraulichkeit führt nicht zum Glück. Es ist angebracht, daß man mit manchen Dingen ein intimes Verhältnis pflegt und anderen gegenüber Abstand einhält. Vor unserem Lehrer sitzen wir voll demütiger Bescheidenheit in einiger Entfernung. Doch unserer Mutter sitzen wir auf dem Schoß. Wie es jedem Ding angemessen ist, so sollte man sich zu ihm verhalten. Einer Blume nähern wir uns freudig, doch vom Feuer halten wir uns fern. Die Sterne sind nur aus der Entfernung schön. Wahre Freude liegt im Belassen der Dinge, woimmer sie sich befinden. Es ist falsch, anzunehmen, daß Dinge, die aus der Ferne schön sind, uns dadurch mehr erfreuen, daß wir sie nahe herbeiholen. Man sollte sie dort in der Ferne belassen und sich von weitem daran erfreuen. Es hat keinen Zweck, eine Verbundenheit und ein vertrauliches Verhältnis zu erzwingen.

Bedeutsam ist, daß die drei zeitlichen Dimensionen nicht vor uns ausgebreitet sind und daß es gut so ist. Man kann nicht behaupten, allein die Kenntnis der drei Zeiten — Vergangenheit, Gegenwart und Zukunft — gebe zu Freude Anlaß. Arjuna, von Liebe überwältigt, äußerte seinen eindringlichen Wunsch, und der Herr gewährte ihm dessen Erfüllung und offenbarte sich ihm in seiner kosmischen Gestalt. Doch mir genügt die Offenbarung des Herrn im kleinen. Dieses kleine Abbild ist wahrlich nicht nur ein Bruchteil des Göttlichen. Und selbst wenn es ein solches wäre, wenn mir auch nur ein Fuß oder eine Fußzehe seiner großmächtigen Form erschienen wäre, so wollte ich sagen: "Wie reich gesegnet ist mein Schicksal!" Solches lernte ich durch Erfahrung. Als Sri Jammalal Bajaj den Harijans (Kaste der Unberührbaren) den Lakshminarayan-Tempel in Wardha öffnete, ging auch ich hinein, Wohl 20 Minuten lang stand ich vor dem Bild Gottes und schaute es an. Ich versank in einen *samadhi*-ähnlichen Zustand. Ich blickte auf das Gesicht, auf die Brust, auf die

Hände der Statue, und schließlich blieb mein Blick auf seinen Füßen haften. Zuletzt hatte ich nur das eine Gefühl: "Wahrhaft köstlich ist die Verehrung Deiner Füße." Auch wenn der allmächtige Gott im kleinen Bild nicht enthalten wäre, so wäre es doch genug, wenn wir nichts weiter als die Füße seiner unermeßlichen Gestalt sehen könnten. Arjuna richtete eine Bitte an Gott. Er hatte ein besonderes Anrecht auf Krishna. Wie innig war seine Freundschaft, wie groß seine Liebe und seine Zuneigung! Welchen Anspruch habe ich? Mir genügen seine Füße. Auf mehr habe ich keinen Anspruch.

(58) DIE QUINTESSENZ

Ich möchte diese Beschreibung der göttlichen Form des Weltenschöpfers nicht länger mit intellektuellem Scharfsinn untersuchen. Es ist eine Sünde, sich verstandesmäßig mit ihr zu befassen. Wir wollen immer wieder die heiligen Verse lesen, die die kosmische Form beschreiben und uns dadurch läutern. Es gefällt mir nicht, meine Vernunft darauf anzuwenden, die göttliche Gestalt in Einzelteile zu zerschneiden. Das wäre ja Aghora-Ritual. Die Aghora-Anhänger gehen zum Verbrennungsplatz, sezieren dort Leichen und führen Tantra-Rituale durch. Die göttliche Form des Herrn —

vishvataschakshuruta vishvatomukho
vishvato baahuruta vishvataspaat —

ist unermeßlich und unendlich. Wir wollen die Verse, die sie beschreiben, singen und dadurch unser Gemüt von Sünden reinigen und läutern.

In dieser Beschreibung der göttlichen Gestalt gibt es nur eine Stelle, an der man anfängt, sich Gedanken zu machen. Krishna sagt zu Arjuna: "Arjuna, alle diese sind sterblich. Sei du nichts weiter als ein Werkzeug, ich allein bin der Handelnde und Initiator in allem Tun." Diese Worte klingen lange nach im Gemüt. Wenn der Gedanke in uns aufsteigt, daß wir zum Werkzeug in Gottes Hand werden müssen, beginnt der Verstand zu überlegen. Wie wird man zum Instrument in Gottes Hand? Wie wird man zur Flöte in Krishnas Händen? Wie wäre es, wenn Er mich mit seinen Händen an seine Lippen führte und süße Töne hervorlockte und auf mir spielte? Zur Flöte werden bedeutet, hohl zu werden. Aber ich bin doch absolut vollgestopft mit Neigungen und Verlangen (*vikara* und *vasana*). Wie kann durch mich in diesem Zustand eine Melodie ertönen? Meine Stimme ist rauh. Ich bin ein grobes Wesen. Ich bin voll von *ahamkara* (Ich-Gefühl). Ich muß mich vom Ich-Gefühl freimachen. Erst wenn ich völlig frei und ganz leer werde, wird Gott auf mir musizieren. Doch ist es ein großes Wagnis, in den Händen Gottes eine Flöte zu werden. Und wollte ich auch nur zu Sandalen an seinen Füßen werden, so wäre das nicht leicht. Die Sandalen an den Füßen des Göttlichen müssen so weich sein, daß sie keinerlei Blasen verursachen können. Ich müßte mich zwischen seine Füße und die Dornen und Steine legen. Ich müßte mir das Fell abziehen, es unermüdlich präparieren und weich machen. Daraus sieht man, daß selbst das nicht leicht wäre, die Füße Gottes in der Form von Schuhen zu bekleiden. Wenn ich in der Hand Gottes zur Waffe werden will, darf ich nicht etwa ein zehn Kilo schwerer Eisenklumpen sein. Ich müßte mich auf den Schleifstein der Buße (*tapas*) begeben, um eine scharfe Schneide zu erlangen. Als glänzendes Schwert müßte mein Leben in der Hand Gottes liegen. So schwingt dieser Gedanke fort in meinem Inneren. Ich werde besessen von dem Wunsch, zu einem Werkzeug in der Hand Gottes zu werden.

Wie dies zu verwirklichen ist, sagt uns der Göttliche selbst im letzten Vers dieses Kapitels. Shankaracharya bezeichnet diesen Vers in seinem Kommentar als die Quintessenz (*sarvathasara*) der Gita. Er lautet:

"matkarmakrn matparamo madbhaktah sangavarjitah
nirvairassarvabhuteshu yah sa maameti paandava."

"Wer in dieser Welt niemandem Feind ist, wer unparteiisch ist und selbstlos dient, wer all sein Tun mir weiht, wer von gläubiger Hingabe an mich erfüllt ist, der Fromme, der stets verzeiht, der frei ist von Leidenschaft und Verlangen, doch voller Liebe, er wird zum Werkzeug in der Hand Gottes." Das ist die besagte Quintessenz der Gita.

12. KAPITEL

Saguna und Nirguna — Bhakti

(59) VON DER KONZENTRATION ZUM UNIVERSALEN BEWUSSTSEIN. KAPITEL 6 BIS 11

Die Wasser des Ganges sind überall rein und heilig, doch an Orten wie Haridwar, Kashi und Prayag sind sie ganz besonders heilig. Sie haben die ganze Welt geheiligt. Mit der Bhagavad Gita verhält es sich genauso. Vom Anfang bis zum Ende ist sie heilig. Aber einige ihrer Kapitel sind zu heiligen Wallfahrtsorten geworden. Bei dem 12.Kapitel, über das wir heute sprechen wollen, handelt es sich um einen sehr heiligen Wallfahrtsort. Der Göttliche Krishna selber nennt es einen "Strom von Nektar" — *"ye tu dharmyaamritam idam yathoktam paryupaasate"*. Zwar ist es ein kleines Kapitel mit nur 20 Versen (*slokas*). Doch ist es ein Strom von Nektar. Es ist köstlich wie Nektar und schenkt neues Leben. In diesem Kapitel besingt Gott selbst mit seinem göttlichen Mund die Herrlichkeit und das innerste Wesen von *bhakti*, gläubiger Hingabe. Tatsächlich wurde schon im 6.Kapitel damit begonnen, das Wesen von *bhakti*, der gläubigen Hingabe, zu erläutern. Bis zum Ende des 5.Kapitels wurde die Wissenschaft oder Philosophie des Lebens erläutert. *Karma*, das Handeln gemäß dem inneren Lebensgesetz (*svadharma*), dessen Helfer, *vikarma*, die innere Mitarbeit (inneres *sadhana*) und die Bedeutung von *akarma*, das durch die beiden genannten *sadhanas* — *karma* und *vikarma* — entsteht und alles *karma* zu Asche verwandelt, — diese Ideen wurden in den ersten fünf Kapiteln erklärt. Damit wurde die Philosophie des Lebens zu einem Abschluß gebracht. Dann beschäftigten wir uns vom 6. bis zum Ende des 11.Kapitels einerseits mit dem Wesen von *bhakti*, gläubiger Hingabe oder Frömmigkeit. Es begann mit *ekagrataa*, wahrer Konzentration. Im 6.Kapitel werden beschrieben, wie *chitta*, das Wahrnehmungsvermögen, zur Konzentration geführt werden kann, die Mittel (*sadhana*) zu diesem Ziel und warum es notwendig ist. Das 11. Kapitel beschreibt *samagrataa*, integrales, universales Bewußtsein. Wir wollen nun sehen, wie wir den langen Weg von *ekagrataa* hin zu *samagrataa* zurückgelegt haben.

Es begann mit der Konzentration von *chitta* (Denk- und Wahrnehmungsvermögen). Wenn einmal Konzentration erlangt ist, kann sich der Mensch mit jeder Angelegenheit befassen. Man kann zum Beispiel die innere Konzentration auf das Studium der Mathematik anwenden, ein Fach, das mir persönlich lieb ist. Zweifellos ist uns dies nützlich. Doch ist es nicht der höchste Gewinn, der uns durch innere Konzentration zuteil werden kann. Der volle Wert innerer Konzentration führt sowohl in der Mathematik als auch beim Studium anderer Fächer zu guten Resultaten, doch sind sie kein echter Maßstab für die Bedeutung dieser Konzentration. Darum heißt es im 7.Kapitel, daß wir unsere Aufmerksamkeit den Füßen Gottes zuwenden sollen. Im 8.Kapitel heißt es dann, daß wir uns ununterbrochen auf die göttlichen Füße des Herrn konzentrieren sollen, unsere Stimme, Ohren und Augen stets nur zu diesem Zweck gebrauchen und uns bis ans Lebensende immer nur um eine solche Konzentration bemühen sollen. All unsere Sinne müssen entsprechend geschult werden.

"Die Sinne sind nun alle so geschult. Sie kennen dementsprechend keinen anderen Gedanken."

So sollte es sein. Alle Sinne sollten auf die Tonart Gottes gestimmt sein. Gleichgültig, ob in unserer Nähe jemand jammert oder ob jemand Gottes Loblied singt, ob jemand ein Netz knüpft aus *vasanas* (Neigungen) oder ob wir mit Heiligen und wunschlosen Menschen zusammen sind, ob die Sonne scheint oder Dunkelheit herrscht — immerzu, bis zum Tode, die Sinne so zu schulen, daß im Augenblick des Sterbens Gott vor unserem Bewußtsein (*chitta*) stehen möge, dieser Pfad der Beständigkeit wird im 8.Kapitel gelehrt. So wurden erläutert: im 6.Kapitel innere Konzentration (*ekagrataa*), im 7.Kapitel Konzentration auf Gott, d.h. *prapatti* oder gläubige Hingabe, im 8.Kapitel Satatya-Yoga oder Yoga der Beständigkeit und im 9.Kapitel vollständige Übereignung (*samarpan*). Im 10.Kapitel wird der fortschreitende Pfad beschrieben: wie man sich Schritt für Schritt vorwärts arbeitet, um sich so das Bild des Herrn tief im Herzen einzuprägen, wie man das Göttliche, das in allen Dingen gegenwärtig ist — angefangen von der kleinen Ameise bis zum Brahmadeva — allmählich im eigenen Selbst erkennen kann. Das 11.Kapitel beschreibt *samagrataa*, kosmisches Bewußtsein. *Visvarupa-darshan* — kosmische Schau — bezeichne ich als Samagrataa-Yoga. Die kosmische Schau bedeutet von dem Gefühl erfüllt sein, daß sich die gesamte Schöpfung im kleinen Sandkorn offenbart. Das ist die erhabene Vision, *virat darshan*.

Auf diese Weise wurde vom 6. bis zum 11.Kapitel das Wesen von *bhakti* auf verschiedene Weise immer wieder gefiltert.

(60) DER SAGUNA-VEREHRER UND DER NIRGUNA-VEREHRER — ZWEI SÖHNE DERSELBEN MUTTER

Im 12.Kapitel wird nun die Erläuterung der Bhakti-Philosophie zum Abschluß gebracht. Arjuna fragt nach dem Zustand der Vollendung. Wie er zuvor, am Ende des 5.Kapitels, nach der Erläuterung der gesamten Philosophie des Lebens fragte, so fragt Arjuna auch hier: "O Krishna, einige verehren Dich als Saguna — mit Form — (persönlicher Gott), andere als Nirguna — ohne Form — (unpersönlicher Gott, das Absolute). Sage mir nun, welche dieser beiden ist Dir lieber?"
Wie konnte Gott darauf antworten? Es ist, als befrage man eine Mutter über ihre zwei Söhne. Das eine der Kinder ist noch klein, liebt seine Mutter innig, freut sich bei ihrem Anblick und ist unglücklich, wenn sich die Mutter einen Augenblick entfernt. Es kann gar nicht von der Mutter fortgehen, kann sie nicht verlassen, kann eine Trennung von ihr einfach nicht ertragen. Ohne die Mutter erscheint ihm die Welt öde und leer. So ist der kleine Sohn. Der andere Sohn ist schon groß. Auch er ist voll inniger Liebe, aber er ist schon verständig geworden. Er kann die Trennung von der Mutter ertragen. Auch wenn er sie fünf oder sechs Monate lang nicht trifft, kann er es ertragen. Er dient seiner Mutter. Er übernimmt selbst die volle Verantwortung und arbeitet. Weil er mit seiner Arbeit beschäftigt ist, kann er die Abwesenheit der Mutter ertragen. Die Menschen achten ihn, und seine Mutter freut sich, wenn man überall von ihm spricht. So also ist der zweite Sohn. Würde man nun zu der Mutter solcher Söhne sagen: "Mutter, nur einen deiner beiden Söhne kannst du behalten. Sage uns, welchen du haben möchtest?" — was würde sie antworten? Welchen Sohn würde sie wählen? Würde sie die beiden auf eine Waage legen und abwiegen? Stellt euch die Lage der Mutter vor! Was wäre ihre natürliche Antwort? In ihrer Hilflosigkeit würde sie sagen: "Wenn ich einen von ihnen verlieren muß, so will ich die Trennung vom älteren Sohn auf mich nehmen." Sie umarmt den kleinen Sohn, sie kann ihn nicht hergeben. Angesichts der übergroßen Anhänglichkeit des kleinen Sohnes würde sie vielleicht folgendermaßen antworten: "Es ist nicht so schlimm, wenn mein großer Sohn fortgeht." Doch ist das nicht die Antwort auf die Frage, welchen der beiden Söhne sie mehr liebt. Weil sie irgendetwas antworten muß, wird sie eben einige

Worte sagen. Aber es wäre nicht recht, bei der Auslegung ihrer Worte nach einem tieferen Sinn zu suchen.

Auch Gott befand sich in derselben schwierigen Lage wie diese Mutter, als sie eine solche Frage beantworten sollte. Arjuna fragt ihn: "Herr, Du hast zwei Arten von Verehrern (*bhakta*). Der eine liebt Dich innig und denkt immerzu an Dich. Seine Augen dürsten nach Dir, seine Ohren sehnen sich nach Deinem Lied, seine Hände und Füße sind begierig, Dir zu dienen und zu opfern. Der andere ist selbstbewußt, zügelt seine Sinne, ist um die Wohlfahrt aller Geschöpfe besorgt, ist Tag und Nacht so sehr mit selbstlosem Dienst an seinen Mitmenschen beschäftigt, daß es scheint, als ob er sich überhaupt nicht an Gott erinnere. Er ist Dein anderer Verehrer, erfüllt von *advaita*, dem Grfühl der Einheit. Sage mir nun, welchen dieser beiden *bhaktas* Du am meisten liebst!" Diese Frage richtet Arjuna an den göttlichen Krishna. Genau wie jene Mutter antwortete, so antwortete ihm auch Krishna: "Ich liebe den Saguna-Bhakta. Auch der andere Bhakta, der von *advaita* erfüllte, ist mir teuer." So befindet sich auch Krishna in einem Dilemma. Da etwas gesagt werden mußte, gibt er eben eine unbestimmte Antwort.

Tatsächlich sind sich die beiden *bhaktas* genau gleich. Beide sind sich ebenbürtig. Sie miteinander zu vergleichen, ist ein unmögliches Unterfangen. Wie Arjuna im 5.Kapitel über *karma* Fragen stellte, so fragt er nun hier in Bezug auf *bhakti*. Im 5.Kapitel erlangt der Mensch mit Hilfe von *karma* und *vikarma* den Zustand von *akarma*. Dieser Zustand von *akarma* erscheint in zwei Formen: in dem einen Fall arbeitet der Mensch Tag und Nacht und ist doch frei von Handeln, in dem anderen arbeitet er 24 Stunden lang gar nichts und stellt doch die ganze Welt auf den Kopf. Der Zustand von *akarma* erscheint uns in diesen beiden Formen. Wie soll man sie miteinander vergleichen? Vergleiche die eine Seite eines Kreises mit der anderen Seite desselben Kreises. Die beiden Seiten eines Kreises — wie kann man sie miteinander vergleichen? Beide Seiten haben gleiche Bedeutung und gleiche Eigenschaften, ihre Form ist gleich. Als Gott die Grundlage von *akarma* beschrieb, unterschied er zwischen *sannyasa* und *yoga*. Es sind zwei verschiedene Namen, doch in ihrer Bedeutung sind sie sich gleich. Letzten Endes richtete sich die Entscheidung zwischen *sannyasa* und *yoga* danach, welches der beiden leichter und einfacher ist.

Mit dem Problem von *saguna* und *nirguna* steht es genauso. Der *saguna*-Verehrer dient dem Herrn mit Hilfe der Sinne, der *nirguna*-Verehrer befaßt sich innerlich ständig mit dem Wohlergehen der Welt. Ersterer scheint ganz im äußeren Dienen versunken, doch er meditiert fortwährend im Innern. Der andere scheint äußerlich überhaupt nicht im eigentlichen Sinne zu dienen, doch innerlich leistet er unausgesetzt große Dienste. Welcher von diesen beiden *bhaktas* ist der bessere? Derjenige, der Tag und Nacht tätig ist und doch nichts tut, ist der *saguna-bhakta*. Der *nirguna-bhakta* beschäftigt sich innerlich mit dem Wohl der Allgemeinheit und macht sich Gedanken darüber. Diese beiden *bhaktas* sind sich innerlich gleich, auch wenn sie nach außen hin verschieden scheinen. Beide sind sich gleich, beide werden von Gott geliebt. Doch von beiden ist *saguna-bhakti* (*saguna*-Verehrung) das leichtere. Deshalb gibt der Göttliche auch hier wieder dieselbe Antwort wie schon im 5.Kapitel.

(61) SAGUNA IST LEICHT UND SICHER

Im Yoga des *saguna-bhakti* können wir unmittelbar unsere Sinne anwenden. Sie können entweder eine Hilfe oder ein Hindernis oder beides gleichzeitig sein. Ob sie sich behindernd oder fördernd erweisen, hängt von unserer Einstellung ab. Stellt euch vor, die Mutter eines Mannes liegt im Sterben, und er möchte sie besuchen, doch bis zu ihr ist eine Entfernung von 15 Meilen zurückzulegen. Das ist mit dem Auto nicht möglich, denn es ist ein holpriger, unebener Fußweg. Ist nun in dieser Lage der Weg eine Hilfe oder ein Hindernis? Der eine würde vielleicht sagen: "Läge nicht dieser unglückselige Weg zwischen uns, könnte ich schon längst bei meiner Mutter sein!" Einem solchen Menschen erscheint der Pfad als Feind. Doch irgendwie bringt er es fertig, den Weg zurücklegen. Er verflucht den Pfad. Doch wenn er seine Mutter noch antreffen will, muß er unter allen Umständen ohne Zögern vorwärtseilen. Wenn er in dem Weg einen Feind sieht und sich am Rande niedersetzt, wird der Weg, der ihm als Feind erscheint, den Sieg davontragen. Er kann diesen Feind nur besiegen, indem er schnell läuft.

Ein anderer würde vielleicht sagen: "Welch ein Glück ist es, daß es in dieser Wildnis wenigstens diesen Weg gibt. So werde ich schon irgendwie meine kranke Mutter erreichen können. Wenn er nicht da wäre, wie könnte ich dann dieses schwer zugängliche Hügelgelände durchqueren?" So spricht er und sieht in dem Fußpfad ein Hilfsmittel. Schnell eilt er den Pfad entlang. Er betrachtet den Weg voll Dankbarkeit und sieht in ihm einen Freund. Du magst in ihm nun Freund oder Feind sehen, ein Instrument zur Vergrößerung oder Verminderung der Entfernung, in jedem Fall mußt du flink ausschreiten. Ob der Pfad Hilfe oder Hindernis ist, hängt von der inneren Verfassung, von der Einstellung des Betroffenen ab. Dasselbe gilt auch für die Sinne (*indriyas*). Ob sie eine Hilfe oder ein Hindernis darstellen, hängt von deiner Einstellung ab.

Dem *saguna*-Verehrer sind die Sinneswerkzeuge eine Hilfe. Sie sind ihm wie Blumen, die man Gott opfert. Mit den Augen schaut er Gottes Form, mit den Ohren lauscht er inspirierten Predigten, mit seinem Mund spricht er Gottes heilige Namen, mit den Füßen macht er Wallfahrten und mit den Händen dient er Ihm. Auf diese Weise widmet er all seine Sinneswerkzeuge dem Herrn. Die Sinne sind nicht zu unserem Vergnügen da. Blumen sind dazu da, daß sie Gott dargebracht werden, und nicht, damit wir sie als Blumengirlanden tragen. Auf diese Weise sollen wir unsere Sinneswerkzeuge im Dienste des Höchsten gebrauchen. Das ist die Einstellung des *saguna-bhakta*.

Der *nirguna*-Verehrer sieht in den Sinnen ein Hindernis. Er hält sie unter Kontrolle und sperrt sie ein. Er verweigert ihnen Nahrung und bewacht sie. Für den *saguna-bhakta* sind alle diese Dinge nicht nötig. Er legt alle seine Sinne dem Allmächtigen zu Füßen. Beides sind Methoden, um die Sinne unter Kontrolle zu halten, zwei Möglichkeiten, sie zu zähmen. Wir können uns für die eine oder andere Methode entscheiden, doch auf jeden Fall müssen wir die Sinne in der Gewalt haben. Beide Methoden haben dasselbe Ziel: zu verhindern, daß die Sinne in weltlichen Genüssen schwelgen. Die eine Methode ist leicht, die andere ist schwierig.

Der *nirguna*-Verehrer bemüht sich um das Wohl aller Wesen. Das ist keine Kleinigkeit. "Sich um das Wohl der ganzen Welt zu bemühen", ist leicht gesagt, aber schwer getan. Jemand, der immer nur an das Wohlergehen der ganzen Welt denkt, kann sich daneben um nichts anderes kümmern. Deshalb ist *nirguna*-Verehrung schwierig. *Saguna*-Verehrung hingegen kann auf vielerlei Weise dargebracht werden, entsprechend der vorhandenen Kraft und Fähigkeiten. Dem kleinen Dorf, in dem wir geboren wurden, oder den Eltern zu dienen, das ist *saguna-puja* (*saguna*-Gottesdienst). Man muß sich dabei nur vergewissern, daß das eigene *puja* nicht dem Wohl der Welt entgegenwirkt. Wie unbedeutend dein Dienst auch sein mag, solange er andere nicht schädigt, wird er als *bhakti* (Hingabe an Gott) gewertet werden. Andernfalls würde dieser Dienst zu einer Form der inneren Bindung. Ob es sich um unsere Eltern handelt oder um unsere Freunde, um unglückliche Verwandte oder um Mönche und Heilige, ihnen allen soll man dienen, indem man Gott in ihnen sieht. Man sollte sich an der Vorstellung genug sein lassen, daß sie alle das Ebenbild Gottes sind. Diese *saguna*-Verehrung des Göttlichen ist leicht, dagegen ist *nirguna*-Verehrung immer schwierig. In Sinn und Substanz sind sich beide gleich. Doch weil es leichter ist, hat *saguna* größere Bedeutung, das ist alles!

Abgesehen davon, daß es leichter ist, bietet es noch einen weiteren Vorteil. *Nirguna-puja* birgt eine Gefahr. *Nirguna* ist ganz *jnana*, Erkenntnis. *Saguna* aber ist voll Liebe, voll Gefühl. Es ist voller Herzenswärme und bietet dem *bhakta* größere Sicherheit. *Nirguna* hingegen birgt auch Gefahr. Es gab eine Zeit, da ich vor allem auf *jnana* (Erkenntnis, Wissen) baute. Doch nun hat mich die Erfahrung gelehrt, daß bloßes Wissen nicht genügt. Zwar kann Wissen die groben Unvollkommenheiten von Herz und Gemüt verbrennen und zu Asche verwandeln, doch hat es nicht die Macht, die subtilen Unreinheiten zu beseitigen. Auch mit Hilfsmitteln wie Selbstvertrauen, Vernunft, Unterscheidungskraft, fleißigem Üben und der Kraft zum Entsagen wird es uns doch nicht gelingen, die subtilen Unreinheiten unseres Gemüts zu entfernen. Ohne das Wasser von *bhakti* (gläubiger Hingabe) können diese Unreinheiten nicht weggeschwemmt werden. Nur der Strom gläubiger Hingabe hat diese Kraft. Wenn man will, mag man es *para-avalambana*, "sich stützen auf das andere" nennen, doch sollte man dann *para* nicht als "ein anderer" verstehen sondern als "das Höchste Wesen", woraus sich der Sinn "stützen auf das Höchste Wesen" ergibt. Außer mit Hilfe Gottes kann *chitta* nicht von seinen Unreinheiten befreit werden.

Manche werden sagen: "Hier wurde das Wort *jnana* in einem engen Sinne ausgelegt. Wenn durch *jnana chitta* (das Wahrnehmungs- und Bewußtseinsvermögen) nicht gereinigt werden kann, degradiert man *jnana* in seiner Bedeutung." Ich akzeptiere diesen Einwand, möchte aber sagen: Solange man in diesem Erdenleib wohnt, ist es sehr schwierig, sich reines Wissen zu erwerben. Das Wissen, das in diesem Leib erworben wird, muß zwangsläufig begrenzt sein. Ich bezweifle nicht im geringsten, daß durch *jnana*, wenn es in seiner Reinheit auftritt, sämtliche Verunreinigungen zu Asche verwandelt werden. Wissen hat die Kraft, sämtliche Unreinheiten, auch in *chitta*, in Asche zu verwandeln. Doch in diesem verworrenen Leib hat *jnana* weniger Kraft und ist deshalb nicht in der Lage, die feineren Unreinheiten zu beseitigen. Ohne zu gläubiger Hingabe (*bhakti*) Zuflucht zu nehmen, wird es deshalb nicht möglich sein, diese feinen Unreinheiten zu entfernen. Deshalb ist der Mensch durch *bhakti* besser geschützt. Wenn ich sage "besser", so ist das Wort aus meiner Sicht zu verstehen. *Saguna-bhakti* ist leicht. Es bedeutet, auf Gott zu vertrauen, während sich *nirguna-bhakti* auf Selbstvertrauen gründet. Doch was ist mit diesem "Selbst" eigentlich gemeint? Vertrauen auf den innewohnenden göttlichen Geist, das ist die Bedeutung von "Selbstvertrauen". Ein solcher Mensch läßt sich nicht finden, der nur durch seinen Verstand (*buddhi*) Reinheit erlangt hätte. Durch Vertrauen auf das Selbst, das heißt durch innere Selbsterkenntnis wird reines Wissen erlangt. Mit anderen Worten: auch im Selbstvertrauen des *nirguna-bhakti* ist *atman*, das Selbst, die Grundlage.

(62) OHNE *NIRGUNA* IST AUCH *SAGUNA* UNVOLLKOMMEN

So wie ich zugunsten von *saguna*-Verehrung erklärte, daß es leichter und sicherer sei, kann ich auch zugunsten von *nirguna-bhakti* Vorteile aufzeigen. *Nirguna* hat eine eindämmende Wirkung. Zum Beispiel gründen wir Institutionen für verschiedene Zwecke im Dienste der Allgemeinheit. Jede dieser Institutionen wird anfänglich von einer Persönlichkeit aufgebaut. Diese Person ist die Hauptstütze. Zu Beginn ruht die Institution auf einer Persönlichkeit. Doch in dem Maße, in dem sie sich entwickelt, sollte sie sich immer weniger auf eine Person und mehr und mehr auf eine Idee stützen. Wenn die Institution nicht eine solche ideelle Grundlage entwickelt, versinkt sie in Dunkelheit, sobald der Gründer und Inspirator abtritt. Ich möchte ein mir sehr liebes Beispiel anführen: Wenn der Riemen des Spinnrads entzwei geht, kann man nicht mehr weiterspinnen, und auch der schon gesponnene Faden kann nicht aufgewickelt werden. So geschieht es auch mit der Institution. Wenn der Gründer nicht mehr da ist, befindet sich die Institution in derselben Lage. Sie verwaist. Doch wenn die Treue zu einer Person durch Treue zu einem Ideal ersetzt wird, kann eine solche Situation nicht eintreten. *Saguna*, das Persönliche, braucht die Hilfe von *nirguna*, dem Unpersönlichen. Hin und wieder sollten wir uns darin üben, uns vom Persönlichen, Sichtbaren zu befreien und wegzukommen. Der Ganges entsprang aus den Himalayas, aus den verfilzten Locken von Shiva, doch machte er dort nicht Halt. Erst als er das Haar von Shiva verlassen hatte, die Berge und Schluchten der Himalayas, Sümpfe und Wälder durchquert hatte und glucksend und murmelnd durch die Wiesen in der Ebene floß, konnte er den Menschen nützlich werden. Gleicherweise sollte eine Institution nach dem Abgang der tragenden Persönlichkeit bereit sein, sich auf die kräftigen Pfeiler eines Ideals zu stützen. Wenn man bei einem Hausbau einen Bogen errichtet, gibt man ihm anfänglich eine Stütze, doch später wird dann diese Stütze entfernt. Erst wenn die Stütze entfernt wurde und der Bogen frei dasteht, weiß man, daß die Stütze ihre Funktion erfüllt hat. Es ist gut, wenn der Strom der Inspiration von *saguna* (dem Offenbaren) ausgeht, aber er sollte zuletzt in der Treue zu einem Ideal, in *nirguna* (dem Unsichtbaren) seine Erfüllung finden. Aus dem Schoß von *bhakti* sollte *jnana* geboren werden. An der Schlingpflanze von *bhakti* sollten die Blüten von *jnana* hervorbrechen.

Buddha hatte dies erkannt. Darum schrieb er drei verschiedene Gelübde von Treue. Am Anfang mag die Treue zu einer Person stehen, doch sollte daraus die Treue zu einem Ideal, und sofern dies nicht sogleich möglich ist, so doch mindestens die Treue zur Institution hervorgehen. Die Verehrung, die man zuerst einem Einzelnen entgegenbrachte, bringe man nun etwa 10 bis 15 Menschen entgegen. Wenn für die Gemeinschaft keine liebevolle Hingabe empfunden wird, kommt es unter den Mitgliedern zu Disharmonien und Streitigkeiten. Hingabe an eine Person soll ersetzt werden durch Hingabe an eine Gemeinschaft und muß schließlich dazu führen, daß man gänzlich in einer erhabenen Idee Zuflucht nimmt. Darum haben die Buddhisten drei Gelöbnisse der Hingabe:

buddham sharanam gachhaami	Ich nehme Zuflucht in Buddha
sangham sharanam gachhaami	Ich nehme Zuflucht in der Gemeinschaft
dhammam sharanam gachhaami	Ich nehme Zuflucht im Gesetz

Zuerst Liebe zur Person, dann Liebe zum *sangha*. Doch beides ist zu schwach. Erst wenn Hingabe an ein Ideal in Erscheinung tritt, kann der Institution Erfolg beschieden sein. Wenn auch der Strom der Inspiration bei *saguna* seinen Ursprung hat, muß er doch zum Meer des *nirguna* fließen und sich mit diesem vereinen. In Ermangelung von *nirguna* ist *saguna* unvollkommen. Durch den mäßigenden Einfluß von *nirguna* behält *saguna* das Gleichgewicht. Deshalb steht *saguna* in der Schuld von *nirguna*.

Sowohl im Hinduismus wie in Christentum, Islam und allen anderen Religionen findet man Bilderverehrung in der einen oder anderen Form. Wenn diese auch als die niedrigste Form der Verehrung angesehen wird, kommt ihr doch zweifellos große Bedeutung und Anerkennung zu. Solange sich Bilderverehrung innerhalb der Grenzen von *nirguna* befindet, ist sie makellos. Wenn sie jedoch diese Grenzen überschreitet, treten in *saguna* Mängel auf. Wo der mäßigende Einfluß von *nirguna* fehlt, ist die Entartung der *saguna*-Verehrung einer Religion nicht aufzuhalten. In den alten Opferfeiern wurden Tiere geopfert. Auch heute noch werden der Göttin Shakti Tiere geopfert. Das ist eine Entartung des Bilderkultes. Hier hat er seine Grenzen überschritten und eine falsche Richtung eingeschlagen. Doch wenn *nirguna* als mäßigender Einfluß vorhanden ist, ist dies nicht zu befürchten.

(63) BEIDE ERGÄNZEN EINANDER. BEISPIEL AUS DEM RAMAYANA

Saguna ist leicht und gefahrlos, aber es braucht *nirguna*. Bei der Entfaltung von *saguna* sollen auch die Knospen von *nirguna*, die Knospen der Treue zum Ideal aufblühen. *Nirguna* und *saguna* ergänzen einander, sie widersprechen sich nicht. Wenn man bei *saguna* anfängt, muß man *nirguna* als Ziel vor Augen haben. Andererseits muß *nirguna* durch *saguna* bereichert werden, um so die feinen Unreinheiten aus *chitta* zu entfernen. Das eine erhält vom anderen seinen Glanz. Diese beiden Arten von *bhakti* sind im Ramayana in sehr schöner Weise geschildert worden. Insbesondere im Ajodhya Kanda findet sich ihre ausführliche Beschreibung. Das *bhakti* von Bharat ist von der einen Art, das *bhakti* von Lakshman ist von der anderen Art. Durch ihr Beispiel wird uns das Wesen von *saguna*-Hingabe und *nirguna*-Hingabe verständlich.

Als sich Rama auf den Weg machte, um in die Wälder zu gehen, hatte er nicht die Absicht, Lakshmana mitzunehmen. Rama sah keine Notwendigkeit dazu. Er sagte zu Lakshman: “Lakshmana, ich gehe in die Wälder. Unser Vater hat es mir so aufgetragen. Bleibe du zu Hause! Vermehre nicht den Schmerz unserer Eltern, indem du mitgehst. Diene unseren Eltern und unserem Volk! Wenn du bei ihnen bleibst, werde ich ohne Sorge sein. Bleibe hier, um mich zu vertreten! Daß ich in die Wälder gehe, heißt nicht, daß ich mich in Gefahr begebe. Ich besuche nur die Ashrams der Rishis.” So versuchte Rama Lakshmana zu überzeugen. Doch Lakshmana fegte mit einem Wort alle Argumente Ramas hinweg. Mit einem Schlag zerbrach er sie. Tulsidas beschreibt diesen Vorfall sehr plastisch. Lakshmana antwortet: “Du hast mir den edelsten Weg gezeigt. Wahrhaftig, ich sollte deinen Rat befolgen. Aber ich kann die Last der Staatsgeschäfte nicht tragen. Ich habe nicht die Kraft, dich zu vertreten. Ich bin noch ein Knabe.”

"diinhi mohi sikh niiki gosaa(n)yi
laagi agam apni kadaraaii
narvar dhiir dharam-dhur-dhaari
nigam-niitike te adhikaari
mai(n) sisu prabhu-saneh-pratipaalah
mandar-meru ki lehi(n) maraalaa."

"Kann der Schwan das Gewicht des Berges Meru emporheben?
O Bruder Rama, bis heute bin ich durch deine Liebe gewachsen.
Lehre die Regierungsgeschäfte einen anderen,
Ich bin doch noch ein Knabe!"

Mit diesen Worten machte Lakshmana der Diskussion ein Ende. Wie der Fisch nicht ohne Wasser leben kann, so war es auch mit Lakshmana. Er hatte nicht die Kraft, ohne Rama zu leben. Sein ganzes Wesen war erfüllt von Rama. Wenn Rama schlief, war ihm höchstes Glück, selber zu wachen, ihm zu dienen. So wie unsere Hand blitzartig hochfährt und sich vor das Auge legt, um den Stoß aufzufangen, wenn das Auge von einem Steinschlag bedroht ist, so war Lakshmana zu Ramas eigener Hand geworden. Wenn sich ein Schlag gegen Rama richtete, fing ihn Lakshmana auf. Tulsidas gibt für Lakshmana ein schönes Gleichnis: Die Fahne fliegt hoch oben und wird in Liedern besungen. Ihre Farben, ihr Aussehen und ihr Ursprung sind Gegenstand vieler Lieder. Doch wer denkt an die Fahnenstange? Wie die Stange die Fahne hochhält, so hält Lakshmana Ramas Ruhm, der hochfliegt gleich einem Drachen im Herbst. Er steht aufrecht und unbeweglich. Wie sich die Fahnenstange niemals herabbeugen kann, so beugt sich auch die Stange, die die Fahne von Ramas Ruhm hißt, niemals herab. Wessen ist der Ruhm? Der Ruhm ist Ramas. Die Welt sieht die Fahne, an die Fahnenstange denkt sie nicht. Die Kuppel sticht ins Auge,—das Fundament, die Stützen werden nicht beachtet. Rams Herrlichkeit erfüllt die Welt, doch niemand denkt an Lakshmana. 14 Jahre lang stand dieser Pfeiler gerade und ungebeugt. Er blieb bewußt im Hintergrund und verbreitete Ramas Ruhm. Rama ließ einige der Taten, die am schwersten zu verstehen sind, durch Lakshmana vollbringen. Schließlich wurde Lakshmana auch noch mit der Aufgabe betraut, Sita in den Wald zu führen und dort zurückzulassen. Auch diese Aufgabe erfüllte der arme Lakshmana. Er hatte überhaupt keine unabhängige Exstenz mehr. Er war zu Ramas Augen, Ramas Händen und Füßen und zu Ramas Verstandesorgan geworden. Wie der Fluß mit dem Meer eins wird, so war Lakshmanas

Dienen eins geworden mit Rama. Er war zu Ramas Schatten geworden. Diese Hingabe des Lakshmana war *saguna-bhakti.*

Bharata aber befolgt *nirguna-bhakti*, auch dies hat Tulsidas herrlich dargestellt. Als Rama in die Wälder ging, war Bharata nicht in Ayodha. Als Bharata kam, war Dashharata bereits gestorben. Guru Vasishtha riet Bharata, die Regierung zu übernehmen. Doch Bharata antwortete: "Ich muß Rama sehen." Innerlich drängte es ihn, Rama zu treffen. Aber gleichzeitig traf er auch Vorsorge für die Verwaltung des Reiches. Seine innere Einstellung sah so aus: "Dies ist Ramas Reich. Es zu verwalten, bedeutet nichts anderes, als im Auftrag von Rama zu handeln. Der ganze Besitz gehört dem Eigentümer; ihn zu verwalten, ist meine Pflicht." Bharata konnte sich nicht so frei fühlen wie Lakshmana. Daraus ist Bharatas Standpunkt ersichtlich. Für ihn bedeutete Verehrung (*bhakti*) gegenüber Rama, daß er Ramas Aufgaben übernimmt. Welchen Sinn hätte sonst seine Hingabe, sein *bhakti*? Nachdem er für alle Angelegenheiten des Reiches Vorsorge getroffen hatte, ging er in den Wald, um mit Rama zu sprechen, und sagte zu ihm: "Lieber Bruder, dies ist euer Königreich. Ihr..." Doch ehe er den Satz beenden kann, unterbricht ihn Rama und sagt: "Bharata, kümmere du dich um die Regierung des Landes!" Bharata bleibt verlegen stehen und sagt schließlich: "Ich beuge mich euerm Befehl!" Was ihm Rama antrug, war für ihn Pflicht. Alles, was sein Eigen war, hatte er bereits Rama übertragen. Nun ging er zurück und verwaltete das Reich. Lobenswert daran ist, daß er in einem zwei Meilen von Ayodha entfernten Ort Buße tat und als Büßer das Reich regierte. Als sich schließlich Rama und Bharata wieder treffen, ist es schwierig zu erkennen, wer von ihnen der wirkliche Büßer ist, der in den Wäldern hauste und büßte. Beide Gesichter sind sich gleich, im Alter sind sie nur wenig verschieden, und ihre Gesichter tragen denselben Stempel der Askese. Beim Anblick der beiden läßt sich nicht sagen, welcher Rama und welcher Bharata ist. Wenn ein Künstler von dieser Situation ein Bild malen könnte, wie wunderbar müßte es werden. Wir erkennen daraus: Obwohl Bharata physisch von Rama getrennt war, war er innerlich keinen Augenblick von ihm getrennt. Obwohl er sich einerseits den Staatsgeschäften widmete, war er innerlich doch immerzu bei Rama. *Nirguna-bhakti* ist bis zum Rand angefüllt mit *saguna.* Wie hätte man also von Trennung reden können? Deshalb empfand Bharata keinerlei Trennung von Rama. Er tat das Werk seines Meisters.

Die jungen Leute von heute sagen: "Wir können all das Gerede über Ramanama, Rama-*bhakti* und Rama-Verehrung nicht verstehen. Wir wollen einfach Gottes Werk tun." Bharata hat uns durch sein Beispiel gezeigt, wie Gottes Werk getan werden muß. Während er Gottes Werke tat, wurde das Gefühl der Trennung von Rama in seiner Seele aufgesaugt. Gottes Werk zu tun und dabei keine Zeit zu haben, sich der Trennung bewußt zu sein, ist eine Möglichkeit. Sich um Gott überhaupt nicht zu kümmern, ist jedoch etwas anderes. Gottes Werk zu tun und ein Leben der Selbstdisziplin zu leben, ist sehr selten. Obwohl Bharata bemüht war, im Geist von *nirguna* zu wirken, war bei ihm doch niemals der zugrundeliegende *saguna*-Impuls zerstört worden. "Rama, mein Herr," sagte er, "ich respektiere euern Befehl. Was immer ihr sagt, daran werde ich niemals Zweifel hegen." Nachdem er so gesprochen hatte, trat Bharata den Heimweg an, wandte sich jedoch noch einmal um, blickte auf Rama und sagte: "Herr, mein Herz ist noch unbefriedigt. Es ist mir, als hätte ich etwas vergessen." Rama erkannte sofort seine Sehnsucht und sagte: "Hier, nimm diese Sandalen mit!" Am Schluß stand auch hier wieder *saguna*-Verehrung. Zuguterletzt wurde *nirguna* von *saguna* benetzt und belebt. Lakshmana wäre mit Ramas Sandalen nicht zufrieden gewesen. Für ihn wäre es so gewesen, wie wenn man das Verlangen nach Milch befriedigt, indem man Buttermilch trinkt. Bharatas Einstellung ist anders. Zwar war er äußerlich getrennt von Rama und tat seine Pflicht, aber innerlich war er erfüllt von Rama. Obwohl Bharata der Auffassung war, seine Hingabe an Rama sei Rama-*bhakti*, bestehe in der Erfüllung seiner Pflicht, fühlte er doch ein Verlangen nach Ramas Sandalen. Ohne sie konnte er die Last der Regierungsgeschäfte nicht tragen. Die Sandalen verliehen ihm die Autorität zur Ausübung seiner Aufgabe. Wie Lakshmana so war auch Bharata voll gläubiger Hingabe an Rama. Nur dem Anschein nach waren sie verschieden. Obwohl Bharata voll Pflichttreue und Idealismus war, verlangte er doch nach der lebendigen Wärme des Symbols in Form der Sandalen.

(64) BEIDE SIND SICH GEGENSEITIGE ERGÄNZUNG. EIN BEISPIEL AUS DER KRISHNA-LEGENDE

Es bedarf des lebenspendenden Stroms der Hingabe an Gott. Deshalb ermahnt der Herr Arjuna immer wieder: *"mayyaasaktamanaah paartha,"* —"Arjuna, sei mir verbunden, vertraue meiner Liebe—dann aber handle!" Die Bhagavad Gita, die das Wort *asakti* (Bindung, Neigung) ablehnt und vermeidet, die mehrmals dazu auffordert, daß man frei von innerer Bindung handle, daß man im Handeln frei sein soll von Haß und Liebe, daß man beim Handeln auf jeden Gewinn verzichte, deren Refrain auf *"anasakti"* (frei von Bindung) und *"nissangata"* (frei von Banden der Liebe) lautet, — dieselbe Bhagavad Gita sagt nun: "Arjuna, sei mir verbunden!" Doch muß man dabei bedenken, daß Bindung an Gott etwas Erhabenes ist. Sie ist anders als die Bindung an irgendeinen weltlichen Gegenstand. *Saguna* und *nirguna* sind eng miteinander verwoben. *Saguna* kann nie aus seinem *nirguna*-Fundament herausgerissen werden. Ein Mensch, der stets pflichtbewußt handelt, dient Gott durch seine Arbeit. Doch muß dieser Gottesdienst von Liebe durchdrungen sein, *"maamanusmara yuddhya cha"*. "Gedenke meiner bei deiner Arbeit!" Ja, Handeln ist Gottesdienst, *puja*. Doch muß im Innern *bhavana*, Gefühl, lebendig sein. Das Opfern von Blumen allein ist noch kein Gottesdienst. Es bedarf dazu auch der inneren Beteiligung, des *bhavana*. Blumen-Opfer ist eine Art von *puja*, gute Werke tun ist eine andere Art von *puja*. Doch bei beiden ist belebendes *bhavana* notwendig. Wenn man Blumen opfert, innerlich aber nicht gefühlsmäßig beteiligt ist, dann ist es nicht anders, als ob man Blumen auf einen gewöhnlichen Stein gehäuft hätte. Wichtig ist daher die innere Beteiligung. *Saguna* und *nirguna*, Handeln und liebevolle Hingabe, *jnana* und *bhakti*, sie alle sind sich in ihrem Wesen gleich. Sie alle führen zum selben Ziel.

Schaut euch Uddhava und Arjuna an! Vom Ramayana zum Mahabharata habe ich einen großen Sprung getan. Doch habe ich dazu guten Grund, denn Rama und Krishna sind beide eins. Arjuna und Uddhava sind genau wie Bharata und Lakshmana. Da wo Krishna ist, ist auch Uddhava. Er kann es nicht ertragen, auch nur einen Augenblick von Krishna getrennt zu sein. Unausgesetzt ist er damit beschäftigt, Sri Krishna zu dienen. Ohne Krishna erscheint ihm die ganze Welt öde und farblos. Auch Arjuna war Krishnas Freund, doch er lebte weit weg von ihm. Arjuna handelte im Auftrag von Krishna. Aber Krishna war in Dwaraka und Arjuna in Hastinapura. Solcherart war die Freundschaft der beiden.

Als Krishna erkannte, daß er bald seinen Körper verlassen müsse, sagte er zu Uddhava: "Uddho, ich muß jetzt gehen." Uddhava sagte: "Kannst du mich nicht mitnehmen? Komm, wir wollen zusammen gehen!" Aber Krishna antwortete: "Das gefällt mir nicht. Die Sonne läßt ihr Leuchten im Feuer zurück. So will auch ich mein Licht in dir zurücklassen." So traf Krishna seine letzten Vorbereitungen, verlieh Uddhava *jnana*, höchste Erkenntnis, und schickte ihn fort. Später erfuhr Uddhava unterwegs von Rishi Maitreya, daß Krishna in seine Heimat zurückgekehrt war. Doch machte diese Nachricht keinerlei Eindruck auf ihn, so als ob nichts geschehen wäre. "Der Meister starb, und der Schüler weinte. Lehren und Lernen war beides umsonst." So stand es nicht um Uddhava. Er empfand überhaupt keine Trennung. Sein Leben lang hatte er *saguna*-Verehrung praktiziert. Immer war er in der Nähe von Krishna gewesen. Doch nun hatte er angefangen, auch die Glückseligkeit von *nirguna* zu kosten. Auf diese Weise war er auf der Stufe von *nirguna* angelangt. Am Anfang darf *saguna* stehen, doch als nächste Stufe muß *nirguna* kommen, andernfalls gibt es keine absolute Erfüllung.

Arjunas Zustand ist genau entgegengesetzt. Welchen Auftrag hatte ihm Krishna gegeben? Er hatte ihn damit betraut, nach ihm alle Frauen zu beschützen. Arjuna kam von Delhi nach Dwaraka und kehrte mit den Frauen aus dem Hause Krishnas zurück. Unterwegs, in der Nähe von Hissar, wurden sie von Räubern des Punjab ausgeplündert. Arjuna, der als der tapferste Mann seiner Zeit galt, der als Held berühmt war, der nie besiegt worden war und deshalb als der Siegreiche gefeiert wurde, der sogar Shiva überwunden hatte, so daß sich dieser vor ihm beugen mußte, dieser Arjuna entfloh nun in die Nähe von Ajmer. Die Trennung von Krishna hatte sich sehr stark auf seinen Gemütszustand ausgewirkt. Es war, als ob das Leben selber aus ihm entwichen wäre, so daß nur ein haltloser und lebloser Leib zurückblieb. Tatsächlich fand Arjuna, der *nirguna*-Verehrer, der immerzu tätig war, der weit von Krishna entfernt lebte, diese Trennung schließlich unerträglich. Sein *nirguna* zerbrach zuletzt unter dieser Belastung. All sein *karma*, Handeln, hörte auf. Nach all seinem *nirguna* erlebte er schließlich *saguna*. Das heißt, daß *saguna* in *nirguna* und *nirguna* in *saguna* einmünden muß. Auf diese Weise vollendet eines das andere.

(65) SAGUNA UND NIRGUNA SIND SICH GLEICH. AUS PERSÖNLICHER ERFAHRUNG

Wenn man den Unterschied zwischen einem *saguna*-Verehrer und einem *nirguna*-Verehrer beschreiben soll, fällt es schwer, die rechten Worte zu finden. Am Ende werden *saguna* und *nirguna* eins. Obwohl der Strom der Hingabe zu Beginn aus *saguna* entspringt, mündet er doch am Ende in *nirguna*. Hier eine alte Begebenheit: Ich war nach Vaikom gegangen, um dort das *satyagraha* zu sehen. Ich erinnerte mich der geographischen Tatsache, daß an der Malabar-Küste Shankaracharyas Geburtsort liegt. Ich hatte das Gefühl, daß Shankaracharyas Dorf, Kaladi, irgendwo in der Gegend liege, in der ich mich befand. Deshalb befragte ich den Einheimischen, der mich begleitete. Er sagte mir: "Es ist etwa zehn oder zwölf Meilen weit bis zu diesem Dorf. Wollt ihr hingehen?" Ich verneinte. Ich wollte das *satyagraha* sehen, und es schien mir nicht richtig, nun woanders hinzugehen. So ging ich bei dieser Gelegenheit nicht in jenes Dorf. Auch heute noch scheint es mir, daß ich damals richtig handelte. Doch an jenem Abend, als ich schlafen wollte, erschienen mir mehrmals das Dorf Kaladi und das Bild Shankaracharyas vor Augen. All mein Schlaf war verflogen. Jenes Erlebnis ist mir auch heute noch ganz frisch im Gedächtnis. Shankaracharyas Erkenntniskraft, seine wunderbare *advaita*-Überzeugung, sein phänomenales, glühendes *vairagya* (Entsagung), das ihn von der Unwirklichkeit dieser sichtbaren Welt überzeugte, die Majestät seiner Sprache und die vielseitige Hilfe, die mir durch ihn zuteil wurde, — all dies kam mir ins Gedächtnis. Die ganze Nacht hindurch standen diese Vorstellungen lebhaft vor mir. Schließlich erkannte ich dadurch, wie *nirguna* bis zum Rande mit *saguna* angefüllt ist. Hätte ich persönlich mit ihm gesprochen, hätte ich keine größere Liebe empfinden können. Auch *nirguna* ist randvoll mit der Verzückung von *saguna* angefüllt. Ich schreibe selten Briefe an meine Freunde. Doch auch wenn ich einem Freund lange nicht schreibe, denke ich stets an ihn. Auch wenn ich ihm keinen Brief schreibe, ist mir doch sein Bild immer im Gedächtnis. Ebenso ist in *nirguna* immer *saguna* verborgen. *Saguna* und *nirguna* sind sich wirklich gleich. Ein Bild vor sich hinzustellen und zu verehren und sichtbar zu dienen oder andererseits sich innerlich beständig mit dem Wohl der Welt zu beschäftigen, während man äußerlich keine Opferhandlung abhält, — beides hat gleichen Wert und gleiche Bedeutung.

(66) SAGUNA UND NIRGUNA SIND NUR DEM ANSCHEIN NACH VERSCHIEDEN: DARUM WOLLEN WIR DIE EIGENSCHAFTEN DES BHAKTA ERWERBEN!

Zum Schluß muß ich sagen, daß es nicht leicht ist, zwischen *saguna* und *nirguna* zu unterscheiden. Was in der einen Sicht wie *saguna* aussieht, mag sich aus einer anderen Sicht als *nirguna* erweisen. Man verehrt zum Beispiel einen Stein im Sinne von *saguna*. In diesem Stein erleben wir die

Gegenwart Gottes. Auch in unserer Mutter und in den Heiligen offenbart sich *chaitanya*, der göttliche Geist. In ihnen offenbaren sich Wissen, Liebe und Herzenswärme. Wir aber verehren sie nicht als *paramatman*, den göttlichen Geist. Jedermann kann solche Menschen sehen, die vom lebendigen göttlichen Geist erfüllt sind. Deshalb soll man ihnen dienen, in ihnen den offenbaren Gottesgeist erkennen (*saguna*). Doch stattdessen sehen die Menschen Gott lieber in einem Stein. Gott in einem Stein zu sehen, ist in gewisser Hinsicht der höchste Grad von *nirguna*. In Heiligen, Eltern und Nachbarn offenbaren sich Liebe, Erkenntnis und Hilfsbereitschaft. Es ist leicht, in ihnen Gott zu erkennen, aber es ist schwierig, sich Gott in einem Stein vorzustellen. In dem Stein, der aus dem Narmada-Fluß kommt, verehren wir Shiva. Ist das etwa nicht *nirguna*-Verehrung? Wenn wir aber andererseits Gott in dem Stein nicht erkennen können, wo sonst wollen wir ihn dann erkennen? Eigentlich ist nur der Stein würdig, ein Abbild Gottes zu sein. Er ist unveränderlich und voll Frieden. In Licht und Dunkelheit, Hitze und Kälte bleibt sich der Stein immer gleich. Deshalb eignet sich dieser unveränderliche Stein am besten als Symbol Gottes. Vater, Mutter, die Nachbarn, die Menschen, — sie alle sind voll von *vikara*, von Neigungen und Abneigungen; in allen begegnen uns irgendwelche Schwächen. Deshalb ist es in gewisser Hinsicht schwerer, sie zu verehren als einen Stein anzubeten.

Das Wesentliche ist, daß sich *saguna* und *nirguna* gegenseitig vervollständigen. *Saguna* ist leicht und *nirguna* schwierig. Doch aus anderer Sicht kann *nirguna* leicht und *saguna* schwierig sein. Beide Mittel führen zum gleichen Ziel. Wie uns im 5. Kapitel gesagt wurde, daß der Yogi, der 24 Stunden am Tag tätig ist und doch untätig ist, dem Sannyasi, der den ganzen Tag nichts tut und doch alles bewirkt, gleich ist, so ist es auch hier. Der *saguna*-Zustand des Handelns und der *nirguna-yoga* der Entsagung sind einander gleich. Wie es für den Göttlichen schwierig war, die Frage zu beantworten, ob Entsagung oder Handeln besser ist, so ist auch hier die Antwort nicht leicht. Schließlich muß sich die Antwort danach richten, welches leichter und welches schwieriger ist. Ansonsten sind sich Handeln und Entsagen, *saguna* und *nirguna* gleich.

Schließlich sagt Krishna: "Arjuna, ob du ein *saguna-bhakta* oder ein *nirguna-bhakta* bist, bleibt sich gleich. Wichtig ist nur, daß du ein *bhakta* (ein Verehrer Gottes) bist und kein wesenloser Stein." Nachdem er so gesprochen hatte, beschrieb Krishna zum Schluß die Merkmale eines *bhakta*. Nektar mag süß sein, doch haben wir keine Möglichkeit, ihn zu versuchen. Diese Merkmale jedoch haben einen unmittelbaren Wohlgeschmack. Dafür bedarf es keiner Vorstellungskraft. Wir wollen diese Merkmale selber erleben. Wir sollten uns täglich die Merkmale des *bhakta*, wie sie im 12.Kapitel beschrieben sind, ebenso wie die Merkmale des *sthitaprajna* im 2.Kapitel, vor Augen führen, darüber nachdenken und sie allmächlich in unserem Leben verwirklichen und ihm dadurch Kraft schenken. Auf diese Weise sollten wir allmählich unser Leben Gott zuwenden.

13. KAPITEL

Unterscheiden zwischen Selbst und Nicht-Selbst (*atman und anatman*)

(67) KARMA-YOGA WIRD GEFÖRDERT, INDEM MAN UNTERSCHEIDET ZWISCHEN KÖRPER UND SEELE

Vyasadev versenkte den Wesensgehalt seines Lebens in die Bhagavad Gita. Er hat auch sonst noch manches ausführliche Werk geschrieben. Schon allein das Mahabharata enthält 100 000 bis 125 000 *slokas*. Im Sanskrit wird das Wort "Vyasa" als Synonym für Ausführlichkeit benutzt. Doch in der Gita verzichtet er auf Ausführlichkeit. Wie in der Geometrie Euklid Theorien und Grundsätze formuliert hat, so beschrieb Vyasa in der Gita auf das Leben anwendbare grundlegende Wahrheiten. In der Bhagavad Gita gibt es keine lange Diskussion, keine ausführliche Besprechung. Der Hauptgrund dafür ist: jeder Mensch kann in seinem eigenen Leben erproben, was in der Gita gesagt worden ist. Es wurde speziell ausgesprochen, um von den Menschen erprobt zu werden. Nur was im Leben nützlich ist, wurde in der Gita niedergelegt. Dies allein war Vyasas Absicht, und deshalb war er damit zufrieden. Diese seine Zurückhaltung zeigt uns, wie groß sein Vertrauen in Wahrheit und Selbsterkenntnis war. Wenn etwas wahr ist, bedarf es keiner großen Argumente, um es zu beweisen.

Wir halten uns vor allem deshalb stets an die Gita, weil sie uns helfen kann, immer wenn wir im Leben irgendwie Hilfe brauchen. Diese Hilfe wird uns unfehlbar zuteil. Weil sie sich in ihrer Lehre mit dem Leben befaßt, deshalb befaßt sich die Gita so ausführlich mit dem *svadharma*. Wenn es im menschlichen Leben eine bedeutende Stütze gibt, so ist es die Ausübung des *svadharma*, das Festhalten am eigenen Lebensgesetz. Das gesamte Lebensgebäude muß auf diesem Pfeiler der Treue zum eigenen *svadharma* aufgebaut sein. Je stärker das Fundament ist, umso widerstandsfähiger ist das Gebäude. Diese Ausübung des *svadharma* bezeichnet die Gita als *karma*. Rund um dieses *karma*, das Festhalten am *svadharma*, hat die Gita eine Anzahl anderer Dinge angeordnet. Zu seiner Unterstützung werden viele *vikarma* (Formen der inneren Beteiligung) beschrieben. Um die Ausübung des *svadharma* zu ermöglichen, um ihr

Schönheit zu verleihen und sie mit Erfolg zu krönen, ist es notwendig, ihr jegliche erforderliche Hilfe und Unterstützung zukommen zu lassen. Deshalb haben wir uns bislang vielerlei solcher Hilfsmittel angesehen. Viele von ihnen waren eine Form von *bhakti*. Was wir uns heute im 13.Kapitel ansehen werden, ist ebenfalls sehr nützlich bei der Ausübung des *svadharma*. Es handelt sich hier um die Unterstützung durch den Verstand.

Überall in der Gita wurde betont, daß ein Mensch, der an seinem *svadharma* festhält, auf die Früchte verzichten soll. Man soll handeln, jedoch auf die Früchte verzichten. Begieße den Baum, pflege ihn sorgsam, mache dir jedoch keine Hoffnung auf seinen Schatten, seine Blüten, seine Früchte. Das ist Karma-Yoga, die Erfüllung des *svadharma*. Karma-Yoga heißt nicht einfach, unausgesetzt tätig zu sein. In dieser Schöpfung gibt es immer und überall geschäftiges Treiben. Das brauchen wir gar nicht zu erwähnen. Aber in Ausübung des *svadharma* Vorzügliches leisten, nicht einfach handeln, und dann auf die Früchte verzichten, das läßt sich leicht sagen und verstehen, ist aber schwer zu verwirklichen. Denn es wird angenommen, daß die treibende Kraft hinter jeder Handlung das Verlangen nach Gewinn ist. Handeln, ohne nach den Früchten zu verlangen, heißt alles auf den Kopf stellen. So zu handeln, widerspricht dem Brauch der Welt. Wenn ein Mensch sehr fleißig arbeitet, dann sagt man gern, er verwirkliche in seinem Leben den Karma-Yoga der Gita. Man sagt, das Leben eines fleißigen Menschen sei von Karma-Yoga erfüllt. Doch ist das ein ungenauer Sprachgebrauch. Es handelt sich hier nicht um Karma-Yoga, wie er in der Gita beschrieben wird. Unter Hunderttausenden von Menschen, die handeln — nicht einfach handeln, sondern in Ausübung ihres *svadharma* tätig sind — wird man nur wenige finden, die den Karma-Yoga der Gita ausüben. Wenn man Karma-Yoga gemäß seiner subtilen und korrekten Bedeutung interpretiert, wird man einen solchen perfekten Karma-Yogi wohl überhaupt kaum irgendwo finden. Man soll zwar handeln, jedoch auf die Früchte verzichten. Dies ist etwas höchst Ungewöhnliches. In der Gita wurde bisher stets zwischen diesen beiden differenziert.

Zur Verdeutlichung dieser Unterscheidung wurde im 13.Kapitel noch in anderer Hinsicht differenziert. Die Unterscheidung zwischen Handeln und dem Verlangen nach den Früchten des Handelns wird durch die Unterscheidung zwischen Körper und Geist begreiflich gemacht. Das wird im 13.Kapitel erläutert. Was wir mit unseren Augen sehen, nennen wir ein Bild, eine Form, einen Körper. Doch wenn wir mit unseren Augen die äußere Form gesehen haben, müssen wir auch in das Innere des Objekts eindringen. Wir müssen den äußeren Panzer, die Schale der Frucht entfernen und das Fruchtfleisch im Innern versuchen. Auch die Kokosnuß muß man aufbrechen, um zu sehen, was drinnen ist. Obwohl ihr Äußeres rauh und dornig ist, ist die Katahal-Frucht doch voll süßen, saftigen Fleisches. Ob wir nun uns selber oder andere betrachten, notgedrungen müssen wir stets zwischen innen und außen unterscheiden. Welche Bedeutung hat denn nun das Entfernen der Schale? Es bedeutet, daß bei jedem Ding zwischen dem Kern im Innern und der äußeren Form unterschieden werden muß. Außen der Leib und innen die Seele,—so hat jedes Ding zweierlei Form. So ist es auch bei *karma*. Die äußere Frucht ist der Leib von *karma*, die innere Reinheit des Gemüts (*chitta*), die durch *karma* bewirkt wird, ist die Seele des Tuns. Auf den äußeren Leib, die äußere Frucht der in Ausübung des *svadharma* erfolgten Handlung wollen wir verzichten und die innere wirkliche Seele, die Reinheit von *chitta* festhalten und in unserem Herzen bewahren. Wir wollen uns angewöhnen, in diesem Sinne zu schauen, das innere Wesen eines jeden Dinges zu sehen und den Körper zu ignorieren. Einen solchen, das Wesentliche erfassenden Blick wollen wir erwerben. Augen, Herz, Gemüt und Verstand sollten zu diesem Zweck geschult und trainiert werden. In jeder Situation sollten wir den Körper beiseite schieben und die Seele verehren. Auf diese Unterscheidung wurde im 13.Kapitel hingewiesen, damit wir darüber nachdenken.

(68) VORAUSSETZUNGEN ECHTER REFORM

Der Entschluß, in allen Dingen das innere Wesen zu erfassen, ist großartig. Wie gut wäre es, wenn wir uns dies schon von Kindheit an angewöhnen könnten! Dazu sollte man sich entschließen und darauf sollte man sich einstellen. Viele Leute meinen, *adhyatmavidya*, Geisteswissenschaft, habe keine Beziehung zum gewöhnlichen Leben. Andere wieder sind der Ansicht, daß eine solche Beziehung, sofern sie existiert, nicht wünschenswert ist. Wie gut wäre es, wenn man dafür sorgen könnte, daß es den Menschen von Kindheit an begreiflich gemacht wird, daß Körper und Seele voneinander verschieden sind. Hier geht es um Erziehung. Als Ergebnis falscher Erziehung sind die Kinder heutzutage voll übler *samskara*, voll falscher Tendenzen. Diese Erziehung führt uns nicht über die Vorstellung hinaus: "Ich bin nur der Körper." Alle Bemühungen konzentrieren sich nur auf den Körper, und doch fehlt jegliche Vorstellung dessen, wie dieser Körper geformt werden soll, welche Gestalt man ihm geben will. So wird der Körper unnütz verehrt. Man denkt überhaupt nicht an die Schönheit der Seele. Diesen Zustand verdanken wir dem gegenwärtigen Erziehungssystem. Tag und Nacht wird man darin unterwiesen, den physischen Leib zu verehren.

Von frühester Kindheit an wird uns beigebracht, die Gottheit unseres Leibes zu verehren. Wenn man sich den Fuß irgendwo gestoßen hat, genügt es, ein wenig Erde aufzulegen. Das Kind wäre damit zufrieden und fände womöglich auch diese Behandlung unnötig. Um eine kleine Verletzung oder Schürfung würde es sich gar nicht kümmern. Diejenigen aber, die für das Kind verantwortlich sind, geben sich damit nicht zufrieden. Sie rufen das Kind zu sich und jammern: "O, du hast dich verletzt! Wie ist das passiert? Wie geschah das? Du hast dich schwer verletzt! Schau, es blutet ja!" Wenn das Kind nicht ohnehin weint, dann bringen sie es durch solches Gerede gewiß dazu. Was soll man zu solchen Methoden sagen, durch die das Kind zum Weinen gebracht wird? Man weist die Kinder an: "Springe nicht und hüpfe nicht, geh nicht zum Spielen, denn du könntest fallen oder dir weh tun!" So werden sie ganz einseitig dahin erzogen, daß sie an nichts anderes als ihren Körper denken. Auch wenn wir das Kind loben, tun wir das im Hinblick auf seinen Körper, ebenso, wenn wir es tadeln. Wir sagen: "O, wie schmutzig bist du!" Wie verletzen wir dadurch das Kind, wie falsch ist diese Anschuldigung! Natürlich trifft es zu, daß Schmutz da ist. Und es stimmt auch, daß er entfernt werden muß. Doch warum beleidigen wir das Kind, statt ohne viel Worte den Schmutz zu entfernen? Es kann das nicht ertragen und fühlt sich bis ins Innerste unglücklich. Sein Inneres, seine Seele strahlt doch von Sauberkeit und Reinheit. Wozu dann die unwahre Anschuldigung, es sei schmutzig? In Wirklichkeit ist das Kind gar nicht schmutzig. Das Kind ist nichts anderes als unbeschreiblich schöner, wunderbarer, heiliger Gottesgeist. Auch in diesem Kind ist Gott offenbar, wir aber sagen zu dem Kind, es sei schmutzig. Was haben Schmutz und Kind eigentlich miteinander zu tun? Eben das ist dem Kind unverständlich, deshalb ist ihm diese Anschuldigung unerträglich. Tief im Innern ist es beunruhigt, und angesichts dieser Unruhe ist eine Besserung nicht möglich. Wir sollten ihm daher alles erklären und es dann sauber und ordentlich herrichten.

Stattdessen bemühen wir uns, dem Kind einzuprägen, daß es nichts ist als nur der Körper. In der Erziehungskunst sollte man sich einen sehr bedeutenden Grundsatz zu eigen machen. Der Lehrer sollte folgende Überzeugungen in sich wachrufen: "Das Kind, das ich unterrichte, ist in jeder Hinsicht schön!" Für eine falsche Antwort bekommt der Schüler Schläge. Welcher Zusammenhang besteht zwischen den Schlägen und einer falschen Antwort? Kommt er zu spät zur Schule, setzt es wieder Schläge. Durch die Schläge steigt ihm das Blut schneller ins Gesicht, doch kommt er dadurch schneller zur Schule? Wird ihm diese raschere Blutzirkulation sagen können, wie spät es ist? In Wirklichkeit stärken wir durch solches Schlagen nur die tierische Natur in ihm. Wir befestigen das Gefühl in ihm, daß er nur der Körper ist. Wir bauen sein Leben auf dem Fundament der Furcht auf. Wenn wir wirklich zu seiner Besserung beitragen möchten, können wir dies sicher nicht durch Gewalt und indem wir ihn stärker an seinen Körper fesseln. Erst wenn ich erkenne, daß ich etwas anderes bin als der Körper, kann ich mich bessern.

Sich irgendeines Defekts an Körper oder Gemüt bewußt zu werden, schadet nicht. Vielmehr werde ich dadurch in die Lage versetzt, diesen Defekt zu beseitigen. Doch muß ich einwandfrei begreifen, daß ich nicht der Körper bin. "Dieses mein Ich ist ganz und gar vom Körper verschieden, unabhängig, außerordentlich schön, heilig, fehlerfrei. Wenn jemand sich selbst prüft, um mögliche Mängel zu beseitigen, so unterscheidet auch er zwischen sich und seinem Körper. Infolgedessen wird er sich auch nicht aufregen, wenn ihn andere auf seine Fehler aufmerksam machen. Stattdessen prüft er, welche Schäden im Mechanismus seines Körpers und seiner Wahrnehmungsorgane aufgetreten sind, und versucht, sie zu beseitigen. Im Gegensatz dazu ist jemand, der nicht zwischen sich und seinem Körper unterscheidet, gar nicht fähig, sich zu bessern. "Dieser Körper, dieser Klumpen, dieses Spielzeug aus Lehm, das bin ich." Wer so denkt, wie kann er sich bessern? Besserung wird erst möglich, wenn wir davon überzeugt sind, daß uns der Körper als Mittel, als Werkzeug gegeben wurde. Wenn mich jemand darauf hinweist, daß an meinem Spinnrad etwas nicht stimmt, werde ich dann zornig? Ganz im Gegenteil, wenn ein Defekt auftritt, beseitige ich ihn. Beim Körper ist es genauso. Man kann ihn mit einem landwirtschaftlichen Gerät vergleichen. Der physische Leib ist ein Ackerbaugerät auf dem Feld Gottes. Wenn an diesem Gerät etwas defekt wird, so muß man es selbstverständlich wieder in Ordnung bringen und reparieren. Der Körper erfüllt die Aufgabe eines Werkzeugs. Deshalb sollen wir uns als von ihm verschieden erkennen und versuchen, seine Mängel zu beseitigen. Ich bin etwas anderes als dieses leibliche Instrument. Ich bin sein Herr und Meister. Ich sorge für seine zweckgemäße Verwendung und mache ihn mir nutzbar. Von Kindheit an sollte man diese Einstellung, daß man etwas vom Körper Verschiedenes ist, lehren.

Wie die Zuschauer, die sich außerhalb des Spiels befinden, dessen gute und schlechte Seiten deutlich sehen können, so können auch wir nur, wenn wir uns von Körper, Gemüt und Verstand distanzieren, deren gute und schlechte Eigenschaften erkennen. Jemand sagt: "Mein Gedächtnis hat nachgelassen, was kann ich dagegen tun?" Wenn ein Mensch so spricht, ist klar, daß er sich als von seinem Gedächtnis verschieden betrachtet. Er sagt: "Mein Gedächtnis ist stumpf geworden", was soviel heißt wie, daß eines seiner Werkzeuge fehlerhaft geworden ist. Man kann das eigene Kind verlieren oder ein Buch verlieren, aber sich selber kann man nicht verlieren. Und am Ende, wenn der Mensch stirbt, wird der Leib völlig verseucht und zerfällt, aber er selber, sein wahres Selbst, bleibt unverändert. Es ist unverletzt und kennt keine Krankheit. Das ist es, was man verstehen muß. Und wenn man es verstanden hat, wird man frei von vielerlei Konflikten und Mühsal.

(69) BINDUNG AN DEN KÖRPER IST EIN HINDERNIS IM LEBEN

Als Ergebnis der weit verbreiteten Auffassung, "ich selbst bin nichts als der Körper", hat der Mensch unüberlegterweise die verschiedensten Mittel erfunden zur Pflege des Körpers. Man erschrickt schon bei ihrem Anblick. Der Mensch ist fortwährend besessen von dem Gedanken, daß der Körper alt wird, daß er dem Verfall und der Verwesung preisgegeben ist, und doch soll er irgendwie zusammengehalten werden. Aber wie lange kannst du letzten Endes diesen Leib, diese Hülle am Leben halten? Nur bis zum Tode, nicht wahr? Wenn der Tod mit seiner Vollmacht erscheint, können wir den Körper keinen Augenblick länger am Leben erhalten. In der Gegenwart des Todes erfriert uns aller Stolz. Und doch, um dieses gebrechlichen Körpers willen häuft der Mensch unzählige Hilfsmittel an. Tag und Nacht sorgt er sich um diesen Körper. So sagt man, es schade nicht, wenn man Fleisch esse zur Erhaltung des Körpers. Das soll heißen, der menschliche Körper sei so kostbar, daß man zu seiner Erhaltung Fleisch essen soll. Der Körper des Tieres sei weniger kostbar.

Wie kommt man dazu? Wie erlangte der menschliche Körper einen solchen Wert? Was ist die Ursache? Natürlich, das Tier ißt, was es will. Über die Befriedigung seiner eigenen Bedürfnisse hinaus macht es sich keinerlei Gedanken. Der Mensch ist nicht so. Er beschützt die Geschöpfe um sich herum. Darum ist der menschliche Körper wertvoll, darum ist er kostbar. Doch indem er Fleisch ißt, zerstört er gerade das, was den menschlichen Körper wertvoll macht. Mein Freund, gründet sich nicht deine Größe eben darauf, daß du dich selbst bezähmst, daß du um die Sicherheit aller Wesen bemüht bist, daß dir das Wohlergehen aller Kreatur am Herzen liegt? Gilt nicht der Mensch gerade um dieser Eigenschaft willen, die ihn vom Tier unterscheidet, als erhaben? Deshalb heißt es, die menschliche Geburt sei schwer zu erlangen. Doch wenn wir das Fundament der Größe und Überlegenheit des Menschen zerstören, wie kann dann das Gebäude seiner Würde stehen bleiben? Wenn der Mensch ohne Zurückhaltung ebenso handelt wie jedes Tier, das vom Fleisch anderer Tiere lebt, zerstört er sich dadurch selber die Grundlage seiner Größe. Es ist dann, als ob er den Zweig, auf dem er sitzt, absägen wollte. Die medizinische Wissenschaft vollbringt heutzutage vielerlei Wunder. Den Körper eines Tieres, eines lebenden Tieres, impft man mit Krankheitserregern und beobachtet, wie sich die Krankheit auswirkt. Das Wissen, das man erlangt, indem man in solcher Weise lebendige Tiere quält, wird dann angewandt, um diesen erbärmlichen menschlichen Leib zu retten. Und all das geschieht im Namen des "Mitleids mit der Kreatur". Im Körper des Tieres produziert man Krankheiten, entnimmt dann das Serum und spritzt es in den menschlichen Körper. In dieser Weise werden vielerlei schreckliche Taten begangen. Dieser Körper, um dessentwillen wir dies alles tun, ist wie zerbrechliches Glas, das jeden Augenblick zerspringen kann. Niemand weiß, wann er zerfallen wird. Was ist letzten Endes das Ergebnis all dieser Bemühungen zum Wohl des menschlichen Körpers? Wie sehr wir uns auch bemühen, diesen empfindlichen Körper zu erhalten, der Verfall nimmt doch unweigerlich seinen Lauf. Obwohl wir dies wissen, gehen die Bemühungen weiter, diesen Körper groß und gesund zu machen, ihm immer größere Bedeutung zu verleihen.

Wir denken niemals darüber nach, welche Art von Ernährung unseren Verstand *saatvik* (rein und frei von Leidenschaft) machen wird. Der Mensch überlegt sich noch nicht einmal, was er tun muß, welche Maßnahmen zu ergreifen sind, um sein Gemüt zu reinigen und den Intellekt zu läutern. Er überlegt sich, wie er das Gewicht seiner Körpers vergrößern kann. Er scheint sich unausgesetzt zu überlegen, wie er das Erdreich vom Boden aufheben und an seinem Körper befestigen, wie er sich die Lehmklumpen am Leib ankleben könne. Doch wie die Scheiben von Kuhmist von der Wand abfallen, wenn sie trocken sind, so zerfällt schließlich auch dieser Lehmverputz, diese Fettschicht auf unserem Körper, und er bleibt in seinem ursprünglichen Zustand zurück. Was nützt es uns im Grunde, wenn wir dem Körper so viel hinzufügen, sein Gewicht derart erhöhen, daß er es nicht mehr tragen kann! Warum mästen wir den Körper so maßlos? Dieser Körper ist mein Werkzeug, und ich sollte alles tun, was nötig ist, um es in Ordnung zu halten. Eine Maschine soll Arbeit tun, sie soll gut genützt werden. Doch kann man sich je auf eine Maschine etwas einbilden? Sollten wir nicht auch zu unserem Körper, dieser Maschine, dieselbe Einstellung haben?

Wahrlich, dieser Körper ist nicht das Ziel, sondern das Mittel zum Ziel. Wenn sich erst einmal diese Auffassung in uns festigt, hört auch all das Getue um den Körper auf. Das Leben wird sich uns von einer anderen Seite zeigen. Dann wird uns das Schmücken des Körpers nicht mehr wichtig erscheinen. Wahrhaftig, ein einfaches Stück Tuch ist genug für diesen Leib. Aber nein, wir wollen, daß das Tuch weich sei, daß es glatt sei, aufs schönste gefärbt, mit schönen Mustern und reizvoller Bordüre versehen. Zu diesem Zweck müssen eine ganze Anzahl Leute für uns arbeiten. Wofür denn das? Hatte der Schöpfer denn keinen Verstand? Wenn all diese Verzierungen für unseren Körper nötig wären, hätte er dann nicht selber deinen und meinen Körper geschmückt, wie er den Tiger mit Streifen zierte? Was wäre ihm unmöglich! Er hätte uns, ähnlich wie dem Pfau, einen prachtvollen Schwanz geben können. Doch der Herr schuf den Menschen einfarbig. Der geringste Fleck darauf verdirbt seine Schönheit. Der Mensch ist schön so, wie er ist. Es ist nicht Gottes Absicht, daß der Mensch seinen Leib noch zusätzlich verschönt. Wie außerordentlich schön ist doch die Schöpfung! Der Mensch braucht nichts weiter zu tun, als sie fortwährend mit seinen Augen anzuschauen. Doch er hat den rechten Weg vergessen. Man sagt, Deutschland habe unsere Farben verdorben. Aber hör doch, Freund, die Farben deines Herzens waren bereits tot. Danach fandest du Geschmack an diesen künstlichen Farben. Dadurch bist du von anderen abhängig geworden. Unnötigerweise bist du in diesem Strudel der Verschönerung des Körpers gefangen. Das Verschönen des Gemüts, die Entfaltung der Intelligenz und das Schmücken des Herzens sind in Vergessenheit geraten.

(70) "DAS BIST DU" — *"TAT TWAM ASI"*

Deshalb ist der Hinweis, den uns Krishna im 13.Kapitel gegeben hat, außerordentlich wertvoll. "Du bist nicht der Körper, du bist das Selbst." *Tat twam asi* — "du bist ausschließlich das Selbst". Dies ist ein erhabener, edler Gedanke, ein großartiges, heiliges Wort. "Du bist nicht diese äußere Hülle, diese Schale, du bist die wahre, unzerstörbare Frucht!" — dieser großartige Gedanke hat einen bedeutenden Platz in der Sanskrit-Literatur. In dem Augenblick, da im Herzen des Menschen dieser Gedanke aufsteigt — "das bist du" —, sobald in ihm die Vorstellung Wurzel faßt, "ich bin nicht dieser Körper, ich bin das höchste Selbst", in demselben Augenblick quillt eine neue, noch nie erlebte Freude in seinem Innern auf. "Nichts in der Welt hat die Macht, diese meine Form zu zerstören, auszulöschen, niemand hat dazu die Fähigkeit." Dieser subtile Gedanke ist in diesem Spruch enthalten. Dieses die körperlichen Grenzen übersteigende, unzerstörbare und unbefleckte geistige Selbst — das bin ich (*atma-tatwa*). Den Körper erhielt ich um dieses geistigen Selbstes willen. Immer wenn die Möglichkeit eintritt, daß dieses göttliche Selbst verunglimpft werden könnte, werde ich diesen Körper abwerfen, um es zu retten. Ich werde immer bereit sein, diesen Körper zu opfern, um das göttliche Selbst hell leuchtend zu erhalten. Bin ich gekommen, diesen Körper zu bewohnen, um mein eigenes Unglück heraufzubeschwören? Ich muß diesen Körper in meiner Gewalt haben. Ich will mich seiner bedienen, und durch ihn will ich die Freude und das Gute vermehren. "Die drei Welten werde ich mit Freude füllen." Um der erhabenen Wahrheit willen werde ich den Körper wegwerfen und rufen: "Sieg dem Höchsten!" Wie der Reiche sein Kleidungsstück wegwirft, wenn es ein wenig schmutzig ist, und ein anderes anzieht, so will ich es auch machen. Der Körper wird zur Arbeit benötigt. Doch wenn er zur Arbeit nicht mehr taugt, wie könnte ich dann noch zögern, ihn abzulegen?

Dasselbe lernen wir auch aus *satyagraha*. Der Körper und das Selbst sind zwei verschiedene Dinge. An dem Tag, da der Mensch dieses Geheimnis versteht, beginnt seine wahre Erziehung, sein wirkliches Wachstum. Erst dann wird unser *satyagraha* Erfolg haben. Deshalb sollte ein jeder von uns diese Überzeugung im Herzen tragen. Der Körper ist nur ein Mittel zum Zweck, ein Werkzeug, das uns von Gott verliehen wurde. An dem Tag, da seine Aufgabe erfüllt ist, muß man ihn wegwerfen. Im Sommer legen wir unsere warme Winterkleidung ab. Die Decken, mit denen wir uns in der Nacht bedeckten, legen wir am Morgen beiseite.

Die Kleider des Morgens ziehen wir mittags aus. Ebenso verhalte dich zu deinem Körper! Solange er uns nützlich ist, wollen wir ihn behalten. Doch wenn er nichts mehr nützt, wollen wir dieses Kleidungsstück, den Leib, wegtun. Gott lehrt uns dies, um das Wachstum unserer Seele zu fördern.

(71) DIE MACHT DES TYRANNEN IST GEBROCHEN

Solange wir nicht erkennen, daß wir vom Körper verschieden sind, werden uns tyrannische Menschen ausbeuten und versklaven. Niemand weiß, was sie uns noch alles antun werden. Nur durch Furcht wird Unterdrückung möglich. Ein Dämon hatte einen alten Mann gefangen und ließ ihn unaufhörlich arbeiten. Sobald er im Arbeiten innehielt, sagte er zu ihm: "Ich werde dich fressen. Ich werde dich zerschmettern." Natürlich hatte der Mann anfangs Angst. Doch als ihm die Drohung unerträglich wurde, sagte er: "Gut, friß mich auf! Wenn du fressen willst, dann friß!" Doch wie konnte der Rakshasa ihn aufessen? Er wollte doch einen Diener, einen Sklaven. Wenn er ihn aufessen würde, wer würde dann seine Arbeit tun? Der Rakshasa hatte ihm nur damit gedroht, daß er ihn fressen wolle. Doch sobald er die Antwort erhielt: "Gut, so iß mich auf!", war seine Macht zu Ende. Tyrannen wissen, daß die Menschen am Körper hängen. Sobald man ihrem Körper Schmerz zufügt, werden sie zu Sklaven. Doch sobald man die Liebe zum Körper aufgibt, wird man zum Herrscher und erlangt die Freiheit. Alle Macht gelangt dann in deine Hände. Niemand kann dir dann noch befehlen. Das ganze Fundament der Tyrannei zerbricht. Denn Tyrannei stützt sich auf die Überzeugung (das *bhavana*): Ich bin der Körper. Die Tyrannen wissen, daß sie die Menschen in ihre Macht bekommen, wenn sie ihren Körper foltern. Deshalb drohen sie ihnen.

"Ich bin der Körper" — diese Überzeugung in mir weckt in den anderen das Verlangen, mich zu tyrannisieren, mir Schmerz zuzufügen. Doch wie sagte der große englische Märtyrer Cranmer? "Ihr wollt mich verbrennen? Gut, so verbrennt mich! Hier, verbrennt zuerst diese rechte Hand!" Ebenso sprachen Latimer und Ridley: "Ihr wollt uns verbrennen? Wer kann uns verbrennen? Wir entzünden ja eine solche Flamme der Gerechtigkeit (*dharma*), die niemand löschen kann. Die Lampe der ewigen Wahrheit zu entzünden, indem wir diese Kerze, den sterblichen Leib, dieses Talglicht anzünden, — das ist unsere Aufgabe. Der Leib wird vergehen, er ist ja doch vergänglich!"

Sokrates wurde zum Tod durch Gift verurteilt. Er sagte dazu: "Ich bin alt geworden. Dieser Körper wäre in vier Tagen gestorben. Welche Heldentat vollbringt ihr, indem ihr tötet, was nahe daran war, zu sterben? Bedenkt doch, daß dieser Körper eines Tages gewiß sterben muß. Was nützt es, wenn ihr tötet, was sterblich ist?" In der Nacht, bevor er das Gift trinken sollte, belehrte Sokrates seine Schüler über die Unsterblichkeit der Seele. Ausführlich beschrieb er die Qualen, die das Gift im Körper verursachen werde. Er machte sich nicht im geringsten deswegen Sorge. Nach Beendigung seines Gesprächs über die Unsterblichkeit der Seele fragte ihn einer seiner Schüler: "Wie sollen wir dich begraben, wenn du gestorben bist?" Er erwiderte darauf: "Wie wunderbar! Sie werden mich töten, und ihr werdet mich begraben! Die mich töten, sind meine Feinde, und ihr, die ihr mich begrabt, tut mir einen großen Liebesdienst! Sie werden mich auf kluge Weise töten, und ihr wollt mich auf intelligente Weise begraben? Wer seid ihr denn, die ihr mich begraben wollt? Euch werde ich begraben, und ich selbst werde leben. Worin wollt ihr mich begraben? In der Erde oder in einer Gruft? Mich kann niemand töten, und niemand kann mich begraben. Was habe ich euch denn immer gelehrt? Die Seele ist unsterblich. Wer kann sie töten, wer kann sie begraben?" Und wahrhaftig, noch heute, nach 2500 Jahren, lebt der große Sokrates, während die anderen begraben sind.

(72) VERTRAUEN IN DIE GÖTTLICHE ALLMACHT

Solange sich der Mensch an seinen Körper hängt, solange es Furcht gibt, ist wahre Sicherheit nicht möglich. Überall wird nur die Angst regieren. Kaum daß man die Augen schließt, hat man Angst davor, von einer Schlange gebissen oder von Dieben geschlagen zu werden. Ein Mann schläft mit einem Stock neben sich. Auf die Frage "Warum das?" antwortet er: "Es ist gut, ihn bei sich zu haben. Es könnte sich ein Dieb einschleichen." Aber mein Freund, wenn nun ein Dieb den Stock nähme und dir damit über den Kopf schlüge, was dann? Du hältst sozusagen einen Stock bereit für den Fall, daß der Dieb seinen Stock vergißt. Worauf vertraust du, wenn du schläfst? Solange du schläfst, bist du der Welt ausgeliefert. Nur wenn du wach bist, kannst du dich verteidigen. Wer schützt dich, während du schläfst?

Ich schlafe ein im Vertrauen auf irgendeine Macht. Auf welche? Ich schlafe im Vertrauen auf dieselbe Macht, der auch der Tiger, die Kuh und andere Tiere vertrauen, wenn sie schlafen. Auch der Tiger schläft. Selbst der Löwe, der alle Augenblicke hinter sich schaut, weil er mit der ganzen Welt in Feindschaft lebt, schläft ein. Wenn sie nicht Vertrauen hätten in jene Macht, müßten sich die Tiger so untereinander verständigen, daß jeweils einige wachen, während die anderen schlafen. Die Macht, auf die Wolf, Tiger, Löwe und andere wilde Tiere vertrauen, wenn sie schlafen, im Schoße dieser Macht, die die ganze Welt durchdringt, schlafe auch ich. Das Kind schläft sorglos auf dem Schoß der Mutter. Während dieser Zeit gleicht es einem Weltenbeherrscher. Ihr und ich, wir alle sollten uns darin üben, voll Liebe, Vertrauen und erleuchtet von Erkenntnis im Schoß der universalen Mutter zu ruhen. Ich sollte vertraut werden mit der Macht, auf der sich mein ganzes Leben aufbaut. Ich sollte mehr und mehr auf sie vertrauen. Je mehr ich dieser Macht vertraue, umso sicherer bin ich in ihrem Schutz. Je intensiver ich diese Kraft erlebe, umso intensiver wird auch mein Wachstum sein. Im 13.Kapitel wurde auch ein kurzer Überblick über diese Entwicklung gegeben.

(73) ZUNEHMENDES ERKENNEN DER GÖTTLICHEN MACHT

Solange er sich mit keinem Gedanken an das dem Körper innewohnende Selbst (*atman*) erinnert, läßt sich der Mensch völlig von gewöhnlichen Beschäftigungen in Anspruch nehmen. Fühlt er sich hungrig, dann ißt er, spürt er Durst, so trinkt er, ist er müde, dann schläft er. Darüber hinaus denkt er an nichts. Für diese Dinge wird er kämpfen. Er ist fortwährend darauf bedacht, wie er sich diese Dinge beschaffen kann. Dadurch ist er dauernd von Bemühungen in Anspruch genommen, die sich auf den Körper beziehen. Evolution, Wachstum beginnt erst später. Während dieser Zeit ist das Selbst nur Beobachter. Wie die Mutter unermüdlich mit wachsamen Augen dem Kind folgt, das sich auf den Knien dem Brunnen nähert, genauso unermüdlich wacht der *atman*, der göttliche Geist über uns. Ganz unbeweglich sieht er all unser Tun. Man bezeichnet diesen Zustand als *upadrashtaa*, in dem das *atman* einem Zeugen gleich alles sieht.

In diesem Stadium beobachtet das Selbst, verhält sich jedoch neutral. *Jiva*, die Seele aber, die sich bisher als leiblich betrachtet hatte und deshalb in jeder Handlung tätig war, kommt einen Schritt weiter und wacht auf. Sie erkennt: "O je, ich lebe dahin wie ein Tier." Wenn der Seele dieser Gedanke kommt, beginnt die sittliche Entwicklung. Sie prüft nun bei jedem Schritt: "Ist es recht? Ist es falsch?" Sie beginnt, sich

in Unterscheidungskraft zu üben. Ihr analytischer Verstand erwacht. Sie verzichtet auf eigennützige Beschäftigungen. Eigenliebe wird ersetzt durch Enthaltsamkeit. Wenn die Seele die ethische Sphäre betritt, steht das Selbst nicht mehr nur schweigsam beobachtend dahinter, sondern gibt von innen seine Zustimmung. "Recht so, sehr schön!" ertönt eine Stimme aus dem Innern. Das *atman* hört auf, nur *upadrashtaa*, beobachtender Zeuge zu sein, und wird *anumantaa*, zustimmend, anerkennend. Ein Hungriger kommt an deine Tür, und du gibst ihm das Essen, das dir gerade serviert wurde. Wenn du dich in der Nacht dieser guten Tat erinnerst, fühlst du dich sehr glücklich. Von innen hörst du die stille kleine Stimme des Selbsts, die sagt: "Das hast du recht getan." Wenn die Mutter dem Kind auf den Rücken klopft und sagt: "Recht so, mein Kind!", dann ist ihm, als ob man ihm die ganze Welt geschenkt hätte. So gibt uns auch das "gut so, mein Kind" des innersten Selbsts Ansporn und Kraft. Jetzt gibt die Seele das Leben von Lust und Vergnügen auf und beginnt ein Leben nach ethischen Gesetzen.
Nun wollen wir uns das nächste Stadium ansehen! Im Leben der ethischen Werte bemüht sich der Mensch, durch Pflichterfüllung sein Wesen von Unrat zu reinigen. Doch wenn dann der Mensch im Verlauf dieser Anstrengungen ermüdet, beginnt die Seele zu beten: "O Gott, ich bin am Ende meiner Kräfte. Gib mir mehr Stärke, mehr Kraft!" Solange es ein Mensch nicht selbst erfährt, daß er trotz aller Anstrengung allein keinen Erfolg haben kann, kann er auch das Geheimnis des Gebets nicht verstehen. Wenn er trotz Aufwendung all seiner Kraft erfolglos bleibt, sollte er, wie einstmals Draupadi, aus tiefster Verzweiflung heraus den höchsten Gott anrufen. Der Quell göttlichen Erbarmens und göttlicher Hilfe fließt unaufhörlich. Wer durstig ist, hat das Recht, daraus zu trinken. Wer in der Not ist, kann dort um Hilfe bitten. Das ist die Situation im dritten Stadium. Das göttliche Selbst kommt nun näher. Es begnügt sich nun nicht mehr mit Worten des Lobes, sondern eilt herbei, um zu helfen.
Zuerst stand Gott abseits. Wie ein Lehrer, der seinem Schüler aufgetragen hat, ein Problem zu lösen, sich entfernt und wartet, so verharrt auch das göttliche Selbst abseits, solange sich *jiva*, die Seele, dem Leben irdischer Genüsse widmet, und sagt: "Nun gut, mach nur deine Possen!" Dann betritt *jiva* die Sphäre der Ethik. Nun kann sich das göttliche Selbst nicht länger neutral verhalten. Wenn es sieht, daß durch *jiva* gute Werke getan werden, nähert sich Gott unbemerkt und sagt: "Recht

so!" Wenn auf diese Weise durch gute Werke die groben Fehler aus *chitta* (Bewußtsein und Wahrnehmungsvermögen) entfernt wurden und es Zeit wird, die subtilen Unreinheiten zu beseitigen, *jiva* aber durch all seine Anstrengungen ermüdet ist, ruft es zu Gott um Hilfe, worauf dieser herbeieilt mit den Worten: "Hier bin ich!" Sobald die Begeisterung des *bhakta* nachläßt, kommt er und steht ihm bei. *Surya-narayana*, der Sonnengott, Diener der Welt, steht immer vor deiner Tür. Er wird nicht eintreten, indem er die verschlossene Tür aufbricht, denn er ist ein Diener. Er respektiert die Würde des Meisters. Er wird nicht an die Tür klopfen. Drinnen schläft der Meister, deshalb wartet sein Diener, die Sonne, draußen. Doch öffne die Tür nur ein wenig, dann kommt er herein mit all seinem Licht und vertreibt die Dunkelheit. Genauso ist es mit Gott. Wenn du seine Hilfe erflehst, kommt er mit weit ausgebreiteten Armen. An den Ufern des Flusses Bhima in Pandharpur hielt er sich immer bereit mit den Händen an den Hüften. So beschreiben Tukaram und andere Vithala im Tempel von Pandharpur. Durch die geöffneten Nasenflügel kommt die Luft herein. Durch die geöffnete Tür dringt das Licht herein. Mir jedoch erscheint dieser Vergleich mit Licht und Luft unzulänglich. Gott ist uns näher und enger verbunden als diese. Er ist *upadrashtaa*, der zuschauende Zeuge, und *anumantaa*, der ermutigende Freund, und wird nun zum *bhartaa*, der Stütze in jeder Lage. Wenn wir beim Reinigen unseres Gemüts in Verzweiflung geraten und nach Gott schreien: "Mein Leben ist in Deinen Händen, o Gott, errette mich!", wenn wir beten: "Du bist meine einzige Rettung. Ich brauche Deine Unterstützung!", wie könnte er, der reich ist an Erbarmen, fern bleiben? Gott, der Helfer der *bhaktas*, der alles Unfertige vollendet, er eilt herbei. Dann wäscht er Felle für den Gerber Naidas, verkauft Fleisch für den Metzger Sajan, webt Tuch für Kabir und mahlt Korn mit Janabai.

Auf der nächste Stufe geht es darum, die Früchte des Handelns, die wir durch Gottes Gnade empfangen haben, ihm zu opfern. In diesem Stadium sagt *jiva* zu Gott: "Die Frucht ist Dein. Erfreue Dich daran!" Namadev setzte sich hin und bestand hartnäckig darauf: "Herr, Du mußt diese Milch trinken!" Wie reizvoll ist diese Situation! Diese Milch, das gesamte Ergebnis seines Tuns, opfert er Gott! So weiht er Gott allen Reichtum und alle Verdienste, die ihm durch dessen Gnade in seinem Leben zuteil wurden. Als Dharmaraj eben in den Himmel eintreten wollte, verweigerte man seinem Hund, der bei ihm war, den

Zutritt. Da verzichtete Dharmaraj augenblicklich auf die Verdienste seines ganzen Lebens, nämlich auf das Recht auf einen Platz im Himmel. Gleicherweise opfert der *bhakta*, der Gläubige, Gott den Genuß der Früchte seines Handelns. Der göttliche Geist, der als *upadrashtaa*, als *anumantaa* und als *bhartaa* erschienen war, wird jetzt zum *bhoktaa*, zum Genießenden. *Jiva* erlangt nun den Zustand, in dem das göttliche Selbst in diesem irdischen Leib die irdischen Freuden genießt.

Danach muß man auch damit aufhören, Entschlüsse (*samkalpa*) zu fassen. Beim Handeln gibt es drei Stufen: Zuerst fassen wir einen Entschluß, dann handeln wir, und zuletzt zeigt sich der Gewinn, die Frucht. Auch der Gewinn, der uns durch Gottes Hilfe für unsere Arbeit zufloß, ist Gott selbst geopfert worden. Der Handelnde ist Gott, auch ist es Gott, der die Frucht genießt. Möge nun Gott auch zur Arbeit den Entschluß fassen. So wollen wir Anfang, Mitte und Ende des Tuns Gott überlassen. Jnanadev sagte: "Wir wollen werden wie das Wasser, das widerspruchslos hinfließt, wohin der Gärtner es leitet." Ohne Einspruch zu erheben, fließt das Wasser dorthin, wohin es der Gärtner lenken möchte. Das Wasser nährt und erhält die Blumen und Obstbäume, die der Gärtner wachsen lassen möchte. Möge Gott in derselben Weise darüber entscheiden, was meine Hände tun sollen. Die Verantwortung für all meine Entschlüsse will ich ihm anvertrauen. Wenn ich dem Pferd mein ganzes Gewicht aufgeladen habe, wozu soll ich dann die übrige Last auf meinem Kopf tragen? Warum ihm dann nicht gleich die ganze Last auf den Rücken schnallen? Auf diese Weise gehören letzten Endes alle Aufregungen des Lebens, der Tanz und das Spiel, alles Pflanzen und Ernten nur Gott allein. Er wird zum *maheshvara*, dem erhabenen Meister meines Lebens. Wenn man auf diese Weise wächst, ist letztlich das ganze Leben erfüllt von Gott, nur noch der Schleier des Körpers verbleibt. Wenn dieser entweicht, werden *jiva* und *Shiva*, *atman* und *Paramatman*, die Seele und das göttliche Selbst, vereint. Also

"upadrashtaa anumantaa cha bhartaa bhoktaa maheshvara."

"Gott ist der Zeuge, der Zustimmende, der Helfer, der Genießende." Immer mehr und immer klarer sollten wir das Göttliche in dieser Form erleben. Zuerst beobachtet Gott völlig unbeteiligt. Dann, wenn sittliches Leben erwacht und durch unsere Hände Gutes getan wird, lobt er uns. Wenn dann der *bhakta* entdeckt, daß seine eigenen Anstrengungen nicht ausreichen, um die subtilen Verunreinigungen seines Wesens (*chitta*) wegzuwaschen, und er um Hilfe ruft, kommt ihm dieser Gott der Verzweifelten eiligst zu Hilfe. Danach müssen wir Gott die Früchte weihen, ihn zum Genießenden machen, ihm schließlich sämtliche Entschlüsse opfern und so unser ganzes Leben von Gott erfüllt sein lassen. Dies ist das höchste Ziel des Menschen. Der *sadhaka*, der Suchende, muß dieses höchste Ziel erreichen mit Hilfe der Zwillingsflügel von Karma-Yoga und Bhakti-Yoga, dem Yoga des Handelns und dem Yoga der gläubigen Hingabe.

(74) DEMUT, AUFRICHTIGKEIT UND ANDERE GRUNDSÄTZLICHE ELEMENTE AUF DEM PFAD DER ERKENNTNIS

Um all dies zu erreichen, brauchen wir das feste Fundament eines sittlichen Lebens. Wir müssen zwischen Wahrheit und Lüge unterscheiden und immer nur an der Wahrheit festhalten. Wir müssen zwischen dem Wesentlichen und dem Unwesentlichen unterscheiden und nur das Wesentliche herausgreifen. Wir müssen die Muschel wegwerfen und die Perle festhalten. So muß man das Leben beginnen. Dann muß man durch eigenes Bemühen und mit Hilfe göttlicher Gnade immer weiter emporsteigen. Wenn wir uns während dieses *sadhanas*, dieser Bemühungen, darin üben, den Geist (das Selbst) vom Körper zu unterscheiden, wird uns das eine große Hilfe sein. In diesem Zusammenhang kommt mir das Opfer Jesu in den Sinn. Sie schlugen Nägel in seinen Leib. Es heißt, daß er damals folgenden Schrei ausstieß: "Mein Gott, warum quälst du mich so?" Doch bald sammelte sich Jesus wieder und sprach: "Dein Wille geschehe! Herr, vergib ihnen, denn sie wissen nicht, was sie tun!" In diesen Worten Jesu ist ein großes Geheimnis enthalten. Es zeigt symbolhaft an, wie klar man den Geist vom Leib getrennt sehen muß. Wir lernen aus dem Leben Jesu, was man sich als Ziel setzen muß und wie nahe man diesem Ziel kommen kann. Man muß soweit kommen, daß der Körper gleich einem Panzer, gleich der Schale einer Frucht abgenommen wird. Wenn ich darüber nachdenke, wie der Geist vom Körper unterschieden werden soll, erscheint vor meinen Augen dieses Leben Jesu. Es ist ein Beispiel dafür, wie man sich völlig vom Körper absondern, wie man sich völlig davon lösen kann.

Solange wir nicht zwischen Wahrheit und Lüge unterscheiden können, ist auch nicht möglich, zwischen Körper und Geist (*atman*) zu unterscheiden. Diese Unterscheidung, diese Erkenntnis sollte jede Faser unseres Wesens durchdringen. Das Wort *jnana* bedeutet "wissen", doch "mit dem Verstand wissen" bedeutet nicht *jnana*. Sich Essen in den Mund stopfen ist noch keine Ernährung. Die Nahrung im Mund muß zerkaut in die Speiseröhre gelangen und von dort in den Magen, wo sie verdaut werden muß, um dann in Form von Lymphe im ganzen Körper zu zirkulieren und ihn zu ernähren. Erst dann kann man von Ernährung sprechen. Genauso ist bloßes Verstandeswissen nicht genug. Dieses Wissen, diese Erkenntnis muß unser ganzes Leben durchdringen, muß das Herz erfüllen. Dieses Wissen muß durch unsere Hände und Füße, durch unsere Augen und durch alle Sinne offenbar sein. Man sollte einen Zustand erreichen, wo alle Wahrnehmungs- und Tätigkeitsorgane aus Erkenntnis heraus handeln. Darum gab Krishna in diesem 13.Kapitel eine schöne Beschreibung von *jnana*. Die Merkmale wahrer Erkenntnis (*jnana*) gleichen denen des *sthitaprajna*: *amanitvam*, *adambhitvam*, *ahimsa*, *kshantih*, *arjavam*—Demut, Nicht-Täuschen, Gewaltlosigkeit, Geduld, Aufrichtigkeit. Krishna nannte zwanzig solcher Eigenschaften. Er begnügte sich nicht damit, diese Eigenschaften als *jnana* zu bezeichnen, sondern sagte ganz deutlich, daß ihr Gegenteil *ajnana*—Unwissenheit—ist. Der Weg zur Erkenntnis, *jnana*, ist selber *jnana*. Sokrates sagte, gute Eigenschaften sind schon *jnana*. Mittel, Weg und Ziel sind sich gleich.

Diese zwanzig in der Gita genannten Mittel (*sadhana*) macht Jnanadev zu achtzehn. Er beschrieb sie mit sehr viel Liebe. In der Bhagavad Gita werden diese Eigenschaften (*gunas*) in nur fünf *slokas* beschrieben. Aber Jnanadev widmete ihnen in seinem Jnaneswari 700 Verse. Er war ruhelos darum bemüht, diese guten Eigenschaften unter den Menschen zu verbreiten, die Macht Gottes als Liebe zur Wahrheit auszubreiten. Zur Beschreibung dieser Eigenschaften legte er all seine Erfahrungen in diesen Versen nieder. Für alle Marathi sprechenden Menschen sind sie eine unschätzbare Hilfe. Jnanadevs ganzes Wesen war erfüllt von diesen Eigenschaften. Wurde ein Büffel geschlagen, erschien dadurch ein Mal auf Jnanadevs Rücken. So groß war sein Mitgefühl mit jeder Kreatur. Aus Jnanadevs mitfühlendem Herzen ist das Jnaneswari, sein Marathi-Kommentar zur Gita, entstanden. Er hat die *gunas*, diese Eigenschaften, gründlich analysiert. Wir wollen seine Beschreibung dieser Eigenschaften lesen, darüber nachdenken und sie in unserem Herzen aufnehmen. Ich schätze mich glücklich, Jnanadevs wundervolle Sprache verstehen und genießen zu können. Wenn ich mir dadurch diese seine schöne Sprache aneignen kann, will ich es freudig auf mich nehmen, wiedergeboren zu werden. So sei es! Wichtig ist, daß sich alle Menschen darum bemühen, ihr Leben immer mehr mit Gott auszufüllen, indem sie sich immer mehr entwickeln und den Geist vom Körper unterscheiden lernen.

14. KAPITEL

Entfaltung der Gunas und ihre Überwindung

(75) ANALYSE DER SCHÖPFUNG

Brüder, dieses 14.Kapitel ist in gewisser Hinsicht nur die Vervollständigung des 13.Kapitels. Eigentlich ist es für das *atman*, das Selbst, gar nicht nötig, etwas zu tun. Es ist in sich selbst vollkommen. Seiner Natur gemäß bewegt sich das *atman* stets aufwärts. Doch wie ein Gegenstand durch schweres Gewicht heruntergezogen wird, so wird das *atman* durch die Last des Körpers abwärts gezogen. Im letzten Kapitel sahen wir, daß wir uns vorwärts entwickeln können, wenn wir auf irgendeine Art und Weise Körper und *atman* zu trennen verstehen. Dieses Unterfangen mag sehr schwierig sein, doch der Gewinn ist groß. Wenn wir nur die Fesseln sprengen könnten, mit denen der Körper das *atman* bindet, wären uns herrliche Freuden gewiß. Dann wäre der Mensch nicht unglücklich über die Leiden des Körpers. Er wäre frei. Wenn jemand seinen Körper besiegte, wer in der Welt könnte dann noch Macht über ihn haben? Wer sich selbst beherrscht, beherrscht die ganze Welt. Beseitige deshalb die Macht des Körpers über das *atman*! Die Freuden und Leiden des Körpers sind Fremdlinge und gehören nicht zu uns. Sie haben nicht die geringste Beziehung zum Selbst.

Bis zu welchem Grad man all diese Schmerzen als etwas vom Selbst Getrenntes betrachten soll, davon gab ich eine Vorstellung am Beispiel Jesu. Er hat gezeigt: auch wenn der Körper zerbricht, kann man den Geist friedlich und glücklich erhalten. Doch diese Trennung des Körpers vom wahren Selbst ist nicht nur das Ergebnis von *viveka*, der Unterscheidungskraft, sondern andererseits auch das Ergebnis von *nigraha*, Selbstkontrolle. Tukaram spricht: *Vairagya* (Entsagung) hat Kraft in Verbindung mit *viveka* (Unterscheidung). — Beides ist nötig, *viveka* und *vairagya*. *Vairagya*, Entsagung, ist selbst schon eine Art der Selbstkontrolle, der Seelenstärke. Im 14.Kapitel werden die Richtungen beschrieben, in denen Selbstkontrolle geübt werden soll. Die Ruder treiben das Schiff voran, doch das Steuer lenkt es. Sowohl Ruder wie Steuer sind notwendig. In gleicher Weise sind sowohl Unterscheidung wie Selbstkontrolle notwendig, um das *atman* von den Freuden und Schmerzen des Körpers getrennt zu halten.

Wie der Arzt den Körper des Kranken untersucht und Medizin verschreibt, so untersucht und analysiert der göttliche Krishna im 14.Kapitel die gesamte Schöpfung und stellt ihre Krankheiten fest. Hier wurde die Natur fein säuberlich aufgeteilt. In der Politik gibt es das berühmte Prinzip der Teilung. Wenn man das Lager der Feinde teilen, wenn man einen Keil zwischen sie treiben kann, können sie schnellstens besiegt werden. Genau das hat Gott hier getan.

In dir und mir, in allen Lebewesen, in der gesamten beweglichen und unbeweglichen Natur gibt es drei *gunas* (Eigenschaften, Tendenzen). Wie es im Ayurveda, der indischen Medizin, *kapha* (Schleim), *pitta* (Gallensaft) und *vata* (Wind) gibt, so liegen der gesamten Natur die drei *gunas sattva*, *rajas* und *tamas* (Ausgeglichenheit, Leidenschaftlichkeit, Trägheit) zugrunde. Überall findet man eine Mischung dieser drei. Hier ein wenig mehr vom einen und dort etwas mehr vom anderen, das ist der ganze Unterschied. Wenn wir das *atman* (Selbst) von diesen dreien trennen, dann können wir es vom Körper trennen. Die drei *gunas* zu prüfen und dann zu besiegen, ist der Weg zur Trennung des Selbsts vom Körper. Durch Selbstkontrolle sollte man eines nach dem anderen besiegen, bis man sich zuletzt dem Wichtigsten nähert.

(76) TAMAS (TRÄGHEIT): ZU ÜBERWINDEN DURCH KÖRPERLICHE ARBEIT

Wir wollen uns zuerst *tamas* vornehmen. In der heutigen Gesellschaft sehen wir schreckliche Auswirkungen von *tamas*. Es offenbart sich in der Hauptsache als Faulheit. Daraus entstehen Schlaf, Unachtsamkeit und Gleichgültigkeit. Wenn diese drei überwunden sind, kann man sagen, daß *tamas* besiegt ist. Besonders schlimm unter diesen ist die Faulheit. Auch der beste Mensch wird dadurch ruiniert. Sie ist ein Feind, der Glück und Frieden der menschlichen Gesellschaft zerstört. Sie verdirbt jeden, vom geringsten bis zum höchsten. Dieser Feind hält alle umzingelt. Er lauert immer darauf, uns zu betören. Beim geringsten Anlaß verschafft er sich Einlaß. Etwas mehr Essen als gewöhnlich, und er zwingt uns, auszuruhen. Wenn man zuviel ruht, sind die Augen voller Trägheit. Solange wir diese Trägheit nicht überwinden, sind all unsere Bemühungen umsonst. Und doch sind wir so begierig auf das Nichtstun. Wir möchten am liebsten eine Zeitlang Tag und Nacht arbeiten und Geld ansammeln, um uns dann das ganze Leben lang gemütlich auszuruhen. Man will viel Geld verdienen, um dadurch später das Faulenzen zu ermöglichen. Wir Menschen sind allgemein der Ansicht, es sei nötig, im Alter auszuruhen. Doch dies ist eine irrige Auffassung. Wenn man richtig gelebt hat, wird man auch im Alter weiterarbeiten. Außerdem wird man durch größere Erfahrung im Alter zu besserer Leistung fähig sein. Ausgerechnet dann sagt man, man wolle ausruhen!

Wir müssen dafür sorgen, daß es zum Faulsein gar keine Gelegenheit gibt. König Nala war ein sehr großer Mann. Doch als er sich die Füße wusch, blieb eine kleine Stelle ungewaschen, und es heißt, daß der böse Geist Kali an dieser Stelle in ihn eindrang. König Nala war absolut rein, in jeder Beziehung sauber, doch ein kleiner Teil seines Körpers blieb ungewaschen. Auf Grund dieser geringfügigen Nachlässigkeit konnte Kali sofort in ihn eindringen. Wir aber setzen der Faulheit den ganzen Körper aus. Überall kann sie eindringen. Wenn der Körper faul ist, werden auch Gemüt und Verstand träge. Die gesamte heutige Gesellschaftsstruktur ist auf Faulheit aufgebaut. Dies hat zu viel Elend geführt. Wenn man diese Faulheit beseitigen könnte, wäre es zweifellos möglich, sehr viel, wenn auch nicht alles, Elend zu beseitigen.

Heutzutage wird überall von einer Reform der Gesellschaftsordnung geredet. Man spricht davon, daß auch der einfache Mann ein Mindestmaß an Komfort erhalten muß und daß eine entsprechende Gesellschaftsordnung geschaffen werden muß. Auf der einen Seite gibt es übertriebenen Komfort und auf der anderen Seite äußerste Not. Auf der einen Seite häuft sich der Reichtum, und auf der anderen Seite herrscht bodenlose Armut. Wie kann man diese große Ungleichheit in der Gesellschaft beseitigen? Es gibt nur ein einfaches Mittel, um allen Menschen den notwendigen Komfort im Leben zu verschaffen, das darin besteht, daß alle die Trägheit abschütteln und bereit sind zu arbeiten. Das meiste Elend wird durch unsere Faulheit verursacht. Wenn alle Menschen beschließen würden, körperlich zu arbeiten, dann würde dieses Elend verschwinden.

Doch was sehen wir in der heutigen Gesellschaft? Auf der einen Seite sehen wir Menschen, die allmählich völlig verrosten und dadurch unnütz geworden sind. Die Sinne (*indriyas*) der Reichen zerfrißt der Rost. Sie machen keinen Gebrauch von ihrem Körper. Auf der anderen Seite müssen die Menschen so schwer arbeiten, daß ihr Körper durch ständige Überanstrengung völlig abgemagert ist. In der gesamten Gesellschaft besteht die Tendenz, vor körperlicher Arbeit zu fliehen. Diejenigen, die schwer arbeiten, haben keine Freude daran. Sie arbeiten, weil sie keine andere Wahl haben. Die Gebildeten und Intelligenten erfinden vielerlei Entschuldigungen, um sich vor körperlicher Arbeit zu drücken. Einige sagen: "Warum sollen wir unnütz unsere Zeit mit körperlicher Arbeit vergeuden?" Doch niemand fragt: "Warum sollte ich schlafen? Warum mit Essen Zeit verschwenden?" Wenn wir hungrig werden, essen wir. Wenn wir müde werden, schlafen wir. Doch wenn es sich um körperliche Arbeit handelt, sagen wir: "Warum unnütz die Zeit vergeuden? Warum unseren Körper so sehr anstrengen? Wir leisten doch schließlich intellektuelle Arbeit!" Mein Herr, da Ihr intellektuelle Arbeit tut, könnt Ihr Euch auch mit intellektuellem Essen ernähren und intellektuell schlafen. Entwickelt einen Plan für intellektuelles Essen und Schlafen!

So gibt es zwei Arten von Menschen in der Gesellschaft—die einen, die sich Tag und Nacht abmühen, und die anderen, die keine Hand rühren. Einer meiner Freunde sagte einmal: "Einige rumpflose Köpfe und einige kopflose Rümpfe. Die einen haben nur Körper, und die anderen haben nur Köpfe. Der Rumpf arbeitet nur, und der Kopf denkt nur. So besteht die Gesellschaft jetzt nur aus Rahu und Ketu (gegensätzliche mythische Dämonen), aus Köpfen und aus Rümpfen." Wenn sie tatsächlich nur Köpfe und Rümpfe wären, würde es nichts ausmachen. Dann könnten sie sich gegenseitig unterstützen wie im Fall des Blinden und des Lahmen. Der Lahme konnte dem Blinden den Weg sagen, und der Blinde konnte den Lahmen auf seinen Schultern tragen. Aber in Wirklichkeit gibt es nicht zwei verschiedene Gruppen—Köpfe einerseits und Leiber andererseits. Jeder hat sowohl Kopf als auch Rumpf. Überall findet sich diese Kombination von Kopf und Rumpf. Was ist da zu machen? Sie alle müssen die Trägheit abschütteln.

Um Trägheit zu überwinden, muß man körperlich arbeiten. Dies ist das einzige Mittel, um Faulheit zu besiegen. Sofern dieses Mittel nicht angewandt wird, wird uns die Strafe der Natur nicht erspart bleiben. Wir werden diese Strafe in Form von Krankheiten oder sonstigen Beschwerden erdulden müssen. Da wir nun einmal einen Körper erhalten haben, müssen wir auch körperlich arbeiten. Die Zeit, die wir für physische Arbeit verwenden, ist nicht vergeudet, sie bringt uns unweigerlich Früchte ein. Hervorragende Gesundheit ist uns gewiß. Der Verstand wird hell und klar und scharf. In den Ideen vieler Denker spiegeln sich ihre Magenkrämpfe und Kopfschmerzen. Wenn diese Intellektuellen draußen im Sonnenschein, in der frischen Luft, in der Gegenwart der Natur arbeiten würden, wären auch ihre Ideen klar und hell. Wie physische Krankheit auf den Geist Einfluß ausübt, so hat auch leibliche Gesundheit einen Einfluß darauf, das lehrt uns die Erfahrung. Wäre es nicht besser, von vornherein draußen im Freien mit dem Spaten die Erde umzugraben, im Garten die Pflanzen zu begießen, Holz zu hacken, anstatt hinterher nach Bhuwali oder sonstwohin in die Berge zu fahren auf der Suche nach reiner Luft und Sonnenschein, weil man an Lungentuberkulose erkrankt ist?

(77) EIN WEITERES MITTEL GEGEN *TAMAS*

Trägheit zu besiegen, ist eines, den Schlaf zu besiegen etwas anderes. Schlaf ist in Wirklichkeit etwas Heiliges. Der Schlaf der Mönche und Heiligen, nachdem sie durch Dienen müde geworden sind, ist schon eine Art von Yoga. Nur die Begünstigten werden mit tiefem und friedlichem Schlaf gesegnet. Schlaf muß tief und fest sein. Der Wert des Schlafes ist nicht abhängig von seiner Länge oder Breite. Schlaf hängt nicht davon ab, wie groß das Bett war oder wie lange man darauf gelegen hat. Je tiefer der Brunnen ist, umso reiner und süßer ist sein Wasser. So tut auch ein kurzer Schlaf gut, wenn er nur tief war. Eine halbe Stunde konzentriertes Studium ist nützlicher, als drei Stunden lang unkonzentriert zu lernen. So ist es auch mit dem Schlaf. Man kann nicht sagen, daß ein langer Schlaf letzten Endes immer wohltuend sei. Der Kranke liegt den ganzen Tag im Bett. Er liegt ununterbrochen, aber er findet keinen Schlaf. Nur tiefer, traumloser Schlaf ist wahrer Schlaf. Die Foltern des Yama (Gott der Unterwelt) nach dem Tode mögen schlimm sein, doch fragt nicht nach den Qualen dessen, der nicht gut schlafen kann und von schlechten Träumen belästigt wird. In den Veden betet der Rishi in seiner Angst:

"paraa duhsvapnyam suva"

"Verschone mich mit diesem schrecklichen Schlaf!"

Man schläft, um sich auszuruhen, doch wenn selbst noch im Schlaf alle möglichen Träume und Vorstellungen keine Ruhe geben, wo soll man dann Ruhe finden?

Wie sollen wir dann zu tiefem, ungestörtem Schlaf kommen? Das Mittel, das gegen die Faulheit erwähnt wurde, wird auch für den Schlaf nützlich sein. Wir sollten dem Körper immerzu Arbeit geben. Dann wird man, sobald man sich aufs Bett legt, wie ein Toter schlafen. Schlaf ist ein kurzer Tod. Um dieses schönen Todes teilhaftig zu werden, muß man sich den ganzen Tag über darauf vorbereiten. Der Körper muß gründlich ermüdet werden. Der englische Dichter Shakespeare sagte: "Unbequem liegt der Kopf, der eine Krone trägt." Der König findet keinen Schlaf. Dies wird verursacht durch den Umstand, daß der König nicht körperlich arbeitet. Wer am Tag schläft, wird zu nachtschlafender Zeit wach bleiben. Ist es etwas anderes als Schlafen, wenn Körper und Verstand am Tag nicht arbeiten? Später, zur Schlafenszeit, ist der Geist rege, und auch der Körper kommt nicht in den Genuß wirklichen Schlafs. Danach schläft er bis spät in den Tag hinein. Wenn die Zeit, die zum Erringen des höchsten Lebenszieles des Menschen bestimmt ist, von Schlaf verzehrt wird, wie werden wir dann dieses Ziel erreichen? Welchen Nutzen haben wir davon, wenn das halbe Leben verschlafen wird?

Wenn zu viel Zeit mit Schlafen zugebracht wird, taucht ganz von selbst das dritte Übel von *tamas* auf: *pramaad*, Gleichgültigkeit. Das Bewußtsein (*chitta*) des schläfrigen Menschen kann nicht klar und aufmerksam sein. Daraus entsteht Gleichgültigkeit. Zuviel Schlaf fördert dann Faulheit, und Faulheit führt zu Vergeßlichkeit. Vergeßlichkeit ist ein Feind der höchsten Wirklichkeit. Auch in weltlichen Angelegenheiten stiftet Vergeßlichkeit viel Schaden. Doch in unserer heutigen Gesellschaft gilt Vergeßlichkeit als etwas ganz Natürliches. Niemand betrachtet sie als einen großen Fehler. Wir vereinbaren mit jemandem eine Unterredung, gehen aber nicht rechtzeitig hin. Deshalb befragt, antworten wir: "Du liebe Zeit, ich hatte es ganz vergessen!" Der so spricht, macht sich nicht viel aus seiner Vergeßlichkeit, und auch der Angesprochene gibt sich zufrieden. Die Menschen scheinen der Ansicht zu sein, daß es gegen Vergeßlichkeit gar kein Mittel gibt. Doch dieser Leichtsinn ist schädlich in weltlichen wie in spirituellen Angelegenheiten. Vergeßlichkeit ist in Wirklichkeit eine böse Krankheit. Sie frißt sich wie ein nagender Holzwurm hinein in unseren Verstand (*buddhi*), und unser Leben wird hohl und leer.

Intellektuelle Trägheit ist die Ursache der Vergeßlichkeit. Wenn man intellektuell rege ist, gibt es keine Vergeßlichkeit. Der schlafende Verstand kann gar nicht von der Krankheit der Vergeßlichkeit verschont bleiben. Deshalb sagt Lord Buddha:

"pamaado macchuno padam."

Gleichgültigkeit (*pramaad*) ist selbst schon der Tod. Um diese Gleichgültigkeit zu überwinden, muß man Trägheit und Schläfrigkeit besiegen.

Leiste körperliche Arbeit und sei immer in Bereitschaft! Jede Handlung muß gut durchdacht sein. Nichts sollte ohne Nachdenken getan werden. Überlege vor der Arbeit und überlege auch hinterher! Überall, vorn und hinten, sollte Gott in Form des Gedankens gegenwärtig sein. Wenn man sich über jeden Augenblick Rechenschaft ablegt, kann sich keinerlei Trägheit in das Leben einschleichen. Solcherart muß man sich bemühen, *tamas* (Tendenz zur Lethargie) zu überwinden.

(78) RAJAS (LEIDENSCHAFTLICHKEIT ODER MASSLOSER TÄTIGKEITSDRANG): ZU ÜBERWINDEN DURCH FESTHALTEN AM SVADHARMA

Nun wollen wir uns mit *rajas* auseinandersetzen. Auch *rajas-guna* ist ein schrecklicher Feind. Es ist lediglich ein anderer Aspekt von *tamas*, und man sollte eigentlich beide Worte als Synonyme bezeichnen. Wenn der Körper lange geschlafen hat, wird er unruhig, und wenn er schwer gearbeitet hat, verlangt er nach Ruhe. *Tamas* führt zu *rajas*, und *rajas* führt zu *tamas*. Wo das eine ist, findet sich auch das andere, — so kann man es sich vorstellen. Wie das Brot im Ofen zwischen Flammen und glühender Asche gefangen ist, so ist der Mensch gefangen zwischen *rajas* und *tamas*. *Rajas* sagt: "Komm hierher, ich werde dich *tamas* zuwerfen!" *Tamas* sagt: "Komm zu mir her, ich werde dich *rajas* zuwerfen!" So unterstützen sich *rajas* und *tamas* gegenseitig und ruinieren den Menschen. So wie der Fußball dazu bestimmt ist, von allen Seiten Fußtritte zu empfangen, so verbringt der Mensch sein Leben damit, daß er von *rajas* und *tamas* Fußtritte empfängt.

Das Hauptmerkmal von *rajas* ist der unbändige Drang, alle möglichen Arbeiten zu tun, das unmäßige Verlangen, übermenschliche Taten zu vollbringen. Durch *rajas* entsteht ein grenzenloses Verlangen nach Handlung, ein verzehrender Tätigkeitsdrang. Danach wird es uns unmöglich, das Tempo unserer Wünsche (*vasanas*) und Neigungen (*vikaras*) zu zügeln. Wir möchten einen Berg von hier nach dort versetzen, um eine Mulde aufzufüllen. Wir fühlen den Drang, hier das Meer mit Erdmassen aufzufüllen und dort die Saharawüste unter Wasser zu setzen und in ein Meer zu verwandeln. Hier wollen wir den Suez-Kanal graben, dort den Panama-Kanal bauen, solcherart Überlegungen kommen in Gang. Wir sind nicht zufrieden, solange wir nicht bauen und zerbrechen. Wie bei einem Kind, das ein Stück Abfall zerschneidet und etwas anderes daraus macht, so ist es mit diesem Tätigkeitsdrang. Dies und das vermischen, das eine in das andere versenken, das eine durch das andere zum Fliegen bringen, aus einem Ding ein anderes bauen, — das sind die endlosen Spiele von *rajas*. Der Vogel fliegt in der Luft. Warum können wir nicht auch in der Luft fliegen? Der Fisch lebt im Wasser. Warum können wir nicht ein U-Boot bauen und auch im Wasser leben? So finden wir, die wir in einen menschlichen Körper geboren wurden, Befriedigung darin, im Wettstreit mit Vögeln und Fischen es den Vögeln und Fischen gleichzutun. Das menschliche Wesen möchte andere Formen annehmen, die Eigenart anderer Lebewesen erleben. Jemand sagt: "Komm, wir wollen den Mars besuchen und sehen, wie man dort lebt." So schweifen unsere Gedanken unausgesetzt umher, als ob unser Leib von den Dämonen unzähliger Wünsche wie besessen wäre. Wir können es nicht ertragen, die Dinge zu lassen, wo sie sind. Wir brauchen Bewegung und Aufregung. Der Mensch denkt: "Da ich in all meiner Größe hier bin, wie könnte die Schöpfung bleiben, so wie sie ist?" Man stelle sich einen Ringkämpfer vor, der zu viel Fett angesetzt hat und nun, um es loszuwerden, mal gegen eine Wand rennt und mal an einem Baum rüttelt. Solche Leidenschaft entspringt aus *rajas*. Unter seinem Einfluß gräbt der Mensch tief in die Erde hinein. Aus der Tiefe bringt er einige Steine herauf und nennt sie Diamant, Rubin und Smaragd. Vom selben Wahn besessen, taucht er hinunter ins Meer, bringt Abfall aus der Tiefe und nennt es Perlen, und weil die Perle kein Loch hat, macht er ein Loch hinein. Und wo soll er sie nun tragen? So läßt er sich vom Goldschmied Nase und Ohren durchbohren. Warum hat der Mensch solch ein Getue? Dies alles ist die Auswirkung von *rajas*.

Rajas bewirkt außerdem, daß es dem Menschen an Stetigkeit fehlt. *Rajas* verlangt sofortigen Gewinn. Sobald sich das geringste Hindernis in den Weg stellt, gibt der Mensch sofort den gewählten Pfad auf. Fortwährend greift er etwas auf, läßt etwas anderes fallen, — so verhält sich ein von *rajas* getriebener Mensch. Jeden Tag will er etwas anderes. Das Ergebnis davon ist, daß er am Ende mit leeren Händen dasteht.

raajasam chalam adhruvam.

Alles Tun des *rajas*-Menschen ist unbeständig und ungewiß. Er gleicht dem Kind, das ein Weizenkorn pflanzt und wenig später wieder ausgräbt, um zu sehen, ob es gekeimt hat. Im selben Zustand befindet sich der *rajas*-Typ eines Menschen. Er erwartet auf der Stelle Ergebnisse. Er hat weder Geduld noch Gelassenheit. Er versteht es nicht, irgendwo fest Wurzel zu fassen. Er arbeitet hier ein wenig, erntet dort etwas Ruhm, und schon geht er weiter an einen anderen Ort. Heute eine Ehrung in Madras, morgen in Calcutta und übermorgen in Bombay und Nagpur. Von jeder Stadt möchte er eine Ehrenurkunde bekommen. Überall möchte er geehrt werden. Doch an einem Ort zu verweilen und stetig zu arbeiten, ist überhaupt nicht seine Art. Der Zustand des *rajas*-Menschen ist also wirklich schrecklich.

Unter dem Einfluß von *rajas* schwelgt der Mensch in allen möglichen Tätigkeiten. Er kennt kein *svadharma*. Wirkliche Ausübung des *svadharma* (Lebensaufgabe) bedeutet Verzicht auf andere Tätigkeiten. Der Karma-Yoga (Yoga des Handelns) der Gita ist ein sicheres Mittel gegen *rajas*. Alles um *rajas* ist unbeständig. Wenn der auf einen Berggipfel fallende Regen in verschiedene Richtungen auseinanderläuft, verschwindet er. Das Wasser wird versprüht und vergeudet. Doch wenn dasselbe Wasser in eine Richtung fließt, wird es allmählich zu einem Fluß. Daraus entsteht eine Kraft. Sie wird dem Land zum Segen. So auch, wenn der Mensch seine Kräfte nicht für vielerlei Unternehmungen verwendet, sondern sammelt und wirksam einer einzigen Aufgabe zuwendet. Nur dann kann er etwas Nennenswertes leisten. Deshalb ist *svadharma* von großer Bedeutung.

Wir sollten ständig über unser *svadharma* nachdenken und ihm all unsere Kräfte widmen. Etwas anderes sollte uns gar nicht in den Sinn kommen. Dies ist der Prüfstein von *svadharma*. Karma-Yoga ist nicht etwa eine sehr große oder schwere Aufgabe. Karma-Yoga ist nicht die Bezeichnung für ein sehr großes Werk. Der Karma-Yoga der Gita ist etwas ganz anderes. Das Besondere an Karma-Yoga ist, daß man ohne Zögern das eigene unumstößliche *svadharma* erfüllt, ohne an den Gewinn (die Früchte) zu denken, und dadurch an der Reinigung des Bewußtseins (*chitta*) arbeitet. In der gesamten Schöpfung herrscht endlose Geschäftigkeit. Karma-Yoga bedeutet, mit einer besonderen inneren Einstellung zu arbeiten. Auf dem Felde säen oder irgendwo eine Handvoll Körner ausstreuen sind zwei ganz verschiedene Dinge. Zwischen beidem besteht ein großer Unterschied. Man sieht ja, wieviel man durch das Säen des Korns gewinnt und wieviel Schaden entsteht durch das Wegwerfen des Samens. Das *karma*, das die Gita lehrt, ist mit der Aussaat zu vergleichen. In der Ausübung des *svadharma* liegt unermeßliche Kraft. Hier erscheint jede Anstrengung noch zu gering. Hier gibt es gar keine Möglichkeit für das Umherflattern.

(79) WIE LÄSST SICH DAS *SVADHARMA* FESTSTELLEN?

"Wie kann man das *svadharma* erkennen?" Würde jemand diese Frage stellen, könnte man ganz einfach antworten: "Es ergibt sich ganz von selbst." Es ist uns angeboren. Schon die Idee, danach zu suchen, ist sonderbar. Wenn ein Mensch geboren wird, wird sein *svadharma* mit ihm geboren. So wie ein Kind nicht nach seiner Mutter zu suchen braucht, braucht niemand sein *svadharma* zu suchen. Es ist von Anfang an unser Eigen. Die Welt war da, schon ehe wir geboren wurden, und wird auch nach uns da sein. Vor uns floß ein mächtiger Strom, und er fließt auch nach uns. In diesen Strom hinein wurden wir geboren. Der Dienst an meinen Eltern, denen ich geboren wurde, der Dienst an den Nachbarn, in deren Mitte ich geboren bin, dieses sind meine natürlichen Pflichten. Meine anderen Aufgaben ergeben sich aus meinen alltäglichen Erfahrungen. Ich habe Hunger und habe Durst. Infolgedessen wird es mir zum natürlichen *dharma*, zur natürlichen Pflicht, den Hungrigen Nahrung und den Durstigen Trank zu geben. In dieser Weise haben wir es nie nötig, dieses *svadharma* — die Pflicht zu dienen und zu helfen — zu suchen. Wo nach dem *svadharma* gesucht wird, kann man mit Sicherheit annehmen, daß sich *paradharma* (fremdes *dharma*) und *adharma* (falsches *dharma*) eingeschlichen haben.

Der Dienende braucht nicht nach Tätigkeit zu suchen, sie findet sich ganz von selbst. Doch sollte man bedenken, daß nicht alles, was einem mühelos zufällt, unbedingt immer richtig sein muß. Ein Bauer sagt zu mir in der Nacht: "Komm, wir wollen diesen Grenzstein ein oder zwei Meter verrücken, das vergrößert mein Feld. Es ist jetzt niemand da, und wir können es unbemerkt tun." Obwohl mich mein Nachbar zu dieser Arbeit aufgefordert hat und sie ganz ohne mein Dazutun auf mich zukam, ist sie doch nicht meine Aufgabe, denn es ist eine unehrliche Arbeit.

Das System der vier *varnas* (Kasten) gefällt mir, da es sich sowohl auf die natürlichen Eigenschaften wie auf das *dharma* (ewige Gesetz) stützt. Es ist zwecklos, das *svadharma* aufzugeben. Die Eltern, denen ich geboren wurde, werden stets meine Eltern bleiben. Was nützt es, wenn ich sage, sie gefallen mir nicht? Der Sohn erbt auf natürliche Weise den Beruf der Eltern. Es ist bezeichnend für das Kasten-System, daß man den Beruf, den man von den Vorfahren ererbt hat, weiterführt und weiterentwickelt, sofern er nicht gegen die Moral verstößt. Dieses Kasten-System ist heute am Zerfallen. Seine Aufrechterhaltung ist heutzutage sehr schwierig geworden. Doch es wäre gut, wenn wir es den Umständen anpassen könnten. Heutzutage vergehen die ersten 25 bis 30 Jahre mit dem Erlernen eines neuen Berufs. Nachdem einer einen Beruf erlernt hat, sucht sich der Mensch ein Betätigungsfeld, einen Arbeitsplatz. Auf diese Weise verbringt er die ersten 25 Jahre mit Lernen. Seine Ausbildung steht in keiner Beziehung zu seinem Leben. Man sagt, er bereite sich auf das Leben vor. Dies besagt, daß er überhaupt nicht lebt, während er lernt. Das Leben kommt erst später. Es heißt, man solle zuerst lernen und danach leben. Man hat also Leben und Lernen völlig voneinander getrennt. Doch das, was keine Beziehung hat zum Leben, muß man es nicht als Tod bezeichnen? Die durchschnittliche Lebenserwartung in Indien beträgt 23 Jahre, doch man verbringt hier 25 Jahre in bloßer Vorbereitung. Auf diese Weise vergeht die Zeit mit dem Erlernen eines neuen Berufs. Danach beginnt die Ausübung des neuen Berufs. So verstreichen die kraftvollsten und besten Jahre des Lebens ungenützt. Die Energie und Begeisterung, die im Dienst am Menschen eingesetzt werden sollten und zur Bereicherung des Lebens beitragen könnten, verrinnen nutzlos. Das Leben ist kein Spiel. Es ist wahrhaftig traurig, daß der erste und wertvollste Teil des Lebens in der Suche nach Beruf und Lebensaufgabe verbracht wird. Aus diesem Grunde hat der Hinduismus für uns das System des *varna-dharma* (Aufteilung nach Berufen) entwickelt.

Wir wollen jedoch das System der vier *varnas* oder Kasten beiseite lassen. In allen Ländern, auch dort, wo dieses System nicht üblich ist, hat jeder Mensch sein eigenes *svadharma* oder Lebensgesetz. Wir alle werden in diesen Strom hineingeboren, ein jeder den eigenen mitgebrachten Umständen entsprechend. Deshalb tritt die dem Gesetz des *svadharma* entsprechende Aufgabe ganz von selbst an uns heran. Man darf sich darum keine fernliegende Pflicht, die man eigentlich gar nicht als Pflicht bezeichnen darf, aneignen, wie vorzüglich sie auch scheinen mag. Oft erscheint sie nur durch die Entfernung angenehm und anziehend. Der Mensch verliebt sich in entfernt gelegene Dinge. Zum Beispiel liegt dichter Nebel um jemanden ausgebreitet. Doch den Nebel in seiner Nähe sieht er nicht. Er zeigt mit dem Finger in die Ferne und sagt: "Seht nur den Nebel, der dort ausgebreitet liegt!" Von dort zeigt ein Mann nach hier herüber und sagt: "Dort liegt dichter Nebel." Überall liegt Nebel ausgebreitet, doch den Nebel in der Nähe sieht man nicht. Die Entfernung hat etwas Anziehendes für den Menschen. Das Naheliegende ruht verlassen in einer Ecke, und in Träumen sieht man das Entfernte. Doch das ist Verblendung. Man muß damit Schluß machen.

Scheint auch mein eigenes *svadharma* alltäglich, unvollkommen und uninteressant zu sein, ist es doch für mich gut, weil es mein eigenes ist. Nur dieses ist für mich schön. Wenn ein Mensch im Meer zu ertrinken droht und einen krummen, häßlichen Holzbalken findet, der neben ihm treibt, kann ihn dieser erretten, auch wenn er nicht schön und glatt poliert ist. Mag sein, daß es in der Werkstatt des Schreiners viele schöne polierte und verzierte Hölzer gibt. Aber sie sind ja in der Werkstatt, während er im Meer am Ertrinken ist. Deshalb kann ihn nur dieser unförmige Holzklotz retten; an ihm muß er sich festhalten.
In derselben Weise hat nur die mir zugeteilte Aufgabe, auch wenn sie unbedeutend erscheint, einen Sinn für mich. Mich ihr ganz zu widmen, gereicht mir zum Vorteil. In ihr liegt die Möglichkeit meines Wachstums. Wenn ich mich nun damit befasse, eine andere Aufgabe zu suchen, geht mir sowohl die alte wie auch die neue Aufgabe verloren. So kommt dem Menschen die Neigung zum Dienen überhaupt abhanden. Darum sollten wir uns ganz der Aufgabe widmen, die unserem *svadharma* entspricht.
Wenn wir uns ganz unserem *svadharma* widmen, verliert *rajas* seine Kraft, denn dadurch werden wir fest und beständig in unserem Wesen (*chitta*). Da unser *chitta* nicht mehr vom *svadharma* abschweift, verliert das unbeständige *rajas* an Kraft. Wenn der Fluß ruhig und tief ist, kann er jede Menge Wasser aufnehmen, die ihm zufließt. So hat auch die ganze Kraft, Initiative und Energie des Menschen Raum im Strom seines *svadharma*. Wieviel Energie wir auch innerhalb unseres *svadharma* aufwenden, wird es doch immer zu wenig sein. Wenn du deine ganze Energie für *svadharma* verwendest, so ist dies das Ende jener Tendenz zur Unbeständigkeit von *rajas*. All unsere Unstetigkeit wird ausgelöscht. Dies ist das Mittel zur Überwindung von *rajas*.

(80) SATTVA (AUSGEGLICHENHEIT ODER MASSVOLLE TÄTIGKEIT) UND DER WEG ZU SEINER ÜBERWINDUNG

Nun bleibt noch *sattva-guna* übrig. Für *sattva* ist besondere Sorgfalt nötig. Wie kann man das Selbst von *sattva* trennen? Hierzu bedarf es sorgfältiger Überlegung. *Sattva* sollte nicht vollständig vernichtet werden. *Rajas* und *tamas* müssen völlig ausgerottet werden, der Fall von *sattva* liegt etwas anders. Wenn sich eine große Menschenmenge angesammelt hat und diese zerstreut werden muß, erhält die Polizei den Befehl, nicht oberhalb der Gürtellinie sondern in Richtung der Beine zu schießen.

Auf diese Weise werden die Menschen nicht getötet sondern nur verletzt. Gleicherweise sollte *sattva* getroffen, aber nicht getötet werden. Wenn *rajas* und *tamas* verschwunden sind, bleibt reines *sattva* zurück. Solange unser Körper existiert, brauchen wir eine feste Grundlage. Welchen Sinn hätte es also, wenn wir uns von *sattva* abwenden wollten, nachdem *rajas* und *tamas* beseitigt wurden?
Wenn man auf *sattva* stolz ist, zerrt man das Selbst (*atman*) herab aus seiner reinen, wahren Natur. Wenn sich das Licht der Laterne hell und klar ausbreiten soll, muß aller Ruß im Innern der Lampe abgewischt werden. Wenn sich draußen auf dem Glas Staub angesammelt hat, muß auch dieser abgewaschen werden. So muß auch der Ruß von *tamas*, der sich um das Licht des Selbsts ansammelt, sorgfältig entfernt werden. Dann muß auch der Staub von *rajas* beseitigt werden. Wenn so *tamas* abgewaschen und *rajas* entfernt wurde, bleibt schließlich nur das Glas von *sattva* übrig. Nun auch dieses *sattva* zu entfernen, hieße das Glas zu zerbrechen. Wenn wir das Glas zerbrechen, kann die Lampe nicht mehr leuchten. Das Glas ist notwendig, um das Licht zu verteilen. Darum sollten wir dieses saubere, glänzende Glas nicht zerbrechen. Doch damit unsere Augen nicht geblendet werden, sollten wir auf jeden Fall ein Stück Papier vor das Glas schieben. Dies nur, um die Augen vor dem grellen Licht zu schützen. *Sattva* zu besiegen, heißt nur all unseren Stolz zu beseitigen, uns nicht daran zu hängen. Wir müssen *sattva* verwenden, jedoch auf sorgfältige, wohlüberlegte Weise. Wir müssen *sattva* von *ahamkara*, Ichbezogenheit, befreien.
Wie kann man dieses *ahamkara*, diesen Egoismus des *sattva* überwinden? Dafür gibt es ein Mittel: Man muß *sattva* fest in seinem Innern verankern. Indem man sich beständig darin übt, hört man auf, stolz darauf zu sein. Wir müssen unausgesetzt in Übereinstimmung mit *sattva* tätig sein. *Sattva* sollte uns zur eigenen Natur werden. *Sattva-guna* darf nicht nur Gast für kurze Zeit sein, sondern muß zum Familienmitglied werden. Wir sind eingebildet auf gewisse Werke, die wir dann und wann tun. Wir schlafen täglich, doch darüber sprechen wir mit niemandem. Aber wenn ein Kranker zwei Wochen lang nicht schlafen konnte und dann für kurze Zeit schlief, erzählt er jedem: "Gestern konnte ich ein wenig schlafen." Für ihn ist es von großer Bedeutung. Als besseres Beispiel können wir unseren Atem betrachten. Wir atmen alle 24 Stunden des Tages, doch machen wir kein Aufheben davon. Niemand brüstet sich damit, ein atmendes Lebewesen zu sein. Angenommen ein bei Haridwar in den

Ganges geworfener Strohhalm schwimmt 1500 Meilen weit und erreicht schließlich Calcutta, ist er dann stolz darauf? Er wurde ja nur auf natürliche Weise durch die Strömung abwärtsgetrieben. Doch wenn jemand im Hochwasser zehn oder 20 Meter gegen den Strom schwimmt, bildet er sich wunder was darauf ein. Daraus ergibt sich, daß eine Handlung, die naturgemäß ist, kein *ahamkara*, keinen Hochmut hervorruft.

Wenn wir etwas Gutes leisten, sind wir stolz darauf. Warum? Weil es nicht als etwas Natürliches und Selbstverständliches getan wurde. Wenn ein Kind eine Aufgabe gut erledigt, hat, klopft ihm die Mutter anerkennend auf den Rücken. Ansonsten kommt der Rücken des Kindes nur mit dem Stock der Mutter in Berührung. Wenn in der finsteren Nacht einige Glühwürmchen herumfliegen, dann seht nur, wie sie sich brüsten! Sie zeigen nicht ihre gesamte Leuchtkraft auf einmal, sondern leuchten auf, verlöschen und leuchten erneut. Sie spielen mit dem Licht Verstecken. Wenn ihr Licht ununterbrochen leuchten würde, wären sie nicht stolz. Durch Beständigkeit verliert sich der Anschein des Ausgefallenen. Wenn *sattva-guna* in derselben Weise in all unseren Handlungen gegenwärtig wäre, würde es uns zur eigenen Natur werden. Der Löwe hat nicht nur keinen Stolz auf seine Stärke, er ist sich ihrer nicht einmal bewußt. Ebenso sollte in uns die *sattva*-Tendenz natürlich und spontan werden, daß wir uns dessen gar nicht mehr bewußt sind. Es ist die natürliche Aufgabe der Sonne, Licht zu spenden. Die Sonne bildet sich darauf nichts ein. Wenn ihr jemand dafür ein Dankschreiben geben wollte, würde sie sagen: "Was habe ich denn Ausgefallenes getan? Ich spende Licht. Was tue ich sonst? Mein Leben besteht darin, Licht zu spenden. Wenn ich nicht leuchte, werde ich sterben. Zu etwas anderem bin ich nicht fähig." Der Zustand des *sattva*-Menschen sollte genauso sein. *Sattva* sollte jede Pore seines Wesens durchdringen. Wenn *sattva* solchermaßen zur eigenen Natur wird, werden wir nicht mehr stolz darauf sein. Dem *sattva-guna* seinen auffallenden Glanz zu nehmen, ist eine Methode, es zu überwinden.

Eine andere Methode ist, auch noch die Bindung (*asakti*) an *sattva* aufzugeben. *Ahamkara*, Egoismus, und *asakti*, Bindung, sind zwei verschiedene Dinge. Dabei handelt es sich um einen sehr feinen Unterschied. An Hand eines Beispiels ist das leichter zu verstehen. Selbst wenn *ahamkara*, der Stolz auf *sattva*, verschwindet, bleibt die Bindung daran, *asakti*, zurück. Nehmen wir noch einmal die Atmung als Beispiel. Man ist nicht stolz auf das Atmen, und doch besteht eine absolute Abhängigkeit (*asakti*) von ihm. Es ist unmöglich, den Atem auch nur für fünf Minuten anzuhalten. Obwohl sich die Nase auf das Atmen nichts einbildet, zieht sie gleichwohl unausgesetzt Luft ein. Über Sokrates gibt es eine lustige Geschichte. Seine Nase war flach, und die Leute lachten darüber. Doch der witzige Philosoph sagte: "Meine Nase ist die einzig schöne aller Nasen. Die Nase, die große Nasenlöcher hat, kann reichlich Luft einatmen, und darum ist sie die schönste Nase." Das heißt, daß die Nase zwar nicht stolz ist auf das Atmen, jedoch ein Bedürfnis danach hat. Auf dieselbe Weise entsteht in uns eine Abhängigkeit (*asakti*) von *sattva-guna*. Nehmen wir zum Beispiel das Mitgefühl für andere Geschöpfe. Zwar ist dies eine außerordentlich lobenswerte Eigenschaft, trotzdem sollte man nicht von ihr abhängig werden. Erbarmen für alle Geschöpfe ist notwendig, doch sollte man sich nicht innerlich daran binden.

Mit Hilfe dieses *sattva-guna* zeigen Heilige den anderen Menschen klar den Weg. Durch ihr Mitgefühl für alle Geschöpfe wird ihr Körper zum Allgemeinbesitz. Wie Fliegen den Zuckerklumpen bedecken, hüllt die Welt den Heiligen in das Gewebe ihrer Liebe. Im Herzen des Heiligen wird die Liebe so stark, daß ihn die ganze Welt ihrerseits zu lieben beginnt. Der Heilige löst sich von der Bindung, von der Sorge (*asakti*) um seinen Körper, und darum übernimmt die ganze Welt diese Sorge um ihn und kümmert sich um das Wohl seines Leibes. Doch auch von dieser Bindung muß sich der Heilige befreien. Er muß das *atman* auch von dieser Liebe der Welt, von diesem erhabenen Geschenk, frei und selbständig halten. Ich bin eine ganz besondere Persönlichkeit, — so etwas darf er niemals fühlen. So muß *sattva-guna* im Körper verdaut werden.

Überwinde zuerst die Ichbezogenheit, *ahamkara*, und danach die Abhängigkeit, *asakti*. Die Ichbezogenheit wird durch Beständigkeit besiegt und durch Überwinden des Verlangens nach den Früchten. Indem man auch noch den durch *sattva-guna* erlangten Gewinn Gott weiht, wird *asakti*, Abhängigkeit, überwunden. Wenn *sattva* in unserem Leben fest verankert ist, wird uns die Frucht zukommen, manchmal als Erfolg, manchmal als Ruhm. Aber auch dieser Frucht sollte man keine Bedeutung beimessen. Der Mangobaum verzehrt selber nicht eine einzige seiner Früchte. Wie gut, wie süß, wie saftig die Mangofrucht auch sein mag, sie nicht zu essen ist süßer, als sie zu essen. Verzicht ist süßer als das Genießen.

Dharmaraja verwarf letzten Endes die Freuden des Himmelreichs, den Lohn für die Bemühungen seines ganzen Lebens. Damit krönte er alle Opfer, allen Verzicht seines Lebens. Er hatte ein Recht darauf, die süße Frucht zu genießen. Doch hätte er sie gekostet, wäre aller Wohlgeschmack verschwunden. *"Kshiine punye martyalokam vishanti."* "Wenn die Verdienste erschöpft sind, kehrt man zurück in die Welt der Sterblichen." Dann dreht sich das Rad von neuem. Wie erhaben war der Verzicht von Dharmaraja! Er steht mir immer vor Augen. So sollten wir durch beständiges Festhalten an *sattva* unsere Ichbezogenheit überwinden. Indem wir abseits stehen und alle Früchte Gott opfern, müssen wir der Abhängigkeit von *sattva* entfliehen. Erst dann kann man sagen, daß man *sattva-guna* besiegt hat.

(81) DAS ENDSTADIUM. SELBSTERKENNTNIS UND ZUFLUCHT IN GLÄUBIGER HINGABE, *BHAKTI*

Nun zum letzten Punkt. Auch wenn du dich ganz erfüllst mit *sattva* und die Ichbezogenheit überwindest und außerdem das Verlangen nach den Früchten aufgibst, wirst du doch, solange du an diesem Körper haftest, immer wieder dem Angriff von *rajas* und *tamas* ausgesetzt sein. Es mag uns eine Zeitlang scheinen, daß wir diese *gunas* überwunden haben. Doch sie kommen immer wieder mit aller Kraft zurück. Darum müssen wir stets wachsam sein. Wie die Fluten des Meeres hereinbrechen und große Buchten in das Land fressen, so dringen auch die mächtigen Fluten von *rajas* und *tamas* ein in unser Wesen und schaffen dort tiefe Gräben. Man darf deshalb nicht den kleinsten Spalt zulassen. Man muß sich beständig darum kümmern und wachsam sein. Es ist gleichgültig, wieviel Sorgfalt und Geschick wir darauf verwenden, solange man nicht Selbsterkenntnis, die Schau des *atman*, erlangt hat, ist die Gefahr stets gegenwärtig. Deshalb muß man sich mit allen Mitteln Selbsterkenntnis erwerben.

Selbsterkenntnis erlangt man nicht durch bloße Wachsamkeit. Wie dann? Vielleicht durch Übung? Nein. Dafür gibt es immer nur ein Mittel: sich von ganzem Herzen und intensiv Gott ergeben. Man kann *rajas* und *tamas* besiegen, *sattva* im Innern festigen und die Abhängigkeit von seinen Früchten überwinden, und doch ist all dies nicht genug. Ehe man nicht Selbsterkenntnis erlangt hat, ist Erfolg unmöglich. Deshalb braucht man letzten Endes die Gnade des Herrn. Durch wahre herzliche, gläubige Hingabe können wir uns diese Gnade verdienen. Ich kenne kein anderes Mittel. Am Ende dieses Kapitels stellt Arjuna genau diese Frage, und Krishna antwortet ihm: “Glaube an mich, ohne zu wanken und frei von Verlangen, und diene mir. Wer mir auf diese Weise dient, kann *maya*, die vergängliche Schöpfung, überqueren. Andernfalls wird man durch diese dichte *maya* nicht hindurchdringen.” Das ist die einfache Methode von *bhakti*, gläubiger Hingabe. Es ist der einzige Weg.

15. KAPITEL

Integraler Yoga (Purna-Yoga): Überall Purushottama, das Höchste Wesen, schauen

(82) BHAKTI UNTERSCHEIDET SICH NICHT VOM PFAD DER BEMÜHUNG (*PRAJATNA*)

Wir haben heute gewissermaßen das andere Ufer der Gita erreicht. Im 15.Kapitel erfahren alle Ideen der Gita ihre Vollendung. Das 16. und 17.Kapitel sind mehr ergänzender Natur, und das 18.Kapitel ist eine Zusammenfassung. Deshalb bezeichnet es der Herr am Ende dieses Kapitel als *shastra*, als Lehre oder Wissenschaft. Er sagt:

"iti guhyatamam shastram idam uktam mayanagha."

"So habe ich dich, o Schuldloser, diese Wissenschaft gelehrt, das größte Geheimnis."

So sprach der Erhabene am Schluß nicht etwa, weil es das letzte Kapitel wäre, sondern weil darin die bisher gelehrte Lebensweisheit und Philosophie ihre Vollendung finden. In diesem Kapitel wird *paramartha*, die höchste Wahrheit, vollständig offenbar. Der vollständige Wesensgehalt der Veden ist in ihm enthalten. Im Menschen ein Verständnis für die höchste Wahrheit (*paramartha*) zu erwecken, ist die Aufgabe der Veden. Weil das in diesem Kapitel geschieht, erhielt es die ehrenvolle Bezeichnung "Vedasara", "Essenz der Veden".

Im 13.Kapitel sahen wir die Notwendigkeit, das Selbst vom Körper zu unterscheiden. Im 14.Kapitel untersuchten wir die dafür erforderlichen Bemühungen. Durch Selbstkontrolle soll man *rajas* und *tamas* überwinden. Man soll *sattva* entwickeln und gleichzeitig die Abhängigkeit von *sattva* besiegen und auf dessen Früchte verzichten. In dieser Weise soll man sich bemühen. Am Ende heißt es: Um bei diesen Bemühungen absolut erfolgreich zu sein, ist Selbsterkenntnis erforderlich. Selbsterkenntnis wiederum ist ohne *bhakti*, Hingabe, unerreichbar.

Doch unterscheidet sich der Weg gläubiger Hingabe nicht vom Pfad des Bemühens. Um das zu zeigen, wird gleich zu Beginn des 15.Kapitels die Welt mit einem mächtigen Baum verglichen. Dieser Baum bringt mächtige Zweige hervor, die von den drei *gunas* ernährt werden. Ganz zu Anfang heißt es, daß dieser Baum mit der Axt der Bindungs- und Wunschlosigkeit gefällt werden muß. Es ist klar, daß der im vorhergehenden Kapitel beschriebene Weg (*sadhana*) zu Beginn dieses Kapitels wiederholt wird. Wir müssen in unserer Entwicklung fortschreiten, indem wir *rajas* und *tamas* beseitigen und *sattva* fördern. Das eine ist eine abbauende und das andere eine aufbauende Tätigkeit. Beide zusammen ergeben einen einzigen Pfad. Unkraut entfernen und Samen aussäen sind zwei Teile derselben Aufgabe. So ist es auch hier.

Ravana, Kumbhakarna und Vibhishana sind drei Brüder im Ramayana. Kumbhakarna ist *tamas* (Trägheit), Ravana ist *rajas* (ungezügelte Tätigkeit), Vibhishana ist *sattva* (ausgeglichene Tätigkeit). Auch in unserem Körper spielt sich das Ramayana dieser Dreiheit ab. Und im Ramayana ist bekanntlich Ravana und Kumbhakarna der Untergang beschieden. Nur das Vibhishana-Prinzip bleibt bestehen. Wenn dieses in den Füßen Gottes Zuflucht nimmt, kann es dir in deiner Entwicklung Helfer und Stütze sein. Darum sollten wir es uns zu eigen machen. Dies wurde uns im 14.Kapitel der Gita verständlich gemacht. Auch zu Beginn des 15.Kapitels wird es erneut behandelt. Zerschlage mit der Axt der Bindungslosigkeit die Welt von *sattva*, *rajas* und *tamas*. Zähme *rajas* und *tamas*. Werde rein, indem du *sattva* entwickelst, und mache dich frei, indem du die Abhängigkeit von *sattva* überwindest. Die Gita gibt uns hier als Vorbild die Lotosblume.

In der indischen Kultur werden die beispielhaften und erhabenen Aspekte des Lebens mit dem Lotos verglichen. Der Lotos ist das Symbol unserer Kultur. Man nimmt den Lotos als Gleichnis, um die erhabensten Gedanken zu vermitteln. Er ist voll Sauberkeit und Reinheit und doch frei von diesen. Reinheit und Freiheit, diese zweifache Kraft ist im Lotos enthalten. Jeden Teil der göttlichen Gestalt vergleichen wir mit dem Lotos. Wir sprechen von seinen Lotos-Augen, Lotos-Füßen, Lotos-Händen, von seinem Lotos-Antlitz, Lotos-Nabel, Lotos-Herz und Lotos-Haupt, und durch diese Vergleiche hat sich unseren Herzen die Überzeugung eingeprägt, daß überall Ungebundensein mit Schönheit und und Heiligkeit Hand in Hand geht.

Dieses Kapitel wurde geschrieben mit der Absicht, den im vorherigen Kapitel erläuterten Entwicklungsgang (*sadhana*) zu vervollkommnen. Wenn in unserem Bemühen Selbsterkenntnis und gläubige Hingabe zusammenkommen, wird Vollkommenheit erlangt. *Bhakti* ist nur ein Teil des Wegs der Bemühung. Selbsterkenntnis und *bhakti* sind die Glieder dieses *sadhanas*. In den Veden spricht der Rishi:

"yo jaagaara tam richah kaamayante
yo jaagaara tamu saamaani yanti."
"Die Veden lieben den, der wach ist.
Sie kommen zu ihm, um mit ihm zu sprechen."

Das heißt: zu dem Wachen kommt Vedanarayana, Gott in Form der Veden. Zu ihm kommen *jnana* (Wissen) und *bhakti* (Hingabe). Beide unterscheiden sich nicht vom Weg des Bemühens. In diesem Kapitel soll gezeigt werden, daß diese beiden Prinzipien das Bemühen verschönen. Hört deshalb mit höchster Konzentration über die Wesensmerkmale von *bhakti* und *jnana*!

(83) DURCH *BHAKTI* WIRD ANSTRENGUNG LEICHT

Ich kann das Leben nicht in Stücke zerschneiden. Ich kann *karma*, *jnana* und *bhakti* nicht voneinander trennen, sie sind auch nicht untereinander getrennt. Als Beispiel wollen wir uns das Kochen in unserem Gefängnis hier ansehen. Einige von uns bereiten das Essen für etwa 500 bis 700 Leute hier zu. Wenn sich darunter einige Leute befinden, die die Kochkunst nicht genügend beherrschen, werden sie das Essen verderben. Die Fladen (*rotis*) wären nicht gar oder aber verbrannt. Wir wollen jedoch annehmen, daß sie eine gute Kenntnis der Kochkunst haben. Wenn sie aber diese Arbeit nicht gern tun, wenn in ihrem Herzen kein *bhakti* ist, wenn sie nicht von dem Gefühl erfüllt sind: "Diese Brote sind für meine Brüder, also für Gott; sie müssen gut geknetet und gebacken werden, dies ist ein Dienst für Gott", wenn sie solches nicht fühlen, sind sie untauglich für diese Aufgabe trotz all ihrer Kenntnisse. Ebenso wie für das Kochen Kenntnisse erforderlich sind, so bedarf es auch der Liebe. Solange nicht die Kraft der Hingabe, *bhakti*, im Herzen ist, wird auch das Essen geschmacklos zubereitet sein. Deshalb ist auch kein Essen so gut wie das der Mutter. Denn wer anders als die Mutter könnte sich mit so viel Hingabe und Liebe dieser Arbeit widmen? Auch *tapasya*, Opferbereitschaft, ist dabei erforderlich. Wie könnte man diese Arbeit tun, ohne Hitze zu ertragen, ohne Mühsal auf sich zu nehmen? Daraus ist ersichtlich, daß zur erfolgreichen Erledigung jeglicher Arbeit Liebe, Kenntnis und Anstrengung (*prema*, *jnana*, *karma*) nötig sind. Jede Tätigkeit im Leben stützt sich auf diese drei Eigenschaften. Wenn an einem Dreifuß ein einziger Fuß gebrochen ist, kann er nicht mehr stehen. Alle drei Beine sind erforderlich. Schon in seinem Namen offenbart sich seine Form. Ebenso ist es mit dem Leben. *Jnana*, *bhakti* und *karma*—Wissen, Hingabe und Handeln—sind diese drei Stützen des Lebens. Auf diesen drei Säulen müssen wir unser Dwaraka, unsere Stadt erbauen. Diese drei Beine ergeben zusammen ein Ding. Das Bild des Dreifußes paßt genau. Auch wenn du logisch zwischen *bhakti*, *jnana* und *karma* unterscheidest, kannst du sie in der Praxis nicht trennen. Die drei zusammen bilden eine große Einheit.

Das soll jedoch nicht heißen, daß *bhakti* keine besondere Eigenschaft habe. Jegliche Arbeit erscheint leicht, wenn sich das *bhakti*-Prinzip mit ihr verbindet. Leicht erscheinen heißt nicht, daß sie nicht schwierig sein wird. Es heißt vielmehr, daß sie nicht als schwierig empfunden wird, sondern ganz im Gegenteil Freude bereitet. Dornen werden wie Blumen erscheinen. Der Pfad der Hingabe (*bhakti*) ist leicht,—was soll das bedeuten? Es bedeutet, daß man durch die innere Haltung liebevoller Hingabe der Last des Handelns nicht gewahr wird. Das Beschwerliche der Handlung verschwindet. Wieviel man auch arbeitet, ist es doch, als ob man nichts getan hätte. Christus sagt einmal: "Und wenn ihr fastet, seid nicht wie die Heuchler von traurigem Äußeren, denn sie entstellen ihr Gesicht, damit sie den Leuten als enthaltsam erscheinen. Wahrlich ich sage euch: sie haben ihren Lohn dahin. Doch du, wenn du fastest, salbe dein Haupt und wasche dein Gesicht, damit die Leute nichts merken von deinem Fasten!" Das heißt, man soll so vollständig von gläubiger Hingabe erfüllt sein, daß man es nicht mehr als beschwerlich empfindet. Sagen wir nicht, jener Held, jener Patriot sei lächelnd zum Galgen hinaufgestiegen? Sudhanva lächelte in dem Kessel mit kochendem Öl. Von seinen Lippen erklangen die Namen von Krishna, Vishnu, Hari und Govinda. Damit soll nur gesagt werden, daß mit Hilfe von *bhakti* auch die schrecklichste Qual nicht als solche empfunden wird. Es ist nicht schwierig, im Wasser ein Boot voranzuschieben. Doch wie beschwerlich ist es, dasselbe Boot auf dem Erdboden und über Gestein voranzubringen! Wenn unter dem Boot Wasser ist, können wir mühelos zur anderen Seite übersetzen. So auch, wenn unser Lebensschiff vom Wasser liebevoller Hingabe getragen wird, können wir fröhlich darin segeln. Doch wenn unser Leben vertrocknet ist, wenn der Weg staubig und steinig ist und voller Unebenheiten, wäre es sehr schwierig, das Boot weiterzuziehen. Gläubige liebevolle Hingabe, *bhakti*, erleichtert wie das Wasser dem Schiff unseres Lebens die Fahrt.

Bhakti macht den Pfad leicht. Doch ohne Selbsterkenntnis gibt es keine Hoffnung, die drei *gunas* für immer zu überwinden. Was ist dann das *sadhana*, das Mittel zur Erlangung von Selbsterkenntnis? Es besteht darin, daß man sich bemüht, sich *sattva* durch Beständigkeit anzueignen, seine Ichbezogenheit zu überwinden und durch *bhakti* das Verlangen nach den Früchten von *sattva* zu besiegen. Wenn wir uns auf diesem Pfad unaufhörlich und ernsthaft bemühen, wird uns sicherlich eines Tages Selbsterkenntnis zuteil werden. Vorher können wir noch nicht das Ende unserer Bemühungen erreichen. Es handelt sich hier um das höchste Ziel des menschlichen Lebens. Das Selbst zu schauen, ist kein bloßes Spiel. Man darf nicht erwarten, die Selbsterkenntnis einfach nebenher am Weg zu finden. Zu diesem Zweck müssen wir einen andauernden Strom unseres Bemühen aufrechterhalten. Die Voraussetzung auf dem Pfad zu höchster geistiger Erkenntnis ist der Entschluß: "Ich werde niemals im geringsten der Verzweiflung nachgeben. Niemals werde ich auch nur einen Augenblick hoffnungslos innehalten. Es gibt keinen anderen Weg zum Erlangen höchster Wahrheit. Manchmal ermüdet der Suchende und sagt: "Um deinetwillen habe ich mich in Askese (*tapas*) und Enthaltsamkeit (*samyam*) geübt. Sage mir, o Gott, wie lange noch soll ich dieses tun?" Doch dieser Ausruf ist sinnlos. Selbstbeherrschung und Enthaltsamkeit müssen wir üben, bis sie uns zur eigenen Natur geworden sind. Die Frage: "Wie lange noch soll ich mich in diesem *sadhana* üben?" ist auf dem Pfad gläubiger Hingabe (*bhakti*) nicht angebracht. In *bhakti* kann es niemals Ungeduld und Hoffnungslosigkeit geben. Es darf darin niemals Langeweile oder dergleichen geben. Dieses Kapitel enthält herrliche Gedanken darüber, wie *bhakti* immer mehr und mehr Freude und Begeisterung schenken kann.

(84) DIE DREIHEIT DES DIENENS: HERR, DIENENDER, MITTEL DES DIENENS

In dieser Welt sehen wir zahllose Dinge. Wir können sie in drei Gruppen aufteilen. Wenn ein Gläubiger am Morgen erwacht, sieht er nur drei Dinge vor sich. Zuerst richtet sich sein Sinn auf Gott. Dann trifft er Vorbereitungen, um ihm zu opfern. "Ich bin der gläubige Diener. Er ist der Herr, mein Gott und Meister." Diese beiden sind stets gegenwärtig. Nun fehlt noch die Schöpfung, das Instrument der Opferhandlung. In Blumen, Blütenduft, Weihrauch und Lampen sieht er die ganze Schöpfung. Es gibt nur drei Dinge: den gläubig Dienenden, Gott, den Herrn, und die Schöpfung als Mittel für den Gottesdienst. Solches wird in diesem Kapitel gelehrt. Doch wenn nun jemand vor einem Bildnis Gottes ein Opfer darbringt, sieht er nicht in allen Gegenständen der Schöpfung geeignete Mittel für den Gottesdienst. Er geht und holt einige Blumen aus dem Garten, legt einige Räucherstäbchen bereit und richtet ein Speiseopfer her. Er möchte einige Dinge aussuchen und auswählen. Doch laut den Ausführungen des 15.Kapitels ist es nicht nötig, in dieser Weise eine Auswahl zu treffen. Jede Form von *tapas*, Askese, oder *karma*, Handeln, ist Mittel im Dienste Gottes. Einige mag man als Blumen, einige als Weihrauch und einige als Speiseopfer bezeichnen. Auf diese Weise sollte man sämtliche Handlungen als Gottesdienst betrachten. Diese Einstellung ist hier gemeint. Nur diese drei Dinge gibt es in der Welt. Den Weg wunschlosen Bemühens, den uns die Gita einprägen möchte, präsentiert sie uns als Pfad liebender Hingabe. Dadurch wird das Handeln vom Gefühl der Anstrengung befreit und leicht gemacht.

Wenn in einem Ashram jemand sehr viel arbeiten muß, wird ihm niemals der Gedanke kommen zu klagen: "Warum soll nur ich allein so viel arbeiten?" Dadurch wird etwas sehr Bedeutungsvolles ausgedrückt. Wenn es einem Gläubigen zufiele, statt zwei Stunden lang diesmal vier Stunden lang Gottesdienst zu halten, würde er dann verzweifelt ausrufen: "O Rama, heute mußte ich vier Stunden lang am Altar opfern"? Im Gegenteil, er würde sich darüber freuen. Ein derartiges Erlebnis ist in einem Ashram möglich. Es sollte auch allenthalben im Leben möglich sein. Das Leben soll dem Dienen geweiht werden. Es ist *Purushottama*, das Höchste Wesen, das den Dienst empfängt, und ich bin *akshara-purusha*, ein unvergängliches Wesen, das unausgesetzt dem Höchsten dient. *Akshara-purusha* bedeutet niemals zu ermüden, der unermüdlich Dienende, der seit Anbeginn der Schöpfung dient, wie Hanuman, der Affenmensch, der fortwährend mit gefalteten Händen vor Rama steht. Niemals würde er von Trägheit befallen. Wie Hanuman hält er sich für die Dauer seines langen Lebens stets zum Dienen bereit. Einen solchen lebenslangen Diener nennt man *akshara-purusha*, das unvergängliche Wesen. *Paramatman*, das Höchste Selbst, ist lebendige Wirklichkeit, und auch ich, sein immerwährender Diener, bin unvergänglich. Wenn Gott ewige Dauer hat, bin auch ich ohne Ende. Wir wollen sehen, wer zuerst müde wird: Er im Empfangen des Dienstes oder ich im Dienen. Wurde er zehnmal als Avatar geboren, habe auch ich mich zehnmal verkörpert. War er Rama, dann war ich Hanuman.

War er Krishna, so war ich Uddhava. Wie oft er geboren wird, so oft werde auch ich geboren. Möge diese beglückende Rivalität immer so weitergehen. Wer dem allmächtigen Gott in dieser Weise Zeitalter um Zeitalter (*yuga* um *yuga*) dient und niemals untergeht, diese Seele, *jiva*, ist ein *akshara-purusha*. Er ist *Purushottama*, das Höchste Wesen, der Meister, und ich bin Sein Sklave, Sein Diener. Dieses *bhavana*, diese Einstellung sollte man unverrückbar im Herzen bewahren. Diese ewig veränderliche, sich in unzähligen Formen offenbarende Schöpfung wollen wir zum Instrument unserer Verehrung, zum Werkzeug unseres Dienens machen. Jede Handlung soll uns Gottesdienst sein.

Derjenige, dem gedient wird, ist *paramatman*, das höchste Selbst, *Purushottama*, das Höchste Wesen. Der Dienende ist *jiva*, die Seele, *akshara-purusha*, das unvergängliche Wesen. Doch das Mittel des Dienens, die Schöpfung, ist *kshara*, vergänglich. In ihrer Vergänglichkeit liegt eine tiefe Bedeutung. Sie ist kein Mangel der Schöpfung sondern ein Vorzug. Dadurch ist die Schöpfung ewig neu. Die Blumen von gestern kann man heute nicht mehr gebrauchen. Sie sind nun wertlos als Opfer. Die Schöpfung ist vergänglich, und das ist ein großes Glück. Dies ist das Beste am Dienen. Jeden Tag findet man frische Blumen für den Gottesdienst. In derselben Weise will ja auch ich mich immer wieder mit einem neuen Leib bekleiden und Gott dienen. Täglich werde ich meinem *sadhana*, meinem Dienen, neue Formen geben und durch sie Gott verehren. Auf Grund ihrer Vergänglichkeit ist die Schöpfung schön.

Morgen ist die Sichel des Mondes anders als heute. Jeden Tag erstrahlt der Mond in neuer Schönheit. Wie beglückend ist der Anblick des zunehmenden, erst zwei Tage alten Mondes! Die Schönheit des acht Tage alten Mondes ist wieder ganz anders. An diesem Tag sieht man einige wenige auserlesene Perlen am Himmel. In der Vollmondnacht sieht man wegen der Helligkeit des Mondes keine Sterne. In der Vollmondnacht zeigt uns der Mond das Antlitz Gottes. Die Schönheit der Neumondnacht hat besondere Tiefe. Welch ungestörte Ruhe liegt ausgebreitet über dieser Nacht! Weil das überstrahlende Licht des Mondes zurückgezogen ist, erstrahlen zahllose große und kleine Sterne in vollkommener Freiheit. Die Freiheit der Neumondnacht breitet sich ungehemmt aus. Der Mond mit seiner stolzen Leuchtkraft ist heute nicht da. Er hat sich heute mit seinem Lichtspender, der Sonne, vereint. Er ist eingegangen in Gott. An diesem Tag scheint er uns zu zeigen, wie sich die Seele vollkommen Gott weihen kann, ohne der Welt Kummer zu

bereiten. Die Gestalt des Mondes ist vergänglich und veränderlich. Doch durch alle seine verschiedenen Formen spendet er Freude.
Auf dieser Vergänglichkeit der Schöpfung beruht ihre Unsterblichkeit. Die Formen der Schöpfung fließen wie ein gurgelnder Strom. Wenn dieser Ganges der Erscheinungsformen nicht immer weiter flösse, würde er zum stagnierenden Teich werden. Das Wasser des Flusses strömt ununterbrochen. Es verändert sich immerzu. Ein Tropfen folgt dem anderen. Ein solches Wasser lebt. Ein Ding erfreut, weil es neu ist. Im Sommer bringen wir Gott Blumen als Opfer. In der Regenzeit opfern wir das zarte Dub-Gras. Im Herbst opfern wir die herrlichen Blüten des Lotos. Man bereitet Gott das Opfer mit den Blumen und Früchten der jeweiligen Jahreszeit. So ist das Opfer stets frisch und neu. So bekommt man niemals Langeweile. Wenn man einem Kind den Buchstaben K vorschreibt und ihm sagt: "übe diesen Buchstaben, male ihn schön dick aus!", so findet es diese Arbeit langweilig. Es versteht nicht, warum es die Linien so dick machen soll. Doch danach sieht es neue Buchstaben und ihre Zusammenstellungen. Es fängt an, vielerlei Bücher zu lesen. Es erlebt die vielseitigen Meisterwerke der Literatur, und dies vermittelt ihm grenzenlose Freude. So verhält es sich auch mit dem Dienen. Wenn die Mittel und Instrumente täglich neu sind, wird das Interesse, die Begeisterung für das Dienen geschürt. Es entwickelt sich *vritti*, eine Gewohnheit zum Dienen.
Die Vergänglichkeit der Schöpfung ruft täglich neue Blumen hervor. Nahe beim Dorf ist der Verbrennungsplatz. Dadurch wird das Dorf angenehm. Die alten Leute gehen, und neue Kinder werden geboren. Täglich erneuert sich die Schöpfung. Wenn du den Verbrennungsplatz da draußen entfernst, kommt er herein und läßt sich nieder in deinem Haus. Es würde dir langweilig werden, Tag für Tag dieselben Leute zu sehen. Im Sommer ist es heiß, und die Erde ist verbrannt. Doch mach dir deshalb keine Sorgen, alles wird sich wandeln. Diese Hitze ist nötig, damit man sich danach über die Regenzeit freuen kann. Wenn die Erde nicht glühend heiß gebrannt wäre, würde sie der Regen in Morast verwandeln. Weder Gras noch Getreide könnten sie danach zieren. Ich ging einmal im heißen Sommer spazieren. Mein Kopf glühte, und ich fühlte mich sehr glücklich. Ein Freund sagte zu mir: "Dein Kopf wird zu sehr erhitzt werden, und das kann dir schlecht bekommen." Ich erwiderte: "Die Erde unter mir glüht, so laß auch diese Puppe aus Lehm ein wenig heiß werden!" Wenn zuvor der Kopf erhitzt wurde, wie herr-

lich ist dann ein Bad am Brunnen dort. Doch wer nicht die Hitze verspürt hat, wird, auch wenn es dann regnet, seinen Kopf in seine Bücher vergraben. Er wird sich in seinem Zimmer, in seinem Grab verschanzen. Er wird nicht hinauseilen und vor Freude tanzen unter diesen mächtigen heiligen Strömen von Regen. Doch unser Maharishi Manu war ein großer Freund und Bewunderer der Natur. Er schreibt in seinen Smriti (Anweisungen): "Wenn es regnet, erkläre einen Feiertag!" Wer würde im Ashram sitzen bleiben und sich mit Lektionen plagen, wenn Regen fällt? Im Regen soll man singen und tanzen und sich mit der Natur verbinden. In der Regenzeit treffen Erde und Himmel zusammen. Dieser schöne Anblick erfreut uns sehr. Die Natur unterrichtet uns selbst. Wahrlich, die Unbeständigkeit und Vergänglichkeit der Schöpfung bedeutet, daß das *sadhana*, der Pfad, ständig erneuert wird. So haben wir die unaufhörlich neue Mittel hervorbringende Schöpfung, den unermüdlich arbeitenden ewigen Diener und das Höchste Selbst (*paramatman*), das den Dienst empfängt. Möge nun das Spiel so weitergehen. Der allmächtige höchste Gott gibt mir immer neue und wunderbare Möglichkeiten zum Dienen und empfängt von mir lauter Dienst, der aus Liebe geboren ist. Er gibt mir vielerlei Möglichkeiten und läßt mich dann spielen. Er bedient sich meiner auf vielfache Weise. Wenn wir uns diese Haltung im Leben aneignen könnten,—wie glücklich wären wir dann!

(85) SELBSTLOSES DIENEN IST *BHAKTI*

Die Gita möchte, daß jede unserer Handlungen von *bhakti* erfüllt sei. Wenn wir hin und wieder eine oder eine halbe Stunde lang zu Gott beten, ist das schon recht. Es ist eine ausgezeichnete Idee, morgens und abends, wenn das schöne Sonnenlicht seine Farben ausbreitet, unser Wahrnehmungs-und Denkvermögen (*chitta*) zur Ruhe zu bringen, eine ganze oder halbe Stunde lang die Welt zu vergessen und über das Unvergängliche zu meditieren. Wir sollten solche guten Gewohnheiten nicht aufgeben. Aber die Gita ist damit nicht zufrieden. All unser Tun, von morgens bis abends, soll Gottesdienst sein. Ob wir baden, essen oder putzen, sollen wir immerzu Seiner gedenken. Man sollte saubermachen mit dem Gefühl, daß man den Hof des Allmächtigen und Meisters alles Lebens reinigt. All unser Tun sollte so zur Opferhandlung werden. Du wirst sehen, wie sich dein ganzes Leben verändert, wenn du dir diese Einstellung angeeignet hast. Wie sorgfältig werden wir die Blumen für das Opfer aussuchen, wie vorsichtig sie in den Korb legen, damit sie nicht beschädigt, zerdrückt oder welk werden, wieviel Mühe werden wir darauf verwenden! Wir halten sie nicht an unsere Nase, um ihnen ihre Frische nicht zu nehmen. Diese Einstellung, dieses Gefühl sollte täglich in all unseren Handlungen gegenwärtig sein. In meinem Dorf hier lebt mein *narayana*, mein Gott, in der Gestalt meines Nachbars. Dieses Dorf werde ich sauber und rein halten. Diese Haltung möchte uns die Gita vermitteln. Es ist das große Anliegen der Gita, daß all unsere Arbeit zu einer Art von Gottesdienst wird. Eine Königin der Heiligen Schriften wie die Gita ist nicht zufrieden mit einer halbstündigen Andacht. Es ist ihr sehnsüchtiger Wunsch, daß unser ganzes Leben gotterfüllt und zur Andacht wird.

Die Gita lehrt den Purushottama-Yoga und führt das arbeitsreiche Leben zur Vollendung. Dies ist *Purushottama*, der allmächtige Gott, der den Dienst empfängt. Ich bin sein Diener. Und diese ganze Schöpfung ist das Werkzeug, *sadhana*, für meinen Dienst. Wenn uns erst solches zur Erkenntnis, zur Überzeugung wird, was braucht es dann noch mehr? Tukaram sagt:

"Da ich diese Erkenntnis erlangt habe, werde ich dienen.
Ich habe keinen anderen Wunsch, o Gott!"

Danach wird man ununterbrochen dienen. Es wird überhaupt kein "ich" mehr geben. "Ich" und "mein" werden hinweggefegt, und alles wird nur noch Gott gehören. Etwas anderes als ausschließlich zum Wohl anderer zu leben, wird es gar nicht mehr geben. Die Gita sagt immer wieder: "Ich werde alle Ichbezogenheit aus mir entfernen und mein Leben vollkommen Gott weihen und es mit liebevoller Hingabe (*bhakti*) erfüllen. Gott, der Herr, dem ich diene, ich, der Diener, und die Schöpfung als Instrument, als *sadhana*!" Wo gibt es nun noch den Begriff von Besitz? Nun ist das Leben frei von allen Sorgen.

(86) DAS MERKMAL VON *JNANA* (WAHRER ERKENNTNIS). ICH BIN DAS SELBST, ER IST DAS SELBST, AUCH ES IST DAS SELBST

Bisher haben wir gesehen, daß in dieser Weise *karma*, das Handeln, mit *bhakti* erfüllt sein soll. Doch soll es auch mit *jnana*, Erkenntnis, erfüllt sein, sonst gibt sich die Gita nicht zufrieden. Das bedeutet jedoch nicht, daß diese drei voneinander verschieden sind. Wir unterscheiden sie nur beim Sprechen. Das Wesen von *karma* ist *bhakti*. Es ist nicht so, als ob man *bhakti* von anderswo herbringen und es *karma* beimischen müßte.

Ebenso ist es mit *jnana.* Wie kann man dieses *jnana*, diese Erkenntnis erlangen? Die Gita sagt: "Indem du überall *purusha*, das Selbst, siehst. Du bist der dienende unvergängliche Diener, das dienende Selbst; der Allmächtige, *Purushottama*, ist das Selbst, das den Dienst empfängt, und auch diese vielgestaltige, unzählige Mittel der Verehrung spendende, endlos strömende Schöpfung ist das Selbst.

Was soll eine solche Einstellung bezwecken? Sie bezweckt, daß man bereit ist, überall rein und fehlerlos zu dienen. Wenn die Sandalen an deinen Füßen quietschen, so gib ihnen etwas Öl. Auch in ihnen ist etwas von Gott. Darum behandle sie mit Sorgfalt. Öle auch das Spinnrad, dieses Werkzeug des Dienens. Höre nur, wie es spricht! Es sagt: *"neti, neti*, nein, nein, ich werde nicht spinnen." Auch dieses Spinnrad, dieses Werkzeug des Dienens, ist *purusha*, das Selbst. Behandle seinen Riemen, seine heilige Schnur mit Sorgfalt. Betrachte die ganze Schöpfung als lebendig und von Geist erfüllt (*chaitanya*). Erachte sie nicht als leblos. Wie könnte *charkha*, das Spinnrad, das unablässig *"om"* singt, leblos sein! Es ist ein Bild des Allerhöchsten. Am Neumondstag von Sravan legen wir unseren Stolz ab und verehren den Ochsen. Das ist etwas sehr Bedeutsames. Man sollte täglich dieses Festes gedenken und dann den Ochsen gut versorgen und ihm angemessene Arbeit geben. Die liebevolle Andacht, *bhakti*, die in diesem Fest in unserem Herzen lebendig ist, sollte nicht mit jenem Tag zuende gehen. Auch das Rind ist ein Ebenbild Gottes. Erhalte den Pflug und all die anderen landwirtschaftlichen Geräte in gutem Zustand. Alle Werkzeuge des Dienens sind heilig. Welche erhabene Weite eröffnet uns dieser Standpunkt! Gottesdienst besteht nicht einfach darin, daß man Blumen, duftendes Parfum und rotes Kumkum-Pulver verstreut. Indem man die Töpfe glasklar und sauber hält, verehrt man diese Töpfe. Man verehrt die Lampe, indem man sie sauber hält. Die Sense wetzen und zum Mähen bereithalten, auch das ist Gottesdienst. Die rostige Türangel schmieren, ist Andacht. Alle Dinge im Leben soll man aus dieser Haltung heraus verwenden. Sämtliche Gegenstände des Dienens sollen sauber und in einwandfreiem Zustand gehalten werden. In Wahrheit bin ich der *akshara-purusha*, das unvergängliche Selbst. Er ist *Purushottama*, das höchste Selbst, und diese Schöpfung, das *sadhana* oder Werkzeug des Dienens, ist ebenfalls *purusha*, das Selbst, das höchste Wesen. Wenn wir erst einmal erkannt haben, daß sich überall, in allen Dingen, dasselbe *chaitanya*, göttliche Bewußtsein, offenbart, dann kommt auch Erkenntnis, *jnana*, in unser Handeln.

Zuerst erfüllten wir unser Handeln mit Andacht (*bhakti*), und nun fügten wir Erkenntnis, *jnana*, hinzu, und so entstand ein wunderbares göttliches Lebenselixier. Die Gita hat uns schließlich zum Weg des Dienens gebracht, der von *advaita*, der Erkenntnis der All-Einheit, erfüllt ist. Wohin man auch schaut in dieser Schöpfung, sieht man drei *purusha*, drei Wesen. Der eine *Purushottama*, das höchste Selbst, nimmt diese drei Formen an. In Wirklichkeit sind diese drei zusammen nur ein einziges Wesen, ein *purusha*. Es gibt nur *advaita*, All-Einheit. Hier hat uns die Gita zum höchsten Gipfel geführt. *Karma*, *bhakti* und *jnana* sind alle eins geworden. Mensch, Gott und Schöpfung sind eins. Nun gibt es keinen Widerspruch mehr zwischen *karma*, *bhakti* und *jnana*. In seinem Amritanubhava führt Jnanadev ein Gleichnis an, das man in Maharashtra sehr liebt:

"Aus dem Felsen meiseln wir Gott, Seinen Tempel und Seine Gemeinde. Warum kann man es mit *bhakti* nicht ebenso machen?"

Aus einem einzigen Felsen arbeitet man den Tempel, im Tempel den Thron und die Statue Gottes und vor dieser den Anbetenden, *bhakta*, und daneben, ebenfalls aus Stein, die Blumen. So wie man aus einem Felsmassiv all dies heraushaut, wie in einen einzigen Felsen all diese verschiedenen Formen hineingemeiselt werden,—kann es nicht bei der Ausübung von *bhakti* ebenso geschehen? Warum können nicht Meister und Diener zu einer Einheit verschmelzen? Diese sichtbare Schöpfung, dieses Material zur Verwendung beim Gottesdienst, wie vielgestaltig sie auch ist, warum kann nicht auch sie ein Ausdruck des höchsten Selbsts, des *atman*, sein? Alle drei *purusha* sind ja doch eine Einheit. *Jnana*, *karma* und *bhakti*, diese drei zu einem mächtigen Lebensstrom zu vereinen, das ist der vollkommene *Purushottama*-Yoga. Der Herr, der Diener und das Werkzeug zum Dienen sind alle eins. Nun wollen wir das Spiel liebevoller Hingabe, *bhakti*, spielen!

Er, in dessen Herz sich dieser *Purushottama*-Yoga eingeprägt hat, er allein ist fähig zu wahrem *bhakti*, wahrer Hingabe.

"sa sarvavid bhajati maam sarvabhaavena bharaata."

"Allerkennend verehrt er mich, o Bharata, mit seinem ganzen Wesen."

Ein solcher Mensch, obwohl ein *jnani*, bleibt ein reiner *bhakta*. Wo Erkenntnis ist, ist auch Liebe. Gott erkennen und ihn lieben ist ein und dasselbe. Wenn wir wissen, daß *karela* (Bitter-Gurke) bitter ist, finden wir keinen Geschmack daran. Abgesehen von wenigen Ausnahmen haben wir keine Liebe für etwas, das wir als bitter erkannt haben. Aber sobald wir von Süßigkeiten hören, läuft uns das Wasser im Munde zusammen, und eine überquellende Liebe dafür steigt in uns auf. Den Höchsten Gott erkennen und ihn lieben ist eins. Doch kann man die Lieblichkeit der göttlichen Form mit gewöhnlichem Zucker vergleichen? In dem Augenblick, da man die Herrlichkeit Gottes erkennt, wird auch die Liebe zu Ihm geboren. Das Empfangen von Erkenntnis und das Erwachen von Liebe sind nicht zwei verschiedene Ereignisse. Ob es in *advaita* Raum gibt für *bhakti*, ist eine sinnlose Streitfrage. Jnanadev sagt:

"Einzig Vitthal sollst du erkennen.
Das ist *bhakti*, das ist *jnana*."

Bhakti und *jnana* sind zwei Bezeichnungen für dieselbe Sache.

Das Werk, das getan wird, wenn das Leben mit erhabener Frömmigkeit, *bhakti*, erfüllt ist, kann man nicht von *bhakti* und *jnana* unterscheiden. *Karma*, *bhakti* und *jnana*, das Werk, die gläubige Hingabe und die Erkenntnis vereinen sich zu einem einzigen schönen Wesen. Aus diesem zauberhaften Wesen geht ganz natürlich wunderbares Dienen voll Liebe und Erkenntnis hervor. Ich liebe meine Mutter, aber diese Liebe sollte sich durch Handeln offenbaren. Liebe verausgabt sich ständig und äußert sich im Dienen. Die äußere, sichtbare Form von Liebe ist das Dienen. Die Liebe schmückt sich mit unzähligen dienenden Handlungen und dreht sich im Tanz. Wo Liebe ist, gesellt sich Erkenntnis hinzu. Wenn ich jemandem dienen will, muß ich wissen, was ihm Freude macht, sonst würde ich etwas Falsches oder Nachteiliges für ihn tun. Liebe muß kennen, wem sie dienen will. Um die Kraft der Liebe durch Handeln zu verbreiten, ist Erkenntnis erforderlich, doch an der Wurzel derselben muß Liebe sein. Ohne Liebe wäre Wissen nutzlos. Eine mit Liebe ausgeführte Handlung unterscheidet sich deutlich von einer gewöhnlichen Handlung. Wenn der Sohn müde vom Feld heimkommt, schaut ihn die Mutter mit einem Blick voll echter Liebe an und sagt: "Du bist müde, mein Sohn!" Seht ihr, wieviel Kraft in dieser kleinen Handlung verborgen ist? Verwebe *bhakti* und *jnana* mit allen Werken deines Lebens! Das ist *Purushottama*-Yoga, Göttlicher Yoga.

(87) DIE ESSENZ DER GANZEN VEDEN LIEGT IN MEINER HAND

All dies ist die Essenz der Veden. Die Veden sind unendlich. Doch das Destillat der unendlichen Veden ist der Purushottama-Yoga. Wo sind diese Veden? Merkwürdig sind ihre Lehren. Wo findet man ihre Essenz?

Ganz am Anfang dieses Kapitels heißt es: “Er, dessen Blätter die Veden sind.” Freunde, die Veden erfüllen ja jedes Blatt dieses Baumes. Die Veden sind nicht in den Samhitas (Sammlungen von *mantras*) oder in euern Büchern oder Abhandlungen versteckt. Sie durchdringen das ganze Weltall. Shakespeare spricht von

“Zungen im Baum, Bücher im rauschenden Bach, Predigten in Stein...”

Das soll heißen, daß die Veden weder in Sanskrit noch in den Samhitas sondern in der ganzen Schöpfung gegenwärtig sind. Wenn du dienst, werden sie vor dir erscheinen. Man sagt: *“prabhaate karadarsanam”* — “gleich am Morgen soll man sich die Handflächen anschauen”. Die ganzen Veden sind in dieser Handfläche enthalten. Sie sagen “diene!”. Prüfe, ob deine Hände gestern tätig waren oder nicht, ob sie tauglich sind, heute zu arbeiten oder nicht, ob sie von der Arbeit gezeichnet sind oder nicht. Wenn die Hände vom Dienen abgenutzt sind, dann wird das Wort Gottes, werden seine Richtlinien offenbar. Das ist der Sinn von “sich am Morgen die Handflächen anschauen”.

Die Menschen fragen: “Wo sind die Veden?” Bruder, sie sind doch in deinen Händen. Sie sind dir und mir angeboren. Ich selbst bin die Veden, lebendig und wach. Die ganze bisherige Tradition ist mit mir eins geworden. Ich bin die Frucht dieser Tradition. Die Frucht, die aus dem Samen der Veden entstand, das bin ich. In meine Frucht habe ich die Samen endloser Veden eingesammelt. In mir haben sich die Veden wohl fünffach und fünfzigfach vermehrt. Wichtig ist, daß sich die Essenz der Veden in unseren Händen befindet. Wir müssen unser Leben auf der Grundlage des Dienens, der Liebe und der Erkenntnis aufbauen. Das soll ausgedrückt werden durch die Worte: Die Veden sind in unseren Händen. Die Veden sind so, wie ich sie auslege, sie sind nicht irgendwo außerhalb von mir. Die Heiligen, die den Geist des Dienens verkörpern, erklären: “Wir kennen nichts als den Inhalt der Veden.” Der göttliche Krishna sagt: “Mich allein kennen die gesamten Veden. Ich bin der Inhalt der Veden, ihre Essenz, der *Purushottama*, das Höchste Wesen.” Wenn wir uns diese Essenz der Veden, den Purushottama-Yoga zu eigen machen könnten, wäre es Anlaß zu großer Freude. Die Gita zeigt uns, wie sich in allem Handeln eines solchen Menschen stets die Veden offenbaren. In diesem Kapitel finden wir die ganze Essenz der Gita. Die gesamte Lehre der Gita ist hier enthüllt. Wir alle sollten uns Tag und Nacht darum bemühen, sie in unserem Leben zu verwirklichen. Was braucht es mehr?

16. KAPITEL

Erste Ergänzung: Der Konflikt zwischen göttlichen (*daivi*) und dämonischen (*asuri*) Neigungen (*vrittis*)

(88) MORGENRÖTE DES PURUSHOTTAMA-YOGA: GÖTTLICHE EIGENSCHAFTEN

In den ersten fünf Kapiteln der Gita sahen wir den ganzen Lebensplan und wie wir den Zweck unserer Geburt erfüllen können. Vom 6. bis 11.Kapitel befaßten wir uns dann auf verschiedene Weise mit *bhakti*. Im 11.Kapitel wurde uns *bhakti* offenbart. Im 12.Kapitel verglichen wir die *saguna*- und *nirguna*-Formen und sahen die erhabenen Eigenschaften des *bhakta*. Bis zum Ende dieses Kapitels untersuchten wir die zwei Prinzipien von *karma* und *bhakti*. Es blieb noch das dritte Prinzip übrig, nämlich *jnana*, das wir im 13., 14. und 15.Kapitel studierten. Wir erfuhren, wie man das Selbst vom Körper unterscheidet, wie man die drei *gunas* überwindet und zuletzt in allen Dingen Gott schaut. Im 15. Kapitel wurde uns die vollkommene Wissenschaft des Lebens vermittelt. Im Purushottama-Yoga erlangt das Leben seine Erfüllung. Danach bleibt nichts mehr übrig.

Ich kann es nicht ertragen, *karma*, *jnana* und *bhakti* voneinander zu trennen. Manche Sucher (*sadhakas*) sind überzeugt davon, daß nur *karma*, Handeln, von Bedeutung ist. Andere betrachten *bhakti* als einen unabhängigen Weg und geben ihm höchste Bedeutung. Wieder andere neigen mehr zu *jnana* hin. Der Sinn des Lebens sei ausschließlich *karma*, ausschließlich *bhakti*, ausschließlich *jnana*. Diese ausschließliche Philosophie kann ich nicht akzeptieren. Und ich akzeptiere auch nicht die entgegengesetzte Vorstellung, die *karma*, *bhakti* und *jnana* als Yoga zusammenfaßt. Ein wenig *bhakti*, ein wenig *jnana* und ein wenig *karma*, — eine solche praktische Lösung gefällt mir nicht. Und auch das Aneinanderreihen — zuerst *karma*, dann *bhakti* und schließlich *jnana* — ist für mich nicht akzeptabel. Auch gefällt es mir nicht, wenn diese drei zweckmäßigerweise vermischt werden. Ich möchte erleben, daß das, was *karma* ist, auch *bhakti* und *jnana* ist.

Wohlgeschmack, Form und Gewicht eines Stückes Kuchen kann man nicht voneinander trennen. Wenn wir den Kuchen in den Mund nehmen, verspeisen wir seine Form, verdauen sein Gewicht und kosten seinen Wohlgeschmack. Die drei sind ineinander verstrickt. Jedes Teilchen des Kuchens ist zugleich Form, Gewicht und Wohlgeschmack. Es ist nicht etwa so, daß ein Teil nur Form, ein anderer nur Gewicht und ein dritter nur Wohlgeschmack hat. So soll auch höchste Wahrheit jede Handlung im Leben durchdringen. Alle Werke sollen vom Geist des Dienens, von Liebe und Erkenntnis erfüllt sein. Jeder Bruchteil des Lebens soll zum Überfließen mit *karma*, *bhakti* und *jnana* ausgefüllt sein. Das bezeichnet man als Purushottama-Yoga.
Es läßt sich leicht sagen, daß das ganze Leben von göttlicher Wahrheit erfüllt sein soll. Aber wenn man über den Sinn dieser Worte nachdenkt, dann erkennt man, daß es nur einen Weg gibt, einwandfreien Dienst zu leisten, indem man akzeptiert, daß in unserem inneren Wesen reines *jnana* und reines *bhakti* harmonisch vereint sind. Darum sind *karma*, *bhakti* und *jnana* in Wirklichkeit ein und dasselbe. Dieser höchste Zustand wird Purushottama-Yoga genannt. Hiermit erreichen wir das höchste Lebensziel.
Was wird nun im 16.Kapitel gesagt? So wie sich vor Sonnenaufgang die Morgenröte ausbreitet, so wird im Leben vor dem Aufblühen des Purushottama-Yoga voll *bhakti*, *karma* und *jnana* die Morgenröte guter Eigenschaften nach außen sichtbar. Im 16.Kapitel wird dieses bevorstehende Licht, das im vollkommenen Leben leuchten wird, beschrieben. Auch die Dunkelheit wird beschrieben, aus der dieses Licht hervorbrechen wird. Um etwas Unsichtbares zu beweisen, brauchen wir ein sichtbares Symbol. Wie können wir wissen, ob wahres Dienen, Liebe und Erkenntnis (*sewa*, *bhakti*, *jnana*) in unser Leben gekommen sind? Wenn wir auf dem Feld gearbeitet haben, ernten wir die Früchte und das Getreide, messen und wiegen sie und bringen sie nach Hause. Dieses Kapitel weist darauf hin, wie wir in derselben Weise prüfen können, inwieweit wir in unserem *sadhana*, in unseren Bemühungen praktische Erfahrungen gesammelt haben, wie weit wir unsere guten Eigenschaften vertieft haben, wieviele gute Gewohnheiten wir angenommen haben, inwieweit unser Leben dem Dienen gewidmet war. Es ist die Aufgabe dieses Kapitels, uns zu zeigen, wie man beurteilen kann, welche Fortschritte man in der Kunst des Lebens gemacht hat. Die Gita kennzeichnet diese zunehmende Kunst des Lebens als *daivi sampati*, göttliche Errungenschaften oder

Tugenden. Die entgegengesetzten Neigungen bezeichnet sie als *asuri sampati*, dämonische Errungenschaften. Das 16.Kapitel beschreibt den Konflikt zwischen den göttlichen und den dämonischen Eigenschaften.

(89) DIE ARMEEN VON GEWALT UND GEWALTLOSIGKEIT

Wie im 1.Kapitel der Gita die Kaurava-Armee der Pandava-Armee gegenüberstand, so steht hier die göttliche Armee guter Eigenschaften der dämonischen Armee schlechter Eigenschaften gegenüber. Schon in uralter Zeit war es üblich, den Kampf zwischen Gut und Böse im Herzen des Menschen symbolisch darzustellen. In den Veden Indra gegen Vritra, in den Puranas die Devas (Göttlichen) gegen die Danawas (Dämonen), in ähnlicher Weise Rama gegen Ravana, in den persischen Schriften Ahuramazda gegen Ahriman, in der christlichen Religion Gott gegen Satan, im Islam Allah gegen Iblis, — ein solcher Kampf findet sich in allen religiösen Traditionen. Während in der Dichtung gewöhnliche und materielle Dinge metaphorisch beschrieben werden, werden in religiösen Werken subtile innere Erlebnisse durch äußerliche Vergleiche beschrieben. Im Gedicht wird Grobes durch Subtiles und in den heiligen Schriften wird Subtiles durch Grobes ausgedrückt. Damit soll nicht gesagt werden, daß die am Anfang der Gita beschriebene Schlacht nur sinnbildlich war. Es ist möglich, daß sie ein historisches Ereignis war. Doch der Dichter gebraucht sie hier, um sein persönliches Anliegen zu erläutern. An Hand der Beschreibung einer Schlacht wurde erklärt, was der Mensch tun soll, wenn er sich innerlich über seine Pflicht im unklaren ist. Im 16.Kapitel wird der Konflikt zwischen Gut und Böse beschrieben. Die Gita benutzt auch das Beispiel des Krieges.

Kurukshetra, das Schlachtfeld, ist sowohl äußerlich als auch in uns. Wenn wir genau hinsehen, erkennen wir, daß der in unserm Innern sich abspielende Kampf von uns auf die Außenwelt projiziert wird. Der Feind, der uns äußerlich gegenübersteht, ist nichts anderes als die Leidenschaft in unserem Herzen, die sichtbare Gestalt angenommen hat. So wie im Spiegel unser eigenes Abbild erscheint, ob schön oder häßlich, so zeigen sich uns die guten oder schlechten Gedanken in unserem Innern draußen als unsere Feinde oder Freunde. So wie wir im Traum Dinge sehen, die wir im Wachzustand sahen, so sehen wir in der Welt draußen, was in unserem Innern ist. Zwischen dem Kampf im Innern und dem Kampf draußen besteht kein Unterschied. Um die Wahrheit zu sagen: der wirkliche Kampf tobt nur in unserem Innern.

Es gibt in unserem Wesen einerseits gute und andererseits schlechte Eigenschaften. Und beide Seiten sind strategisch wohlorganisiert. So wie eine Armee einen Befehlshaber braucht, ebenso haben die guten Eigenschaften ihren Oberbefehlshaber. Er heißt *abhaya*, Furchtlosigkeit. In diesem Kapitel ist der Furchtlosigkeit der erste Platz eingeräumt. Das ist kein bloßer Zufall. Zweifellos erhielt der Begriff der Furchtlosigkeit absichtlich den ersten Platz. Ohne Furchtlosigkeit kann sich keine gute Eigenschaft entwickeln. Ohne Wahrhaftigkeit sind gute Eigenschaften wertlos. Doch zur Wahrhaftigkeit ist Furchtlosigkeit erforderlich. In einer furchtgeladenen Atmosphäre können gute Eigenschaften nicht gedeihen. Andererseits werden auch sie hier zu schlechten Eigenschaften, und positive Tendenzen werden schwach. Furchtlosigkeit ist der Anführer aller guten Eigenschaften. Doch die Armee muß von vorn und hinten, von beiden Seiten bewacht werden. Der direkte Angriff erfolgt natürlich von vorn, doch kann von hinten ein heimlicher Angriff erfolgen. Während vor den guten Eigenschaften die Furchtlosigkeit Wache steht, steht hinten die Demut zur Verteidigung bereit. Auf diese Weise wurde eine ausgezeichnete Anordnung getroffen. Es werden hier insgesamt 26 Eigenschaften aufgezählt. Wenn davon 25 vorhanden sind, sich aber *ahamkara*, Einbildung, dazugesellt, besteht die Gefahr, daß durch einen plötzlichen heimlichen Angriff von hinten alles schon Erworbene verloren geht. Darum wurde die Tugend, die Demut heißt, hinten aufgestellt. Wenn es an Demut fehlt, wird man nicht einmal erkennen, wann sich Sieg in Niederlage verwandelt. Daher können sich alle guten Eigenschaften entwickeln, wenn wir vorn Furchtlosigkeit und hinten Demut aufstellen. Es ist sicher nicht falsch zu sagen, daß die 24 guten Eigenschaften, die zwischen diesen beiden großen Tugenden aufgereiht sind, meistenteils Synonyme von *ahimsa*, Gewaltlosigkeit, sind. Mitleid, Güte, Verzeihen, Gelassenheit, Geduld, Gewaltlosigkeit, Gutwilligkeit, — sie alle sind nur andere Bezeichnungen für *ahimsa*, Gewaltlosigkeit. Alle guten Eigenschaften sind in den zwei Eigenschaften von *ahimsa* und *satya*, Gewaltlosigkeit und Wahrheit, enthalten. Würde man alle guten Eigenschaften kurz zusammenfassen, dann würden zuletzt nur diese zwei, nur *ahimsa* und *satya*, übrigbleiben. Letzten Endes wären alle Tugenden durch diese beiden erfaßt. Doch mit Furchtlosigkeit und Demut ist es anders. Furchtlosigkeit ermöglicht Fortschritt, und Demut garantiert Sicherheit. Mit unserem Guthaben von *satya* und *ahimsa* sollten wir furchtlos voranschreiten. Das Leben ist unermeßlich. Wir sollten uns völlig unbehindert darin vorwärtsbewegen. Wenn wir stets demütig bemüht sind, keinen falschen Schritt zu tun, gibt es weiter keine Gefahr für uns. Dann können wir fröhlich voranschreiten, indem wir überall Wahrhaftigkeit und Gewaltlosigkeit anwenden. Tatsächlich lassen sich Wahrhaftigkeit und Gewaltlosigkeit — *satya* und *ahimsa* — nur mit Hilfe von Furchtlosigkeit und Demut entwickeln.

Während so auf der einen Seite die Armee der guten Eigenschaften bereitsteht, steht auf der anderen Seite die Armee der schlechten Eigenschaften bereit. Es ist nicht nötig, viel über Eitelkeit, Unwissenheit und andere schlechte Eigenschaften zu sagen. Wir kennen sie aus unserem täglichen Leben. Eitelkeit und Einbildung ist uns der Anfang aller Dinge. Unser ganzes Leben gründet sich auf Einbildung. Über Unwissenheit ist zu sagen, daß sie uns zu einer hervorragenden Ausrede geworden ist, die wir bei jeder Gelegenheit vorschützen. Als wäre Unwissenheit nicht ein großes Vergehen! Gott jedoch sagt: "Unwissenheit ist Sünde." Sokrates sagt das Gegenteil. Im Verlauf seiner Verteidigung erklärt er: "Was ihr für Sünde haltet, ist nur Unwissenheit, und Unwissenheit ist verzeihlich. Wie wäre Sünde möglich ohne Unwissenheit, und wie könnt ihr Unwissenheit bestrafen?" Doch Gott sagt: "Auch Unwissenheit ist Sünde." Nach dem Gesetz gilt Unwissenheit nicht als Beweis für Schuldlosigkeit. Auch Unkenntnis der göttlichen Gesetze ist ein großes Vergehen. Gott und Sokrates wollten im Grunde beide dasselbe zum Ausdruck bringen. Gott sagt uns, wie wir unsere eigene Unwissenheit bewerten sollen, und Sokrates sagt uns, wie wir die Sünde anderer beurteilen sollen. Die Sünden anderer soll man vergeben. Dagegen ist es Sünde, auch die eigene Unwissenheit zu entschuldigen. Wir sollten nicht die geringste Spur von Unkenntnis in uns dulden.

(90) DIE VIER STUFEN DER EVOLUTION VON *AHIMSA* (GEWALTLOSIGKEIT)

Göttliche Eigenschaften auf der einen und dämonische Eigenschaften auf der anderen Seite, — so stehen sich die zwei Armeen gegenüber. Wir sollten davon die dämonischen Eigenschaften zurücklassen und die göttlichen Tugenden ergreifen. Schon seit Urzeiten entwickeln sich die göttlichen Eigenschaften *ahimsa* und *satya*, Gewaltlosigkeit und Wahrhaftigkeit. Auch in der Zwischenzeit sind große Fortschritte gemacht worden. Aber auch heute ist noch viel Fortschritt möglich. Man sollte nicht annehmen, daß die Grenze der Entwicklungsmöglichkeiten erreicht ist.

Solange wir zu einem sozialen Organismus gehören, haben wir endlose Möglichkeiten zur Weiterentwicklung. Und wenn die individuelle Entwicklung abgeschlossen ist, verbleibt immer noch das Wachstum der Gesellschaft, der Nation, der Welt. Indem er das Düngemittel seiner eigenen Entwicklung dazugibt, soll der Einzelne der Gesellschaft, den Millionen Menschen seines Volkes zum Wachstum verhelfen. Obwohl der Mensch schon seit Urzeiten an der Evolution von *ahimsa* arbeitet, geht auch heute noch dieser Entwicklungsprozeß weiter.
Es lohnt sich zu untersuchen, wie sich *ahimsa* entwickelt hat. Es wird uns dadurch verständlich werden, wie sich religiöses Leben Schritt für Schritt entwickelt und inwiefern weiteres Wachstum möglich ist. Am Anfang mußte sich der gewaltlose Mensch überlegen, wie er sich vor den Angriffen der gewalttätigen Menschen schützen könnte. So wurde zum Schutz der Gesellschaft zuerst die Kshatriya-Kaste, die Kaste der Krieger, begründet. Doch diese ging zu weit und begann, die Gesellschaft selbst zu verschlingen. Dann fingen die gewaltlosen Brahmanen an, sich zu überlegen, wie man die Gesellschaft vor diesen wahnsinnigen Kshatriyas retten könne. Parashumara selbst verschrieb sich der Gewalt, obwohl er ein Anhänger der Gewaltlosigkeit war. Er begann, die Kshatriyas zu vernichten. Um die Gewalt der Kshatriyas zu beseitigen, nahm er selbst Gewalt an. Obwohl es darum ging, *ahimsa* (Gewaltlosigkeit) zu retten, war der Versuch erfolglos. Einundzwanzigmal zerstörte er die Kshatriyas, doch sie überlebten, weil die Methode von Grund auf falsch war. Der auszog, um die Kshatriyas zu vernichten, wurde selbst zu einem weiteren Kshatriya. Wie sollte dann die Kshatriya-Kaste vernichtet werden? Er selbst war zu einem gewaltsamen Kshatriya geworden. Dieser Same überlebte. Wenn man einen Busch oder Baum abhaut, aber den Samen behält, so wird der Baum immer wieder ausschlagen. Parashumara war zweifellos ein ausgezeichneter Mensch, aber er bediente sich einer seltsamen Methode. Indem er selbst zum Kshatriya wurde, versuchte er, die Welt von den Kshatriyas zu befreien. Genau genommen hätte er bei sich selber anfangen sollen. Er hätte zuerst seinen eigenen Kopf abhauen sollen. Wenn ich hier Parashumaras Fehler aufzeige, soll das nicht heißen, ich sei klüger als er. Ich bin nur ein Kind. Aber ich stehe auf seinen Schultern und kann darum mühelos sehr viel weiter sehen. Parashumaras Experiment war falsch fundiert. Es ist nicht möglich, Gewalt zu beseitigen, indem man selber Gewalt anwendet. Im Gegenteil, man vermehrt nur die Zahl der Gewalttätigen. Doch daran dachte man damals gar

nicht. Die großen Männer jener Zeit, erhabene Anhänger der Gewaltlosigkeit, handelten so, wie sie es verstanden. Parashumara war ein großer Exponent der Gewaltlosigkeit für seine Zeit. Er übte Gewalt nicht um der Gewalt willen aus. Er wandte Gewalt an, um Gewaltlosigkeit einzuführen.

Doch dieses Experiment schlug fehl. Dann kam das Zeitalter von Rama. Wieder begannen die Brahmanen zu überlegen. Sie hatten bereits Gewalt aufgegeben und beschlossen, selbst nie wieder Gewalt anzuwenden. Wie sollten sie aber den Angriffen der Rakshasas, der Dämonen, entgehen? Sie überlegten, daß die Kshatriyas ja sowieso Gewalt ausübten. "Wir sollten durch sie die Rakshasas vernichten lassen. Einen Dorn soll man mit Hilfe eines Dorns entfernen. Wir selbst wollen nichts damit zu tun haben." Darum holte Vishvamitra Rama und Lakshmana, um sein *yajna*, seine Opferhandlung, zu schützen und ließ durch sie die Rakshasas vernichten. Heute denken wir: Ein *ahimsa*, das sich nicht selber schützen kann, das nicht auf eigenen Füßen zu stehen vermag, — wie kann ein solches lahmes *ahimsa* standhalten? Doch Männer wie Vashishtha und Vishvamitra sahen nichts Schlechtes oder Falsches darin, in der Kraft der Kshatriyas Schutz zu suchen. Hätte es aber keinen Kshatriya wie Rama gegeben, was dann? Dann hätte Vishvamitra gesagt: "Ich will lieber sterben, als Gewalt anzuwenden." Denn der Versuch, Gewalt durch Gewalt zu beseitigen, war bereits unternommen worden. So viel war schon klar geworden, daß sie ihre eigene Gewaltlosigkeit nicht aufgeben würden. Wenn sie keinen Kshatriya finden konnten, wollten sie lieber sterben. So weit war der Boden vorbereitet. Im Aranyakanda — dem Buch der Wildnis — des Ramayana findet sich folgende Begebenheit: Rama fragt: "Was sind das für Haufen?" Die Rishis antworten: "Diese Haufen bestehen aus den Gebeinen der Brahmanen, aus den Gebeinen der gewaltlosen Brahmanen. Die gewaltlosen Brahmanen leisteten dem Angriff der gewalttätigen Rakshasas keinen Widerstand. Sie kamen um. Ihre Gebeine sind hier aufgehäuft." Diese Gewaltlosigkeit, dieses *ahimsa* enthielt zwar den Verzicht der Brahmanen, aber gleichzeitig hofften sie, durch andere beschützt zu werden. Angesichts solcher Schwäche konnte Gewaltlosigkeit nicht den Grad der Vollkommenheit erreichen.

Indem sie immer weiter voranschritten, erprobten die Heiligen eine dritte Methode. Sie beschlossen: Wir wollen niemals von anderen Hilfe annehmen, um uns zu verteidigen. Allein unser *ahimsa* wird uns schützen.

Ein solcher Schutz ist die einzig wahre Verteidigung. Dieses Experiment der Heiligen war auf einzelne Personen beschränkt. Sie entwickelten diese individuellen Bemühungen bis zur Vollkommenheit. Gleichwohl blieben diese Bemühungen auf einzelne Personen beschränkt. Wenn bei einem gewaltamen Angriff auf die Gesellschaft die Menschen zu jenen Heiligen gegangen wären und gefragt hätten: “Was sollen wir jetzt tun?”, dann hätten vielleicht diese Heiligen darauf keine bestimmte Antwort geben können. Diese Heiligen, die in ihrem Leben *ahimsa* zur Vollkommenheit brachten, hätten nur gesagt: “Brüder, wir sind hilflos.” Es ist kindliche Überheblichkeit meinerseits, in dieser Weise abfällig über die Heiligen zu sprechen, aber ich beschreibe nur einfach das, was ich, auf ihren Schultern sitzend, erblicke. Mögen sie mir dies verzeihen! Das werden sie zweifellos tun, denn sie sind groß im Verzeihen. Man darf nicht sagen, daß sie nie den Drang verspürten, Gewaltlosigkeit als eine Methode auf breiter gesellschaftlicher Ebene anzuwenden, aber die Bedingungen jener Zeit erschienen ihnen vielleicht nicht günstig. Sie machten für sich individuell verschiedene Versuche. Doch aus solchen getrennt von Einzelnen durchgeführten Versuchen entsteht eine Wissenschaft. Wissenschaft entsteht aus einer Kombination von Erfahrungen.
Nach diesen individuellen Bemühungen der Heiligen führen wir heute das vierte Experiment durch: Die ganze Gesellschaft eint sich, um mit den Methoden von *ahimsa* — Gewaltlosigkeit —, der Gewalt — *himsa* — zu begegnen. So wurden bisher vier Methoden erprobt. Jede dieser Methoden wies und weist noch Mängel auf. Das ist im Lauf der Entwicklung unvermeidbar. Es muß aber gesagt werden, daß jede dieser Methoden zu ihrer Zeit vollkommen war, und nach zehntausend Jahren wird man auch in unserem heutigen gewaltlosen Kampf ein ausgeprägtes Element von Gewalt sehen. Es werden noch viele weitere Experimente in reinem *ahimsa* stattfinden. Nicht nur *jnana*, *karma* und *bhakti*, sondern alle guten Eigenschaften entwickeln sich. Nur eines ist vollkommen. Das ist *paramatman*, das höchste Selbst. Der Purushottama-Yoga der Bhagavad Gita ist vollkommen, aber er muß sich erst noch auf individueller und gesellschaftlicher Ebene voll entwickeln.
Auch Worte wachsen weiter. Die Rishis galten als die Seher der *mantras*, nicht als ihre Schöpfer. Es ist nicht so, als ob ihre Deutung der *mantras* die einzig mögliche Auslegung wäre. Sie konnten sie auf Grund ihrer Erkenntnis deuten. Uns, die wir nach ihnen kommen, mag eine mehr fortgeschrittene Auslegung möglich sein. Wenn wir etwas mehr sehen

können als sie, ist das nicht unser besonderes Verdienst, denn wir können nur auf dem von ihnen geschaffenen Fundament weiterbauen. Wenn ich hier nur über das Wachstum von *ahimsa*, Gewaltlosigkeit, spreche, so deshalb, weil wir nichts als *ahimsa* erhalten würden, wenn wir aus allen Tugenden das gemeinsame Element hervorholten. Darüber hinaus stehen wir heute in einem gewaltlosen Kampf. Infolgedessen verfolgten wir die Entwicklung dieses Prinzips.

(91) EIN GROSSES EXPERIMENT DER GEWALTLOSIGKEIT: AUFGEBEN DES FLEISCHGENUSSES

Bis jetzt sahen wir einen Aspekt von *ahimsa*, nämlich wie sich gewaltlose Menschen verteidigen, wenn sie von Anhängern der Gewalt angegriffen werden. Wir haben gesehen, wie sich *ahimsa* im wechselseitigen Kampf verschiedener Menschen entwickelt. Aber es gibt ja auch einen Konflikt zwischen Mensch und Tier. Der Mensch konnte bis heute noch nicht den Konflikt mit seinen Artgenossen beenden. Er lebt, indem er sich den Bauch mit dem Fleisch von Tieren füllt. Die Menschen können bis heute noch nicht ihre gegenseitigen Feindseligkeiten einstellen, noch können sie leben, ohne zahllose hilflose Tiere, die auch leben, zu essen. Obwohl er schon seit Jahrtausenden lebt, hat der Mensch noch nicht erkannt, wie er leben soll. Der Mensch versteht noch nicht, wie ein Mensch zu leben. Jetzt aber gibt es sogar diesbezüglich einen Fortschritt. Es gab eine Zeit, da der Mensch nur von Tieren lebte. Aber die Edleren, Intelligenteren fanden keinen Gefallen daran. Sie führten die Beschränkung ein, daß nur das Fleisch von Tieren, die am Altar geopfert worden waren, gegessen werden dürfte. Dadurch sollte Gewaltanwendung eingeschränkt werden. Viele gaben den Fleischgenuß ganz auf. Doch denjenigen, die nicht völlig auf Fleisch verzichten konnten, erlaubte man, es am Altar Gott zu opfern, Buße zu tun und dann davon zu essen. Man glaubte damals, der Gewalt Einhalt bieten zu können, indem man das Gesetz erließ: "Nur anläßlich eines *yajna*, eines Opfers, darf Fleisch gegessen werden!" Aber später wurde *yajna* zu einer alltäglichen Handlung. Schließlich kam es so, daß jeder, dem es danach zumute war, ein Opfer abhielt und das Fleisch aß. Dann ging der göttliche Buddha einen Schritt weiter. Er sagte: "Wenn du Fleisch essen willst, so iß es, jedoch bringe den Namen Gottes nicht damit in Verbindung!" Das Ziel dieser beiden Anordnungen war dasselbe: Gewaltanwendung einzudämmen, das Fahrzeug irgendwie auf den Pfad der Enthaltsamkeit zu bringen. Durch beides, durch Opfern und Nichtopfern, lernten wir, auf den Fleischgenuß zu verzichten. So haben wir ganz allmählich das Fleischessen aufgegeben.

In der Menschheitsgeschichte wurde nur allein in Indien dieser große Versuch unternommen. Hier haben Millionen von Menschen das Fleischessen aufgegeben. Wenn wir heute kein Fleisch essen, so ist dies nicht unser Verdienst. Durch das Verdienst unserer Vorfahren haben wir uns daran gewöhnt. Jedoch die Rishis der Vergangenheit aßen Fleisch. Wenn wir dies hören oder lesen, sind wir überrascht. "Was redest du da, die Rishis aßen Fleisch? Niemals!" Andererseits besteht gerade darin ihre Größe, daß sie zwar an Fleisch gewöhnt waren, sich dann aber zur Enthaltsamkeit entschlossen und es aufgaben. Wir brauchen heute nicht erst diese Schwierigkeiten durchzumachen. Ihre Verdienste sind uns umsonst zugefallen.

Daß sie in alten Zeiten Fleisch aßen und wir es heute nicht tun, bedeutet nicht, daß wir heute besser sind als sie. Die Frucht ihrer Erfahrung ist uns mühelos zugefallen. Wir sollten nun diese Erfahrungen weiterentwickeln. Wir sollten uns auch bemühen, das Milchtrinken ganz aufzugeben. Es ist etwas Erniedrigendes, daß der Mensch die Milch anderer Lebewesen trinkt. Nach zehntausend Jahren wird man über uns sagen: "Warum mußten unsere Vorfahren ein Gelöbnis ablegen, keine Milch zu trinken? O Gott, wie ist es möglich, daß sie Milch getrunken haben? Sie müssen wahre Wilde gewesen sein!" Der Sinn der Sache ist der, daß wir uns furchtlos und demütig bemühen und stetig vorwärtsschreiten sollen. Der Baum der Wahrheit muß groß und mächtig werden. Es gibt genug Möglichkeit zur Entwicklung. Keine einzige Tugend konnte sich bis heute voll entwickeln.

(92) DÄMONISCHE EIGENSCHAFTEN. IHR DREIFACHES ZIEL: MACHT, KULTUR, REICHTUM

Wir sollen göttliche Eigenschaften entwickeln und uns von dämonischen fernhalten. Der göttliche Krishna beschreibt die dämonischen Eigenschaften, damit wir uns davon fernhalten können. Dabei stehen drei Dinge an erster Stelle. Die grundlegenden Wesenszüge des dämonischen Charakters richten sich auf "Macht, Kultur und Reichtum". Menschen dieser Art behaupten, daß ihre Kultur die hervorragendste sei und es ihr erhabenes Ziel ist, sie in der ganzen Welt zu verbreiten. "Warum sie überall verbreiten?" "Weil sie die beste ist." "Wieso ist sie die beste?"

"Weil sie unsere ist." So sprechen sie. Für den dämonischen Menschen wie für das dämonische Reich sind diese drei Dinge notwendig.
Auch die Brahmanen glauben ja, daß ihre Kultur die beste ist. "Alle Weisheit ist in unseren Veden enthalten. Die Kultur der Veden sollte sich in der ganzen Welt siegreich ausbreiten!" *"Agrataschaturo vedan prishthatah sasharam dhanuh"*—"die vier Veden vorn, Pfeil und Bogen im Rücken bereit". So ausgerüstet, hißt die Fahne eurer Kultur auf der ganzen Erde! Doch wo im Rücken Pfeil und Bogen bereitgehalten werden, sind die armen Veden in den Händen so gut wie erledigt. Auch die Moslems meinen, daß nur das, was im Koran steht, die Wahrheit ist. Die Christen denken ebenso. Sie meinen, gleichviel wie tugendsam ein Nichtchrist sein mag, kann er doch ohne Glauben an Christus nicht in den Himmel kommen. Sie haben am Tempel Gottes nur eine Tür angebracht, nämlich die Tür von Jesus. Die Menschen bauen sich Häuser mit vielen Türen und Fenstern, aber am Tempel ihres armen Herrn bringen sie nur eine Tür an.

"Ich bin der Edelste, mein Reichtum ist groß.
Es gibt niemand meinesgleichen."

Alle meinen dasselbe: Wer bin ich? Ich bin ein Nachfahre von Bharadvaja. Ohne Unterbrechung kann ich meine Abstammung von diesem großen Rishi herleiten. Auch die Menschen des Westens empfinden so. Sie sagen: "Edles Normannenblut rinnt durch meine Adern." Haben wir nicht in unserem Land hier eine *guru-shishya-*(Meister-Schüler-) Ahnen-Reihe? Sie beginnt bei Shiva, dem *adiguru*, dem ersten Meister. Dann kommt Brahma oder sonst jemand, danach Narada, Vyasa und noch ein anderer Rishi, darauf folgen noch zehn oder 15 andere Namen, schließlich der Name meines Gurus und zuletzt ich selber. So ähnlich sieht die Ahnenreihe aus. An Hand dieses Stammbaums wird die eigene Größe und die Überlegenheit unserer Kultur bewiesen. Mein Freund, wenn deine Kultur wirklich so hervorragend ist, so zeige dies durch dein Verhalten. Laß ihr Licht dein Leben durchdringen! Das ist jedoch nicht der Fall. Das Verlangen, die Kultur, die in unserem eigenen Leben, in unserem eigenen Heim nicht gültig ist, über die ganze Welt auszubreiten, —dieser Gedankengang ist dämonisch.
So wie man die eigene Kultur für die edelste hält, bildet man sich auch ein, als einziger würdig zu sein, allen Reichtum der Welt zu verwahren. "Ich möchte den Reichtum der ganzen Welt besitzen, und ich werde ihn auch bekommen." Und wozu willst du diesen Reichtum besitzen? "Um

ihn unter alle gleichmäßig zu verteilen. Zu diesem Zweck werde ich mich zuerst in diesem Reichtum vergraben." Auch Akbar sagte: "Warum schließen sich diese Rajputs nicht meinem Reich an? Wenn wir ein großes Reich schaffen, wird es Frieden geben." Davon war er ernstlich überzeugt. Auch die heutigen Menschen mit dämonischen Tendenzen glauben, den Reichtum der ganzen Welt sammeln zu müssen. Wieso? Um ihn wieder unter alle zu verteilen.
Dazu brauche ich Macht. Alle Macht muß in einer Hand konzentriert sein. Die ganze Welt muß in meiner Gewalt sein. Wir brauchen "Selbstregierung" (Unabhängigkeit), d.h. meine Regierung. Mir untertan sein, meinen Angaben gehorchen, — das ist Freiheit. Auf Kultur, Macht und Reichtum, auf diese drei Dinge wird beim dämonischen Temperament also großer Wert gelegt.
Es gab eine Zeit, in der die Brahmanen in der Gesellschaft die Vorherrschaft hatten. Sie schrieben die Bücher der Wissenschaft, sie machten die Gesetze. Könige neigten sich vor ihnen. Dieses Zeitalter verging. Es folgte das Zeitalter der Kshatriyas, der Könige und Krieger. Ihre Pferde erhielten freien Lauf, und sie zogen aus, die Welt zu erobern. Auch diese Kshatriya-Kultur kam und ging. Der Brahmane sagte: "Ich gebe Wissen, die anderen empfangen es. Gibt es noch Lehrer außer mir?" Der Brahmane war stolz auf seine Kultur. Der Kshatriya legte großen Wert auf seine Macht: "Heute erschlug ich diesen, und morgen werde ich jenen erschlagen." Nur daran war ihnen gelegen. Dann kam das Zeitalter der Vaishyas, Kaufleute. "Schlage auf den Rücken, aber schlage nicht auf den Bauch!" Darauf beruht die ganze Lebensweisheit des Vaishya. Sein ganzer Verstand ist im Magen. "Dieser Reichtum gehört mir, und jener wird auch mein werden!" so lautet sein Gebet und sein Entschluß. Sagen uns nicht die Engländer: "Wenn ihr Unabhängigkeit (*swaraj*) wollt, so nehmt sie euch! Aber gebt uns das Recht und die Möglichkeit, unsere Fertigprodukte hier zu verkaufen! Danach mögt ihr euch ruhig dem Studium eurer Kultur widmen. Behaltet euer Lendentuch und haltet fest an eurer Kultur!" Die heutigen Kriege werden um des Handels willen geführt. Auch dieses Zeitalter wird vergehen. Sein Zerfall hat bereits begonnen. All das sind Formen der dämonischen Tendenz.

(93) DER TRADITIONELLE PFAD DER ENTHALTSAMKEIT ZUR ÜBERWINDUNG VON WOLLUST UND ZORN

Wir müssen uns von dämonischen Neigungen befreien. Kurz ausgedrückt bedeutet *asuri sampat* (dämonische Tendenz) ganz einfach Wollust, Zorn und Gier (*kama*, *krodha*, *lobha*). Durch diese drei dreht sich die ganze Welt im Kreise. Laßt uns diesem Tanz ein Ende setzen! Wir müssen uns davon befreien. Zorn und Gier werden aus Wollust geboren. Wenn die Umstände die Wollust (*kama*) begünstigen, entsteht Habgier, und wenn die Umstände der Leidenschaft im Wege stehen, entsteht Zorn. Die Gita sagt uns immer wieder: Hüte dich vor diesen dreien! Am Ende des 16.Kapitels heißt es: Wollust, Zorn und Gier sind die drei großen Pforten zur Hölle. Bei ihnen herrscht reger Betrieb. Unzählige Menschen kommen und gehen. Die Straßen zur Hölle sind herrlich breit. Es fahren darauf zahllose Autos. Auch trifft man dort unterwegs viele Bekannte. Der Pfad der Wahrheit aber ist schmal.
Wie können wir nun aber der Wollust, dem Zorn und der Gier entfliehen? Indem wir uns in Enthaltsamkeit üben, wie es die Shastras (Bücher des Wissens) lehren. Die Shastras sind ganz einfach die Erfahrungen der Heiligen. Haltet fest an diesem Prinzip der Enthaltsamkeit. Habt keinerlei Angst oder Befürchtung, es könnte fehlschlagen. Kommt mir bitte nicht mit Argumenten und Zweifeln wie: "Was soll aus der Welt werden, wenn Wollust und Zorn beseitigt sind! Schließlich soll die Welt doch weitergehen. Muß nicht wenigstens ein wenig Wollust und Zorn übrigbleiben?" Brüder, es gibt ohnehin genug Wollust und Zorn, sehr viel mehr, als ihr braucht. Warum sich also unnötigerweise beunruhigen? Es gibt ein wenig mehr Wollust, Zorn und Gier, als ihr euch wünscht. Macht euch keine Sorgen darüber, wie sich die Menschheit fortpflanzen wird, wenn es keine Leidenschaft (*kama*) mehr gibt! Gleichgültig, wie fleißig ihr für Nachkommenschaft sorgt, wird doch der Tag kommen, an dem der Name des Menschen von der Erde verschwunden sein wird. Das sagen uns die Wissenschaftler. Die Erde wird ganz allmählich kälter. Einst war die Erde unermeßlich heiß. Damals gab es keine Lebewesen auf ihr. Das Leben war noch nicht geboren. Es wird eine Zeit kommen, da die Erde unermeßlich kalt sein wird und alles Leben zugrunde geht. Bis dahin werden Hunderttausende von Jahren vergehen. Gleichviel, wie sehr ihr euch vermehrt, ist doch die letztliche Vernichtung gewiß. Gott nimmt immer wieder Gestalt an als Avatar (Inkarnation Gottes) zur Erhaltung von *dharma*, dem ewigen Gesetz, und nicht zur

Erhaltung der Zahl. Solange es auch nur einen Menschen gibt, der dem *dharma* treu ergeben ist, einen Menschen, der die Sünde fürchtet und an der Wahrheit festhält, gibt es nichts zu fürchten. Gott wird sich stets um ihn kümmern. Ob Tausende von Menschen leben oder sterben, spielt keine Rolle, wenn ihr *dharma*, ihr Gesetz tot ist.

Haltet euch dies stets vor Augen und führt dann in dieser Schöpfung ein vorbildliches Leben und zügelt euere Sinne! Folgt nicht einfach eueren Einfällen. *Lok-sangraha*, Welterhaltung—bedeutet nicht, das zu tun, was die Leute sagen. Die Menschheit zu vergrößern, Reichtum anzusammeln, das ist kein Fortschritt. Entwicklung bezieht sich nicht auf Zahlen. Wenn sich die Menschheit ins Unendliche vergrößern würde, würden sich schließlich die Menschen gegenseitig umbringen. Der Mensch würde zuerst Tiere und Vögel essen und verrückt werden, dann würde er seine eigenen Kinder essen. Wenn sich die Menschen einbilden, daß Wollust und Zorn (*kama* und *krodha*) notwendig sind, werden sie sich letzten Endes gegenseitig in Stücke reißen und aufessen, daran gibt es nicht den geringsten Zweifel. *Lok-sangraha*—die Welt erhalten—heißt: den Menschen den schönen und reinen Pfad der Tugend zeigen.

Wenn die Menschen dadurch, daß sie sich von Wollust und Zorn befreien, von der Erde verschwinden, werden sie auf dem Mars wiedererscheinen. Es besteht kein Anlaß zur Sorge. Der unsichtbare Gott ist überall gegenwärtig. Er wird sich um uns kümmern. Darum wollen wir uns zuerst befreien. Es ist nicht nötig, daß wir sehr weit in die Zukunft schauen. Sorge dich nicht um die ganze Schöpfung und um die menschliche Rasse! Entwickle deine moralischen Kräfte! Befreie dich von Wollust und Zorn und wirf sie von dir! "Rette zuerst deinen eigenen Nacken aus der Schlinge!" Bringst du so viel fertig, dann hast du Großes geleistet.

An der Küste zu stehen und von weitem die Wogen des Meeres zu betrachten, macht Spaß. Aber der Mensch, der im Meer ertrinkt, dessen Augen und Nase sich mit Wasser füllen,—hat er noch Freude am Meer? Die Heiligen stehen an der Küste und erfreuen sich am Anblick des Meeres. Solange wir uns nicht von dieser Gewohnheit der Heiligen, *samsara*, das weltliche Leben, aus der Ferne zu betrachten, anstecken lassen, gibt es kein *ananda*, keine wahre Freude. Seid rein und unberührt wie das Lotosblatt! Buddha sagte: "Die Heiligen stehen auf dem Gipfel eines hohen Berges und schauen auf *samsara*, das weltliche Leben, herab. Von dort sieht es unscheinbar aus." Steigt auch ihr hinauf in die Höhe, so wird auch euch diese ungeheuere Ausdehnung verächtlich erscheinen. Dann wird sich euer Wesen nicht mehr mit *samsara* einlassen.

In diesem Kapitel ermahnt uns Krishna sehr dringend, dämonische (*asuri*) Eigenschaften zu überwinden und uns göttliche (*daivi*) Eigenschaften anzueignen. So wollen wir uns also darum bemühen!

17. KAPITEL

Zweite Ergänzung: Arbeits-Einteilung für den Suchenden

(94) INTELLIGENTES VERHALTEN FÜHRT ZUR BEFREIUNG DES INNEREN WESENS

Liebe Brüder, wir kommen allmählich ans Ende unserer Studien. Im 15.Kapitel bekamen wir einen Überblick über die vollständige Wissenschaft des Lebens. Das 16.Kapitel war eine Ergänzung. Im inneren Wesen des Menschen und in der menschlichen Gesellschaft, dem Abbild dieses Wesens, bekriegen sich zweierlei Tendenzen (*vritti*), zweierlei Lebensarten, zweierlei Eigenschaften. Von diesen sollten wir die göttlichen Eigenschaften entwickeln, so wurde uns im 16.Kapitel gelehrt. Heute, im 17.Kapitel, werden wir die zweite Ergänzung sehen. In gewisser Hinsicht könnte man sagen, daß darin der Yoga des *"karyakrama"* — der Arbeitseinteilung — erläutert wird. Die Gita gibt uns in diesem Kapitel Hinweise für die tägliche Arbeitseinteilung. Im heutigen Kapitel werden wir uns über das tägliche Programm Gedanken machen. Wenn unser Wesen unbeschwert und froh sein soll, müssen wir unsere Gewohnheiten ordnen. Unser tägliches Leben sollte nach einer festgelegten Ordnung verlaufen. Nur wenn unser Leben innerhalb dieser Grenzen und in regelmäßiger, bestimmter Weise verläuft, kann der Geist frei sein. Der Strom fließt unbehindert, aber seine Flut wird innerhalb der beiden Ufer gehalten. Wären ihm nicht diese Grenzen gesetzt, würde er seine Freiheit nutzlos verschwenden. Halte dir das Beispiel des *jnani*, des Weisen, vor Augen. Die Sonne ist der Lehrmeister der Weisen. Karma-Yoga (Yoga des Handelns) wurde von Gott zuerst die Sonne gelehrt, die Sonne gab es weiter an Manu, das heißt an den denkenden Menschen. Die Sonne ist unabhängig und frei. Sie ist regelmäßig, darauf beruht ihre Freiheit. Die Erfahrung lehrt uns, daß man beim Gehen über andere Dinge nachdenken kann, ohne auf den Weg zu achten, wenn man regelmäßig dieselbe Straße nimmt. Wenn wir uns für den Spaziergang jeden Tag eine neue Straße aussuchen, müssen wir unsere ganze Aufmerksamkeit der Straße zuwenden, und unser Geist kann nicht frei sein.

Daran sieht man, daß wir unsere Gewohnheiten ordnen müssen, damit unser Leben nicht voller Mühsal sondern voll Freude sein möge.
Darum gibt uns der Erhabene in diesem Kapitel einen Plan. Schon durch unsere Geburt werden wir in drei Ordnungen oder Einrichtungen hineingestellt. In der Gita wird nun ein Programm vorgeschlagen, damit der Mensch seine Aufgaben innerhalb dieser drei Einrichtungen gut erfüllen kann und sich dadurch sein Leben glücklich gestaltet. Was sind diese drei Einrichtungen? Die erste ist der uns umhüllende Körper. Die zweite ist das uns umgebende riesige Weltall, die unermeßliche Schöpfung, von der wir selber ein Teil sind. Die Gesellschaft, in die wir hineingeboren wurden, unsere Eltern, Geschwister und Nachbarn, die unserer Geburt entgegensahen, bilden die dritte Einrichtung. Täglich bedienen wir uns dieser drei Einrichtungen. Wir nutzen sie ab. Die Gita möchte, daß wir uns unaufhörlich bemühen, in diesen Einrichtungen all das wiedergutzumachen, was wir verbraucht haben, und so unser Leben fruchtbar machen. Die Aufgaben, die uns durch unsere Geburt im Rahmen dieser drei Einrichtungen zufallen, sollen wir ohne Egoismus erfüllen.
Natürlich müssen wir diese Pflichten erfüllen, aber auf welche Weise können wir das tun? *Yajna*, *dana* und *tapas* — Opfern, Schenken und Askese (Buße) — eine Verbindung dieser drei ist der rechte Weg. Zwar kennen wir diese Worte, aber ihr Sinn ist uns nicht klar. Könnten wir ihren Sinn verstehen und ihn auf unser Leben anwenden, so würde dies allen drei Einrichtungen zugute kommen, und außerdem würde dadurch unser Leben frei und glücklich werden.

(95) DER YOGA DES HANDELNS — DREI ARTEN

Um ihren Sinn zu verstehen, wollen wir zuerst sehen, was *yajna* bedeutet. Jeden Tag machen wir Gebrauch von der Schöpfung. Wenn irgendwo hundert Menschen zusammenkommen, macht dieser Ort am nächsten Tag einen verwahrlosten Eindruck. Wir verpesten die Luft und verschmutzen den Ort. Auch ernähren wir uns und schädigen so die Schöpfung. Diese Ausnutzung der Natur müssen wir wiedergutmachen. Zu diesem Zweck wurde *yajna*, Opfer, eingeführt. Was ist das Ziel der Opfer? Den der Schöpfung zugefügten Schaden wiedergutzumachen, das ist *yajna*, Opfer. Seit Jahrtausenden bebauen wir das Land. Dadurch verliert es an Kraft. *Yajna* bedeutet: "Gib dem Boden seine Kraft zurück. Pflüge die Erde und nähre sie mit Sonnenlicht, dünge sie!"

Den Schaden wiedergutzumachen, ist der eine Zweck von *yajna*. Ein anderer Zweck ist die Reinigung der von uns benutzten Gegenstände. Wir benutzen den Brunnen, wodurch die Umgebung schmutzig wird, weil sich Wasser ansammelt. Diesen Teil der Schöpfung, die Umgebung des Brunnens, die verdorben worden ist, müssen wir sauber machen. Wir müssen das schmutzige Wasser von dort entfernen, den Schlamm beseitigen. Außer der Wiedergutmachung des Schadens und neben der Reinigung sollten wir auch selber einen konstruktiven Beitrag leisten. Auch dieser dritte Punkt ist in *yajna* miteinbegriffen. Wenn wir uns mit Stoff bekleiden, sollten wir täglich ein wenig spinnen und etwas Neues produzieren. Baumwolle und Getreide anbauen, Spinnen und Weben, sie alle sind *yajna*, Opferhandlungen. Alles, was wir an konstruktiver Arbeit als Opfer darbringen, soll uns nicht zu unserem eigenen Vorteil gereichen, sondern soll aus dem Gefühl heraus getan werden, daß es unsere Pflicht ist, den verursachten Schaden wiedergutzumachen. Das ist nicht etwa Altruismus. Wir sind schließlich von Anfang an Schuldner. Wir werden schon mit einer Schuldenlast auf unseren Schultern geboren. Was immer wir zur Begleichung dieser Schuld an konstruktiver Arbeit leisten, ist *yajna* oder Dienen, nicht Altruismus. Durch diesen Dienst müssen wir uns unsere Schuld abzahlen. Bei jedem Schritt machen wir Gebrauch von der Schöpfung. Um diesen Verlust zu ersetzen, zum Zweck der Sauberhaltung und um einen positiven Beitrag zu leisten, ist *yajna* für uns eine Pflicht.

Die zweite Einrichtung ist unsere menschliche Gesellschaft. Vater, Mutter, Lehrer, Freund, sie alle mühen sich ab um unseretwillen. *"Dana"*, die Pflicht zu Schenken, wurde eingeführt, damit wir den Mitmenschen diese Schuld zurückerstatten können. Schenken ist das Bemühen, der Gesellschaft die Schuld zurückzuzahlen. Schenken ist nicht Altruismus. Die Gesellschaft hat mir unendlich viel Gutes getan. Als ich zur Welt kam, war ich schwach und hilflos. Diese Gesellschaft hat mich großwerden lassen. Darum muß ich meinerseits der Gesellschaft dienen. Altruismus ist, wenn man jemandem, von dem man selbst nichts empfangen hat, eine Hilfe leistet. Aber in diesem Fall haben wir ja von der Gesellschaft vorher schon unendlich viel empfangen. Alles, was wir tun, um uns von dieser Schuld gegenüber der Gesellschaft zu befreien, das ist *dana*. Der menschlichen Gesellschaft in ihrem Entwicklungsgang behilflich zu sein, das ist *dana*. Alle Bemühungen, die Schäden der Schöpfung auszubessern, das ist *yajna*, und jegliche Bemühung, mit Hilfe von

Körper, Geist, Reichtum und anderen Mitteln der Gesellschaft die Schuld zurückzuzahlen, — das ist *dana*.

Außerdem gibt es noch eine dritte Einrichtung, den physischen Leib. Auch dieser wird Tag für Tag abgenutzt. Wir bedienen uns unseres Gemüts, unseres Verstandes und unserer Sinneswerkzeuge und nutzen sie ab. *Tapas*, Askese, ist uns gelehrt worden, um Mängel und Defekte, die am Körper aufgetreten sind, zu beseitigen.

Es ist unsere Pflicht, dafür zu sorgen, daß diese drei Einrichtungen — Schöpfung, Gesellschaft und physischer Leib — ihre Aufgaben einwandfrei erfüllen können. Wir schaffen unzählige nützliche und unnütze Einrichtungen, doch diese drei Einrichtungen wurden nicht von uns erschaffen, sie wurden uns von selbst zuteil. Sie wurden nicht künstlich erschaffen. Darum ist es unser angeborenes *dharma* (Lebensgesetz), mit Hilfe von *yajna*, *dana* und *tapas* (Opfern, Schenken, Askese) die Schäden, die an diesen drei Einrichtungen auftreten, auszubessern. Wenn wir nach diesem Grundsatz handeln, werden wir alle unsere Kräfte für diesen Zweck verwenden. Für andere Dinge wird gar keine Kraft übrig bleiben. Wir werden all unsere Kräfte aufwenden müssen, um diese drei Einrichtungen — Schöpfung, Gesellschaft und Körper — schön zu erhalten. Wenn wir wie Kabir sagen könnten: "Herr, ich gebe dir den Schal genauso zurück, wie du ihn mir gegeben hast. Bitte prüfe es selbst!", so wäre das Belohnung genug. Doch um diese Belohnung zu verdienen, muß das dreifache Programm von *yajna*, *dana* und *tapas* praktische Anwendung finden.

Wir haben hier zwischen *yajna*, *dana* und *tapas* unterschieden, aber in Wirklichkeit gibt es zwischen ihnen keinen Unterschied, denn die drei Einrichtungen — Schöpfung, Gesellschaft und Körper — sind gar nicht völlig voneinander getrennte Einrichtungen. Die Gesellschaft befindet sich nicht außerhalb der Schöpfung, ebensowenig wie sich der Körper außerhalb der Schöpfung befindet. Diese drei ergeben zusammen die herrliche Einrichtung der Schöpfung. Darum kann man unsere schöpferische Tätigkeit, die dargebrachten Geschenke und unsere Bußübungen im umfassenden Sinne als *yajna*, Opfer, bezeichnen. Im 4.Kapitel spricht die Gita von *dravya-yajna* (gegenständlichem Opfer), *tapas-yajna* (Opfer der Askese) und anderen Opfern. Die Gita hat dem Begriff *yajna* eine sehr weite Auslegung gegeben.

Alles, was wir für diese drei Einrichtungen tun, ist eine Form von *yajna*, Opferhandlung. Aber es ist notwendig, daß solche Tätigkeit frei ist von

Verlangen. Wir können ja dabei überhaupt keine Früchte erwarten, denn die Früchte haben wir ja bereits erhalten. Es lastet doch von vornherein eine Schuldenlast auf uns. Was wir genommen haben, müssen wir zurückgeben. Durch *yajna* erhalten wir das Gleichgewicht in der Schöpfung oder Natur. Durch *dana* wird in der Gesellschaft und durch *tapas* im Körper das Gleichgewicht erhalten. Durch dieses Programm soll in allen drei Einrichtungen das Gleichgewicht erhalten werden. Dadurch wird Reinheit erlangt, und böse Gedanken werden ausgemerzt.

Um unsere Aufgabe erfüllen zu können, müssen wir auch gewisse Sinnenfreuden in Kauf nehmen. Sinnengenuß ist auch nur ein Teil von *yajna*. Diesen Sinnengenuß bezeichnet die Gita als *aahaara*, Nahrung. Den Körper, diese Maschine, muß man mit Nahrung, Brennmaterial, versorgen. Obwohl Nahrung an sich nicht selber *yajna* ist, ist sie doch zweifellos Bestandteil bei der Durchführung von *yajna*. Man sagt deshalb: "Betrachte es nicht als Anfüllen des Bauches. Sieh darin einen Bestandteil der Opferhandlung, *yajna*!" Eine Blume aus dem Garten zu holen und sie auf die Gottesstatue zu legen, ist Gottesdienst, aber auch die Bemühungen, im Garten Blumen zu ziehen, sind Gottesdienst. Alles, was getan wird, um das *yajna*, die Opferhandlung, zu ermöglichen, ist eine Art von Gottesdienst. Nur wenn wir ihm Nahrung geben, wird der Körper unserem Zweck dienen können. Jegliche Handlung, die *yajna* ermöglicht, ist selbst *yajna*. Die Gita nennt solche Handlungen "zweckgebundene Handlungen", "Opferhandlungen". Was ich dem Körper gebe, damit er stets fähig ist zu dienen, ist *yajna*, Opfer. Nahrung, die eingenommen wurde, um dienen zu können, ist heilig.

Alle diese Dinge müssen auf *shraddha*—Glauben und Hingabe—gegründet sein. Es muß im Innern der Wunsch bestehen, alles Dienen Gott zu weihen. Das ist etwas Großes, Erhabenes. Ohne die Bereitschaft, alles Gott zu weihen, kann man nicht ganz vom Geist des Dienens erfüllt sein. Wenn wir das wichtigste vergessen, innerlich alles Gott zu weihen, werden wir keinen Erfolg haben.

(96) DIE MITTEL LÄUTERN, SIE MIT *SATTVA* DURCHDRINGEN

Wann aber können wir all unser Tun Gott weihen? Erst wenn es rein, voll von *sattva* ist. Erst wenn all unsere Anstrengungen geläutert sind, können wir sie Gott weihen. *Yajna*, *dana* und *tapas*, sie alle müssen von *sattva* erfüllt sein. Im 14.Kapitel der Gita erhielten wir die Lehre, wie wir unsere Handlungen mit *sattva* durchdringen können. In diesem Kapitel erklärt die Gita die Anwendung dieser Lehre.

Mit diesem Plan der Gita zur Durchdringung mit *sattva* verfolgt die Gita zweierlei Ziele: Wenn ich äußerlich durch *yajna*, *dana* und *tapas* der Welt diene, so kann dies, aus innerer Sicht betrachtet, als geistige Übung, als spirituelles *sadhana* bezeichnet werden. Um der Schöpfung zu dienen, um den Geist zu entwickeln, brauchen wir nicht zwei völlig verschiedene Handlungsweisen. *Seva* und *sadhana*, Dienen und Mittel zu geistigem Wachstum sind nicht zwei verschiedene Dinge. Denn für beide bedarf es derselben Bemühungen, derselben Tätigkeit. Auch sämtliche diesbezüglichen Bemühungen müssen sschließlich auch Gott geopfert werden. Dienen innerhalb der Gesellschaft und geistiges Bemühen und Opferwilligkeit — dieser Yoga muß das Ergebnis derselben Handlung sein.

Zwei Dinge sind notwendig, um *yajna* mit *sattva* zu erfüllen: das Vermeiden sinnloser Tätigkeit und das Vermeiden von Verlangen nach den Früchten. Diese beiden Dinge sind erforderlich für *yajna*. Wenn es im *yajna* Verlangen nach Gewinn gibt, wird das *yajna* voll von *rajas*, voll Leidenschaft sein. Wenn das Tun sinnlos ist, wird das *yajna* voll von *tamas*, Trägheit, sein.

Spinnen ist *yajna*, Opferhandlung. Aber wenn wir es nicht mit Geist erfüllen, wenn unser Bewußtsein (*chitta*) nicht konzentriert ist, dann ist das Spinn-Opfer leblos. Wenn sich das innere Wesen nicht an dem beteiligt, was die Hand in der äußeren Welt arbeitet, wird das Handeln unordentlich. Unordentliches Handeln aber wird leblos. Unordentliches Tun ist erfüllt von *tamas* (Trägheit). Durch solches Handeln kann nichts Nennenswertes geleistet werden. Es wird keine Früchte hervorbringen. Obwohl es bei einem *yajna* kein Verlangen nach Früchten gibt, soll dieses gleichwohl edle Frucht hervorbringen. Wenn man nicht innerlich — mit der Seele — an einer Handlung teilnimmt, wird diese zur Last. Wie kann sie also köstliche Früchte hervorbringen? Wenn es bei der äußeren Tätigkeit nicht klappte, dann sicher nur, weil sich das innere Wesen nicht daran beteiligte. Laß darum deine Seele an deinem Tun teilnehmen. Verbinde dein inneres Wesen mit dem Tun. Um unsere Schuld bei der Schöpfung zu tilgen, müssen wir edle Früchte hervorbringen. Wir dürfen nicht zulassen, daß unser Tun fruchtlos ist. Und deshalb ist diese innere Beteiligung unbedingt notwendig.

Wenn wir auf diese Weise in unserem Innern frei werden von Verlangen und ordnungsgemäß und nutzbringend tätig sind, dann wird *chitta*, unser

Wahrnehmungs- und Bewußtseinsorgan, gereinigt werden. Was ist der Prüfstein innerer Reinheit? Prüfe das äußere Tun! Wenn es nicht rein und schön ist, ist es sicher nicht falsch, anzunehmen, daß auch das Innere unrein ist. Wann läßt sich im Handeln Schönheit erkennen? Derjenigen Leistung, die mit reinem Herzen und unter Anstrengung zustande kam, drückt Gott das Siegel seiner Zustimmung, seiner Zufriedenheit auf. Wenn Gott befriedigt das Werk mit seiner Hand voller Liebe berührt, entsteht dort Schönheit. Schönheit ist die Gnade des Herrn, die dem reinen selbstlosen Bemühen zuteil wird. Wenn sich der Bildhauer vollkommen in seiner Arbeit versenkt, dann hat er das Gefühl, daß dieses schöne Bildnis nicht von seinen Händen gemacht wird. Während er allmählich die Form der Statue heraushaut, legt sich ganz zuletzt, man weiß nicht wie und woher, der Zauber der Schönheit darüber. Kann sich ohne *chitta-suddhi*, ohne innere Reinheit, göttliche Kunst offenbaren? In Wirklichkeit ist das Kunstwerk schön und lieblich, weil ihm der Künstler die ganze Schönheit seiner Seele eingehaucht hat. Das Kunstwerk ist ein Porträt des verborgenen Wesens (*chitta*). Alle unsere Handlungen sind Abbilder unseres inneren Wesens. Ist unser inneres Wesen schön, dann werden auch die Bilder, unsere Werke, schön sein. Wir müssen die Reinheit äußeren Handelns nach der Reinheit des inneren Wesens und die Reinheit des inneren Wesens nach der Reinheit der äußeren Werke beurteilen.

Es gibt da noch etwas! Daß nämlich bei allem Tun auch ein Mantra, ein Zauberwort, nötig ist. Handeln ohne Mantra ist sinnlos. Beim Spinnen mußt du folgendes Mantra im Herzen tragen: "Mit diesem Faden verbinde ich mich den Armen dieses Landes!" Auch wenn wir stundenlang arbeiten, aber ohne dieses Mantra im Herzen zu tragen, wird alles umsonst sein. Durch diese Tätigkeit wird *chitta*, das innere Wesen, nicht gereinigt werden. Gib in deine Arbeit die Zauberformel (Mantra), damit der in der Baumwolle verborgene göttliche Geist im Faden offenbar wird, und betrachte dann diese Arbeit: sie wird voll Reinheit (*sattva*) und Schönheit sein. Solche Arbeit wird zum Gottesdienst, zur Opferhandlung. Durch diesen kleinen Faden verbinden wir uns der Gesellschaft, den Menschen, dem Allmächtigen Gott. In dem winzigen Mund des Kindes Krishna sah Mutter Yashoda die ganze Schöpfung. Auch in diesem verzauberten handgesponnenen Faden wirst du das ganze Weltall schauen.

(97) REINHEIT DER NAHRUNG

Zu solchem Dienen und Handeln ist auch Reinheit der Nahrung notwendig. Wie die Nahrung, so das innere Wesen. Unsere Ernährung sollte wohl ausgewogen sein. Dabei ist es von größerer Bedeutung, wieviel wir essen, als was wir essen. Das soll nicht heißen, daß die Auswahl der Nahrung keine Rolle spielt, aber daß sie recht bemessen ist, ist wichtiger. Was wir essen, muß notwendigerweise eine Wirkung haben. Wozu essen wir? Um zu besten Leistungen fähig zu sein. Sich ernähren ist auch Teil eines *yajna*, einer Opferhandlung. Nahrung muß man von dem Gesichtspunkt aus betrachten, daß sie erforderlich ist, wenn das *yajna* des Dienens Früchte tragen soll. Nahrung muß rein und sauber sein. In wieweit der Einzelne in seinem Leben auf die Reinheit der Nahrung achten soll, dem sind keine Grenzen gesetzt. Aber in unserer Gesellschaft haben sich die Menschen zur Genüge um die Reinheit der Nahrung bemüht. In Indien gab es diesbezüglich sehr eindrucksvolle Bemühungen. Jahrtausende vergingen mit solchen Experimenten. Es läßt sich nicht sagen, wieviel *tapas* dafür erforderlich war. Auf dieser Erde ist Indien das einzige Land, in dem ganze Gesellschaftsschichten (Kasten) kein Fleisch essen. Und auch für diejenigen, die Fleisch essen, gilt es nicht als wichtigstes und tägliches Nahrungsmittel. Und die es essen, empfinden es sogar selber als etwas Minderwertiges. Innerlich haben auch sie bereits auf Fleisch verzichtet. Um die Gewohnheit des Fleischessens abzuschaffen, wurde *yajna*, Opfer, eingeführt, und aus demselben Grund wurde es auch wieder aufgegeben. Der göttliche Krishna gab dem Begriff *yajna* eine andere Auslegung. Krishna verlieh der Milch größere Bedeutung. Krishna hat viele außerordentliche Dinge vollbracht, doch welcher Krishna hat den indischen Menschen völlig den Kopf verdreht? Das indische Volk liebt den Namen "Gopal-Krishna", "Krishna der Kuhhirte", vor allen anderen. Jenen Krishna, der von Kühen umringt ist, der eine Flöte an seine Lippen hält, der den Kühen dient, — diesen Kuhhirten Krishna kennen jung und alt. Das Beschützen der Kuh war vor allem insofern von Bedeutung, als es zum Verzicht auf den Fleischgenuß führte. Die Milch wurde immer wichtiger, und das Fleisch verlor an Bedeutung.

Und doch ist beileibe noch nicht vollkommene Reinheit der Ernährung erlangt worden. Wir müssen diese nun noch weiter entwickeln. Daß die Bengalen Fisch essen, darüber wundern sich viele Leute. Doch ist es nicht richtig, sie deswegen zu kritisieren. In Bengalen wächst nur Reis.

Dieser kann den Körper nicht ausreichend mit Nährstoffen versorgen. Man wird diesbezüglich Experimente durchführen müssen. Die Menschen werden sich überlegen, welche Gemüse ebenso nahrhaft sind wie Fisch. Zu diesem Zweck werden Menschen mit außergewöhnlicher Opferbreitschaft geboren werden, die entsprechend Versuche anstellen werden. Nur solche Menschen werden die Gesellschaft voranbringen. Die Sonne glüht unaufhörlich, und darum können wir stets die Körpertemperatur von 37 Grad Celsius, die wir brauchen, um zu leben, aufrechterhalten, wohin wir auch gehen. Wenn in einer Gesellschaft leuchtende Sonnen von Entsagung (*vairagya*) geboren werden, die mit Hilfe großer Glaubenskräfte die Fesseln der Umwelt sprengen und sich ohne Flügel in den Himmel ihrer Meditation erheben, dann erlangen auch wir die bescheidene Entsagungskraft, die die Welt benötigt. So manchesmal denke ich daran, wieviele Bußübungen (*tapas*) die Rishis wohl tun mußten und wieviele Leben wohl geopfert werden mußten, bis der Verzicht auf Fleischnahrung möglich wurde.

Wichtig ist, daß unsere Gesellschaft bis heute diesen Grad an Reinheit der Nahrung erlangt hat. Dieses Verdienst, das sich unsere Vorfahren durch endlose Opfer erworben haben, wollen wir nicht verschleudern. Laßt uns diese Eigenart in der indischen Kultur nicht verlieren. Es genügt nicht, daß wir nur irgendwie am Leben bleiben. Wem es nur um die bloße Existenz geht, der hat leichte Arbeit. Auch die Tiere fristen eben irgendwie ihr Leben. Nun, sind wir denn genau wie Tiere? Zwischen uns und den Tieren besteht ein Unterschied. Das Vergrößern dieses Unterschieds bezeichnet man als kulturelles Wachstum. Unser Land hat sich in großartigen Experimenten um den Verzicht auf das Fleischessen bemüht. Wir wollen diese Versuche fortsetzen. Zumindest wollen wir an unserem gegenwärtigen Entwicklungsstand festhalten und uns nicht rückwärtsbewegen.

Auf diesen Umstand habe ich besonders hingewiesen, weil heutzutage in vielen Menschen ein Verlangen nach Fleisch erwacht ist. Gegenwärtig beeinflussen sich die östlichen und westlichen Kulturen gegenseitig. Ich bin davon überzeugt, daß dies letzten Endes zu einem guten Resultat führen wird. Durch den Einfluß der westlichen Kultur wird unser stagnierender Glaube aufgerüttelt. Es schadet nicht, wenn blinder Glaube erschüttert wird. Was gut ist, wird standhalten, und was schlecht ist, wird zerstört werden. Doch darf blinder Glaube nicht durch blinden Unglauben ersetzt werden. Es gibt nicht nur blinden Glauben. Glaube

hat "Blindheit" nicht allein für sich gemietet. Auch Unglaube kann blind sein.
Man hat jetzt wieder damit angefangen, sich über das Fleischessen Gedanken zu machen. Ich freue mich sehr, wenn neue Ideen, welcher Art auch immer, auftauchen. Es sind Anzeichen dafür, daß die Menschen aufwachen und sich aufrütteln. Ich sehe gerne Zeichen des Erwachens. Doch wenn man nach dem Erwachen umhergeht, während man sich noch die Augen reibt, besteht die Gefahr, daß man fällt. Darum ist es gut, Hände und Füße unter Kontrolle zu halten, solange man noch nicht voll erwacht ist, solange man noch nicht mit offenen Augen sehen kann. Überlegt es euch gut, prüft es mit eueren Gedanken von allen Seiten, von vorn und hinten, von innen und außen! Prüft das *dharma* eurer Religion mit der Schere der Vernunft! Der Glaube, der durch Nachdenken zerschnitten werden kann, ist wertlos. Laß die Stücke, die auf diese Weise abgeschnitten werden, fahren! Aber das, was deine Schere nicht zerschneiden kann und was andererseits deine Schere schartig macht, das ist wahres *dharma*, echter Glaube. Nachdenken bedeutet keine Gefahr für das *dharma*. Darum denke nach, aber stürze dich nicht in Handlungen. Wenn du handelst, solange du nur halbwach bist, wirst du fallen. Selbst nach sorgfältigem Nachdenken sollst du dich noch in Zurückhaltung üben. Übe Disziplin in deinem Handeln! Verschleudere nicht die bereits erworbenen Verdienste!

(98) DAS PROGRAMM DER GITA FÜR EIN HARMONISCHES LEBEN

Reinheit der Nahrung hält das innere Wesen (*chitta*) rein. Außerdem wird der Körper kräftig. So kann man für die Gesellschaft gute Dienste leisten. Man wird innerlich zufrieden sein, und auch in der Gesellschaft wird sich Zufriedenheit ausbreiten. In einer Gesellschaft, in der die Aufgaben von *yajna*, *dana* und *tapas* (Opfern, Schenken und Buße) vorschriftsmäßig und erfüllt vom Mantra durchgeführt werden, gibt es keine Konflikte. Wie sich zwei einander gegenübergestellte Spiegel gegenseitig — der eine im anderen — reflektieren, so werden auch das Individuum und die Gesellschaft nach dem Gesetz der Reflexion das gegenseitige Wohlbefinden fördern. Mein Glück ist das Glück der Gesellschaft, und das Glück der Gesellschaft ist das meine. Wir können das eine und das andere Glück prüfen und werden herausfinden, daß sie ein und dasselbe sind. Allenthalben werden wir *advaita*, All-Einheit, erleben.

Dualität und Feindseligkeit werden verschwinden. Die Gita zeigt uns, auf welchem Weg eine solche Ordnung verwirklicht werden kann. Wie gut wäre es, wenn wir in unserem täglichen Handeln den Plan der Gita befolgen könnten.

Heutzutage besteht jedoch ein Zwiespalt zwischen Individuum und Gesellschaft. Allenthalben berät man darüber, wie dieser Zwiespalt beseitigt werden könnte. Wo liegt die Grenze zwischen dem Einzelnen und der Gesellschaft? Was ist untergeordnet, Individuum oder Gesellschaft? Welches von beiden ist überlegen? Den Anhängern des Individualismus gilt die Gesellschaft als etwas Lebloses. Wenn ein Soldat zu seinem Befehlshaber kommt, dann spricht dieser auf höfliche Weise mit ihm. Er wird ihn sogar mit "Sie" anreden. Doch für das Regiment bedient er sich ausschließlich der Befehlsform, als wäre das Regiment ohne jedes Gefühl, ein Holzbalken, den er hierhin und dorthin befördert. Wir sehen hier die Einstellung, daß das Individuum mit Intelligenz begabt ist, das Kollektiv aber leblos ist. Seht nur, es sitzen hier wohl 200 bis 300 Menschen vor mir. Ich spreche zu ihnen, ob es ihnen paßt oder nicht. Ich sage zu ihnen alles, was mir gerade einfällt. Ich behandle sie, als wären sie gefühllos. Kommt jedoch ein Einzelner zu mir, muß ich ihn zuerst anhören und ihm dann eine wohlüberlegte Antwort geben. Jetzt aber lasse ich euch hier stundenlang stillsitzen.

"Die Gesellschaft ist wesenlos, der Einzelne aber hat Bewußtsein," so verteidigen einige die Überlegenheit des intelligenzbegabten Einzelwesens. Andere wiederum verherrlichen das gesellschaftliche Kollektiv. Meine Haare sind ausgefallen, meine Hand ist gebrochen, meine Augen sind erblindet, und meine Zähne sind ausgefallen. Außerdem ist auch noch eine Lunge unbrauchbar geworden. Trotzdem lebe ich, weil jeder Körperteil für sich allein leblos ist. Der Zerfall des einen bedeutet nicht den Zerfall des Ganzen. Das Kollektiv, der Körper, lebt weiter. So haben wir diese zwei sich widersprechenden Denkrichtungen. Unsere Schlußfolgerung ist abhängig von unserer Betrachtungsweise. Die Farbe der Brille bestimmt die Farbe der Umwelt.

Die einen erachten das Individuum als wichtiger, die anderen die Gesellschaft. Dies beruht darauf, daß sich in der menschlichen Gesellschaft die Idee des Existenzkampfes breit gemacht hat. Ist denn Kampf und Konflikt der Sinn des Lebens? Warum sterben wir nicht lieber? Ziel des Kampfes ist doch schließlich der Tod! Eben deshalb unterscheiden wir zwischen *svartha* und *paramartha*, zwischen dem, was der eigenen Person dienlich ist, und dem, was für die höchste Wirklichkeit am besten ist. Gott segne den, der als erster die Idee hatte, zu unterscheiden zwischen *svartha* und *paramartha*. Müssen wir ihn nicht ehren, dessen Verstand etwas als wirklich darstellen konnte, das es gar nicht gibt? Es ist erstaunlich, wie er einen Unterschied, den es gar nicht gibt, feststellen und die Menschen lehren konnte. Es ist dabei ähnlich wie bei der großen chinesischen Mauer. Es ist so, als ob man am Horizont einen Grenzwall baute und sich dann einbildete, dahinter existiere nichts weiter. Das ist alles darauf zurückzuführen, daß es heutzutage keine Menschen gibt, die vom Geist der Opferbereitschaft erfüllt sind. Dadurch entstand eine Kluft zwischen Individuum und Gesellschaft.

Doch zwischen dem Einzelnen und der Gesellschaft kann es keine wirkliche Trennung geben. Wenn in irgendeinem Zimmer ein Vorhang aufgehängt wird, um es in zwei Hälften aufzuteilen, und der Vorhang durch die Luft hin- und herbewegt wird, erscheint einmal der eine Teil, das andere Mal der andere Teil größer. Die Aufteilung des Zimmers ist abhängig vom Luftzug, sie ist nicht fest und dauerhaft. Die Gita ist über diese Streitigkeiten erhaben. Sie existieren nur in der Einbildung. Die Gita aber sagt: "Haltet euch an den Grundsatz innerer Reinheit! Dann wird es zwischen den Interessen des Einzelnen und den Interessen der Gesellschaft keinen Widerspruch geben, beide werden sich nicht gegenseitig in ihren Interessen behindern," Die Gita befaßt sich ganz besonders damit, dieses Hindernis, diesen Gegensatz zu beseitigen. Gäbe es auch nur einen einzigen Menschen, der die Vorschriften der Gita befolgte, würde schon allein dadurch das ganze Land aufblühen. Ein Volk setzt sich zusammen aus einzelnen Menschen. Ein Volk ohne Menschen, die Weisheit und edlen Charakter besitzen, — wie könnte man es als Nation bezeichnen? Was ist Indien? Indien ist Rabindranath, Indien ist Gandhi und fünf bis zehn solcher Namen. Die Vorstellung, die sich die übrige Welt von Indien macht, wird von diesen wenigen Persönlichkeiten geprägt. Nimm drei oder vier Namen des Altertums, vier oder fünf Namen des Mittelalters und neun oder zehn aus der Gegenwart, füge noch die Himalayas, den Ganges und dergleichen hinzu, und schon hast du Indien! So wird Indien beschrieben. Alles andere ist nur Erläuterung, eine ausführliche Auslegung. Aus Milch macht man Sauermilch und daraus dann Buttermilch und Butter. Es besteht kein Konflikt zwischen Milch und Sauermilch einerseits und Buttermilch und Butter andererseits. Um die Qualität der Milch zu bestimmen, stellen wir fest, wieviel Butter sie enthält. Gleichermaßen erkennt man die Qualität einer Gesellschaft an ihren Gliedern. Es gibt keinen Widerspruch zwischen den Individuen und der Gesellschaft. Wie könnte es auch einen solchen geben? Selbst zwischen den einzelnen Individuen darf es keinen Konflikt geben. Was macht es, wenn der eine wohlhabender ist als der andere? Jawohl, keiner soll Not leiden, und der Reichtum der Wohlhabenden soll zum Wohl der Allgemeinheit verwendet werden, mehr braucht es nicht. Ist es nicht gleichgültig, ob das Geld in meiner rechten oder in meiner linken Tasche ist? Letztlich sind beides meine Taschen. Wenn eine Person reich ist, dann bin auch ich reich, das ganze Volk ist reich. Eine solche Methode ist praktisch durchführbar.

Wir aber lassen Gegensätze aufkommen. Wenn Rumpf und Kopf voneinander getrennt werden, müssen beide sterben. Darum soll man den Einzelnen nicht von der Allgemeinheit trennen. Die Gita lehrt uns, wie eine einzige Handlung den Widerspruch zwischen *svartha* und *paramartha*, dem Eigeninteresse und dem Interesse des Absoluten, überwindet. Zwischen der Luft in meinem Zimmer hier und dem unermeßlichen Luftraum da draußen gibt es keinen Unterschied. Wenn ich mir einen solchen Unterschied einbilde und Türen und Fenster verschließe, werde ich ersticken und sterben. Wenn ich akzeptiere, daß es keinen Unterschied gibt, und das Zimmer weit öffne, kommt unbegrenzt viel Luft herein. Mit dem Augenblick, da ich mein Stück Land und mein Haus von den anderen abgrenze, werde ich um unendlichen Reichtum betrogen. Wenn mir mein eigenes kleines Haus abbrennt und zusammenstürzt, weine ich und raufe mir die Haare in der Meinung, alles verloren zu haben. Aber warum das? Weshalb weinen und jammern? Zuerst eine engstirnige Vorstellung haben und dann weinen! Indem ich sage, daß diese 500 Rupien mir gehören, verscherze ich den unendlichen Reichtum der Schöpfung. Wenn ich sage, daß diese beiden meine Brüder sind, sage ich mich los von den anderen zahllosen Brüdern in der Welt. Daran denken wir nicht. Wie sehr engt sich doch der Mensch ein! In Wirklichkeit muß *svarhta* gleich *parartha* sein — der eigene Vorteil muß auch der Vorteil des anderen sein. Die Gita zeigt uns einen solchen leichten und schönen Weg, auf dem hervorragende Zusammenarbeit zwischen dem Einzelnen und der Gesellschaft erreicht werden kann. Welche Gegensätzlichkeit besteht zwischen Zunge und Magen? Wir müssen der Zunge soviel Nahrung geben, wie der Magen braucht. Wenn der Magen genug hat, soll man aufhören, die Zunge zu füttern. Der Magen ist ein Organ, die Zunge ist ein anderes. Ich bin Herrscher über beide. All diese Organe sind voll von *advaita*, Einssein. Woher brachtet ihr sie, diese unglückseligen Gegensätze? Wie es zwischen den verschiedenen Gliedmaßen und Organen des Körpers keine wirklichen Gegensätze gibt sondern nur Zusammenarbeit, so ist es auch in der Gesellschaft. Speziell um diese Zusammenarbeit in der Gesellschaft zu fördern, lehrt uns die Gita das System des von innerer Reinheit erfüllten Handelns in Form von *yajna*, *dana* und *tapas*. Solches Handeln fördert das Wohlbefinden des Einzelnen ebenso wie das der Allgemeinheit.

Der Mensch, der ein aufopferndes Leben lebt, gehört allen. Jedes Kind fühlt, daß seine Mutter es liebt. Ebenso geschieht es bei einem solchen Menschen, daß sich ein jeder ihm verbunden fühlt. Alle Welt liebt und akzeptiert ihn. Allen ist er Stütze, Freund und Kamerad. "Glücklich ist der Mensch, den alle Welt liebt," so sagte Samartha Ramdas. Die Gita lehrt uns, wie man ein solches Leben führt.

(99) DAS MANTRA DER AUFOPFERUNG

Die Gita sagt auch, daß man das Leben, nachdem man es völlig in den Dienst der Allgemeinheit gestellt hat, Gott weihen soll. Doch wozu das Leben auch noch Gott opfern, nachdem es reines Dienen geworden ist. Wir sagen leichthin, daß das Leben unausgesetztes Dienen sein soll, doch ist es sehr schwierig, dies in die Tat umzusetzen. Es mag schließlich einigermaßen möglich sein, nachdem man unzählige Male geboren wurde. Und wenn auch alles Tun vom Geist des Dienens erfüllt, im wahren Sinne des Wortes zu reinem Dienen geworden ist, kann man noch immer nicht sagen, daß es von Anbetung erfüllt sei. Darum müssen wir mit dem Mantra *Om tat sat* alles Tun Gott opfern.

Es ist schwierig, Handlungen des Dienens vollständig mit dem Geist des Dienens zu erfüllen. Denn selbst in *parartha* dringt *svartha* ein, — Liebe zum Nächsten enthält immer auch Liebe zu sich selbst. Absolutes *parartha*, ausschließliche Liebe für den Anderen, ist nicht möglich. Handeln, das absolut frei ist von *svartha*, Eigenliebe, gibt es überhaupt nicht. Darum müssen wir uns vornehmen, von Tag zu Tag mehr und mehr uneigennützigen, selbstlosen Dienst zu tun. Wenn wir wollen, daß unser Dienen immer reiner werde, müssen wir all unser Handeln Gott weihen. Jnanadev sagte: "Die Bhaktas (Gläubigen) empfingen den süßen Nektar des göttlichen Namens, die Yogis meisterten die Kunst des Lebens." Aber der süße Nektar des göttlichen Namens und die Kunst des Lebens sind nicht voneinander verschieden. Der Klang des göttlichen Namens im Innern und die äußere Kunst des Lebens sind eine Einheit. Der Yogi und der Bhakta sind eins miteinander. Wenn wir all unser Handeln Gott weihen, werden *svartha*, *parartha* und *paramartha*—Eigenliebe, Nächstenliebe und die Liebe zum Höchsten Selbst—eins. "Du" und "ich", die anfänglich voneinander getrennt sind, müssen eins werden. Durch das Verbinden von "du" und "ich" entstand "wir". Jetzt müssen "wir" und "er" zusammengebracht werden. Zuerst muß ich mit dieser Schöpfung eins werden, danach mit Gott. Diese Vorstellung wird durch das Mantra *Om tat sat* ausgedrückt.

Gott hat unzählige Namen. Vyasa hat diese Namen in *"Vishnusahasranaama"* ("Die tausend Namen Vishnus") zusammengetragen. Alle Namen, die wir uns ausdenken, sind seine Namen. Wir wollen Gott so in der Schöpfung sehen, wie uns sein Name in den Sinn kommt, und unser Leben entsprechend gestalten. Laßt uns den Namen Gottes, der uns am liebsten ist, in der Schöpfung schauen und uns selbst danach formen. Ich nenne dies *"tripadaa gaayatri"*, das Drei-Stufen-Mantra. Wir wollen den Namen *dayaamaya*, der Barmherzige, als Beispeil nehmen. Wir wollen uns vorstellen, daß er reine Barmherzigkeit—*rahim*—ist. Nun wollen wir mit offenen Augen den göttlichen Ozean der Barmherzigkeit in der Schöpfung erblicken. Gott gab jedem Kind eine Mutter, um ihm zu dienen, und die Luft, die ihm Leben spendet. Wenn wir erkennen, wie der barmherzige Gott diese Welt voller Barmherzigkeit geplant hat, wollen wir auch unser eigenes Leben mit Barmherzigkeit erfüllen. Die Gita schlägt als Namen Gottes denjenigen Namen vor, der in jener Zeit geläufig war, nämlich *Om tat sat*.

Om bedeutet: "Ja!" Gott existiert. Auch in diesem 20. Jahrhundert existiert Gott.

"*Sa eva adya sa u shvah.*"

Er ist heute, Er war gestern und Er wird morgen sein. Er ist unvergänglich. Die Schöpfung ist unvergänglich. Und auch ich gurte mir die Lenden und bin bereit zu dienen. Ich bin der *sadhaka*, der Suchende. Er ist der Allmächtige Gott, und diese Schöpfung ist das Material und Mittel für meine Verehrung Gottes. Erst wenn unser Herz von diesem Gefühl erfüllt ist, kann man sagen: "*Om* ist Teil meines Wesens geworden. Er ist, ich bin, und ich bringe meine Anbetung dar. Auf diese Weise soll die Auffassung *Om* in unserem Wesen Wurzel schlagen und sich durch unser *sadhana*, durch unser Bemühen, offenbaren. Wenn wir die Sonne sehen, sehen wir sie stets vereint mit ihren Strahlen. Sie kann ohne diese überhaupt nicht existieren. Nie vergißt sie ihre Strahlen. So sollen auch wir jederzeit für jedermann im Verein mit unserem *sadhana*, unseren Bemühungen, zu sehen sein. Erst dann haben wir uns *Om* zu eigen gemacht.

Dann kommt *sat*. "Gott ist *sat*" heißt, Er ist das Gute, Er ist seligmachend. Sei ganz erfüllt von diesem Gefühl und erfahre seine seligmachende Eigenschaft in der Schöpfung. Schau dir die Wasseroberfläche an! Fülle daraus einen Tonkrug mit Wasser! Die dadurch entstehende Mulde füllt sich sofort wieder auf. Wie beglückend das ist! Wie voller Güte! Der Fluß kann die Mulde nicht ertragen. Er eilt herbei, sie aufzufüllen.

"nadii vegena shuddhyati."

Der Strom der Schöpfung reinigt sich durch seine Schnelligkeit. In diesem Universum ist alles gut und seligmachend. Möge auch unser Handeln dem gleich sein. Um uns *sat*, diesen Namen des Herrn, auzueignen, müssen alle unsere Handlungen rein und voll von *bhakti*, gläubiger Hingabe, sein. Wie der Soma-Saft aus der Heilpflanze gewonnen und gefiltert wurde, so müssen wir all unser Tun und Bemühen täglich prüfen und sie von allen Mängeln befreien.

Nun bleibt uns noch *tat*. *Tat* bedeutet "dieses", etwas Unabhängiges, etwas, das von der Schöpfung verschieden ist. Der Höchste Gott unterscheidet sich von der Schöpfung, Er ist von ihr unabhängig. Wenn die Sonne aufgeht, erblüht der Lotos, die Vögel beginnen ihren Flug, und die Dunkelheit weicht. Aber die Sonne ist noch weit entfernt. Sie wird nicht berührt von all diesen Wirkungen. Wenn unser Handeln frei geworden ist von Bindung, wenn es unabhängig geworden ist, dann dürfen wir annehmen, daß *tat* Bestandteil unseres Lebens geworden ist.

So lehrte die Gita, wie man den vedischen Namen *Om tat sat* verstehen soll, um dann Gott alles Tun zu opfern. Zuvor handelte das 9.Kapitel davon, wie man alles Tun Gott weiht. Dies wurde in dem Sloka *"yat karoshi yadashnaasi"*—"Was immer du tust, was immer du ißt..." (Ver. 27) ausgesprochen. Im 17.Kapitel wird dieser Gedanke ausführlich erläutert. Nur wenn die Handlung, die man Gott weihen will, rein—voller *sattva*—ist, kann sie Gott geopfert werden. Darauf wird hier besonders hingewiesen.

(100) DER NAME GOTTES TILGT DIE SÜNDEN

Das ist alles schön und gut. Doch erhebt sich nun die Frage: Wenn dieser Name *Om tat sat* nur für die Reinen da ist, was soll dann der Sünder tun? Gibt es einen Namen, der auch im Munde des Sünders schön ist? Der Name *Om tat sat* hat auch diese Fähigkeit. Jeder Name Gottes hat die Fähigkeit, uns von der Unwahrheit zur Wahrheit zu führen. Er kann uns von Sünde zur Sündlosigkeit führen. Ganz allmählich müssen wir unser Leben rein machen. Der Allmächtige wird uns gewiß dabei helfen. Wenn du schwach wirst, wird er dich stützen.

Wenn jemand zu mir sagte: Auf der einen Seite ist ein reines aber stolzes Leben, auf der anderen Seite ist ein sündiges aber demütiges Leben, — wähle dir eines dieser beiden! Und könnte ich es auch nicht aussprechen, so würde ich doch in meinem innersten Wesen sagen: "Die Sünde, durch die ich Gottes gedenke, gib mir diese Sünde!" In meinem Innersten würde ich sagen: Wenn ein tugendsames Leben dazu führt, daß man Gott vergißt, so wähle ich ein sündiges Leben, durch das mir Gott immer im Gedächtnis bleibt. Das soll nicht heißen, daß ich für ein sündhaftes Leben plädiere. Aber keine Sünde ist so sündig wie der Stolz auf die eigene Tugendhaftigkeit. — "Ich fürchte, all dieses Wissen könnte Gott von mir fernhalten." So sprach Tukaram. Wir wollen uns nicht in dieser Weise auszeichnen. Es ist besser, sündig und von Leid geplagt zu sein. "Auch eine Mutter schiebt das kluge Kind von sich hinweg." Aber das unkluge Kind nimmt die Mutter auf ihren Schoß. Ich will kein selbstzufriedener tugendsamer Mensch sein. Ich möchte lieber ein Sünder sein, der Gott vertraut. Die Heiligkeit des Herrn hat Raum für alle meine Sünden, ohne dadurch Schaden zu nehmen. Wir wollen uns bemühen, nicht mehr zu sündigen. Wenn uns dies nicht gelingt, werden wir aus tiefstem Herzen weinen. Wir werden zittern und zagen. Dann werden wir uns an Gott erinnern. Er steht ja dabei und sieht das ganze Spiel. Schreie nach ihm: "Ich bin ein Sünder, darum bin ich an deine Tür gekommen." Der Tugendsame hat das Recht, an Gott zu denken, weil er gut ist. Der Sünder hat das Recht, an Gott zu denken, weil er sündig ist.

18. KAPITEL

Zusammenfassung: Die Krönung des Verzichts auf die Früchte—die Gnade Gottes

(101) ARJUNAS LETZTE FRAGE

Meine Brüder, durch die Gnade Gottes sind wir heute beim 18.Kapitel angelangt. In dieser sich stets wandelnden Welt hängt die Durchführung eines jeden Entschlusses vom Willen Gottes ab. Im Gefängnis erlebt man bei jedem Schritt Ungewißheit. Man darf kaum erwarten, etwas, das man hier im Gefängnis beginnt, auch hier zu vollenden. Als wir damit begannen, erwarteten wir nicht, unser Studium der Gita auch hier beenden zu können. Aber durch Gottes Willen sind wir nun am Ende angelangt.

Im 14.Kapitel wurde das Leben, vielmehr das Handeln in dreierlei Art aufgeteilt: in *sattva*, *rajas* und *tamas*,—Ausgeglichenheit, Leidenschaftlichkeit, Trägheit. Wir erfuhren, daß wir von diesen dreien *rajas* und *tamas* aufgeben und uns *sattva*, Ausgeglichenheit, aneignen sollen. Im 17.Kapitel wurde dann dasselbe auf andere Weise ausgedrückt. *Yajna*, *dana* und *tapas*—Opfern, Schenken und Büßen—oder, um es mit einem Wort zu sagen, *yajna*, Opfer, ist der Sinn des Lebens. Im 17.Kapitel hörten wir auch, daß Handlungen wie Essen und ähnliche, die *yajna*, dem Opfer, dienen, nur als Opferhandlung und in geläuterter Form—voller *sattva*—akzeptiert werden sollen. Nur zu solchen Handlungen sollen wir bereit sein, die ihrem Wesen nach Opferhandlungen und von *sattva* erfüllt sind. Auf alle anderen Handlungen sollte man verzichten. Wir erfuhren auch, warum man das Mantra *Om tat sat* stets im Sinn behalten soll. *Om* bedeutet Beständigkeit, *tat* bedeutet Freisein von Bindung, und *sat* bedeutet Lauterkeit, Reinheit. Unser *sadhana*, Bemühen, muß beständig, ungebunden und rein sein. Nur so können wir es Gott weihen. All dies erweckt den Eindruck, daß manche Handlungen getan und andere unterlassen werden sollen.

Wenn man die Lehre der Gita in ihrer Gesamtheit überprüft, wird einem immer aufs neue klar, daß man nicht auf Tätigkeit verzichten soll. Die Gita spricht vom Verzicht auf die Früchte des Handelns. Überall in der Gita wird gelehrt: Sei unentwegt tätig, aber verzichte stets auf die

Früchte des Tuns. Dies ist aber nur die eine Seite. Auf der anderen Seite wird der Eindruck erweckt, daß man einige Handlungen durchführen, auf andere verzichten soll. Darum fragt Arjuna zu Beginn des 18.Kapitels schließlich: "Einerseits heißt es, man soll bei allem Tun auf die Früchte verzichten. Andererseits heißt es, auf manche Handlungen solle man verzichten, während man andere Handlungen ausführen soll. Wie ist beides miteinander zu vereinbaren?" Durch diese Frage sollen wir die Richtung unseres Lebens klar verstehen lernen. Durch sie soll uns der tiefere Sinn des Verzichts auf die Früchte verständlich gemacht werden. Was in den Heiligen Schriften (*shastras*) *sannyasa*, Entsagung, genannt wird, verlangt, daß man das eigentliche Handeln, das Tun an sich, aufgibt, das heißt, man muß auf das Handeln selber verzichten. Doch in *phala-tyaga*, im Verzicht auf die Früchte, wird lediglich auf die Früchte des Handelns verzichtet. Nun ist die Frage: Ist es für den Verzicht auf die Früchte, wie ihn die Gita uns lehrt, nötig, auf die Handlung selbst zu verzichten? Ist nach Durchführung des Verzichts auf die Früchte *sannyasa* sinnvoll? Wo liegen die Grenzen von *sannyasa*? Was sind die Grenzen dieser beiden, *phala-tyaga* und *sannyasa* (Verzicht auf Früchte und Entsagung) und wo liegen sie? Das ist Arjunas Frage.

(102) VERZICHT AUF DIE FRÜCHTE — DER UNÜBERTREFFLICHE PRÜFSTEIN

In seiner Antwort hat der göttliche Krishna ganz klar zum Ausdruck gebracht, daß der Prüfstein des Verzichts auf die Früchte von universaler Bedeutung ist. Der Grundsatz des Verzichts auf Früchte kann überall angewandt werden. Zwischen dem Verzicht auf die Früchte allen Tuns und dem Verzicht auf Handlungen, erfüllt von *rajas* und *tamas* (Leidenschaft und Trägheit), besteht kein Widerspruch. Manche Handlungen sind in ihrem Wesen so veranlagt, daß sie bei Anwendung der Methode des Verzichts auf die Früchte in sich zusammenfallen. Zu handeln und auf die Früchte zu verzichten bedeutet, daß man gewisse Handlungen aufgeben muß. Der unmittelbare Verzicht auf manche Handlungen ist naturgemäß in dem Grundsatz, zu handeln unter Verzicht auf die Früchte, enthalten.

Wir wollen diese Sache etwas genauer betrachten. Handlungen, die von Verlangen erfüllt sind, die aus Verlangen geboren werden, fallen in sich zusammen, wenn man nur den Gedanken ausspricht, sie sollten unter Verzicht auf die Früchte getan werden. Vor dem Prinzip des Verzichts

auf Früchte können Handlungen, die von Verlangen erfüllt und verboten sind, nicht bestehen. Zu handeln unter Verzicht auf die Früchte, ist nicht einfach ein künstliches, ausgedachtes, mechanisches Verhalten. Durch Anwendung dieses Tests erkennen wir von selbst, welche Handlung wir tun und welche wir lassen sollen. Manche Leute sagen: "Die Gita lehrt nur, in unserem Tun auf die Früchte zu verzichten. Aber sie sagt uns nicht, was wir tun sollen." Das scheint nur so, trifft aber in Wirklichkeit nicht zu. Denn wenn erst einmal gesagt ist: "Handle unter Verzicht auf die Früchte!", wird uns klar, was wir tun und was wir lassen sollen. Gewalttaten, Unwahrheiten und Diebstahl können niemals unter Verzicht auf die Früchte ausgeführt werden. Sobald solche Handlungen auf dem Prüfstein des Verzichts auf die Früchte getestet werden, verflüchtigen sie sich. Wenn sich das Sonnenlicht ausbreitet, sehen alle Gegenstände hell aus. Doch erscheint auch die Dunkelheit hell? Nein, sie verschwindet einfach. In derselben Lage befinden sich verbotene und von Verlangen geprägte Handlungen. Wir müssen all unser Tun auf dem Prüfstein des Verzichts auf die Früchte testen. Zuerst muß man sehen, ob eine Handlung, die man tun möchte, überhaupt möglich ist, wenn man völlig frei ist von jeglicher Bindung und keinerlei Gewinn erwartet. Verzicht auf die Früchte ist der Prüfstein für alle Handlungen. Im Verlauf einer solchen Prüfung erweist sich alles Handeln, das von Verlangen erfüllt ist, von selbst als wertlos. Es eignet sich nur für *sannyasa*, zum Verzicht. Übrig bleibt das reine, von *sattva* erfüllte Handeln. Es soll frei von aller Bindung und Einbildung durchgeführt werden. Aber auch das Verzichten auf eine von Verlangen erfüllte Tätigkeit ist selbst schon wieder eine Handlung. Verwende auch dafür die Schere des Verzichts auf die Früchte! So muß auch der Verzicht auf das von Verlangen erfüllte Handeln etwas Natürliches, Selbstverständliches werden.
Auf diese Weise erfuhren wir drei Dinge: 1. Was wir auch tun, wir sollen es unter Verzicht auf die Früchte tun. 2. Handlungen voll *rajas* und *tamas*, verbotene Handlungen und solche, die von Verlangen erfüllt sind, fallen von selbst in sich zusammen, wenn sie nach dem Prinzip des Verzichts auf die Früchte geprüft werden. 3. Auch der Verzicht auf solche Handlungen muß mit der Schere des *phala-tyaga*, des Verzichts auf die Früchte, geprüft werden. Wir dürfen der egoistischen Einbildung (*ahamkara*)—"Auf wie vieles habe ich verzichtet!"—keinen Raum geben.

Warum soll man Handlungen, die von *rajas* und *tamas* erfüllt sind, aufgeben? Weil sie nicht rein sind! Da sie unrein sind, hinterlassen sie Eindrücke (*samskara*) im Wesen (*chitta*) des Handelnden. Doch bei weiterer Überlegung findet man, daß auch von *sattva* erfülltes—geläutertes—Handeln nicht makellos ist. Jegliches Tun weist Mängel auf. Sehen wir uns zum Beispiel das *svadharma* des Ackerbaus an. Es ist eine reine und von *sattva* erfüllte Tätigkeit. Aber auch Ackerbau, der ein *yajna*, eine Opferhandlung, und wahres *svadharma* ist, ist nicht frei von *himsa*, Gewalt. Wie viele Lebewesen müssen sterben beim Pflügen und anderen Arbeiten! Und wie viele Lebewesen müssen ihr Leben lassen, wenn der Boden rund um einen Brunnen gestampft und zementiert wird, damit er nicht sumpfig bleibt. Auch wenn wir am Morgen Türen und Fenster öffnen und das Sonnenlicht das Haus erfüllt, werden unzählige Lebewesen zerstört. Was wir Saubermachen nennen, erweist sich schließlich als grenzenloses Morden. Wenn also selbst Handlungen, die von *sattva* erfüllt sind, die reines *svadharma* sind, mit Schuld befleckt werden, was ist dann zu tun?

Ich sagte bereits, daß wir sämtliche Tugenden oder guten Eigenschaften erst noch voll entwickeln müssen. Bislang sind wir nur in gewissem Maße mit Eigenschaften wie *jnana*, *bhakti*, *seva*, *ahimsa*—Wissen, Hingabe, Dienen, Gewaltlosigkeit—vertraut geworden. Es ist nicht so, als ob sie uns schon völlig geläufig wären. Durch Erfahrung gibt es Fortschritt im Leben. Im Mittelalter gab es einen Grundsatz, demzufolge ein der Gewaltlosigkeit Ergebener keinen Ackerbau betreiben sollte, da dieser nicht frei ist von Gewaltanwendung. Er sollte sich dem Handel widmen. Nahrung zu erzeugen, galt als Sünde, nicht aber das Verkaufen von Nahrungsmitteln. Doch bringt es uns keinen Nutzen, wenn wir in dieser Weise einer Tätigkeit ausweichen. Wenn jemand auf diese Weise seine Tätigkeit einschränkt, führt dies zuletzt zum Untergang seines Selbsts. Je mehr der Mensch auf Wege sinnt, dem Handeln zu entgehen, umso mehr wird das Ausmaß seines Handelns anwachsen. Muß nicht ein anderer das Feld bebauen, damit du mit dem Getreide handeln kannst? Bist du dann nicht auch beteiligt an der mit der Feldarbeit verbundenen Gewaltanwendung? Wenn das Anbauen von Baumwolle Sünde ist, dann ist es auch Sünde, diese vom Feld geerntete Baumwolle zu verkaufen. Den Anbau von Baumwolle aufzugeben, weil er nicht frei ist von Schuld, ist falsche Logik. Alles Tun zu vermeiden—weder diese Arbeit noch jene Arbeit; überhaupt nicht handeln—diese Haltung enthält kein wahres Mitgefühl, vielmehr ist die Barmherzigkeit gestorben. Der Baum stirbt nicht, wenn man seine Blätter pflückt. Im Gegenteil, er bringt neue frische Blätter hervor. Wenn man sich im Handeln einschränkt, beschränkt man auch die Seele.

(103) DIE RECHTE WEISE, SICH VOM HANDELN ZU BEFREIEN

Wir stehen nun vor der Frage: "Wenn alles Handeln mit Schuld behaftet ist, warum kann man dann nicht einfach alles Handeln aufgeben?" Diese Frage wurde vorher schon einmal beantwortet. Auf alles Handeln zu verzichten, ist eine sehr schöne Idee. Es ist ein faszinierender Gedanke. Wie aber kann man diese zahllosen Handlungen aufgeben? Ist die Art und Weise, nach der man Handlungen aufgibt, die von *tamas* erfüllt sind, auch für Handlungen geeignet, die von *sattva* erfüllt sind? Wie kann man solchen mit Mängeln behafteten *sattva*-Handlungen entgehen? Es wäre dann, als wollte ein Mensch in dieser Welt gleichzeitig dem Schlangenkönig Takshaka und dem Gott Indra opfern. "*Sendraaya takshakaaya svaahaa.*" Das Schöne daran ist, daß weder Indra sterben würde, weil er unsterblich ist, noch Takshaka dem Tod anheimfiele, sondern im Gegenteil noch stärker würde. Handlungen, die von *sattva* erfüllt sind, sind reich an Tugend und weisen daneben auch kleine Fehler auf. Aber wenn man nun der kleinen Fehler wegen das Gute zusammen mit den Fehlern aufopfern wollte, so würde einerseits das Gute nicht untergehen, weil es stärker ist, und andererseits würden die Mängel dabei noch zunehmen. Durch ein solches unkluges gemischtes Opfer wird Indra in Form der Tugend nicht untergehen und auch der sterbliche Takshaka in Form des Übels nicht sterben. Was also ist die richtige Form des Verzichts? Wenn wir auf die Katze verzichten, weil sie gewalttätig ist, werden sich die Mäuse durch Gewalt behaupten. Wenn wir die Schlangen vernichten, weil sie gewalttätig sind, werden unzählige andere Tiere die Felder verwüsten. Wenn das Getreide auf den Feldern vernichtet ist, müssen Tausende von Menschen sterben. Darum muß Verzicht von Klugheit (*viveka*) begleitet sein.

Machindranath sagte zu Gorakhnath: "Wasche diesen Jungen und bringe ihn her." Gorakhnath packte den Jungen an den Füßen, schlug ihn wie Wäsche gegen die steinerne Wäscheplatte und hängte ihn über einen Zaun zum Trocknen. Machindranath fragte ihn: "Hast du den Jungen gewaschen und zurückgebracht?" Gorakhnath erwiderte: "Ich habe ihn gewaschen und zum Trocknen aufgehängt." Wäscht man je einen Jungen auf diese Weise? Kleider und Kinder wäscht man nicht auf dieselbe Weise. Sie werden auf sehr verschiedene Weise gewaschen. So ist auch der Verzicht auf Handlungen voller *rajas* und *tamas* ganz verschieden vom Verzicht auf Handlungen voll *sattva*. Die Methode, durch die man auf Handlungen verzichtet, die von *sattva* erfüllt sind, ist besonderer Art.

Aus unüberlegtem Handeln wird Verwirrung entstehen. Tukaram hat gesagt: "Wenn der Verzicht in meinem Innern Entzücken und Befriedigung hervorruft, o Herr, was soll ich dann tun?" Ein kleiner Verzicht führt dazu, daß sich eine große Befriedigung unserer bemächtigt. Dadurch wird auch noch dieses kleine Opfer wertlos. Als Anerkennung für ein kleines Opfer wird ein imposanter Palast errichtet. Die kleine Hütte war besser als dieser. Sie war gut genug. Es ist besser, weiterhin Rock und Turban zu tragen, als nur ein Lendentuch umzutun und sich mit Reichtum und Freuden zu umgeben. Deshalb gab uns Gott eine besondere Methode, um auf *sattva*-Handlungen zu verzichten. Geläuterte (*sattva*-)Handlungen sollen zwar sämtlich stattfinden, doch ihre Früchte soll man pflücken und wegwerfen. Manche Handlungen verdienen, vollständig verworfen zu werden, während man bei anderen nur auf die Früchte zu verzichten braucht. Wenn am Körper irgendein Schmutzfleck entsteht, so kann man ihn abwaschen, aber wenn die Hautfarbe selber dunkel ist, welchen Sinn hat es, sie weiß anzustreichen? Laß diese dunkle Farbe, so wie sie ist! Warum kümmerst du dich darum? Sie soll dir nicht als Zeichen des Unglücks gelten!

Es war einmal ein Mann. Weil er glaubte, daß auf seinem Haus kein Segen liege, ging er fort in ein anderes Dorf. Da ihm dieses Dorf zu schmutzig schien, begab er sich in die Wildnis. Als er sich dort unter einem Mangobaum niedergelassen hatte, ließ ihm ein Vogel Kot auf den Kopf fallen. Er sagte sich: "Auch in diesem Wald ist kein Segen." Und er ging fort und stellte sich in einen Fluß. Im Fluß sah er, wie die großen Fische die kleineren auffraßen, was ihn mit Abscheu erfüllte. "Ach, die gesamte Schöpfung ist voll des Übels, es gibt hier keine Rettung für mich!" So dachte er bei sich, verließ das Wasser und machte ein Feuer an. Da kam ein Mann des Wegs und fragte: "Mein Bruder, warum bereitest du dich vor zu streben?" Der andere erwiderte: "Weil diese ganze Welt voll des Übels ist." Da sagte der andere Mann: "Wenn dieser dein unreiner Körper, dieser Fettklumpen hier verbrennt, welch schrecklichen Gestank wird er verbreiten! Wir wohnen hier ganz in der Nähe. Wohin sollen wir gehen? Wie stinkt es schon, wenn nur ein einziges Haar verbrennt! Und wenn nun dein ganzer Leib verbrennt, wie wird es stinken! Könntest du nicht auch das bedenken?" Da rief der erste Mann voll Verzweiflung aus: "Wenn man auf dieser Welt weder leben noch sterben kann, was soll ich dann tun?"

Das soll besagen, daß man einfach nicht weiterkommt, wenn man alles als schlecht und unheilvoll bezeichnet und sich davor hütet. Versuchst du, kleine Handlungen zu vermeiden, so werden dir andere tiefgreifendere Handlungen zufallen. Es liegt im Wesen des Handelns, daß wir uns nicht davon befreien, indem wir äußerlich darauf verzichten. Wenn jemand seine ganze Kraft aufbietet, um dem Handeln zu widerstehen, das ihm naturgemäß zukommt, wenn er versucht, gegen den Strom zu schwimmen, wird er schließlich ermüden und mit dem Strom hinweggeschwemmt werden. Er sollte in den Aufgaben, die ihm der Strom bringt, ein Mittel sehen, um damit denselben zu überqueren. Dadurch werden Verstand und Gemüt von Belastung befreit, und das innerste Bewußtsein wird gereinigt. Dann wird die Tätigkeit allmählich ganz von selbst aufhören. Auch ohne daß man auf die Tat (*karma*) verzichtet, wird die Tätigkeit (*kriya*) aufhören. Taten hören nicht auf, aber es wird keine Tätigkeit mehr geben.

Zwischen Tat und Tätigkeit besteht ein Unterschied. Stellen wir uns vor, daß irgendwo ein großer Aufruhr entstanden ist, der geschlichtet werden muß. Ein Polizist schreit selbst, so laut er kann: "Hört auf mit diesem Lärm!" Um dem Lärm dort ein Ende zu machen, mußte er sich selber durch lautes Schreien heftig betätigen. Ein anderer kommt daher, steht ruhig da und hebt nur seinen Finger. Allein dadurch werden die Leute ruhig. Bei einem dritten genügt seine bloße Anwesenheit, um Ruhe zu schaffen. Der eine mußte sich auf angestrengte Weise betätigen, beim zweiten genügte eine milde Geste, und die Handlung des dritten war subtil. Das Handeln nahm immer mehr ab, aber alle drei bewirkten gleichermaßen, daß sich die Menschenmenge beruhigte. In dem Maße, in dem die innere Reinheit zunimmt, wird die Anstrengung im Handeln abnehmen. Es schreitet fort von Anstrengung zu Sanftheit, von Sanftheit zu Subtilem, vom Subtilen zum Nichts. Die Tat (das Vollbringen) ist eines und die Tätigkeit etwas anderes. Die Tat ist das, was dem Handelnden am Herzen liegt, — das ist die Definition für Tat. So kann karma, die Tat, im Nominativ und Akkusativ dekliniert werden. Aber kriya,

Handeln oder Tätigkeit, braucht ein unabhängiges Verb (*kriya-pada*). Man muß den Unterschied zwischen *karma* und *kriya*, Tat und Tätigkeit, verstehen. Der eine gibt seinem Zorn in lauten Worten Ausdruck, der andere drückt seinen Zorn aus, ohne ein Wort zu reden. Der *jnani*, der Weise, handelt nicht im geringsten, aber er vollbringt endlose Taten. Die bloße Tatsache seines Seins kann der Welt von großem Nutzen sein. Schon allein seine Anwesenheit genügt. Obwohl seine Hände, Füße und andere Organe nicht arbeiten, wirkt er doch unaufhörlich. In dem Maß, in dem *kriya*, Handeln, immer subtiler wird, werden andererseits immer größere Taten vollbracht. Wenn man diesen Gedanken weiterspinnt, kommt man zu folgender Erkenntnis: Wenn das innere Wesen (*chitta*) absolut rein wird, zerrinnt das Handeln zuletzt zu einem Nichts, und die erreichte Wirkung wächst ins Unendliche. Zuerst Anstrengung, dann Sanftheit, dann das Subtile und nach dem Subtilen das Nichts (*shunja*), — auf diese Weise wird ganz von allein der Zustand des Nichthandelns erreicht. Aber jetzt wird ganz von selbst Unendliches erreicht. Inden wir die äußeren Handlungen beiseiteschieben, werden wir vom Handeln nicht befreit. Diese Erfahrung wird uns allmählich zuteil, wenn wir wunschlos handeln. Der Dichter Browning schrieb ein Gedicht unter dem Titel: "Der ungläubige Pope". Ein Mann sagte zum Popen: "Was putzt ihr euch so heraus? Wozu dieses Gewand? Warum diese äußere Verkleidung? Für wen diese ernsthafte Gebärde?" Er gab zur Antwort: "Wozu ich all das tue? Hör mir zu: Es ist möglich, daß eines Tags ganz unerwartet echter Glaube in mir erwacht, wenn ich fortwährend dieses Drama, diese Rolle spiele." Darum müssen wir unaufhörlich frei von Verlangen tätig sein. So werden wir allmählich den Zustand des Nichthandelns erlangen.

(104) DIE ANTWORT DES SUCHERS: SVADHARMA

Wichtig ist, daß man Handlungen, erfüllt von *rajas* und *tamas*, vollständig aufgeben und Handlungen, erfüllt von *sattva*, tun soll. Gleichzeitig muß man sich die Einsicht bewahren, daß Handlungen, die von *sattva* erfüllt sind, soweit sie uns leicht und auf natürliche Weise zufallen, auch dann nicht aufgeben soll, wenn sie mit Mängeln behaftet sind. Sofern Mängel vorhanden sind, laß sie eben bestehen! Versuchst du, ihnen den Rücken zu kehren, werden dich andere Mängel einholen. Laß deine krumme Nase, so wie sie ist. Wenn du versuchst, an ihr herumzuschneiden, um sie zu verschönern, wird sie nur noch schrecklicher und häßlicher werden. Sie ist gut so, wie sie ist. Auch wenn sie nicht makellos sind, sollen *sattva*-Handlungen nicht aufgegeben werden, weil sie uns auf natürliche Weise zufallen. Man soll diese Aufgaben erfüllen, aber auf ihre Früchte soll man verzichten.

Noch etwas muß gesagt werden: Aufgaben, die dir nicht auf leichte und natürliche Weise zufallen, sollst du nicht ausführen, auch wenn es dir erscheinen will, daß sie bestens getan werden könnten. Erledige nur solche Aufgaben, die dir natürlicherweise zufallen. Laß dich nicht in den Strudel anderer, neuer Handlungen hineinreißen, indem du ruhelos überall umherirrst. Halte dich fern von Handlungen, die besonders zusammengesucht werden müssen, und wären sie noch so hervorragend. Laß dich durch sie nicht täuschen. Nur bei Handlungen, die uns mühelos zufallen, ist es möglich, auf die Früchte zu verzichten. Wenn ein Mensch überall herumjagt, weil er von der gierigen Einbildung erfaßt ist, daß diese Aufgabe gut ist und jene Arbeit gut ist, — wie kann er dann auf die Früchte verzichten? Auf diese Weise wird sein ganzes Leben zuschanden. Während er sich in der Hoffnung auf die Früchte mit *paradharma*, mit den Aufgaben anderer, abgibt, werden ihm auch noch die Früchte entschlüpfen. In seinem Leben wird jegliche Standhaftigkeit fehlen. Sein Verlangen nach Handlung wird seinem inneren Wesen anhaften. Wenn sogar Begierde nach *sattva*-Handlungen erwacht ist, müssen auch diese aufgegeben werden. Wenn du dich darum bemühst, eine Vielfalt von *sattva*-Aufgaben zu erfüllen, werden sich auch in diese *rajas* und *tamas* einschleichen. Kümmere dich daher nur um jene Aufgaben, die von *sattva* erfüllt sind und dir als natürliches und selbstverständliches *svadharma* zufallen.

Svadeshi dharma, das nationale *dharma*, *svajatiya dharma*, das *dharma* der Gemeinde, *svakalina dharma*, das *dharma* des Zeitalters, — sie alle sind in *svadharma*, dem persönlichen *dharma* enthalten. Diese drei zusammen ergeben *svadharma*. Um mein eigenes *svadharma* zu erkennen, muß ich prüfen, was meiner eigenen Neigung und Natur entspricht und welche Pflicht mir schon von selbst zugefallen ist. Du trägst in dir etwas Besonderes, das nur dir eigen ist, und eben darum bist du "du". Jede Person trägt eine Besonderheit in sich. Die volle Entfaltung der Ziege ist nur möglich, wenn sie wirklich Ziege bleibt. Nur als Ziege soll sie sich entfalten. Wollte die Ziege zur Kuh werden, so wäre dies unmöglich. Sie kann nicht ihre Eigenart, ihre Ziegen-Natur aufgeben. Zu diesem Zweck müßte sie ihren Körper verlassen. Sie müßte ein neues *dharma* und eine neue Geburt annehmen. Aber in ihrer jetzigen Geburt muß ihr die Ziegen-Natur heilig sein. Ihr kennt doch die Geschichte vom Ochsen und vom Frosch? Der Frosch kann nur begrenzt wachsen. Wollte er versuchen, so groß wie ein Ochse zu werden, würde er sterben. Es ist nicht gut, die Gestalt anderer nachzuahmen. Deshalb sagt man, *paradharma*, das *dharma* anderer, ist furchterregend.

Das *svadharma* besteht wiederum aus zwei Teilen. Das eine ist veränderlich, das andere unveränderlich. Was ich heute bin, werde ich morgen nicht mehr sein, und was ich morgen bin, werde ich übermorgen nicht mehr sein. Ich verändere mich ständig. Das *svadharma* der Kindheit besteht darin zu wachsen. In der Jugend bin ich voll Tatendrang und werde ihn in den Dienst meiner Umwelt stellen. Und wenn ich erwachsen bin, sollen meine Kenntnisse anderen zugute kommen. In dieser Weise verändert sich also ein Teil des *svadharma*, des persönlichen Lebensgesetzes, während der andere Teil unveränderlich ist. Wollten wir es in den Worten der alten Schriften (Shastras) ausdrücken, würden wir sagen: "Der Mensch hat ein *varna-dharma* (Lebensgesetz der Kaste) und ein *ashrama-dharma* (das dem Lebensalter entsprechende Lebensgesetz)." *Varna-dharma* verändert sich nicht, aber das *ashrama-dharma* ändert sich unaufhörlich.

Das *ashrama-dharma* verändert sich, — das soll heißen, daß man nach Beendigung des Stadiums des *brahmacharya* (des Schülers) in das Stadium des *grihastha* (des Familienvaters) eintritt, danach in das Stadium des *vanaprastha* (des Sichzurückziehens) und letztlich in das Stadium des *sannyasa* (der vollkommenen Entsagung). Während sich *ashrama-dharma* solcherart verändert, kann sich das *varna-dharma* nicht verändern. Ich kann die mir von der Natur gesetzten Grenzen nicht überschreiten. Schon ein diesbezügliches Bemühen wäre falsch. Du kannst deine Eigenart nicht aufgeben. Diese Vorstellung ist die Grundlage des *varna-dharma*-Systems. Die Idee hinter *varna-dharma* ist ausgezeichnet. Ist *varna-dharma* vollkommen unabänderlich? Ist das Brahmanentum für den Brahmanen und die Kshatriya-Natur für den Kshatriya dasselbe wie die Ziegennatur für die Ziege und die Kuhnatur für die Kuh? Ich gebe zu, daß *varna-dharma* nicht so starr ist. Doch wir sollten seine verborgene Bedeutung verstehen. Wenn der Begriff *varna-dharma* (Kasten-*dharma*) als ein Mittel zur Erhaltung sozialer Ordnung verwendet wird, muß es notwendigerweise Ausnahmen geben. Wir müssen solche Ausnahmen anerkennen. Auch die Gita anerkennt solche Ausnahmen. In

Kürze heißt dies also: Wenn man diese beiden Arten von *dharma* erkannt hat, soll man jedes andere *dharma* von sich weisen, mag es auch noch so schön und verlockend sein.

(105) DIE VOLLE BEDEUTUNG DES VERZICHTS AUF DIE FRÜCHTE

Auf Grund unserer bisherigen Entwicklung der Idee des Verzichts auf die Früchte zeichnen sich folgende grundlegende Prinzipien ab:

1. Völliger Verzicht auf Handlungen, die von *rajas* und *tamas* erfüllt sind.
2. Verzicht auf die Frucht dieses Verzichts. Auch diesbezüglich soll es keinen Stolz (*ahamkara*) geben.
3. Ohne auf die eigentlichen *sattva*-Handlungen zu verzichten, soll nur auf deren Früchte verzichtet werden.
4. Jene *sattva*-Handlungen, die unter Verzicht auf die Früchte auszuführen sind, sollen trotz etwaiger Mängel ausgeführt werden.
5. Durch andauernde Durchführung solcher *sattva*-Handlungen unter Verzicht auf die Früchte wird das innere Wesen (*chitta*) immer reiner, und so — von Intensität über Sanftheit zum Subtilen bis hin zum Nichts — hört Tätigkeit schließlich völlig auf.
6. Die Tätigkeit weicht, aber die Tat — die Taten zum Wohle der Welt — werden weiterhin vollbracht.
7. Auch von den *sattva*-Handlungen sollen wir nur jene ausüben, die uns ganz natürlich zukommen. Von Handlungen, die uns nicht von Natur zufallen, sollten wir absehen, wie gut sie uns auch scheinen. Wir sollen uns durch sie nicht verleiten lassen.
8. Auch das *svadharma*, das uns naturgemäß zukommt, ist von zweierlei Art. Das eine ist veränderlich, das andere unveränderlich. *Varna-dharma* verändert sich nicht, aber *ashrama-dharma* verändert sich ständig. Das veränderliche *svadharma* muß sich ständig ändern. Es erhält die Natur rein.

Die Natur muß ständig weiterfließen. Wenn ein Fluß aufhört zu fließen, beginnt er zu stinken. Mit *ashrama-dharma* ist es dasselbe. Der Mensch begegnet zuerst seiner Familie. Um seines Wachstums willen unterstellt er sich den Bindungen der Familie. Dabei sammelt er vielerlei Erfahrungen. Doch wenn er sich als Teil der Familie auf ewig fesseln läßt, ist dies sein Untergang. In einer Familie zu leben, war zuerst sein *dharma*, aber nun wird es zu *adharma*, denn nun ist jenes *dharma* zu einer Fessel geworden. Wenn man es aus Anhänglichkeit nicht aufgibt, entsteht eine schreckliche Situation. Man darf sich auch nicht an gute Dinge binden. Aus Bindung entsteht schreckliches Unglück. Wenn Tuberkuloseerreger unbemerkt in unsere Lungen eindringen, zehren sie unser ganzes Leben von innen her auf. Und wenn nun die Bazillen der Bindung durch Nachlässigkeit in die von *sattva* erfüllten Handlungen eindringen, wird *svadharma* in derselben Weise von innen her faulen. Dann wird sich auch in diesem *sattva-svadharma* der üble Geruch von *rajas* und *tamas* ausbreiten. Deshalb muß man sich zur rechten Zeit von dem veränderlichen *svadharma* der Familie befreien. Dasselbe gilt auch für das nationale *dharma*. Wenn auch im Zusammenhang mit dem nationalen *dharma* engherzige Bindung auftritt und wir uns nur um das Wohl unserer Nation kümmern, dann nimmt auch dieses *rashtra-bhakti*, dieser Patriotismus, schreckliche Formen an. Die seelische Entwicklung wird dadurch aufgehalten. Das innere Wesen (*chitta*) verfällt den Fesseln der Bindungen, und das Ergebnis ist völliger Zerfall.

(106) SELBSTVERWIRKLICHUNG IST DER HÖHEPUNKT ALLER BEMÜHUNGEN (*SADHANA*)

Wenn du also dein Leben fruchtbar machen willst, mußt du dir *"chantamani"* beschaffen, den Stein der Weisen, das Juwel des Verzichts auf die Früchte. Es wird dir den Weg weisen. Dieses Prinzip des Verzichts auf die Früchte offenbart uns auch unsere Grenzen. Wenn uns dieses Licht nahe ist, wird uns ganz von selbst klar werden, was wir tun und was wir unterlassen sollen und wann eine Änderung erforderlich ist. Aber jetzt wollen wir uns noch mit einer ganz anderen Angelegenheit befassen. Soll sich der Suchende mit dem Endzustand, der eintritt, wenn alle Tätigkeit aufhört, befassen oder nicht? Soll sich der Suchende den Zustand des *jnani*, des Weisen vor Augen halten, in dem trotz völligem Nichthandeln zahllose Werke vollbracht werden?

Nein! Auch hier soll der Prüfstein des Verzichts auf die Früchte angewendet werden. Unser Leben ist so schön geplant, daß wir all das, was wir brauchen, auch ohne unser Dazutun erhalten werden. Die erhabenste Frucht des Lebens ist *moksha*, höchste Befreiung. Aber auch nach dieser Befreiung, nach diesem Zustand des Nichthandelns, sollen wir kein Verlangen in uns tragen, denn dieser Zustand wird uns ganz von selbst und unversehens zuteil werden. *Sannyasa*—Entsagung—ist nicht etwas, das sich ganz plötzlich, fünf Minuten nach zwei Uhr, einstellt. *Sannyasa* ist keine mechanische Angelegenheit. Du kannst nicht einmal wissen, auf welche Art und Weise es sich in deinem Leben entfalten wird. Unterlasse es daher überhaupt, an *moksha*, Befreiung, zu denken!

Der Gläubige (*bhakta*) sagt fortwährend zu Gott: Die Hingabe an Dich ist mir genug. *Moksha*, die Frucht am Ende des Pfads, will ich nicht. Auch die Befreiung ist eine Art weltlicher Freude, ein Genuß—eine Art von Frucht. Auch auf diese Frucht der Befreiung soll man die Schere des Verzichts auf die Früchte anwenden. Dadurch geht uns *moksha*—Befreiung—nicht verloren. Die Schere wird zerbrechen, und die Frucht wird noch schöner ausreifen. Indem wir uns von dem Verlangen nach *moksha* befreien, werden wir uns ganz von selbst *moksha* nähern. Du mußt dich so intensiv mit dem *sadhana* befassen, daß du darob *moksha* völlig vergißt und sich *moksha* dann nach dir auf die Suche macht und selber vor dir erscheint. Der *sadhaka*, der Suchende, soll sich völlig seinem *sadhana*, seinem Erkenntnis-Pfad, widmen.

"maa te sango astu akarmani."

"Sei nicht dem Nichtstun verhaftet!"

Schon ganz am Anfang sagte der Göttliche: "Verschreibe dich nicht dem Zustand des Nichttuns, der Befreiung!" Jetzt, am Ende, sagt Er wieder:

"aham tva sarvapaapebhyo mokshayishyaami maa suchah."

"Ich werde dich von allen Sünden befreien, kümmere dich nicht."

"Ich bin der Herrscher, der *moksha* schenkt. Mache dir keine Sorgen um *moksha*! Kümmere dich ausschließlich um das *sadhana*!"

Indem man überhaupt nicht an *moksha* denkt, wird das *sadhana* (Bemühen) verbessert, und schließlich kommt *moksha* voller Liebe von selber zu dir. Um den Hals des Suchenden, der frei vom Verlangen nach *moksha*, völlig in sein *sadhana* versunken ist, wird Moksha-Lakshmi, die Göttin der Befreiung, den Siegeskranz legen.

An der äußersten Grenze des *sadhana* erwartet uns die höchste Erfüllung (*siddhi*) mit gefalteten Händen. Wenn jemand, der nach Hause möchte, im Wald unter einem Baum stehen bleibt und ausruft: "Nach Hause! Nach Hause!", so wird ihm dadurch sein Heim nicht näherrücken. Ganz im Gegenteil verzögert er sich auf diese Weise im Walde. Wenn du dich in Gedanken an dein Zuhause unterwegs aufhältst und ausruhst, wirst du dem endgültigen Ruheplatz fern bleiben. Es ist besser, unermüdlich weiterzugehen. So kommt man dem Ziel ganz nahe. Wenn man sich lediglich auf lässige Weise mit *moksha* befaßt, schleicht sich Trägheit ein in das *sadhana*, und *moksha* weicht zurück in die Ferne. Sich nicht um *moksha* kümmern und sich unausgesetzt dem *sadhana* widmen ist das beste Mittel, *moksha* herbeizurufen. Verlange nicht nach dem Zustand des Nichthandelns, der Ruhe! Verhalte dich liebevoll zu deinem *sadhana*, dann wird dir *moksha* gewiß zuteil werden.

Man erhält nicht die Antwort auf eine Frage, indem man nach der Antwort schreit. Nur indem man Schritt für Schritt die geeignete Methode befolgt, wird man eine Antwort erhalten. Wenn die gesamte Prozedur beendet ist, findet sich die Antwort. Wie könnte man vor der Beendigung das Ende erreichen! Wie kann man, ohne sich an die Regeln zu halten, die Antwort erhalten? Wie kann man den Zustand der höchsten Erfüllung erreichen, solange man sich noch im Zustand des Suchens befindet? Was nützt es, an das Glück und die Freude am anderen Ufer zu denken, wenn man dabei ist, im Wasser zu ertrinken? Vielmehr muß man in einer solchen Situation die gesamte Aufmerksamkeit und alle Energien darauf verwenden, Schlag um Schlag voranzukommen. Vollende zuerst dein *sadhana* und überquere das Meer, so wird dir *moksha*, Befreiung, von selbst zufallen.

(107) DIE VERFASSUNG EINES VOLLENDETEN. IHRE DREI VARIANTEN

Wenn der *jnani*, der Weise, den höchsten Zustand erreicht, verschwindet jegliche Tätigkeit. Sie fällt in sich zusammen. Das bedeutet jedoch nicht, daß es in diesem letzten Stadium überhaupt keine Tätigkeit geben wird. Er kann handeln oder auch nicht handeln. Dieses letzte Stadium ist außerordentlich schön und edel. Was in diesem Zustand getan wird, geschieht, ohne daß man daran denkt. Und was auch getan wird, ist wohltuend und schön. Der Suchende steht jetzt auf dem höchsten Gipfel seines *sadhana*. Obwohl er alles tut, tut er doch nichts. Selbst wenn er tötet, tötet er nicht. Und wenn er Gutes tut, tut er nichts Gutes.

Dieser Endzustand der Befreiung (*moksha*) ist auch der Gipfel allen Bemühens (*sadhana*). Der Höhepunkt eines *sadhana* ist erreicht, wenn das *sadhana* natürlich und leicht wird. Man ist sich dann nicht einmal mehr dessen bewußt, daß man etwas tut. Ich würde diesen Zustand das amoralische Stadium im *sadhana* des Suchenden nennen. Der Zustand der Vollendung ist kein moralischer Zustand. Das kleine Kind spricht die Wahrheit, doch ist dies nicht von moralischer Bedeutung, denn das Kind weiß gar nicht, was Lüge ist. Die Lüge zu kennen und doch die Wahrheit zu sprechen, — das ist eine moralische Tat. Im Zustand der

Vollendung gibt es überhaupt keine Unwahrheit, es gibt dort nur Wahrheit. Deshalb hat dies mit Moral nichts zu tun. Etwas Verbotenes kann sich dort gar nicht einschleichen. Was man nicht hören soll, wird gar nicht zum Ohr dringen. Was man nicht sehen soll, werden die Augen nicht sehen. Was zu tun ist, werden die Hände tun, ohne daß es dafür einer Anstrengung bedarf. Das, was vermieden werden soll, braucht man nicht zu vermeiden, denn es verschwindet von selbst. Das ist der Zustand, der frei ist von Moralität. Dieser Gipfel des *sadhana* — nenne es amoralisch oder jenseits aller Moral liegend —, dieser Zustand jenseits aller Moral ist der Höhepunkt aller Ethik. Der Ausdruck "jenseits aller Moral" gefällt mir sehr. Wir können dieses Endstadium des *sattva*-Pfades auch den *sattva*-freien Zustand nennen.

Wie soll man diesen Zustand beschreiben? So wie sich eine Sonnenfinsternis in Phasen ausbreitet, verbreitet sich am Lebensende allmählich der Abglanz von *moksha* (Befreiung), noch ehe der Körper zerfällt. Noch solange man in diesem Körper lebt, beginnt die Erfahrung des Zustands von *moksha.* Wenn wir versuchen, diesen Zustand zu beschreiben, fehlen uns die Worte. Und wendet man auch grausame Gewalt an, wenn man sich in diesem Zustand befindet, so tut man doch nichts. Mit welchem Maß können wir hier das Handeln messen? Alles, was man tun wird, wird von *sattva* erfüllt sein. Auch wenn alles Handeln aufhört, wird man der Welt dienen. Ich weiß keine Sprache, die dies beschreiben könnte.

In diesem Endzustand sind drei Haltungen möglich. Eine davon ist die Einstellung von Vamadeva. Sein berühmter Ausspruch lautet: "Alles, was in der Welt existiert, das bin ich." Der *jnani*, der Weise, ist frei von Egoismus. Er ist frei von Einbildung auf seinen Körper; Handeln als solches hört auf. Er erlangt jetzt den Zustand reinen Erlebens. Dieser Zustand läßt sich nicht auf einen Körper beschränken. Es ist kein Zustand des Handelns. Der Zustand reinen Erlebens ist der Zustand intensiven *bhavanas*, intensiven Erlebens oder Bewußtseins. Dieser Zustand reinen Erlebens kann bis zu einem gewissen Grad von uns erfahren werden. Die Mutter fühlt sich schuldig aufgrund der Schuld ihres Kindes. Durch seine Tugenden fühlt sie sich tugendhaft. Sein Leid macht sie traurig, und sein Glück macht sie glücklich. Im Falle der Mutter ist dieser Zustand auf ihr Kind begrenzt. Für sie ist die Schuld ihres Kindes ihre eigene Schuld. So nimmt auch der Weise durch die Kraft intensiven Erlebens die Schuld der ganzen Welt auf sich.

Obwohl er auf Grund der Sünden der drei Welten ein Sünder und auf Grund der Tugenden der drei Welten voller Tugend ist, können ihn doch weder die Sünden noch die Tugenden der drei Welten berühren. Im Rudra-Sukta sagt der Rishi:

"yavaascha me tilaascha me godhuumaascha me."

"Gib mir Hirse, gib mir Sesam, gib mir Weizen!"

Wie groß muß der Magen dieses Rishi sein, der all das verlangt. Doch der all das fordert, ist nicht der 1,80 m große Körper. Es ist sein Selbst (*atman*), das die Gestalt des ganzen Weltalls annimmt, welches hier spricht. Ich nenne das *"vaidika vishvatmabhava"*, die vedische Identität mit dem Universum. Die Veden zeigen uns die höchste Form dieses *bhavana*.

Narsi Mehta, der Gujarati Heilige, sagt beim Singen seiner frommen Lieder: "O Gott, welche Sünde habe ich begangen, daß ich sogar beim Singen frommer Lieder müde werde!" War es Narsi Mehta, der müde wurde? Nein, es waren seine Zuhörer, die schläfrig wurden. Doch Narsi Mehta stellte diese Frage, weil er sich mit seinen Zuhörern identifizierte. Solcherart war der Zustand seines Seins. Es ist der Seinszustand aller Seher. In diesem Zustand reinen Erlebens scheint es, daß alle Sünden und alle Tugenden der Welt nur durch ihn geschehen. Auch er selber würde dasselbe sagen. Sagt doch auch jener Rishi: "Viele Dinge, die man nicht tun sollte, habe ich getan, tue ich und werde ich tun!" Wenn dieser Seinszustand erreicht ist, erhebt sich die Seele in die Lüfte wie ein Vogel. Sie erhebt sich über das Irdische.

Ähnlich diesem Zustand reinen Erlebens gibt es unter den Weisen auch einen Zustand reinen Handelns. Was würde der Weise spontan tun? Was er auch tut, wird von *sattva* erfüllt sein. Obwohl er noch an die Grenzen des menschlichen Leibes gebunden ist, sind doch sein ganzer Körper und alle seine Sinne von *sattva* erfüllt. Dadurch sind auch alle seine Handlungen von *sattva* erfüllt. Aus weltlicher Sicht wird in seinem Handeln das Höchstmaß an *sattva* sichtbar. Wenn man es aus der Sicht universeller Identität betrachtet, ergibt sich, daß er zwar die Sünden und guten Taten der drei Welten tut, aber doch unberührt bleibt, denn er hat das enganliegende Gewand des Körpers abgelegt und weggeworfen. Erst wenn man diesen vergänglichen Körper entfernt und wegwirft, erlangt man die universale Gestalt.

Außer dem Zustand reinen Erlebens und dem Zustand des Handelns gibt es bei den Weisen noch einen dritten Zustand. Das ist der Zustand der Erkenntnis. In diesem Zustand hat er weder mit Sünde noch mit Tugend etwas zu tun. Er schleudert alles weit von sich. Er ist bereit, das ganze Weltall anzuzünden. Er ist nicht bereit, auch nur für eine einzige Tat die Verantwortung zu übernehmen. Selbst die Berührung damit ist ihm unerträglich. Diese drei Verfassungen werden möglich, wenn der Weise den Zustand von *moksha* (Befreiung), den Höhepunkt seines *sadhana*, erreicht hat.

Wie kann man diesen Zustand des Nichthandelns, diesen Endzustand, erlangen? Man muß sich darin üben, sich für keine der durchgeführten Handlungen verantwortlich zu fühlen. Man muß zu sich selber sagen: "Ich bin nur der Anlaß, auf mir lastet keine Verantwortung für das Tun." Halte demütig an der Überzeugung fest, daß du nicht der Handelnde bist. Aber man wird nicht schon allein dadurch von dem Gefühl, selber zu handeln, befreit. Ganz allmählich wird dieses Gefühl zunehmen. Man muß es zuerst so empfinden: "Ich bin ein ganz unbedeutendes Wesen—ein Spielzeug in seinen Händen, eine Marionette, die er tanzen läßt." Danach muß man sich um folgende Haltung bemühen: "Alles, was getan wird, wird durch den Körper getan. Ich habe damit nichts zu tun. Dies alles wird durch diesen Leichnam bewerkstelligt. Ich aber bin kein Leichnam. Ich bin nicht *shava* (Leichnam) sondern *shiva* (Gott)." Das muß unsere Einstellung sein. Wir wollen uns nicht im geringsten in den Verstrickungen des Körpers verfangen. Wenn man diesen Zustand erreicht, besteht keinerlei Bindung an den Körper, und man erlangt die Stufe eines *jnani*, eines Weisen. Auf dieser Stufe gibt es dann die drei Verfassungen, wie schon beschrieben. Als erstes haben wir den Zustand des Tuns, in dem der Weise reine und vollkommene Handlungen vollbringt. Als zweites gibt es den Zustand reinen Erlebens, in dem man das Gefühl hat, daß man die Sünden und Tugenden aller drei Welten begeht und doch von diesen völlig unberührt bleibt. Als drittes haben wir den Zustand der Erkenntnis (*jnana*), in dem der *jnani* nicht das geringste Tun an sich heranläßt. Er verwandelt alles Tun zu Asche. Mit Hilfe dieser drei Verfassungen kann man einen *jnani* (Weisen) beschreiben.

(108) DU, DU, DU ALLEIN!

Nachdem er alles dies gesprochen hat, sagt der Göttliche zu Arjuna: "Arjuna, du hast dir doch alles aufmerksam angehört, was ich dir gesagt habe. Denke nun sorgfältig darüber nach und dann tue das, was du für richtig hältst." So schenkte Gott großmütig Arjuna seine Freiheit. Das ist die Eigenart der Gita. Doch danach überkam ihn wieder das Mitleid. Er nahm die Freiheit des Entschlusses, die er Arjuna gegeben hatte, wieder zurück. Er sagte: "Arjuna, verzichte auf deine Willensfreiheit, auf dein *sadhana*, gib alles auf und nimm Zuflucht in mir!" Indem er ihn auf diese Weise aufforderte, Zuflucht in Ihm zu nehmen, nahm Gott die Willensfreiheit zurück, die Er ihm gewährt hatte. Das soll heißen: "Laß überhaupt keinen unabhängigen Wunsch in deinem Innern aufsteigen." Sage dir immer: Nicht mein Wille sondern Sein Wille geschehe! Ich will aus freiem Willen zu der Einsicht gelangen, daß ich diese Unabhängigkeit nicht wünsche. Nicht ich sondern Du allein bist! "So soll es sein. Solange sie lebt, meckert die Ziege: mäh, mäh, mäh, was heißen soll: ich, ich, ich! (Hindi: mäh = ich). Doch wenn sie tot ist und ihre Därme zu Saiten verarbeitet und auf den Bogen gespannt sind, um die Baumwolle zu zupfen, singt sie, wie Dadu sagte: *"tuhi, tuhi, tuhi"*—"Du, Du, Du allein!" (Hindi: *tu* = Du, *hi* = nur, allein). Alles endet in: "Du, Du, Du allein!"